原来上海话这样说

沪语佳句佳语配音学

钱乃荣 著/读

上海大学出版社
·上海·

图书在版编目(CIP)数据

原来上海话这样说：沪语佳句佳语配音学/钱乃荣著. —上海：上海大学出版社，2022.9
ISBN 978-7-5671-4512-2

Ⅰ.①原… Ⅱ.①钱… Ⅲ.①吴语-自学参考资料 Ⅳ.①H173

中国版本图书馆CIP数据核字(2022)第142033号

责任编辑　黄晓彦
封面设计　缪炎栩
技术编辑　金　鑫　钱宇坤

原来上海话这样说——沪语佳句佳语配音学
钱乃荣　著/读
上海大学出版社出版发行
(上海市上大路99号　邮政编码200444)
(https://www.shupress.cn　发行热线 021-66135112)
出版人　戴骏豪

*

南京展望文化发展有限公司排版
江苏句容排印厂印刷　各地新华书店经销
开本 890mm×1240mm　1/32　印张 12.25　字数 330千
2022年10月第1版　2022年10月第1次印刷
ISBN 978-7-5671-4512-2/H·404　定价 60.00元

版权所有　侵权必究
如发现本书有印装质量问题请与印刷厂质量科联系
联系电话：0511-87871135

前　　言

　　许多青年朋友想努力说好一口娴熟的更有味道的上海话,许多新上海人想较快学会说上海话,寻找并步入说正宗一些的上海话的途径。

　　要学会上海话,更要学好上海话,说上一口自然流畅的吴侬软语,而不是生硬的很少上海话词语的上海话。要解决这个问题,既要在学准确的上海话语音方面做出努力,更要在积累丰富的上海话词汇、在使用上海话中有特色的优美语词和习惯用语上下功夫,还必须从使用上海话的常用语法句式,尤其是运用与普通话语不同的排列语序来说话,使说的是娴熟的真正的上海话,而不是一种退化了的"塑料上海话"。

　　上海话的词语和句式,一贯被许多名作家如鲁迅、茅盾、叶圣陶等自然地用进海派小说和散文中。如20世纪30年代,茅盾短短的一篇散文《上海大年夜》里就用了24个上海话词语:年三十、天好、水汀、水门汀、市面、上坟时节、块把钱、进账、老鎗、剃头店、野鸡、瞎眼、穿夹、几部汽车、转弯角、鸭舌头帽子、慢走、掼炮、年关、影戏院、打吗啡针、打强盗山、自来水龙头、两头勿着实。

　　本书的读者主要有两类。一部分读者是不太会讲上海话的,他们希望通过看和跟着语音读,来学会讲一口比较标准的上海话,甚至可以通过学此书中的上海话词语和句子以深入一步了解上海这座城市的风貌,这座城市的过去和现今;另一部分人是基本会讲上海话的,他们希望通过学习能将自己的上海话讲得更丰富精彩,补充大量生动有用的词语,讲上一口很随意的很有海派内涵的上海话。这本书汇总了大量体现这座城市活力、生活内容的词语和句子,供大家欣赏和选读。各讲内容都有相对独立性,有浅有深,学说者可以根据自己对上海话原来的熟悉程度自由选择内容,跟着语音学习上海话。

每篇分类句子前的引语是必要的,有的较长一点,可以加深理解这篇的内涵。初学者不去关注这些话也完全可以的,只要学会讲好那些句子、语词就行。写上这些话在于使读者了解各类句子分别集中在哪里的原因,对于另一部分需要学得深入一些的读者整理好各类句子,本书提供了积极的参考内容。读者完全可以各取所需。

读者可以通过扫描书中的二维码,获得分章分篇配有的全部笔者的读音。

本书不可能对大量使用的常用上海话词语都一一加上注释,或者译成普通话,否则会增加大量的篇幅。所以,对上海话的常用词语不太了解的读者,请同时参考阅读笔者2020年8月出版的《原来上海话这样写——沪语难词正音正字》和2018年12月出版的《上海话小词典》第2版这两本书(上海大学出版社出版)。

句子是有充分发散性的,不归类排列就不能学习。最好的分门别类和分出层次的归类阅读的方法,是按照各类语法特点顺序来组合排列,也最有利于有规律地寻找选读,并进行比较分析。读者可以依次或挑选自己需要的那些类内容,通过二维码上的录音分别来学讲。

本书为了帮助读者讲好上海话,分类列举了大量的上海话句子和有上海文化特色的习惯用语用词,并对有些较有特色的难词难句做了解释。其实,表面上看起来较难看懂的方言句子,实际上只有一些出现场合较多的方言词使人难懂,在认识了那些常见的词语以后,再看上海话的句子就不太难了,而主要要对付的就是那些句子语音上怎样讲了。要讲顺上海话,一定要开起口来与会说上海话的朋友多讲多交流。

作　者

2022年3月28日

上海话常用词

1. 人称词

我 ngu　我。
阿拉 aklak　我们。
侬 nong　你。
倷 na　你们。
伊 yhi　他、她、它。
伊拉 yhila　他们、她们。

2. 指别词

(1) 指别人、物：

搿个 ghekghek/ghekhhek　这个：～是一本大戏考。(老派为"**迭个** dhikghek"。)

埃个 'eghek/'ehhek/**伊个** 'yighek/'yihhek　那个，另一个：我勿认得～人。

搿眼 gheknge　这点：～橘子侬吃脱伊。

埃眼 'enge　那点：～小菜侬留辣海。多用"**埃面一眼** 'emiyiknge"：～书勿是我个。

(2) 指别地点：

搿搭 ghekdak　① 这儿：侬从～过去到埃面，穿过横马路就是。(老派说"**迭搭** dhikdak"：迭眼物事就摆辣～。)② 又用作"定指"，指手指点处或说话双方预知的地方：侬到～转弯角子浪向去乘地铁。

埃面 'emi/伊面 'yimi　那儿：我今朝要到外白渡桥～去。

獬面 ghekmi　定指的远处：～有只电话亭,～有爿银行,侬看见哦？

（3）指别时间：

獬抢 ghekqian　这段时间,或定指那阵子：～天气老冷个。|今年五一节～侬辣辣啥地方？

獬个辰光 ghekghek shenguang　这时候,或定指那时候：到～伊还勿来！|我五岁～还小了。

獬歇 ghekxik　这会儿,或定指那时：侬～空有哦？|伊昨日～还吭没到上海。

（4）指别方式程度：

獬能(介)gheknen(ga)　这么：字写得～推扳！|～个沙发我勿要买。

獬能样子 gheknenyhanzy　这样子,这么：侬照～做。|生活做得～蹩脚,好意思哦？

介 'ga　这么,只用在形容词前表示程度：花开得～漂亮！

3. 疑问词

（1）问人：

啥人 sanin　谁：侬是～？

（2）问东西：

啥 sa/啥个 saghek　什么：獬个是啥？|啥个水果好吃？

（3）问时间：

几时 jishy/啥辰光 sashenguang　什么时候：侬几时来？|侬啥辰光去？

（4）问地点：

阿里 hhali/阿里搭 hhalidak　哪里：侬从～来个？

（5）问数量：

几 ji/几化 jiho/多少 'dusao　几,多少：倻屋里有几个人？|一

共几化人？｜买多少物事？

（6）问原因：

为啥 whesa / **哪能** nanen　为什么，怎么：侬～勿要吃？｜伊～勿来？

（7）问选择：

阿里个 hhalighek　哪个：热天冷天，～好？

（8）问方式程度：

哪能(介) nanen(ga)　怎么：DVD～翻录？

4. 最常见词

拨 bek　① 给：我一本书送拨侬。② 被：礼物拨我送脱了。

勿 fhek　不：我勿到海南去。

朆没 mmek　没有：苏州我朆没去过。

老……个 lao……ghek　很：侬打扮得老漂亮个。

邪气 xhiaqi　非常：伊平常邪气用功。

瞎 hak　极。

顶 din　最。

交关 'jiaogue　① 很多：我买了交关鲜花。② 很：侬对我交关客气。

忒 tek　太。

侪 she　都，全：伊拉侪是好学生。

辣辣 laklak　① 在：我辣辣屋里向。② 在那儿：我辣辣写字。◇或写作"垃拉"。

辣海 lakhe　在那儿：鲜眼小菜留辣海。◇或写作"拉海"。

葛咾 geklao　所以：我今朝生病，葛咾上班朆没去。

浪向 langxian　上：台子浪向有一瓶花。

里向 lixian　里面：房间里向光线忒暗。

一眼眼 yikngenge　一点儿：我只买了一眼眼水果。

脱 tek　掉：鲜只馒头侬吃脱伊！

3

脱 tek/**脱仔** tekzy/**得** dek/**得仔** dekzy/**告** gao　和：我脱侬是好朋友。

个 ghek/hhek　① 的：我个电脑关脱了。② 地：侬识识相相个坐辣海！

咾 lao　① 表示连接，和：书咾纸头咾摆了一台子。② 表示因果，因为：生病咾勿去上课。

咾啥 laosa　等等，什么的：今朝我买了点苹果、生梨、橘子咾啥吃吃。

哦 fha　① 吗：侬超市去哦？② 吧：侬就勿要去管哦！

唻 le　啦：侬个约会我忘记脱来唻！

喔唷 okyo　表示感叹：喔唷，打扮得介时髦啊！

喏 'nao　表示给予：喏，辩张碟片拨侬！

辰光 shenguang　时间，时候。

言话 hhehho　话：上海言话乓乓响。（俗写作"闲话"）

物事 mekshy　东西。

事体 shyti　事情。

儿子 nizy　儿子。

囡儿 noeng　女儿。

自家 shyga　自己。

一家头 yikgadhou　一个人。

白相 bhekxian　玩。

摆 ba　放：物事就摆辣辩搭，侬快点去。

乃末 nemek　① 于是：伊做勿来，乃末我教伊会。② 然后：懂了辩个道理，乃末照伊去做。③ 这下：一个勿当心，饭碗敲碎脱，乃末要拨姆妈骂了。

牢 lao　住：侬勿要档牢我个视线。

趟 tang　次：下一趟我勿会搞错。

目 录

第一讲　学好上海话语音 ·· 1
　一、上海话与普通话相同的声母 ······································ 1
　二、上海话与普通话不同的声母 ······································ 2
　三、上海话的韵母 ·· 4
　四、上海话的其他韵母 ·· 5
　五、上海话零声母字等的拼写和声调 ······························ 8
　六、上海话说话的连读变调 ··· 10
　七、新派上海话和老派上海话语音的差异 ······················· 14

第二讲　掌握上海话语序 ·· 19
　一、上海话是"SOV"语序和"SVO"语序并重的语言 ········· 19
　二、上海话与普通话句子在动词后面成分的语序上有
　　　异同 ··· 25
　三、上海话中话题句的泛用 ··· 32

第三讲　说好上海话疑问句、否定句、比较句 ····················· 45
　一、疑问句 ··· 45
　二、否定句 ··· 55
　三、比较句 ··· 60

第四讲　说好上海话"拨"字句、"拿"字句、授受句 ············· 65
　一、"拨"字句 ·· 65
　二、"拿"字句 ·· 67
　三、动词带授受类双宾语结构的多种形式 ······················· 70

四、双宾语形式的带兼语句多样化 ………………… 76

第五讲　说好上海话时态句 ………………………………… 79
　　一、上海话句子中所见的各种"体"形态 …………… 79
　　二、上海方言中的"时"标记和"体"标记 …………… 90
　　三、上海话中的复合时态句 ………………………… 94
　　四、时态的历时变化 ………………………………… 98

第六讲　说好上海话复合句 ………………………………… 103
　　一、主从复句关联的转化 …………………………… 103
　　二、联合关系复合句 ………………………………… 114

第七讲　用好数词、量词和代词 …………………………… 119
　　一、数词 ……………………………………………… 119
　　二、上海话中的特殊量词 …………………………… 121
　　三、上海话量词"个"用法扩展到定指代词 ………… 124
　　四、代词 ……………………………………………… 131

第八讲　用好上海话虚词 …………………………………… 138
　　一、副词 ……………………………………………… 138
　　二、连词、介词 ……………………………………… 145
　　三、语气助词 ………………………………………… 145
　　四、叹词 ……………………………………………… 147
　　五、六个特殊的"代句词" …………………………… 153
　　六、随带口头语 ……………………………………… 154
　　七、拟声词 …………………………………………… 156
　　八、语缀 ……………………………………………… 159
　　九、语助词举例 ……………………………………… 161

第九讲　用好上海话特色词句 ……………………………… 168
　　一、上海烹调——小菜烧法 ………………………… 168
　　二、上海人的数字情结 ……………………………… 172
　　三、搭架子 …………………………………………… 176

四、七搭八搭 …………………………………………… 179
　　五、手脚并用 …………………………………………… 182
　　六、形容认真 …………………………………………… 184
　　七、形容马虎不负责 …………………………………… 186
　　八、形容心情的难受 …………………………………… 188
　　九、形容感觉的难受 …………………………………… 190
　　十、表达厉害的词语 …………………………………… 192
　　十一、无天野地 ………………………………………… 195
　　十二、死样怪气 ………………………………………… 197
　　十三、烂糊三鲜汤 ……………………………………… 200
　　十四、多姿多态的形容法 ……………………………… 202
　　十五、V脱、A脱 ……………………………………… 204
　　十六、极言 ……………………………………………… 207
　　十七、"勿"字头 ………………………………………… 209
　　十八、同志、师傅、先生和朋友 ……………………… 213
　　十九、特色人 …………………………………………… 215
　　二十、挨腔挨调 ………………………………………… 220
　　二十一、潽潽渧 ………………………………………… 222
　　二十二、小儿科 ………………………………………… 224
　　二十三、煞根 …………………………………………… 227
　　二十四、丰富的单音动词 ……………………………… 230
　　二十五、重叠动词中的助词 …………………………… 235
　　二十六、上海话中的文读白读音 ……………………… 238
　　二十七、迎送问候、应事表达 ………………………… 243

第十讲　学好上海话海派文化词句 ………………………… 255
　　一、海派熟语中的奇思遐想 …………………………… 255
　　二、外来词五彩斑斓 …………………………………… 259
　　三、花露水 ……………………………………………… 267

3

- 四、嗲妹妹 ·········· 271
- 五、垃圾股 ·········· 274
- 六、淘浆糊 ·········· 276
- 七、打朋 ·········· 279
- 八、帮帮忙 ·········· 282
- 九、派头 ·········· 285
- 十、识相 ·········· 287
- 十一、饭碗头 ·········· 290
- 十二、商务语词的生活化 ·········· 292
- 十三、耳朵打八折 ·········· 296
- 十四、隥牌头 ·········· 298
- 十五、吃价 ·········· 301
- 十六、上路 ·········· 304
- 十七、拎得清 ·········· 305
- 十八、有腔调 ·········· 307
- 十九、"蟹"字的开放性延伸 ·········· 309
- 二十、上海人对颜色词的独特创造 ·········· 311
- 二十一、"吃"出海派来 ·········· 313
- 二十二、从习惯用语看上海城市精神 ·········· 319
- 二十三、从习惯用语中看市俗民风 ·········· 321
- 二十四、上海话教我们怎么做人 ·········· 324

第十一讲 开口说上海话各种语段 ·········· 331
- 一、绕口令选 ·········· 331
- 二、故事选 ·········· 332
- 三、对话选 ·········· 333
- 四、散文选 ·········· 334
- 五、小说片段 ·········· 348
- 六、诗词 ·········· 356

七、民间常用俗语（一） ·· 357
八、民间常用俗语（二） ·· 359

第十二讲　如何分割语音词 ······································ 361
　一、双音节、三音节组合中的情况 ································ 361
　二、四音节、五音节组合中的情况 ································ 367
　三、与封闭类词（虚词）结合的情况 ······························ 368

后记 ·· 373

第一讲

学好上海话语音

一、上海话与普通话相同的声母

本教程教学的上海话拼音方案,是在搜集了 21 个上海话拼音方案的基础上,于 2006 年在深圳召开的第一届国际上海方言学术研讨会上,由海内外的研究和教学上海话的老中青专家学者投票后以压倒性票数通过的钱乃荣提出的一号方案,是与普通话汉语拼音方案最为靠拢的方案,所以特别容易学会,用它来对上海话进行注音容易识别,并能与汉语其他方言拼音互相对应。目前苏州话专家石汝杰的"苏州话拼音方案"和钱萌的"宁波话拼音方案"都与它相对应。

上海话的语音现状可分老派上海话语音和新派上海话语音两种。新派语音是老派语音的部分简化,我们这里主要阐述的是老派上海话的声母、韵母、声调,有些人认为老派上海话比较正宗。新派上海话语音将在第七讲中简述。

上海话以下几个声母与普通话相同:

b(剥)　　p(朴)　　m(摸)　　f(福)
d(得)　　t(脱)　　n(纳)　　l(勒)
g(鸽)　　k(渴)　　h(喝)
j(鸡)　　q(妻)　　x(希)
z(资)　　c(雌)　　s(思)

下面我们来练习这些声母(可跟从本讲二维码中的录音来学读):

宝 bao 　泡 pao 　毛 mao 　　比 bi 　骗 pi 　面 mi
到 dao 　讨 tao 　闹 nao 　老 lao 　底 di 　体 ti 　泥 ni 　里 li
稿 gao 　靠 kao 　好 hao 　　古 gu 　苦 ku 　火 hu
叫 jiao 　巧 qiao 　小 xiao 　纠 jiu 　秋 qiu 　修 xiu
照 zao 　草 cao 　少 sao 　　走 zou 　臭 cou 　手 sou
副 fu 　废 fi 　　　　　　　放 fang 　风 fong
奔波 benbu 　　表面 biaomi 　　牛奶 niuna
当年 dangni 　　体验 tini

二、上海话与普通话不同的声母

上海话与普通话不同的声母共九个。

（1）有五个浊辅音声母。

以下五个声母，普通话没有，但是与英语的读音相同，就是通常称作"浊辅音"的声母。上海话中保留了古汉语中的"浊声母"，这使上海人学习含有"浊辅音"的英、法、德、日等语言比较方便，而北京话、广州话中没有浊声母。

bh[b]（薄） 　dh[d]（达） 　gh[g]（轧） 　sh[z]（词） 　fh[v]（服）

（"[ ]"内为国际音标注音）

这些声母，一律用"h"加在同部位发音的"清辅音"的后面表示浊音。这些声母相对应的清辅音依次是"b、d、g、s、f"。

下面来比较与其同部位的"清辅音"的发音：

bu 巴—bhu 部　　　　　bi 比—bhi 皮
bao 饱—bhao 抱　　　　ben 本—bhen 盆
du 赌—dhu 度　　　　　di 点—dhi 地
dao 岛—dhao 逃　　　　den 等—dhen 藤
ga 价—gha 茄　　　　　gao 绞—ghao 搞
gang 港—ghang 戆　　　gong 汞—ghong 共

su 素—shu 坐　　　　　　sa 啥—sha 柴
so 晒—sho 查　　　　　　song 送—shong 虫
fu 副—fhu 附　　　　　　fi 肺—fhi 肥
fen 粉—fhen 焚　　　　　fang 放—fhang 房

上海话没有翘舌音"zh、ch、sh"声母,我们把"s"的浊声母统一加"h",写成"sh",不会与别的音搞错;同样我们把"f"的浊音加"h",写成"fh",而不写为"v",辅音"v"在别处另有用处。

(2) 还有三个声母,也是浊辅音声母,也在相对的"清辅音"后面加个"h"。它们相对应的清辅音声母是"j、x、h"。

jh[dʑ](旗)　xh[ʑ](齐)　hh[ɦ](盒)

下面来比较与其同部位的"清辅音"的发音:

ji 记—jhi 骑　　　　　　jiao 叫—jhiao 桥
jiu 酒—jhiu 球　　　　　jiong 窘—jhiong 穷
xi 喜—xhi 齐　　　　　　xia 写—xhia 斜
xiu 秀—xhiu 袖　　　　　xian 向—xhian 象
ha 蟹—hha 鞋　　　　　　ho 化—hho 华
hao 好—hhao 豪　　　　　hou 吼—hhou 后

(3) 最后一个声母"ng",是后鼻音(前鼻音是"n"),读音如英语 English[ɪŋglɪʃ]中的[ŋ]。

ng[ŋ](额)

下面来比较与其同部位的"后鼻音"的发音:

na 哪—nga 牙　　　　　　nu 奴—ngu 我
nang 囊—ngang 昂　　　　nak 钠—ngak 额

下面我们来通过一些词语来复习学过的声母:

排球 bhajhiu　　　上头 shangdhou　　夏天 hhoti
前进 xhijin　　　　勤俭 jhinjhi　　　文化 fhenho
大红 dhuhhong　　　奇怪 jhigua　　　　条件 dhiaojhi
皮鞋 bhihha　　　　稻柴 dhaosha　　　仍旧 shenjhiu
硬币 nganbhi　　　 藕粉 ngoufen　　　问候 menhhou

3

三、上海话的韵母

上海话的基础韵母(即发音各不相同的韵)一共有22个。

(1) 上海话与普通话发音相同的韵母有九个。

　　i(衣)　　　u(乌)　　　yu(迂)
　　a(啊)　　　o(哦)　　　y(字)
　　en(恩)　　 ong(翁)　　er(而)

在这些音中,"yu(迂)"和"y(字)"音用的字母与普通话拼音不同。

因为用"yu"是为了避免电脑上难以打出的"ü"。

用"y"而不用"i"兼做"字"的韵母,是为了兼顾到仍需要用"i"照顾到记写沪剧语音中"分尖团"的旧上海话音(如"死 si"和"喜 xi"有别,"死 si"与"四 sy"也有别)。

下面通过上海话的词语来学这些发音:

几 ji　戏 xi　起 qi　其 jhi　闭 bi　啤 bhi　帝 di　弟 dhi
借 jia　叫 jiao　救 jiu　穷 jhiong　布 bu　破 pu　蒲 bhu　墓 mu
努 nu　路 lu　故 gu　虎 hu　土 tu　广 guang　狂 ghuang　女 nyu
旅 lyu　许 xu　序 xhu　贵 ju　柜 jhu

假 ga　卡 ka　蟹 ha　也 hha　啥 sa　债 za　买 ma　奶 na
写 xia　谢 xhia　怪 gua　快 kua　挂 go　跨 ko　瓦 ngo　晒 so
蛇 sho　霸 bo　爬 bho　怕 po　麻 mo　化 ho　画 hho　子 zy
齿 cy　四 sy　是 shy　纸 zy　水 sy

镇 zen　城 shen　胜 sen　趁 cen　更 gen　狠 hen　恨 hhen
肯 ken　滚 gun　睏 kun　巩 gong　空 kong　宋 song　众 zong
梦 mong　侬 nong　弄 long　风 fong　缝 fhong　而 er　尔 er
耳 er　饵 er

(2) 下面一个韵,与普通话"ye(耶)、yue(约)"中的"e"读音相同。

e[ɛ](埃)

下面通过上海话的词语来学这个发音：

散 se　　赞 ze　　站 she　　慢 me　　类 le　　难 ne
代 dhe　　隑 ghe　　改 ge　　惯 gue　　掼 ghue

（3）上海话中还有一个韵为普通话、英语所无。

oe[ø](安)

它的发音，如发普通话"ü"的圆嘴唇口形，但把口张大点儿，就读出了"oe"音。

下面通过上海话的词语来学习这个发音：

敢 goe　　汉 hoe　　算 soe　　喘 coe　　船 shoe
最 zoe　　蜕 toe　　馆 guoe　　焕 huoe　　劝 quoe

下面用一些上海话的词语复习一下这一课的内容：

派头 padhou　　　坐垫 shudhi　　　下班 hhobe
随便 shoebhi　　　自家 shyka　　　老鬼 laoju
算盘 soebhoe　　　寒假 hhoega　　　面粉 mifen
红颜 hhongnge　　外婆 ngabhu　　　拳头 jhuoedhou

四、上海话的其他韵母

上海话的韵母中还有三种韵母，与普通话发音不同。

（1）与普通话发音稍有差异的两个韵"ao"和"ou"。

ao[ɔ](澳)　ou[ɤ](欧)

上面两个韵母与普通话的读音稍有不同，上海话读成口腔不动的单元音，而普通话读这两个音时口腔是滑动的，读成复元音，会普通话的人是体会得到两者的音色有些差异的。但是落实在字上，都是相同的。所以我们仍用普通话的"ao、ou"表示这些发音差异很小的语音。下面举例来读：

草 cao　老 lao　高 gao　宝 bao　好 hao　闹 nao　泡 pao
讨 tao　照 zao　造 shao　号 hhao　巧 qiao　小 xiao　钓 diao
料 liao　表 biao　鸟 niao　庙 miao　跳 tiao　桥 jhiao

口 kou　斗 dou　楼 lou　手 sou　吼 hou　剖 pou　某 mou
走 zou　寿 shou　后 hhou　究 jiu　旧 jhiu　绣 xiu　袖 xhiu　溜 liu
谬 miu　球 jhiu

"iou"在有声母的时候与普通话一样拼写时省去"o"。

（2）上海话中有两个鼻化韵。

an[ã]（张）　ang[ɑ̃]（章）

"鼻化韵"与普通话的"鼻音韵"发音有些不一样。"鼻音韵"发音时是先发元音后跟上一个鼻音，上海话的"鼻化韵"是鼻音和元音一起发出来的。

"an"中的"a"，发音时"a"发在舌尖上面；"ang"中的"a"，发音时发在舌根上面。但是中年人的新派上海话中这两个韵已经合并了，读"a"发音舌中偏后的鼻化音，我们写成"ang（张＝章）"。新派音系以后再说。

下面举例读老派音：

挡 dang　讲 gang　胖 pang　囥(藏)kang　囊 nang　杭 hhang
旁 bhang　床 shang　浪 lang　忙 mang　爽 sang　广 guang
狂 ghuang　矿 kuang　晃 huang

撑 can　冷 lan　省 san　常 shan　孟 man　打 dan　仗 zan
厂 can　朋 bhan　像 xhian　想 xian　良 lian　让 nian　奖 jian
抢 qian　强 jhian　墙 xhian

（3）上海话有四个入声韵。

上海话中保留古汉语中的全部入声韵母。入声韵又称促声韵，发音短促，后面有一个在喉部发出来的煞尾音。上海话中的入声韵如下：

ak[ʌʔ]（鸭）　ek[əʔ]（扼）　ok[oʔ]（喔）　ik[ɪʔ]（益）

"ak"：读"阿"的短促音，读如上海话"阿哥、阿弟"的"阿"。

"ek"：读上海话"扼制"的"扼"，读如英语不定冠词"a"的发音。
"ok"：读"哦"的短促音，读如英语"book"中的"oo"发音。
"ik"：读如"已"的短促音，读如英语"is""it"中的"i"发音。
"k"加在韵母里是入声的标志，表示喉部的急促收尾音。

新派上海话"ak[ᴀʔ]（鸭）"和"ek[əʔ]（扼）"两个韵合并为中间音"[ɐʔ]"，写作"ak（鸭＝扼）"。

下面举例读老派语音：

伯 bak　白 bhok　麦 mak　搭 dak　达 dhak　辣 lak　客 kak　杀 sak　石 shak　扎 zak　伐 fhak

拨 bek　鼻 bhek　末 mek　得 dek　特 dhek　勒 lek　刻 kek　色 sek　舌 shek　质 zek　勿 fhek

北 bok　薄 bhok　木 mok　笃 dok　独 dhok　落 lok　壳 kok　缩 sok　浊 shok　作 zok　服 fhok

瘪 bik　憋 bhik　觅 mik　滴 dik　敌 dhik　力 lik　吃 qik　歇 xik　拾 xhik　结 jik　吸 xik　脚 jiak　削 xiak　雀 qiak　捏 niak

掌握上海话语音对欣赏、理解和朗读古典诗词十分方便，我们可以很快学会区分古典诗词每个字的"平仄声"。采取的方法是：我们先把汉语字中的入声字用上海话读音拣出来，归入"仄声"；剩下的字，用普通话读一下，其中读第一声（阴平）和第二声（阳平）的字就是古音"平声"字，普通话读第三声（上声）和第四声（去声）也是古代的"仄声"字。这样古诗词的"平仄声"就分别出来了。

（4）上海话中有三个辅音能作韵母用，后面没有元音。

m（姆）　n（唔）　ng（鱼）

只有很少的字用这三个韵母。如"呒没花头""呒啥事体"的"呒 m"，"姆妈 'mma（母亲）""唔奶 'nna（祖母）"，"鱼 ng"、"端午"的"午 ng"、数字"五 ng"。

下面一起来读一些有关内容的词语，并注意其拼写方法：

上海 shanghe　杭州 hhangzou　常熟 shansok　蹄髈 dhipang

肉松 nioksong　　颜色 ngesek　　俗语 shoknyu　　蜡烛 lakzok　　娘舅 nianjhiu　　上班 shangbe　　碰头 bhandhu　　棒头 bhangdhou　　菜干 cegoe　　橡皮 xhianbhi　　外快 ngakua　　软档 nuoedang　　长风 shanfong　　下场 hhoshan　　旁边 bangbi　　薄板 bhokbe　　冷热 lannik　　杰出 jhikcek　　落魄 lokpak　　结棍 jikgun　　煞根 sakgen

五、上海话零声母字等的拼写和声调

1. 零声母字的拼写方法

零声母字,就是没有声母的字,即"i、u、yu"开头的字,其拼写方式和普通话相同,开头标为"y、w、yu"。如:

yi 衣　　ya 呀　　yan 央　　yin 音　　yong 永　　yik 一　　yak 约　　yok 郁

wu 乌　　we 喂　　woe 碗　　wan 横　　wang 汪　　wek 殟　　wak 挖

yu 淤　　yuoe 鸳

上海话中"i、u、yu"开头的字,有部分读浊音的零声母,拼写时就在第二字母的位置加上"h",用以区别读清音的零声母字。试比较:

"意 yi","移 yhi";"要 yao","摇 yhao";

"污 wu","舞 whu";"往 wang","黄 whang";

"迂 yu","雨 yhu";"怨 yuoe","园 yhuoe"。

其他浊的零声母字,都用"hh"表示声母,试比较:

"澳 ao","号 hhao";"呕 ou","后 hhou";

"矮 a","鞋 hha";"哑 o","话 hho";

"爱 e","害 hhe";"暗 oe","汗 hhoe"。

2. 其他拼写法

(1)"yu"和其开头的韵母,在与声母相拼时,除了与声母"n""l"

搭配的情况外,都可省去"y",只写作"u"。如:"贵 ju、券 quoe、许 xu、倦 jhuoe"。但"女 nyu、旅 lyu"不能省。

(2)"iou、uen"两个韵母,与声母相拼时,写作"iu、un",即与普通话拼音处理相同。如:"救 jiu""昏 hun"。

这个拼写规则,与普通话也是一样的。

下面再学习一些上海话词语:

便当 bhidang　容易 yhongyhi　房子 fhangzy　场面 shanmi
重要 shongyao　朋友 bhanyhou　适意 sekyi　肉麻 niokmo
家庭 jiadhin　人家 ninka　油腻 yhouni　一样 yikyhan
表现 biaoyhi　旅游 lyuyhou　明白 minbhak　蓬松 bhongsong
出俏 cekqiao　结足 jikzok　硬张 nganzan　煞搏 sakbok
着实 shakshek　笃定 dokdhin　眼痒 ngeyhan　腻心 nixin
软熟 nuoeshao　臃肿 ongzong　疲脱 bhitek　活络 whoklok
写意 xiayi　扎劲 zakjin　着肉 shakniok　茄门 ghamen
豁边 huakbi　罪过 shegu　脱底 tekdi　蹩脚 bhikjiak　灵光 linguang
促掐 cokkak　搭浆 dakjian　懂经 dongjin　刮皮 guakbhi
辣手 laksou　恶形 okyhin　滑头 whakdhou　乐开 lokke　戆脱 gangtek

3. 上海话的声调

上海话有五个声调,用1到5的五度来表示声调的高低,1度最低,5度最高。

(1)第一声阴平,读52(低),读如普通话的第四声去声。

(2)第二声阴去,读34(底);

(3)第三声阳去,读23(地)。

第二声和第三声调形相同,一个配清辅音开头的音节,所以高一点;一个配浊辅音开头的音节,所以低一点。

(4)第四声阴入,读5(跌);

(5)第五声阳入,读12(蝶)。

下面练习一下五个声调的发音:

阴平	52	江	天	飞	高	心	书
阴去	34	懂	好	土	对	去	太
阳去	23	来	同	有	稻	外	大
阴入	5	笃	各	脱	出	黑	级
阳入	12	六	学	白	石	木	极

体会一下上海话中各个声调发音,领会它的音高。

六、上海话说话的连读变调

这部分内容比较难学,但一定要学懂。

1. 上海话的连读变调

上海话在说话中声调不是都一个一个独立发音的,实际发音是有"连读变调"的。

两字连读的连读调大致就是前字声调的向后字延伸。如:"开 ke",读"52"降调。两字组成一个词读的时候,如:"开始 kesy"读"55+21"连读调,就是说"开始"共用一个降调,"开"读"55"调,"始"读"21"调,两者连读起来,就是一个"55+21"的连读,"始"不读原来的"34"平声调了。如类情况再如:

当中 dang$_{55}$ zong$_{21}$　　　春天 cen$_{55}$ ti$_{21}$
休息 xiu$_{55}$ xik$_{21}$　　　班级 be$_{55}$ jik$_{21}$

同样,第五个阳入声调"12"也是这样,单字声调是低声的,两字组词的连读调也是第一字声调的延伸"11+23"调。如:

白酒 bhak$_1$ jiu$_{23}$　　木板 mok$_1$ be$_{23}$　　落叶 lok$_1$ yhik$_{23}$
拔直 bhak$_1$ shek$_{23}$　　热煞 nik$_1$ sak$_{23}$

同样三字组以上的连读调,阴平字和阳入字领头的,也是第一字调的向后两字的延伸。

其余两个阴去、阳去声调,两字组连读时,变调都是用先低后高,也是单字调的延伸。如：

好 hao$_{34}$　　好人 hao$_{33}$ nin$_{44}$　　线 xi　　线粉 xi$_{33}$ fen$_{44}$
床 shang$_{23}$　　床单 shang$_{22}$ de$_{44}$　　妹 me　　妹妹 me$_{22}$ me$_{44}$

第四个阴入"5"声调，连读变调的调型与阴去相同，即并入了阴去声调。如：

缩 sok$_5$　　缩短 sok$_3$ doe$_{44}$　　刮 guak$_5$　　刮皮 guak$_3$ bhi$_{44}$
豁 huak$_5$　　豁边 huak$_3$ hi$_{41}$。

三字组、四字组、五字组的连读变调，第二个字升到最高"55"调，最后的字就读了最低的降调。如：

小姑娘 xiao$_{33}$ gu$_{55}$ nian$_{21}$　　面熟陌生 mi$_{22}$ shok$_{55}$ mak$_{33}$ san$_{21}$

所以，上海话在实际连读中，其实从两字组到五字组的词除了首字外，后面的字都失去了原来的字声调的原调。

2. 二字组到五字组连读变调调型表

连读调调型总表

单字调	两字连读调	三字连读调	四字连读调	五字连读调
阴平 52	55+21	55+33+21	55+33+33+21	55+33+33+33+21
阴去 34	33+44	33+55+21	33+55+33+21	33+55+33+33+21
阳去 23	22+44	22+55+21	22+55+33+21	22+55+33+33+21
阴入 5	3+44	3+55+21	3+55+33+21	3+55+33+33+21
阳入 <u>12</u>	1+23	1+22+23	A. 1+22+22+23 B. 2+55+33+21	2+55+33+33+21

注：A、B表示两式或用。

上海话说话时的声调是在一个个语音词中用单字调和连读调发音的。上海话的连读调是吴语中最简单的连读调——延伸式连读调，即：从两字组连读调起，都是第一字按单字调定调值，下面的字都失去了原字声调，用同一个简单调型连读的。

我们把表示连读调的两个数字简化成一个数字，用"下标"方式

标在音节字母后,举例说明如下:

天 ti$_{52}$　　天堂 ti$_5$ dhang$_1$　　天落水 ti$_5$ lok$_3$ sy$_1$　　天下世界 ti$_5$ hho$_3$ sy$_3$ ga$_1$

快 kua$_{34}$　　快手 kua$_3$ sou$_4$　　快手脚 kua$_3$ sou$_5$ jiak$_1$　　快手快脚 kua$_3$ sou$_5$ kua$_3$ jiak$_1$

后 hhou$_{23}$　　后头 hhou$_2$ dhou$_4$　　后天井 hhou$_2$ ti$_5$ jin$_1$　　后门口头 hhou$_2$ men$_5$ kou$_3$ dhou$_1$

一 yik$_5$　　一级 yik$_3$ jik$_4$　　一末生 yik$_3$ mek$_5$ san$_1$　　一天世界 yik$_3$ ti$_5$ sy$_3$ ga$_1$　　一本三正经 yik$_3$ ben$_5$ se$_3$ zen$_3$ jin$_1$

热 nik$_{12}$　　热煞 nik$_1$ sak$_3$　　热天色 nik$_1$ ti$_2$ sek$_3$　　热汤热水 nik$_1$ tang$_2$ nik$_2$ sy$_3$/ nik$_1$ tang$_5$ nik$_3$ sy$_1$　　热侬大头昏 nik$_2$ nong$_5$ dhu$_3$ dhou$_3$ hun$_1$

第一个字只要与"天、快、后、一、热"声调相同的字开头,其连读变调调型是一样的。

3. 几点说明

(1)由于"上海话拼音方案"在设计上的巧妙,可以不用数字标示声调,可以依靠声母和韵母的字母来暗示单字声调和连读调。

从上面的表可以看到,上海话中只有阴平单字调和阴平开头的连读调是直往下降的调型,我们在阴平声调开头的词条开头用"'"符号标示出来。

其他声调大致都是由下往上升的调子。

上海话传承古汉语语音的两个特征在这里起作用了。这两个特征,一个是保留浊辅音声母,另一个是保留入声韵母。辨别单字声调和连读变调就成了两个区分标志。

这套拼音方案中,凡是第二个字母是"h"的,就是浊音声母的字,还有出现鼻音声母"m、n、ng"和边音声母"l"的字,都为第一标志条件(简称"条件1")。

韵尾有"k"的,都是发音短促的入声调,作为第二个标志条件(简称"条件2")。

这样,我们就在拼式上可以区分阴去、阳去、阴入、阳入这四个声调。

阴去两个条件均无;阳去条件1有,条件2无;阴入条件1无,条件2有;阳入两个条件均有。

阴平声调单字调和阴去一样,两个条件均无。所以我们只需要在阴平开头的单字调或连读调开头的地方加上一个符号"'",如:"天下世界 'tihhosyga",用以标示它与阴去声调的区别。

如此我们完全可以在拼音中不标上数字,就能读出所有词条的声调和连读调了。

(2)有的词条在注音中有一个空档,因为这个词条在发音中有个小停顿,是用前后两个单字调或连读调一起来读的。比如:"荡马路"这个词条有两种发音:"dhangmolu(2+5+1)"和"dhang molu(23 2+4)";"敲竹杠 'kaozogang(连读:5+3+1)/'kao zokgang(分读:'kao zok$_3$gang$_4$)"。前者三字连读,后者第一字和后两字分读,中间有很小的停顿,它们的声调有很大差异。但大多数词语只有一个读法。

(3)上海话拼音已与"上海话输入法"(可在网上免费下载)通用,由于"上海话输入法"和普通话输入法一样,是不必打声调的,我们可以摈除词条拼音上的"'"符号和空格,直接将字母输入,即可在电脑中打出上海话的字和词语。

(4)上海话中有一个与连调规律例外的情况:否定词"勿(阳入字)"开头的三字组词语,不读阳入开头的"1+22+23"连读调式,而一定读成阴入开头的"3+55+21"调式;还有很少数的四字组"勿"字开头的词语只能读A式。这时,我们将字母"v"替换了"fh",如"勿开心"的拼式写为"vekkexin",用于反映这个三字组不读通常的"1+22+23"调式,而读"3+55+21"调式。

下面请读一些常用的两字组至五字组的词语:
Shanghe 上海　　Shanghehhehho 上海言话(上海话)
Whangpugang 黄浦江　'suzouwhu 苏州河　shyti 事体(事情)
mekshy 物事(东西)　midhao 味道　dan bhan 打朋(开玩笑)

bhekxian 白相（玩）　　ghak bhanyhou 轧朋友（交朋友）　　cek yhanxian 出洋相（闹笑话，出丑）　'linfhekqin 拎勿清（不能领会）　dhaojianwhu 淘浆糊（混）　　ao shaoyhin 拗造型（有意塑造姿态形象）　ghe 隑（靠）　kang 囥（藏）　yin 㵾（凉、冷）　dia 嗲　whakji 滑稽　sekyi 适意（舒服）　diklikgun yhuoe 的粒滚圆（非常圆）　sylindakdi 水淋澾渧（湿淋淋）　laoselaosy 老三老四（卖老）

一个"语音词"即一个字中间没有小停顿的连续发音单位。这个连续发音单位有时与语法词对等，有的并不对等。如："三只"是发音时组成一个语音词发出的，但"三只"是一个数词和一个量词组成的两个语法上的词。

七、新派上海话和老派上海话语音的差异

在21世纪初，上海语委根据国家语委的要求，组织了方言学专家对"40后"上海人和"70后"上海人上海话语音的调查，建立上海方言数据库，较科学地确定了上海话语音的标准。我们把"40后"说的上海方言语音称为老派上海话语音，把"70后"的上海方言语音称为新派上海话语音。上海城区里说新派语音或向新派语音过渡的人占大多数。

以下讲的是新派语音和老派语音的差异。

方言是活的、变化着的语言，都会有内部差异。上海话的主要差异是：多见65岁以上的上海人说的是老派语音，65岁以下的上海人说的是新派语音或向新派过渡中的语音。许多人认为老派语音是较为标准的上海话语音。但是上海多数人用的是新派语音，所以许多老师会自然读新派音来教学生。语音的变化是自然规律，要使它逆转是不可能的。

新派语音是简化了的老派语音，所以我们标了老派语音，读成新派语音非常容易，反之就难了。

老派语音与新派语音相比，主要有以下几点差别。

(1) 老派鼻化音韵有"an、ang"两个韵,在新派中并成一个音。如:

老派:"打(dan)≠党(dang)","张('zan)≠章('zang)","绷('ban)≠帮('bang)";

新派:合并为"ang","打=党"同音,"张=章"同音,"绷=帮"同音。

(2) 老派入声韵中有"ak、ek"两个韵,在新派中并成一个音。如:

老派:"杀(sak)≠色(sek)","辣(lak)≠勒(lek)","搭 dak≠得 dek";

新派:合并为"ak","杀=色""辣=勒""搭=得"。

(3) 老派韵母能区分"oe、uoe"两个韵母,而新派合并成一个音。如:

老派:"暗(oe)≠碗(woe)","赶(goe)≠管(guoe)","汉(hoe)"≠"焕(huoe)";

新派:合并为"oe","暗=碗""赶=管""汉=唤"。

(4) 老派韵母能区分"yu、yuoe"两个韵母,而新派合并成一个音。如:

老派:"喂(yu)≠怨(yuoe)","雨(yhu)≠圆(yhuoe)","具(jhyu)≠权(jhuoe)";

新派:合并为"yu","喂=怨""雨=圆""具=权"。

(5) 老派韵母能区分"iak、ik"两个韵母,而新派合并成一个音。如:

老派:"结(jik)≠脚(jiak)","叶(yhik)≠药(yhak)";

新派:合并成"ik","结=脚""叶=药"。

(6) 老派部分韵母为"iong、iok"的字,新派韵母读为"yun、yuik"。如:

老派:"荣=云 yhong","胸=勋 'xiong";

新派:"荣 yhong≠云 yhun","胸 'xiong≠勋 'xun"。

老派:"浴=月 yhok","菊=橘 jiok";

新派:"浴 yhok≠yhuik","菊=橘 juik"。

老派中也有相当部分人把第 6 条也读成新派音,或两读。

有的年轻人,韵母"o"和"u"也已合并,如:"瓜子=锅子 guzy"。

单字声调和连读变调,老派音和新派音是一致的。

由于语音的合并有一个漫长的过程,有的中年人在上面几项中,有些字音合并了,有些字音正在合并中或没有合并。好在第 1、2 条的字比较多,后几项都只有少量字,所以了解以后处理起来就并不难。电脑打字时当然用合并的"新派音系"比较方便;教学时标了老派语音,知道哪两个音年轻人合并成一个了,学起来也很方便。

至于上海话说句子时,究竟怎样去分语音词。本书将在第十二讲中具体说明。但是要学得好,要靠多听多说上海话,是会很容易自然学会的。

(本讲内容在本书中附有全套 MP3 录音供学习。)

◆ 故事选读:北风和太阳的故事

北风　　脱仔　太阳个　　　故事
Bok fong　tek zy　ta yhan ghek　gu shy

有一趟,　　北风　　脱　太阳　正好　辣辣　争,
Yhou yik tang, bok fong tek ta yhan 'zen hao lak lak 'zan,
啥人个　　本事　大。
sa nin ghek ben shy dhu.

正辣海　讲个　　辰光,　　来了一个　　　走路人,
'Zen lak he gang ghek shen guang, le lek yik ghek zou lu nin,
身浪向　　着了　一件　厚棉袄。
'sen lang xian zak lek yik ji hhou mi ao.

伊拉　两介头　　就　商量好了　　讲:"啥人
Yhi la liang ga dhou xhiu 'sang lian hao lek gang: sa nin
先叫　辫个　　走路个　人　脱脱　伊个　棉袄,就
'xi jiao ghek ghek zou lu ghek nin tek tek yhi ghek mi ao, jhiu
算　啥人个　　本事　大。
soe sa nin ghek ben shy dhu.

16

乃末， 北风 就 用足 力气 穷吹，
Ne mek, bok fong xhiu yhong zok lik qi jhiong cy,
阿里晓得 伊 吹了 越 结棍， 矜个人啊，
hha li xiao dek yhi 'cy lek yhok jik gun, ghek ghek nin hha,
就 拿 棉袄 裹了 越 紧。 到 后首来 北风
xhiu 'ne mi ao gu lek yhok jin. Dao hhou sou le, bok fong
呒没 办法， 只好 就 算了。
m mek bhe fak, zek hao xhiu soe lek.

过了 一歇歇， 太阳 出来 辣辣叫 一晒，
Gu lek yik xik xik, ta yhan cek le lak lak jiao yik so,
矜个 走路人 马上 就 拿 棉袄 脱脱了。
ghek ghek zou lu nin ma shang xhiu 'ne mi ao tek tek lek.

葛咾 北风 勿得勿 承认 到底 还是
Gek lao bok fong vek dek fhek shen nin 'dao di hhe shy
太阳个 本事 大。
ta yhan ghek ben shy du.

过了 几日天， 风 脱仔 太阳 又 碰着了。
Gu lek ji nik ti, 'fong tek zy ta yhan yhou bhan shak lek.
太阳 对风 讲："今朝 侬 还 敢 脱我 比
Ta yhan de 'fong gang:"jin zao nong hhe goe tek ngu bi
本事哦？" 风 讲："好个， 阿拉 再来 比一趟。
ben shy fha?" 'Fong gang: "hao ghek, ak la 'ze le bi yik tang.
侬 看， 河里向 勿是 有 一只 船嘛？ 啥人
Non koe, hhu li xian fhek shy yhou yik zak shoe ma? Sa nin
能够 叫 矜只 船 走了 快， 就算 啥人个
nen gou jiao ghek zak shoe zou lek kua, jhiu soe sa nin ghek
本事 大。"
ben shy dhu."

太阳 就 拼命 晒， 催 摇船个 人
Ta yhan xhiu 'pin min so, 'ce yao shoe ghek nin
用气力 摇。但是 太阳光 越是 大， 摇
yhon qi lik yao. Dhe shy ta yhan guang yhok shy dhu, yao

17

船个 人就 越是 呒没 力气，船 也 就
shoe ghek nin xhiu yhok shy m mek lik qi, shoe hha xhiu
摇得 越 慢。
yao dek yhok me.

  轮到 北风 来 试一试了。 伊 胡胡叫
  Len dao bok fong le sy yik sy lek. Yhi whu whu jiao
一吹， 只 听见 船夫 辣 喊："顺风了， 好 撑
yik 'cy, zek 'tin ji shoe fu lak he: "shen fong lek, hao 'can
帆了。" 船浪向 撑起了 帆。风 推 帆， 帆
fhe lek." Shoe lang xian 'can qi lek fhe. 'Fong 'te fhe, fhe
带了 船， 船 走得 瞎 快！
da lek shoe, shoe zou dek hak kua!

  乃末 太阳 只好 讲："风先生， 侬个
  Ne mek ta yhan zek hao gang: "fong xi san, non ghek
本事 比我 大。"到 着末脚， 风 讲："阿拉
ben shy bi ngu du." Dao shak mek jiak, 'fong gang: "ak la
俫有 本事， 用勿着 争了！"
she yhou ben shy, yhong fhek shak 'zan lek!"

第二讲

掌握上海话语序

上海话是上海人通用的活语,是汉语中吴语的一个代表方言。方言在民间自然使用中具有两大特点:一是社会生活流动的开放性,一是地域文化信息的集聚性。它的语音、词汇、语法都是随着社会的发展变化而缓慢变化的。在农业社会里,如沪语在1843年11月开埠前,变化很慢,但是在商业社会交际频繁的大都市里,变化就比较快。所以有的人要想坚守过去的语音特点和已淘汰的词语不变,是很不现实的。根据上海方言当前的实际使用情况,我们在2012年时通过全市性的广泛调查,建立了上海方言数据库,以"40后"和"70后"两个年龄群的标准,确立了老派音系和新派音系,两者的语音差异已在第一讲简述。现在上海话在实际使用中,大致65岁以上的上海人使用老派上海话,65岁以下使用新上海话,或老新过渡中的话,即有的字读老派音,有的字读新派音,有的字两读。

另外,还有一点也必须指出:语言是开放性的,开放性的事物都不可能标准化封闭化,但是记录语言的文字应该是封闭性的,就是每个词的用字写法必须规范化标准化,不能随便乱写。对于上海话语词的书写问题,请参阅本书的姐妹篇《原来上海话这样写——沪语难词的正音正字》(上海大学出版社2020年版)。

一、上海话是"SOV"语序和"SVO"语序并重的语言

大家知道,普通话句子的语序表达是"主语+动词谓语+宾语"。

如:"我吃了晚饭了。"但上海话是这样说的:"我夜饭吃过了。"普通话句中动词谓语"吃"在宾语"饭"前,而上海话句中"饭"在"吃"前面。也就是说上海话通常说"SOV"("S"是 subject 主语,"O"是 object 宾语,"V"是 verb 动词)这样的句式。如今青年人说的上海话受到普通话影响,也有人说成"我吃了夜饭了",但是年龄大一点的上海人都认为"我夜饭吃过了"是比较自然的上海话。

所以说,较老的上海话,或者比较地道的上海话是"SOV"基本句式,就像上海话说"道地"一词比说"地道"更地道。要把上海话的味道说得更浓厚一些,我们应多用"SOV"语序基本句式。如:

我早饭吃好了。
我功课做完了。
我夜饭小菜买来了。
我消息晓得晏了,勿然我买书老早会得等辣海。(我知道消息晚了,不然买书我很早会等在那儿。)
侬下半日窗玻璃揩一揩。
我瓣个物事也有个。
我杭州去了一埭。
种花末,我空地呒没个。
我裤子汏干净了。
我西瓜子侪吃光了。
阿拉电影去看过了。
伊吃饭家生带来了。
伊拉罗宋汤烧好了哦?
侬饭自家会烧哦?
侬地板扫扫好哦。
我手工生活勿会做。
我小生活勿做个。
侬报纸快点理!
我裙子过两日着。

我眼镜只配一副。
侬城里还是乡下去?
侬啥个事体会得做?
侬钞票带来哦?
倻外婆信收到了哦?
我拨伊耳光吃。
现在伊一篇散文写好了。
伊物事买了交交关关。
我房间揩揩好再出去。
我辫眼字打脱关机。("关机"是在句子下一层次上的"VO"词组)
我一张条子留辣海个,侬哪能呒没看见啊?
我夜饭吃好辣海了。
侬绒单浪个灰尘拍脱点!
侬英文信写得来哦?
侬功课做好再白相。
大家小菜先吃起来。
阿拉老酒吃吃,笑话讲讲。
我苹果吃脱两只。

上海话句子"SOV"语序的层次,一直使用到如今,它在上海话口语的各类句式中都有。如:

(1) 有字句:"要种花,我空地老早就有。""我辫种稀奇个物事有个。"

(2) 疑问句:① 是非问句:"侬铜钿带来哦?""侬介便宜个物事买勿买?""侬有两套沙发阿是?"② 特指问句:"侬啥地方来个?"③ 选择问句:"侬城里还是乡下去?"

(3) 否定句:"我上海勿去。""侬好物事勿要掼脱。"

(4) 能愿句:"我辫眼饭吃得落。""我针线生活会得做。"

(5) 祈使句:"侬报纸快点理好!""侬快点上头去!"

(6) 地点宾语句:"我楼浪来个。""侬明朝杭州去!"

(7) 结果句:"我一只床搬脱了。"
(8) 带状语句:"我裙子过两日做。"
(9) 带补语句:"我衣裳汏干净了。"
(10) 状语从句:"从前我娘四个五个小囡一养,穷得潎潎滴。"
(11) 定语从句:"老早我家当赅个辰光,伊拉侪眼热我。"
(12) 分裂式话题句:"我眼镜只配一副。"
(13) 含数量宾语句:"到现在伊三篇文章写了。"
(14) 双宾语句:"侬生梨㧱一只拨侬。"
(15) 心理动词句:"伊小囡老欢喜个。"
(16) 给予句:"我拨伊耳光吃。"
(17) 连动句:"我夜饭吃好做功课。"

(18) 各种时体句:① 存续体:"伊一只包裹拿辣海。"② 现在完成时态:"阿姐研究生考拉了。"③ 过去完成时态:"我一张条子贴辣海个,侬哝没看见啊?"④ 现在进行时态:"伊生活辣辣做了。"⑤ 过去进行时态:"我看见侬辣辣写个,侬勿要赖脱。"⑥ 现在即行时态:"阿拉生活做快了。"⑦ 经历体:"我好小菜侪尝过歇。"⑧ 短时反复体:"侬一只台子揩揩。(对象定指)"⑨ 长时反复体:"大家老酒吃吃,笑话讲讲。(对象不定指)"⑩ 尝试体:"侬拍子打打看。"⑪ 重行体:"味道勿好,我掰只菜再烧过。"⑫ 开始体:"阿拉小菜已经吃起来了。"⑬ 现在时:"客人侪到了,我两只菜上了。"⑭ 过去时:"今朝我超市去个。"

有两种句子,好像不能用"SOV"语序句式:一是判断句;二是比较句。如:"我是一个学生。""侬比我年轻。"

关于判断句,后来发现上海话中曾有更古老的句式。

英国传教士艾约瑟(Edkins)在 1868 年《上海方言口语语法》中说,上海话中,系词常没有。如:

是侬,第几个儿子?(艾 99 页。你是第几个儿子?)
我你读书个。(艾 125 页。我们是读书的。)

这两句中"是侬"是"侬"的双音节形式,"我你"是"我伲"的艾氏另一种写法。

又,如今也常用的:

昨日来个,我呀。(昨天来的是我。)
迭块地皮,哪个呀。
迭个,最好。
伊末,有铜钿人家呀。
我吃个,苹果。
宝眷,几位啊?

"……(末),……呀",类似"……(者),……也",不用系词"是"。上海话原有的表达形式在语感上比较老一些,是我们父辈经常如此说的,我们有时也用。

上海话中有一种比较老的"还是差比句",语序是"基准——标记——形容词",也是"SOV"类比较句,如:

用水汀还是用电气便当。(丁卓1936年《中日会话集》245页)
烧炭还是烧煤省得多。(丁卓1936年《中日会话集》245页)
石库门房子,还是新式里弄里个房子大得多。

带新闻性即告诉你一件事的句子,如普通话"我已经吃了两碗饭了",上海话也用"SOV"句式说。如:

我两碗饭已经吃脱了。
伊拉黄浦江两岸今朝俉去过了。

上海话动词前的受事成分既可以是无定指成分,也可以是句子的焦点成分。如:

到现在我三只苹果吃脱了。
我两门题目做好再走。

其中"三只苹果"和"两门题目"都是句子的无定指成分、句子焦点。

"VO"结构的紧密性,能从副词可用在"OV"句式之前看出。如:

侬一定老早龙虾吃过个。
侬大概老酒勿大吃个。

特指疑问句中的疑问代词也是句子焦点,上海话中疑问代词也可在动词前。如:

侬阿里种房子最欢喜？——我复式房子最欢喜。
伊阿里去了？——伊楼浪向去了。
侬哪能北京勿去了？——我生病咾北京勿去了。

上面的不少句子,现在有些年轻人也用"SVO"句式讲,但是年纪大一点的人听起来,感觉不太自然。如:"侬带来钞票哦?"一般都说:"侬钞票带来哦?"有的句子几乎不能说。如:"我衣裳汏清爽了。""我西瓜子侪吃光了。"不能说:"我汏清爽了衣裳。""我侪吃光了西瓜子。"又如一般不说:"伊拉烧好罗宋汤哦?"

这种"SOV"句式的表达方式在浙江吴语尤其在农村更为稳定,甚至只有一种"SOV"语序说话形式。

普通话中用"VO"句式的句子,上海话也往往用"OV"句式说的。如:

门开开。(开一下门。)
我个言话听得懂哦?(听得懂我的话吗?)
酒吃多了。(喝多酒了。)
昨日夜头火着个。(昨天晚上着火的。)
电灯开辣海。(开着电灯。)

在说普通话时,有的话要把宾语提到动词前面来说,往往要在名词宾语前加个"把"字的。如:"把门开一下。""把窗关起来。"上海话中与"把"相对的"拿"可以不说。如:

窗关起来。(把窗关起来。)

伊家生侪带跑了。/伊拿家生侪带跑了。（他把工具都带走了。）
侬洋伞摆辣瓣搭。/侬拿洋伞摆辣瓣搭。（你把雨伞放在这儿。）

二、上海话与普通话句子在动词后面成分的语序上有异同

这里先说说上海话中"动词＋宾语＋补语"的语序。

1. 动补宾

老上海话中有带结果补语的"动补宾"结构。如：

瓣把刀快来死，恐怕小人要<u>割痛手</u>。
外国人吃物事<u>用惯刀叉</u>，中国人吃物事<u>用惯筷子</u>。

普通话一般是用"动宾动补"形式说的。如："外国人吃东西用刀叉用惯的。"

"动补宾"用在吴语中说得比普通话多。如：

我前两年做生活<u>吃足苦头</u>。
侬哪能船里向勿<u>装满货色</u>个？
我辣辣前头<u>引路</u>，侬要<u>跟紧后头</u>。
每日<u>吃饱饭</u>，勿做好事体！
从前伊是<u>享惯福</u>个。

上面最后两句话，现今多这样说：

每日饭吃饱，事体做勿好。
从前伊是享福享惯个。

另外一种常用的"动补宾"，补语是比较虚化的唯补词"脱、好、着、起、煞、牢、落、完"等。如：

"洗洁精"<u>汰脱</u>油腻。

侬夜里向要当心好小囡。
侬弹出仔眼睛做啥？
拉牢拉链锁好行李包！
日日夜夜做，侬撑得牢身体哦？
白相好大世界，侬再要到阿里搭去？
伊叫啥想煞迭个男朋友了！
一只信壳寄勿落辫份资料。
我总归辣吃夜饭之前做光功课。
我一定会做着班长。

像上例的最后一句，补语"做着"的"着"已相当虚化不能作动词用，成了表示结果的唯补词，这种"动补宾"至今常用。如："吃好了夜饭，辫个朋友末，辣床浪收作行李。""我做完功课，就来。"不过这种"补语"的用词较封闭，没有几个。

现今"动补宾"结构，尤其是宾语比较长的结构，多把宾语提到动词前成为"宾动补"形式，更觉通顺。这也是吴语的一个特点，如上面例句通常说成："外国人吃物事，刀叉用惯个。""'洗洁精'油腻汏得脱。""侬夜里向小囡要当心好。"或"侬夜里向要拿小囡当心好。"

另一种通用的方法是"动宾动补"式。如："用刀叉用惯了。""装货色装满了。"

还有一种"动补宾"形式，是"状动宾"转来的，现今还在用。如：

我要登辣屋里一日天。/我要辣屋里登一日天。

2. 动补代

宾语是代词。如：

我打痛伊了。
伊气煞我了。

伊常常讲坏我。
伊辣辣骂煞侬。
阿里晓得蛇倒弄勿过伊。
我个酒量吃得过伊。

另一种形式用"伊"复指主语。这种形式经常用在虚拟句（非现实句,即事件还未发生）中,"伊"成为主语或话题名词的复指,轻读。如：

搿眼家生卖脱伊。
搿只猫要养大伊。
花长得长个,要抈脱点正头；花头勿多,正头也勿要去摘脱伊。

"伊"复指"搿眼家生""搿只猫""正头",这种复制形式在上海话中是常用的。

3. 动宾补

这种是很有上海话语法特色的句子结构。如：

假使嫁老公勿着起来,日脚哪能过！
今朝还是出货勿脱,我要急得双脚跳了！

这种结构通常会重复动词来讲。如：

假使嫁老公嫁勿着起来,日脚哪能过！
今朝还是出货出勿脱,我要急得双脚跳了！

另一种是在"动宾"后跟一个作"在那里"解的补语"辣海"。如：

迭只缸有一条碎路,勿好摆水辣海。
乡下人要吃个水常常加明矾辣海。

也有在"动宾"后放一个处所补语。如：

伊放点水辣提桶里。
侬写一张字据辣台子浪。

也有把短定语补充在名词后。如:

有啥吭没办法!不过<u>费手脚一点</u>。
一下半日我<u>装好了凳脚两只</u>。

此外还有"吃药少""省力惯""拔身勿转""嫁老公勿着"等,是有吴语上海话特色的用法。如:

多注意身体锻炼,我就<u>吃药少</u>。
我是辫能样子做个,<u>省力惯</u>。
汪江一时<u>拔身勿转</u>,正巧撞着老三,吃着记大亏。

这类"动宾补"格式在官话中完全不用,但在上海话中还有条件地保存着这类近代汉语中曾有的形式。现在许多人已觉生硬,中青年都不说了。

4. 动宾趋

动作的趋向"上去""出来"等放在名词宾语后边。这在上海话中也使用,但现今年轻人说得不多了。如:

要<u>坐上去</u>,先要<u>停车子下来</u>。
两家人家<u>并家生拢来</u>。
到现在廊檐还辣<u>滴水下来</u>。
姑娘<u>倒一碗茶出来</u>。
伊一时<u>摸勿着头路起来</u>。
张屠夫<u>打门进来</u>救了伊。
祝告了一番,<u>磕头起来</u>。
哨兵辣辣夜里<u>偷营过去</u>落得胜。
比方<u>划稿子起来</u>,或者划错,或者先生改笔,稿子上有点铅笔影子,要揩脱。
稿子临得辫能样子了,乃末好<u>划进法做出轻重出来</u>。
凡是先生辣教个辰光,或者<u>改笔起来</u>,最要用心看好。

等到杯子有了拆缝末,<u>放水下去就要漏</u>。
终勿肯让伊拉<u>竖杆子起来</u>。
<u>触霉头起来</u>末,摸着一条蛇。

另一种形式是宾语插入趋向词中间,这是上海话中常用形式,与普通话一致。如:

倒出一碗大麦茶来。
敌人杀进城来。
撑开船来一路远去。
行起顺风来,船开得邪气快。
反转手来,挺起胸来。
抽勿出空来就走。

现今在宾语为人或物的句子里,"动＋趋$_1$＋宾＋趋$_2$"的形式已常见。

5. 动代补

这种"动代补"的补语是结果补语。如:

等伊再要惹别人,先生<u>罚伊重点</u>。
后来只管要浇水,勿要<u>放伊干脱</u>。

后半句的"先生罚伊重点",即"先生罚伊罚重点",所以它可以看作"动代动补"的简化形式。现今"动代补"式显老,青年人通用"动代动补"式。如:"等伊再要惹别人,先生对伊罚重点。"

有时补语是与趋向补语相近的唯补词补语。如:

我路浪<u>碰伊勿着</u>,勿晓得伊到阿里去了。

另一种"动代补"实际是兼语式。如:"看伊懂""打侬死""敲伊碎""吓我跑"。但已多用"拿"把对象前置。如:"拿伊看懂""拿伊敲碎""拿伊打死"。

6. 动代趋

把代词插在动词和趋向词之间。如：

快点<u>放我出来</u>！
脱伊叫部车子，<u>送伊转去</u>。
辰光勿早，我勿好再<u>等伊下去</u>了。
输脱铜钿末，勿肯罢休咾要重新<u>赢伊转来</u>。

趋向补语是否定形式的，过去也常见。如：

至于交关花个名头，侪<u>叫伊勿出</u>。
看伊拉样子，是<u>容我勿得</u>。我勿好再登下去了。
辩个人，因为前日伊勿肯帮伊个姊妹忙，我交关<u>看伊勿起</u>。
就是菩萨，也<u>点化伊勿转来</u>。
伊勿肯出来，我随便哪能也<u>叫伊勿出</u>。
迭棵树长得忒大了，阿拉<u>拔伊勿起</u>。

现今肯定式，常用"拿代动趋"形式，如："脱伊叫只驴子，拿伊送回去。"也可用"动代趋"式。否定式"动代趋"已显旧，青年人常用"动趋代"式，如："至于交关花个名字，叫勿出伊。""辩个人，因为前日伊勿肯帮伊个妹妹，我老看勿起伊。"较少用"叫伊勿出""看伊勿起"。

7. 动代宾

倒也好了，<u>吃伊饭</u>，<u>着伊衣裳</u>，<u>住伊房子</u>。
一旦气起来，就<u>拨伊</u>一记反抄耳光。

这种"动代宾"用法，代词和后面的宾语，有领属关系。如：

勿要<u>揿我头</u>。
我勿想<u>打伊屁股</u>。
我欢喜伊，总归要<u>帮伊忙</u>，<u>称伊心</u>。

现在，常用的形式是"揿我个头"，"称伊个心"，即把代词变为领属于宾语的定语。

另一种"动代宾"句子,是在动宾离合词内插入人称代词。如:

伊相信孃能做,葛也<u>随伊便</u>。
我要伊拉来<u>帮我忙</u>。

现今也有"趁伊便",但多用"孃个也随便伊。""趁伊便"已成固定用语,不能改说"趁便伊"。

8. 定语后补

沪语口语中往往没有长定语的句子,如果有名词前的较长修饰成分,往往是后置于中心语的,补充说明前句。如:

要卖一只竹椅子<u>孙因坐个</u>。
孃个小姑娘,<u>刚刚走过个</u>,勿晓得是啥人家个,生得极其标致。
俉肯拨铜钿我,我领俉去寻孃个人,<u>村里管账个</u>,拨伊一百块铜钿。
我还有个小娘舅,<u>开木行个</u>,伊孃搭木料交关多。
我个意见末,俉所要用个物事,<u>多点少点</u>,我来自家办。
辣四川地方有一位朋友,<u>做贩卖古董咾玉器生意个</u>。

现今受北方话书面语和英语的影响,"定语后补"或"前置定语"两式都用,后者较新。如:

要买一只竹椅子,<u>孙因坐个</u>。|要买一只孙因坐个竹椅子。
孃个小姑娘走过来了,<u>着红裙子辣海个</u>。|孃个着红裙子辣海个小姑娘走过来了。

9. 状语后补

我彻底停下来去休息,<u>辣做了一日天个重生活以后</u>。|我辣彻底做了一日天个重生活以后停下来去休息。
现在我得着朋友介绍个一只位子<u>辣一个公司里向</u>。

典当里是要一个大咾要紧个线索<u>为</u>捉着强盗。

定语后补和状语后补的原理一样,沪语口语句子倾向简短,一般没有较长的谓词前置状语和名词前置定语。

三、上海话中话题句的泛用

上海话一个重要的特点是大量使用"话题句"。

"话题句"指的是有一个话题语成分在句子头上的句子,这样的句子多数写成"NPS 句"。其中"S"是"sentence","NP"是名词短语,不过"NP"也是句子内的一个语法成分叫话题语,而且动词短语等也可以做话题语。

上海话比北方话、普通话拥有比例更高的话题句,出现在各种句式的句子里,包括动词句、名词句,都可以是话题句。有些可表现生动意义的话题句很有特色,是普通话中没有的。在话题语后,通常有一个提顿助词"末"提顿,但也有的话题句仅有停顿而不用助词。话题语大致有以下几种类型:

1. 论元式话题

(1)论元共指式话题:话题语与述题中的某个论元成分共指。如:

<u>辫对瓶</u>,我嫌<u>伊</u>忒大,侬拿仔转去哦。(这对瓶子,我嫌太大,你拿回去吧。)

<u>阿拉两家头</u>,现在<u>大家</u>可以做做啥事体末好呢?(我们两人现在做些什么才好呢?)

<u>城西面</u>,<u>江先生</u>,阿是<u>伊</u>要买房子?(是不是城西的江先生要买房子?)

刻字店里<u>每个字</u>刻<u>伊</u>要几钿?(刻字店里刻一个字要多少钱?)

小囡放伊到儿童乐园里去白相。
我䀲到五更头,醒转来,觉着冷来,被头嫌伊薄了。
辣个学生子,老师应当表扬伊。

(2) 论元总分式话题:话题语与述题中的某个论元成分为总分式。如:

盆子咾碗拨侬一跌,有个末碎脱,有个末损坏。
辣搭画图间里,有两样学法:一样末,学着颜色,吪没啥难个;还有一样,学打稿子,辣个啊,非五六年勿好成功。
养猫有两个好处,一末可以当伊宠物,二末衣裳搭之事物可以勿拨老虫咬坏。

2. 语域式话题

(1) 时地语域式话题:限定时间处所背景,叙述议论的时间、地点范围,像状语。如:

现在鱼个行情嗷呢贵。
端午节,有划龙船,看个人老闹猛个。
清明节阎罗王放鬼还乡。
头起来末,钞票用了老节省。
辣个几年里向末,生意倒蛮好。(这几年里,生意倒不错。)
书房里,一只钟勿走了。(书房里的那只钟停了。)
啥人勿欢喜春天呢?春天末天气暖,花末香。啥人勿怕热天咾秋天呢?夏里热,秋里凉,最怕个末是冷天,嫌伊太冷。
八月里末,木樨花、蓝菊花;八月底里末,分种落阳花,开大丽花,得仔万寿菊。
六月里末,天气热,花末少,只有勿多几样花。

(2) 领属语域式话题:话题像后面名词成分的领属形容词修饰语(定语)。比如第一句"辣个人,衣裳"相当于"辣个人个衣裳";但

"辫个人"已作为一个话题来说,可以继续说对应"辫个人"的分话,如:"辫个人,衣裳着得难来来,走路样子倒蛮登样。""侬是,讲言话声音"相当于"侬个讲言话声音","是"在这儿是与"末"一样的提顿助词。再如:

<u>辫个人</u>,衣裳着来难看来。
<u>A4纸</u>两板片侪要打字。
<u>迭块园地</u>种花人是啥人?
<u>迭个裁缝</u>手脚好勿好?
<u>侬</u>是讲言话声音忒小,别人家听起来听勿清爽个。
<u>老兄</u>动身个日脚,定当了哦?
<u>前日老兄</u>送拨我个茶叶,味道老好个,谢谢谢谢。

(3)上位语域式话题:话题语在下面主语的高位上。如第一句主语说"粗细"是"辫根绳子"的一个方面的内容。如:

<u>辫根绳子</u>粗细正好哦?(这根绳子粗细正好吗?)
<u>人</u>讲言话,总要老实。(每个人说话总要诚实。)
<u>侬</u>打仗打过歇几次?(你打过几次仗?)
<u>从前个皮鞋</u>镂空个算时髦个。(在从前的皮鞋中,雕空花纹的那种算时髦的。)
<u>油</u>啥个价钿一斤?(一斤油卖什么价钱?)
<u>绸缎</u>买起来,上海嗰呢松江嗰?(买绸缎,上海便宜还是松江便宜?)
<u>钮子</u>一付末,五粒板数。(钮扣总是一副有五颗。)
<u>迭个生意</u>本少利多。(这件买卖本少利多。)
<u>王先生</u>几点钟大殓?(王先生是几点钟的大殓?)

(4)背景语域式话题:说明内容仅与话题相关,话题只提供一个事件框架、背景。如:

<u>线粉</u>干俫用场大勿大?(粉丝你们用处大不大?)

34

<u>房间</u>做辣辣下底末,响声好点。

<u>书</u>侬要照正式个钉法会哦?(按正式的方法钉书,你会吗?)

<u>我个朋友梅先生</u>,伊个夫人昨日夜头过世了。(我的朋友梅先生,他的夫人昨晚去世了。)

<u>辧趟个瘟疫</u>有行情行市个人死脱。(这次瘟疫里有许许多多人死了。)

<u>辧趟个风潮</u>,受着灾难个人勿少。(这次台风,受难的人不少。)

<u>中国人</u>开张要拣好日脚。(中国人开张要选好日子。)

<u>侬昨日白相南湖景致</u>,回来啥辰光了?(侬昨天玩了南湖风景,回来啥辰光了啊?)

<u>我到了下半日末</u>,空了。(我下午有空。)

用"末"等还能引出表示背景条件的话题。如:

<u>王先生出去之末</u>,伊个夫人吃仔一大包安眠药自杀了。(王先生出去以后,他的太太吃了一包安眠药自尽。)

<u>辧两样小物事烧好仔</u>,侬好拿几样来。(等这两件小物件烧得了,你可以拿几样儿来。)

<u>风停仔末</u>就要落雨了。(风停之后就要下雨了。)

(5)总冒式话题:句子的内容处在前面的总前提下。如:

<u>要我付钞票末</u>,叫伊拉自家来拿。

<u>伤风末</u>,吓啥要紧,只要休息两天就好咪。

<u>金睛鱼</u>啥地方有买?(什么地方有买金鱼?)

<u>比方人末</u>,我寻来个,我应该要担保。(比如我找好的人,我应当担保。)

<u>对于价钿贵咾噁</u>,一眼也勿管个。(对价钱的贵贱一点也不管的。)

<u>凡是勿会听命个人末</u>,勿会得发命令。(不会听从命令的人也不会发命令。)

<u>做小生意</u>,要勤勤谨谨也会长铜钿个。(要勤快又谨慎,做小买

卖也会生钱的。)

(6) 并列罗列式话题。如：

<u>房子啊,轮船啊</u>,搨得侪有点因头个。(房子啊,轮船啊,涂得都有点缘由的。)

<u>自来水咾电灯咾电话咾啥</u>,大地方一样也少勿来个。(自来水、电灯、电话等,大地方是一件也不能少的。)

(7) 受事前置式：通常像是句子的宾语前置到句首为话题。如：

<u>迭块石头</u>侬要凿开来。(你要把这块石头凿开。)

<u>瓣条裙子</u>侬欢喜哦?(你喜欢这条裙子吗?)

<u>花草树木</u>人人欢喜看。

<u>小因</u>到阿里去了我勿晓得。

<u>条毛巾</u>,侬要挂挂好。(你要挂好那条毛巾。)

<u>瓣个帽子</u>侬几化铜钿买来个?(你买来这个帽子多少钱?)

<u>瓣个房子</u>,容易有人租个。(这个房子是很容易被人租的。)

<u>成功勿成功</u>,我勿关。(成功与否,与我无关。)

(8) 系事式话题："是"字判断句的前身。如：

<u>瓣间末</u>,吃饭间。(这间是餐厅。)

<u>我个意见末</u>,伊拉采用个。(他们采用的是我的意见。)

<u>伊件是</u>,旧年秋天到苏州辰光买个。(那件是去年秋天去苏州时买的。)

<u>装潢得顶好看个地方末</u>,要算延安东路个黄浦滩。

<u>布染啥个颜色末</u>,啥个价钿。(布,染成什么颜色,就是什么价钱。)

(9) 副词连词式话题。如：

<u>到底末</u>,我个朋友呀,佲侪会相信伊拉个看法。(我个朋友啊,你们最终会相信他们的看法。)

所以末结果两方面侪吰没打赢,零比零,要重新再比。

3. 拷贝式话题

这是上海话经常用的吴语式话题。

(1) 单句拷贝式话题。如:

读书读过歇几年?(书读过几年?)

写字写了好哦?(字写得好吗?)

排版排得勿好咾,书做起来,勿好看。

看着窗口里个月亮光,睏也睏勿着。(看到了窗前的月光,怎么也睡不着。)

我虽然各到落处去寻,寻也寻勿着。(我不管怎么到处去找,就是找不到。)

笨是笨得来一塌糊涂,辩个人!(笨得真是一塌糊涂,那个人!)

收是收个,请问辩个学生子,有几岁了。(确定收的,请问这个学生,有几岁了?)

我辣末生头拿伊一只手捉牢,强也强勿脱。(我突然抓住他的一只手,他犟也没用。)

烟咾老酒,碰也碰勿得。(烟和酒,就是碰不得。)

好是好个,到底本事平常。(虽然好,但是本领毕竟一般。)

保人是总归要个,自家寻得着哦咾?——寻是寻得着个。(保证人总是要的,你自己找得到吗?——要找的话,还是找得到的。)

昨日夜头,王家吵新房吵得晏来,吵到三点钟。(昨晚王家新房闹得很晚,搞到三点钟。)

重复动词的拷贝式,其含义不能用普通话完全对应译出。

(2) 分句拷贝式:用在从句里。如:

样子看起来好哦?——好是好个,不过嫌忒时髦点。(看起来样子好吗?虽说肯定好,但是还嫌时髦一点。)

侬讲辣海个几样物事,现在做末做辣海了,还吰没烧。(你讲好

37

的几件东西,现在虽然已经做好了,但是还没有烧。)

这两句都是表示转折关系。

4. 分句式话题

分句式话题是上海话用的话题形式,普通话中没有这种形式。

(1) 至于分句话题:常用提顿话题的助词"末"为标志引出转折句。如:

工钿拨侬一百块洋钿,<u>衣裳末</u>,另外再拨侬。(给一百块洋钿工钱,至于工作衣服,另外再给你。)

辫只表要一千块洋钿,<u>金表链</u>外加。(这个手表要一千元钱,至于金表链,要另加钱。)

(2) 例举分句话题。如:

<u>有个末</u>,因为小辰光穷苦咾,吓奈何出来个。(有的因为小时候穷苦,无奈何出来的。)

<u>辫个一张末</u>,就是做得好个。好个吓没几张。

(3) 条件分句话题:话题构成说明部分的条件。提顿助词"末""咾"在此引进条件。如:

<u>再勿用心末</u>,叫伊立仔咾画。(要是再不用心,就叫他站着画。)

<u>粗心个人乱跑末</u>,容易闯穷祸。

<u>太阳出来仔末</u>,迷露要散脱了。(太阳出来以后,雾就要散了。)

<u>等伊再用心眼咾</u>,望老师多多赞扬伊。(等他再用心点,望老师多多赞扬他。)

<u>木行要大本钿咾</u>,再开得起。(木材厂只有本钱大,才开得成。)

<u>学了起稿子末</u>,再好学油画。(只有学了起稿子以后,才可以学油画。)

(4) 假推分句话题:这是假设推论复句,也是以"末""呢"引出,前后两句相当于是普通话"如果……,就……"。如:

勿贵末,买仔去,嫌贵末勿要买。(如果不贵就买去,如果嫌贵就别买。)

包租末,我常怕一时上头租勿出。(包租的话,我怕一时租不出去。)

去叫包车末,车钿先讲定当仔。(要是去叫车的话,车钱先讲定了。)

做和尚末,俗话讲吃佛着佛。(如果做和尚,俗话说吃着佛穿着佛。)

一家头拿勿起末叫个人来相帮。(要是一个人拿不起,就叫个人去帮忙。)

侬转去末,叫个替工来。(如果你回去,叫个替工来。)

买好仔末,早点回来。

侬来末,我候侬。(要是你来,我就等着你。)

来末,一道来。(来的话一起来。)

粗心仔末事体做勿好唻。(粗心的话,事情就做不好了。)

假使要定做末,价钿要贵一点。(如果要定做,价钱就要贵一点儿。)

上船仔发起大风来呢,我要更加挂船了。(上船后发起大风来,我更要晕船了。)

落起雨来呢,我就勿去了。(要是下起雨来呢,我就不去了。)

假推话题有时也能用"是""咾"提顿。如:

侬勿答应是,搿桩事体要办勿成个。

我是侬咾,老早去唻!

万一咾有个一只蚊子拨伊飞进来仔,我可以射一射杀虫药水,或者点一眼蚊虫香好了。

条件话题也能用"是""咾"提顿。如:

侬早一点通知是,我昨日就好来了。

等侬再用心点咾,老师要好好叫表扬侬两声。

现今提顿助词"是""咾"中青年已很少用。

(6) 直推分句话题。如：

<u>饭烧好了末</u>要吃。（饭既然煮好，就要吃。）
<u>信写好仔末</u>，我带得去一道寄。

(7) 连贯分句话题：也是说以后接着发生的事，有时语义介于条件、因果、直推和连贯之间。如：

<u>花买了来末</u>，就要种个。（花买来了的话，就要种的。）
<u>花秧活仔末</u>，要浇点清水粪，<u>后来末</u>，只要拔拔草。

(8) 因果分句话题。如：

<u>伊块冷落地方咾</u>收益有限个。（那块是冷落地方，所以收益有限。）
<u>有人生仔病咾</u>，吸取仔教训了。（有人生了病，所以吸取了教训。）
<u>先打破仔一角城头咾</u>，士兵就蜂拥进城个。（因为先把城头一角打破了，士兵就拥进城的。）
一个可以上场做生活了，<u>还有一个新来咾</u>，勿来事辣海。（一个可以上场做活了，还有一个因为新来的，所以还不行呢。）

5. 复句、句群话题

一两个分句构成的复句，可在句前有个话题；许多句子构成一个句群，也可用话题语提顿确定总话题。

(1) 总冒式复句句群话题。如：

<u>辫个看园子个人</u>，阿拉要脱伊拉去寻个呢，还是伊拉各人自家去寻个？（这看管园子的，是我们给他找的呢，还是他们各个人自己去找呢？）
<u>辫桩婚约本人倒赞成个</u>，不过我个爷娘邪气反对。（这门婚约本人倒赞成的，不过我的父母极其反对。）

40

迭个人心直来死个,想着啥讲啥。(这个人心直得很,想到什么就说什么的。)

爱息国个海岛,因为出金子咾金刚钻,特别个香料咾,有名个。

茶叶末,有名个,一年里向个茶叶,有六十百万箱,拿到欧洲、美国去卖个。

写末要请沈先生写,沈先生个两个字末非常之漂亮个。

本地人要白相末,摇只小船,登拉水里向,荡来荡去,就辫能介咾,人家讲伊,像个鱼一样。

啥人来买夏天用个物事末,价钿老便宜个,货色交关多,可以照辫个人所欢喜个拣咾买。

(2) 联合式复句句群话题。如:

饿末,想吃饭;干末,想吃茶。

地皮末,最熟个,是认真种个咾;天气末,辣辣平行线浪看起来,比仔欧洲,稍为冷点。

王家向来是做生意人家,张家末历代是做官个。

君子末必定得君子做朋友咾,小人必定得小人轧道。

有时是对举假设,如:

砚台上墨勿要忒浓,浓了揭勿开,也勿要淡,淡了要化开来。(砚台上的墨不要太浓,如果太浓就涂不开来,也别淡了,淡的话要化开来。)

便宜末要买,贵末勿要买。

听得进末听仔,听勿得个末,勿要听。

(3) 连贯式复句句群话题。如:

中国个万里长城,造辣辣北面,有一千五百公里个长。高末,有三十尺,地面末,可以并排六匹马一道走。

上海个气候交关潮湿,湿气重个人末,勿可以着橡皮底鞋子,着仔末,会得生脚癣。

6. 其他形式话题

(1) 话题语有时与主语重合。如：

<u>伊末</u>,正辣辣准备嫁妆。
<u>性情末</u>邪气温和有耐心。
李小姐真是有福气,<u>爷娘末</u>双全,<u>天资</u>又交关聪明。
<u>最好个料作做衣裳个末</u>,就是夏布。
<u>张家太太</u>,真是个有本事个人。

(2) 动宾短语和主谓短语都可作话题。如：

<u>交仔秋末</u>,啥人再要吃冰水呢?
<u>一口书橱漆好了哦</u>,侬去问问看。
<u>雷响响来</u>,我拨伊弄觉了。(雷声真响,我被它搞醒了。)

(3) 话题后,也能带名词句,一般是旧式的判断句。如：

<u>伊拉拜个末</u>,释迦牟尼咾观世音。
<u>侬</u>,第几个?(你是第几个?)
<u>侬</u>上海人嚎?(你是上海人对吗?)

(4) 复句、句群中,往往共用一个话题,也经常会转移话题。如：

<u>还有一样末</u>,回转来个辰光,趁带便,到侬认得拉个裁缝店里,替我问问看,定做拉个一件衣裳好了哦?(还有一件事,回来时,顺便到你认识的裁缝店里,替我问问看,定做的那件衣裳好了没有?)

<u>登勿完介许多房子末</u>,侬可以自家登个几间;<u>多下来末</u>,拿来租辣别人个。

下面一句,第二个分句的话题,已不是定指成分"辫个花布",而是通指"花洋布"了。

<u>辫个花布</u>,我嫌比恁火气,还要素色点。(这花洋布,我嫌它太火气,还是要素色一点的。)

7. "STV"句中的次话题

上海话中还存在"STV"句,在句子的主语后和动词前也可能有次话题语。"T"是话题语的简称。如:

烟酒当中,我<u>香烟</u>末勿吃,<u>老酒</u>是还要吃吃个。

还存在着大量省却施事(发出动作)主语的话题句。如:

伊只闹钟辣走哦?

迭张CD辣放哦?

这类句子中的话题语在实际运用中常与受事主语难以划界。再如:

<u>短裤</u>汏好辣海了。(短裤已经洗好在那儿。)

这句话是受事主语句,也可以看成省却施事主语的句子。如果要补入施事成分"我",可以有两个位置。如:

我短裤汏好辣海了。

短裤我汏好辣海了。

"短裤"这个成分,可以在施事主语的前后出现,在"我"后的"短裤"成为次话题,也可加后置词"末"。如:

下面的例句里,施事主语可以加在半字空格中,或者放在句首。

<u>烟咾酒</u>末侪勿吃个。(烟和酒都不吃的。)

<u>洋盘</u>末绝对勿要去买个。(千万别去买洋盘货。)

<u>酒</u>末只管去吃。(酒只管去喝。)

<u>债</u>末姓王个去还清仔。(那债,叫姓王的去还清了。)

这些句子,如果没有标志话题的"末",前置句首的受事成分,又可以看作前置的受事宾语。似乎不妨说,主语只是动词的几个宾语之中提出来放在主题位置上的一个。

上海话句子不注重有没有施事主语,下面一句里,省了的主语实际上通过"比仔……"一句的名词短语的中心语"小囡"表现出来了。

<u>一进了小学读书末</u>,比仔吓没进幼儿园个小囡,来得活泼,肯读书。(这些小孩一进小学读书,比没进过幼儿园的小孩,要活泼,肯读书。)

下面两个句子一个是"TSV"问句,一个是"SOV"问句,在语义表达上似乎没甚区别。

箱子伊开了哦?——辣开了。
姆妈饭吃了哦?——辣吃了。

第三讲

说好上海话疑问句、否定句、比较句

一、疑 问 句

疑问句有三种：是非问句、选择问句、特指问句。

1. 是非问句

是非问句，即"yes-no question"句子，可用点头或摇头代替答问的句子。常用的标志性词语如下：

V哦，A哦

这是上海本土层的是非问句的一般疑问句形式，也是最常用的是否问句说法。"V"指动词，"A"指形容词。"哦"是表示疑问的语气助词，它是传承嘉兴、松江方言而来的，相当于普通话的"吗"。如：

侬是苏州人哦？

侬早饭吃过哦？

施先生，侬近来事体忙哦？

辫桩事体侬晓得哦？

侬要去看话剧哦？

四十里路侬走得动哦？

俫兄弟得侬一样长哦？

近来侬个毛病好点哦？

冷天侬帽子手套戴哦？

现在还有再来个人哦?
瓣桩小事体只有侬一家头晓得哦?
张家姆妈,侬个儿子辣辣屋里向哦?
侬去做瓣桩事体有啥勿便当哦?
侬龙华宝塔看见歇过哦?
我可以进来哦?——进来进来!
瓣间房子要出租有介事哦?
侬有肠胃病,胃镜、肠镜做过哦?
迭只写字台价钿大哦?
忘记恩典个人,好算学好咾行善个人哦?

有的是非问句,起问的方式是先说了一个完整的肯定句后,再用"是哦""有哦""好哦""对哦"来询问是否。如:

瓣个物事侬个是哦?
侬就是阿二弟弟个爷,是哦?
侬住辣市中心,是哦?
侬夏天戴个帽子,有哦?
我有一两样小事体要来请教先生,可以哦?
我拿胶水来调侬个浆糊,好哦?
我叫一个人来帮侬忙好哦?
唱只歌拨大家听听好哦?
侬勿要跑过来妨碍我好哦?
莫非侬要来对哦?
我讲个言话侬勿要听,对哦?
我就是勿欢喜侬瓣能样子做,好哦?

最后一句的"好哦",表达的是类似"怎么样"那样的假意提问语气。

在是非问形式的反问句里,一般用"哦",也有用"吗"的。如:

自家肯用心,学问还怕有啥勿进步个吗?

事体大家侪晓得了,难道侬还勿晓得哦?

V 勿 V,A 勿 A

受外来语言的影响,如杭州话、普通话影响,上海话后来也开始用"V 勿 V,A 勿 A"提问。

在上海 19 世纪中叶开埠时,已有少数的"V 勿 V""A 勿 A"(正反句)句子,用在句末。如:

我开出个价钿侬买勿买?
盘盘货色看,到底缺勿缺?
侬辣搭老虎钳有勿有?
搿个裁缝手脚好勿好?
市面浪现在新茶多勿多?
四十里路侬走勿走得动?
侬明朝夜里向外滩去勿去?
侬愿勿愿意去参加约会?
大家要勿要坐一歇再走?
今朝伊是勿是勿高兴了?
一道去城隍庙白相,侬高兴勿高兴去?
伊有勿有告诉侬伊也要去?
伊勿来上课,是勿是?
讲得讲勿得尽管讲,侬勿要怕。

如果"V 勿 V"后带语气助词,是用"呢"。如:

侬看用迭个颜色好勿好呢?
侬搿篇文章今朝夜里写勿写得好呢?

如果说话语气稍重的催问或责问,可加上"啦"。如:

阿拉明朝上海博物馆去勿去啦?(催问)
侬搿人戆勿戆啦!(责问)

由于"V 勿 V"的用法不普遍,因此上海话中有动词与否定趋向补语构成的"上勿上(即'不能上')"、"过勿过(即'不能过')"的说法。如:"我个佣人欠仔交关债,年夜头过勿过了。""回到屋里,衰瘆来动勿动个唻。"这些句子不会与正反问相混淆。

随着普通话的推广,"V勿V"用得多起来。如:"侬去勿去南京?""伊是勿是大学毕业个?"但是统计使用概率,如今说的上海话中,还是用"V哦""A哦"更为普遍。

阿V

由于上海北部的嘉定、宝山地区是非问句通用"阿V""阿A"式,加上苏州方言对上海方言的影响,使19世纪末的上海方言中就有很少量的"阿V"句。在20世纪50年代的老派上海话中,"阿V"用得还很普遍,但是现今"阿V"用得相当少,一般用于动词"是""有"前。

阿是:

靠黄浦江西面搭个一块地皮,阿是要造高层房了?

今年种个树木,阿是比旧年多了一倍?

阿是此地冷落咾伊心里勿大开心?

阿是有人辣寻我?

辫眼牛头菜侬阿是勿要?

此地阿是黄金地段?

三阿姐,侬阿是仍旧住辣老地方啊?

价钿阿是嫌得伊忒贵?

上海已经到了阿是?

侬看哪能? 输脱了阿是?

阿有:

侬要告发伊拉,阿有证据?

辫眼家生我打算卖脱伊,阿有几化铜钿到手咾?

侬个集邮簿子里阿有几套值铜钿个纪念票?

现今"阿V"用法已退化,萎缩到只有最常用的动词与"阿"组成

"阿是""阿有""阿要""阿会得""阿晓得""阿可以""阿能够""阿有啥""阿要啥"几个定型化的固定短语形式(标志是要用一个连读调,即凝固成一个语音词来读),仍在中老年人中用,青年人除"阿是"有的人还在用外,其他几个已不用了。如:

身体阿好?做得阿吃力?
阿要写啥纸条个,留个证据?
偷偷摸摸做个事体,阿会得拨伊晓得个?
阿拉两个人阿可以赌一个东道?
阿能够勿死一直勿讲出来?
阿晓得,辦座房子,是顶好个? 园地末大,地势末好,离开大个马路末勿远。
伊个人,阿有啥本事?
阿有啥坏瓶碎玻璃调自来火?

V 勿啦,A 勿啦

表示是非问,有时表示与"V 哦"相同的意思。如:"侬看我伤心勿啦?"但更多的时候,语气较"哦"强,常有"究竟""到底"的语意,有确认问的意思。如:

侬看我伤心勿啦?(你看我伤心吗?)
上海去勿啦?
侬昨日心情好勿啦?
伊吃牢侬做个事体,侬答应了勿拉?
侬答应我个事体,侬肯马上去做勿拉?

有时还能表示"反诘问"。如:

再去一趟,侬勿晓得我吃力勿啦?

"勿啦"还可以表示"辩白""赞扬、炫耀"的语气。如:

辦桩事体,我会得反对勿啦?
辦朵花,侬看哆勿啦?

我今朝戴个翡翠孄勿啦?

"V勿拉"中的"勿"是读入声的,不能写成"哦"字。

至今尽管上海话在五方杂处的移民方言影响下吸收了其他的各种形式,如:"V勿V""阿V""V勿";甚至还有混合式"阿V哦?""有V哦"的问法,如:"今朝阿去外滩哦?""税单有来哦?"但到现今,"V哦"式依然是是否问句中使用频率最高的形式。

阿 V……哦

这是"V哦"和"阿V"的混合式。如:

夜班车阿有睏车个哦?
回到屋里,衰猪来,动勿动了,阿是受累勿轻哦?
侬阿要去望望伊拉哦?
看园个人,阿要偷枇杷出去卖个哦?
包定当后来,阿要叫人来看辣海个哦?
阿有一部车子经过妇婴医院哦?
阿可以请侬照应照应我咾一道卖仔去哦?
侬个事体阿是交关要紧个哦?

此外还有**"阿V勿V"**的混合式,如:

辫眼生活,阿做勿做啊?
阿拉阿去做呢勿去做啊?

V嚎,A嚎

问者本人倾向于肯定,要求证实的问句,是一种确认问。上海话用"V嚎""A嚎"的形式。杭州话在其他所有的场合是非问都用"V不V"问,仅有此种场合用"V嚎",可用以验证。如:

侬姓钱嚎?
伊,上海人嚎?
伊不是专职体育老师,嚎?
辫趟考试个题目勿会忒难个嚎?

侬吃吃我嚎?

我看侬老轻松个嚎?

雨勿落了嚎?

"嚎"相当于"对哦"。

V 呢勿 V，A 呢勿 A

还有一种"V 勿 V，A 勿 A"的是非问形式，可加上"呢"字，成"V 呢勿 V，A 呢勿 A"形式，用得不多，有在肯定和否定中两者取一的选择句的味道。如：

辩眼生活侬做呢勿做?

周围环境好呢勿好我勿晓得。

侬仔细想想看，假使辩能介去做，侬自家个身份对得上呢对勿上?

今朝日脚，店里个货色多呢勿多?

伊今朝来呢勿来?

侬想想，跟牢辩个冒失鬼一道动身去做，危险呢勿危险?

今"呢"已少用，一般用"V 还是勿 V"或"V 勿 V"。如：

来呢还是勿来侬现在讲定当仔。

今朝侬来(呢)还是勿来了?

鱼已经辣网里向呢，还是吥没辣网里向?

又可用"呢啥"简化"呢勿 V"。如：

难道辩点生活是伊做辣海个呢啥? ——勿是伊。

侬要想打碎我个镜子呢啥? ——勿是个。

"呢啥"就是"还是反之"的意思。

如果是动词或形容词用明确的反义词，那么这个句子就成了下面要分析的"选择句"句型了。

迭个物事，就侬看起来，是真个呢是假个?

2. 选择问句

呢

置于选择项之中,回答选其一项。

反义选择。如:

脉息跳得快呢慢?
侬个力气大呢小?
侬做生意内行呢外行?
侬个眼睛近视呢远视?
辫个是生铁做个呢熟铁做个?
今朝侬学堂回转来早呢晏?

两项选择。如:

买佴个洋钉,讲斤头呢数只头个?
木匠个本事浙江个好呢上海个好?
侬到南站去趁车呢,到北站去乘车?
侬要想买我个箱子呢别人个箱子?——要买侬个。

还是

常用的选择词是"还是"。如:

佴爹爹和气还是姆妈和气?
我画得好,还是伊画得好?
还是明朝出去白相,还是今朝就出去算了?
还是讲讲白相相个,还是话出算数?

呢还是

这是"呢"和"还是"重复用。如:

一道买去呢还是买一半去?
侬个言话,还是当真呢,还是讲白相个?
侬只要修只钟呢,还是表也要修个?

3. 特指问句

特指问句是使用疑问代词问的疑问句。疑问代词就是所要回答的内容。

(1) 问人(谁)。如：

啥人

昨日夜里跟牢侬一直辣小路浪向走个是啥人？

啥人来了啊？噢，是侬！

(2) 问东西、事情(什么)。如：

啥

侬今朝出去买了点啥？

侬今朝到此地来做啥？

啥个

今朝侬买了点啥个物事回来？

侬昨日夜里脱小张讲了眼啥个新闻？

(3) 问时间(什么时候)。如：

几时

侬几时出去啊？

侬几时到北京去过？

啥辰光

伊啥辰光回来个啊？

等侬要等到啥辰光？

(4) 问处所(什么地方)。如：

阿里

上海展览馆辣阿里上车？

侬欢喜阿里一面？正面还是反面？

阿里搭

侬住辣阿里搭？

辫眼苹果老好个，阿里搭买来个？

啥地方

侬今朝要到啥地方去？

啥地方出产个橘子最好？

(5) 问数量（几、多少）。如：

几

侬买了几斤橘子？

参观展览会㑚到了几个人？

几化

打扫卫生㑚一共去了几化人？

今朝一天㑚到过几化地方？

多少

辫部车子浪装了多少货色？

多少辰光侪拨侬浪费脱！

(6) 问原因（为什么、怎么）。如：

为啥

侬为啥勿肯去参观了？

侬勿高兴起来了，为啥事体？

哪能

伊哪能勿要吃水果个？

伊拉已经结婚了，侬哪能会得勿晓得呢？

(7) 问选择（哪个、哪儿）。如：

阿里

苹果、生梨当中，侬欢喜吃阿里种？

侬看两张照片里，阿里张好？

南方、北方,侬欢喜生活辣阿里个地方?

(8) 问方式(怎么、怎样、什么样子)。如:

哪能

DVD哪能转录?

哪能介

伊哪能介勿识相?

(9) 问程度(怎么这么)。如:

哪能介

伊到底哪能介漂亮?

天哪能介冷?风哪能介大?

伊唱得哪能介好!

特指疑问句可以不用表示疑问的疑问语气助词,如用的话通常则用"呢",语意较轻则用"啊"。如:

现在啥人来看重侬呢?

辣辣阿里搭寻得着智慧啊?明理个地方,辣啥地方呢?

啥要介吭没规矩来钝钝人啊?

如果是"仔"字句现在完成时态,句尾可用"了"。如:

侬厨师做仔几年了?

侬到仔几时了?

上海话问句,尤其是是非问句的宽容性,表现在既保持了土语层的形式,又吸收了各种方言中的表达形式。用各自多种不同形式在上海发问,上海人都可与他们交际。

二、否 定 句

上海话里的否定词:勿、吭没、吭、未、非。

1. 勿

"勿 fhek"字的反切是"文物切","文"的声母是 fh[v],不是"弗";"弗"的反切是"分勿切","分"的声母是 f[f]。

现今的上海话里"勿"在单字和双音节词开头是读下层阳入声调[v]声母(两字组连读变调是 1+23),但在"勿"开头的三字组词语连读中,如"勿入调""勿开心""勿去了"里都是用阴入开头的连读调读的(连读变调是 3+55+31)。

"勿"在一般陈述句中表示否定。可表示整个的否定,也可以表示对句子中的某个成分的否定,相当于普通话的"不"。如:

我勿到上海去。
辫块地方勿太平!
辫只歌我唱勿来。
我辫种介事体是勿高兴去做个。
自家个事体勿可以靠托别人。
今朝来勿及末,明朝做。
我借拨伊三万块洋钿,也勿晓得伊几时还。
今朝勿是礼拜日。
今朝我跑勿快。
生水吃勿得。
看起来现在雨也勿见得停。
介重个生活我做勿动。
侬也勿见得样样事体侪懂!
自家肯用心,学问还怕有啥勿进步个咋?
伊个言话勿大靠得住。
我今朝要来呢勿来?
现在勿要来。
我路上碰伊勿着,勿晓得伊到阿里去哦。
恐怖片小人勿好看。

我勿晓得伊去还是勿去。

好勿去总归勿去。

实在呒没办法,勿得勿去请教伊。

还有一种勿明白个人,常常要嬉笑守规矩个人。

买纸、笔、书籍咾啥费用也勿少,所以我勿得勿想法子去赚一眼钞票来补贴补贴。

江司务勿晓得哪能总归得张先生对勿起来。

枇杷要拣顶大个买,价钿大点勿碍啥。

自家个亲生爷娘末勿认,认一个勿认得个外头人做爷娘,倒孝顺伊,有辫个道理个哦?

辣迭个辰光还勿脱伊看医生吃药,反而到庙里去求仙方,所以病越来越勿对了。

"勿"在口语中除了仅仅一个关联词"不过"外,都不读"不 bek"音,也可以读作 bik。如:

伊敲坏脱我一只瓷器工艺品,不过我呒没去怪伊。

上句里的"不过"既可读 bekgu,也可读 bikgu。就像"鼻头""迭个""别人"两读 bhekdhou/bhikdhou, dhikghek/dhekghek, bhiknin/bheknin 一样。

2. 呒没

(1) 没有。表示对"领有、具有"的否定,表示对存在的否定。如:

辫本书我呒没。

屋里呒没人。

现在呒没啥事体好做。

台子倒有两只,摆好了,就是椅子一只也呒没。

后来因为条件讲勿拢,所以现在讲和个希望是呒没了。

江师傅对于张先生一眼呒没良心。

迭幅小照再像本人也呒没了。

我功夫呒没侬深。

我呒没侬介有钞票。

(2) 不如,不及,不够,不到。如:

我呒没侬脾气好。

侬来了呒没几日就要走啊?

我身体呒没侬长。

阿拉侪呒没伊拉会白相。

(3) 表示遍指的否定。如:

呒没啥人会睬伊。

呒没阿里场雪比辣趟落得大。

我看侬脾气勿改改,呒没地方要侬去个。

(4) 掉,失去,不见。如:

一只耳环呒没了。

伊爷娘呒没了。

我一条项链呒没了!

(5) 不能,不给。如:

伊有得进去,侬呒没进去。

侬事体勿做,呒没吃!

(6) 未曾,尚未。表示已然(完成体)的否定。老上海话用"勿曾"。如:

我呒没包庇伊。

墙纸呒没贴好。

我呒没叫伊进来。

零食阿拉呒没吃过。

我书呒没带来。

我朆没得伊碰头过。

（7）不。表示对对方询问的否定，相当于英语的"no"。如：

侬明朝要去苏州是哦？——朆没噢，苏州我勿去。
侬真相信伊个保证哦？——朆没噢，我根本勿相信伊个瞎吹！

老上海话是用"勿是噢"回答的。

3. 呒

"呒 m"字单独用的场合现今已很少，但在老上海话里是常见的。现偶用于某些双音节抽象名词前表示没有，总是与该名词合读一个语音词的，可见其惯用性和凝固化；或用在固定词组内。如：

伊真个呒用场。
伊闹得一场呒结果。
侬为啥呒要呒紧，心里一眼也勿急个。
伊一直呒忧呒虑，从来勿生生心思。
想叫两个耘稻个，呒叫处。
你讲个言话，老是呒着呒落个。

现今"呒"一般都不能直接连接名词，要用"呒没"。如："价钿卖得忒大是，呒没顾客个。""呒没用场""呒没话头"。

一些构成的三字组或四字组固定结构的"呒"还见用。如：

呒介事、呒弄头、呒清头、呒缠头、呒角菱、呒脚蟹、呒啥啥；
呒形呒踪、呒忧呒虑、呒大呒小、呒日呒夜、呒头苍蝇、呒天野地、呒着呒落、呒啥话头。

呒啥

"呒啥 msa"指没什么。通常也作"呒没啥"。如：

我看辫眼生梨也呒没啥便宜。
辫眼料作呒没啥用场。

㑚场戏呒啥好看。
㑚能做呒啥要紧。
一日日过去,吃呆做,也终算呒啥。
前头做坏脱了,乃呒啥法子想。
叫几个人来剥豆,人呒啥几个。

4. 未

"未"原为"没有",可以指以前的时间长或以后的长,引申为"时间长了,还远着呢"的语义。如:

枇杷侬要等伊熟,还未咪!
要等伊出头赚钞票,未了。

今"未了"或"未咪",已成仅此用法的固定结构。
声母是"m":"未""物"都是微母字,上海话至今"味""尾""问""蚊""网""望"仍读"m"声母。

5. 非

用在从北方话来的书面语词汇里,如:"非但""非……勿可""非正式"。现在已在口语中使用,用法与普通话同。

㑚桩事体要做成功,非请个老法师来勿可。

三、比 较 句

上海话中,比较句中的"比词"有以下多个:比、比仔、比得过、比勿过、勿比、傍、傍仔、勿如、勿及、V勿过、还是,等等。

1. 无比物

强调某物比其他的都好,可不必引出被比物。如:

现在广东橘子熟。
今朝天好一眼。
今年五班考得好。

2. 顺比类

傍
鱼价傍前两日大仔点。
木头傍前底头个价钿要大一半辣海。
价钿傍仔别人家也公道。

老派还有较少人用。今改为"比":"鱼价比前两天贵了一点。"

比
瓣间房间比伊间房间大一点。
我个脚比侬走得快。
瓣个人比还有眼人年纪侪大点。
伊年纪比阿拉要小了一点。
住读个学生子照名份应当成绩比走读个好。
上海是中外通商个一个中心点咾,通商比内地早。
今年像煞比旧年更加冷。
光玻璃比花玻璃价钿推扳交关。
瓣两年比前头好多了。
伊个生活比侬做了推扳。

比仔,比了
上海个天气末,辣平行线浪看起来,比仔欧洲,稍为冷点。
侬比仔我年纪大。
今朝比仔昨日热点。
运进来比了运出去个多。
伊个两只眼睛虽然瞎,但是分辨物品个本事,比了亮子还要来得厉害。

"比仔"现今少用,多用于老年人,年轻人"比了"也少用。

A 仔

近来侬两句言话讲得好听仔交关咪。

辫朵花开得大仔一眼了。

侬人身体比伊长仔一点点。

比得过

长跑,有啥人比得过伊呢?

1941年个辰光,上海得仔巴黎比是比得过个。

比是比得过,不过还推扳一眼眼。

师弟个本事是比得过师兄个。

3. 逆比类

勿及

伊个成绩勿及我。

年老个勿应该讲年轻人勿及伊拉。

弟弟勿及阿哥聪明。

"勿及"今已少用,往往用"及勿上"说。如:

弟弟及勿上阿哥聪明。

伊个成绩及勿上我。

勿比

苏州勿比上海大。

做生意勿比读书个好。

现在辰光勿比前头咪。

现在勿比从前了,侪辣网浪买物事了。

伊有啥好?根本勿比侬好。

侬现在个行为勿比前头好了。

辫条街个街境勿比从前头。

如果是不说出比较谓语内容的,那是在"好"上比的。

现今中青年多改用"呒没",少用"勿比"。如:

伊根本呒没侬好。

19 世纪中叶,上海呒没苏州好。

勿如

晓得做勿得,还勿如勿要做。

多读勿如多记得。

出门一里勿如屋里。

我看侬勿如一脚到火车站去趁车子来得好。

药补勿如食补。

侬写勿好勿如勿写。

比勿上

苏州比勿上上海。

我身体比勿上侬。

但更多的是用"比勿过"。如:

伊个成绩比勿过侬。

我现在已经比勿过侬了。

V 勿过

一千人敌勿过对方一万人。

伊唱歌唱勿过侬。

4. 渐进比

上海个生活指数是一日高一日了。

伊做个生活一日推扳一日。

伊个力气一年勿比一年。

又如:有"一眼多一眼""一日大一日""一眼小一眼""一日推扳一日"的说法。

5. 还是比

烧炭,还是烧煤省得多。
用水汀是,还是用电器便当。
西柚汁,还是橙汁好吃。
清蒸鲈鱼,用镬子烧,还是用微波炉转好。
对于老年人,跑步锻炼还是走路锻炼适宜。

这是一个比较老的讲法,"还是比"符合"SOV"句子语序。"西柚汁"是基准,"还是"是标记,"基准+标记+形容词",是"OV"句和后置词语序。

第四讲

说好上海话"拨"字句、"拿"字句、授受句

一、"拨"字句

"拨拉 beklak、拨 bek"有四种用途：① 表示主动,相当于普通话的"给"。如:"拨拉伊两百块洋钿。"② 表示被动,相当于普通话的"被"。如:"拨拉爷娘骂脱一顿。"③ 表示"引起……的",用作使役式。如:"拨拉伊死。""拨拉我吃亏了。"④ 表示许可。如:"啥人肯拨拉别人欺负呢?"其中表示使役的用法,现今用"拨"较少见,多改用"叫"。如:"叫伊死!""伊叫我吃亏了。"文一点也可说:"伊使我吃亏了。"表示许可的用法现今仍用。"拨"字的写法自明末的《山歌》起一直如此。

1. 给

写一封信拨伊,请伊到南方来。

后日,我拨回信侬。

假使勿拿来末,就要拨颜色伊看。

如果有人相信伊咾让伊挱人或者拨物事伊拿,葛末身边头个钞票要拨伊摸脱,物事末要骗脱。

拿伊拉个卷子收脱,拨伊拉吃只零分。

侬假使要末,可以介绍拨侬。

伊强也强勿脱,一只手还辣我袋袋里向辣海,我就拉伊下车送拨拉迭个地方个警察。

2. 被

用于表示"被动",相当于普通话的介词"被"字,引出主动者。

雷声响来,我拨伊弄觉。
辫间房子可惜拨别人家租脱了呀。
两架飞机拨伊逃走,阿拉也拨伊个炸弹炸伤六七个兵。
想勿到辣账浪向查出交关马脚来,就此晓得辫个账房先生是假仁假义个人,拨我停脱生意了。
某某学堂里向个学生子作弊,拨拉监考个老师看见,拿伊拉个卷子收脱咾拨伊拉吃零分。
迭只船拨拉大风吹得来坏光。
一部脚踏车拨贼骨头偷仔去了。
我今朝早晨头额角头勿高,拨拉三只手摸脱一只皮夹子。
火恐怕拨拉风吹隐脱了。

普通话用"受""让"的,上海话也用"拨"。如：

拨人家戳了个壁脚。(让人家说了坏话了。)
拨伊拉吃脱了。(让他们吃完了。)

但是,上海话过去多数场合不用有标志的被动句,即不出现"拨""拨拉"。如上段两句话可说成：

迭只船大风打来坏光。
一部脚踏车贼骨头偷仔去了。

不引进主动施事者的被动语态句子,不用"拨""拨拉"。如：

现在黄梅天气,收音机容易损坏。
今朝早晨头,有一只敌人个鱼雷艇打得沉脱。
辫个人辣辣肚皮浪吃着一枪。
昨日夜头贼偷,物事偷仔去勿少。
伊爿商店,昨日强盗抢,听说现金抢去勿少。

在定语中出现的被动语态也不用"拨"。如：

所偷脱拉个物事完全查着。

被动句无形态指示的情况，还表现在不引进施事者的句子，用上"拨拉"后反而句子不通，如："一块玻璃拨敲碎脱了。"应该说："一块玻璃敲碎脱了。"只是在引进主动者时用"拨"。如："㖏座房子拨拉别人租脱辣海了。"

但是现今的青少年受英语和普通话的影响，表示被动的"拨"用得多而普遍，且能用于无主动者句。如：

㖏爿商店，昨日强盗抢，听说现钞拨抢去勿少。
一块玻璃拨敲碎脱了。

3. 让

表示许可。如：

迭个计划勿好拨别人晓得个。（这个计划不可以让人家知道的。）
勿要拨拉别人骗侬。

4. 叫

表示使役。如：

拨拉我吃官司。
伊拨我吃了亏。

二、"拿"字句

拿，有三个读音：上海开埠时及以后，读 'nao[ʔnɔ₅₂]（当年也用"担 'den[tɛ]字"，"担"是松江方言大区的特征词，今在上海郊区仍用）；现今"拿"常见读 'ne[ʔnɛ₅₂]、'no[ʔno₅₂]，都是阴平声调；也读

[nɔ₂₃],阳去声调;中青年普遍又回到180年前的音读 'nao[ʔnɔ]。

普通话的"把"字句,上海话一般用"拿"字句表达。即要把"VOC"转成"OVC"说(V 为动词谓语,O 为动词带的宾语,C 为补语或受事第二宾语),普通话是用"把 OVC",上海话则用"拿 OVC"形成"处置式"。不过上海话用"拿"常常动作味更重一点,"拿"的语法化不如普通话的"把"彻底。如:

我拿辩本书园辣枕头下面,勿拨伊拉看见。
王家里要拿李家个二小姐嫁拨伊个儿子。
近来几年,我拿生意包拨了别人。
我拿一本伊欢喜看个书送拨伊了。
侬叫儿子来,拿里向屋里整理整理。
一场保卫战,拿入侵个敌人赶出了国门。
伊要想拿伊个儿子过房拨拉一个伊最要好个朋友王先生。
我立辣俉搭阶檐上,伊冷陌生头里背后拿我一推,我推扳一眼眼跌出去。
告伊三天以后来,上半日九点钟,要拿五万块洋钿,等辣南昌路雁荡路口朝西,第三棵树下头碰头。
上个月运气勿好,听得讲,拿伊个家当折得来吭没啥几化了。
年纪轻又想发大财,拿店里个资本侪去做投机生意。
后来辩个老板,晓得了伊个毛病了,就拿伊生意来停脱仔。

最后一句,"拿伊生意来停脱仔"即"停脱了伊生意",用"拿"将"伊生意"提到动词"停"的前面说,不过在"伊"后多用了一个后置连词"来"。又如:

辩块地皮邪气大,吭啥人拿伊来做种花园地。

还有一种常用的形式,是"拿 OV 辣处所(take…to…)",如:

拿烙铁搁辣火浪。
拿衣裳眼拉太阳头里。

又可加"叫伊",说成"拿 O 叫伊 V 辣处所"。如:

开手拿云青咾洋绿,叫伊放辣盆盂里,研细起来。

但"拿"在这里虚化不够,与普通话的"把"不一样。"拿"还保持有作动词的用法,或作"用"。下面几句也是:

拿石灰水来刷墙壁。(用石灰水刷墙壁。)
拿竹爿打。
侬拿手来摸摸看。
拿嚼铁来戴辣伊个嘴巴里。

普通话也有用动词"拿"的句子。如:

拿笔划脱仔。(拿笔划掉。)

普通话中"把"字句,上海话常常用话题句的形式讲。如:

门开一开。(把门开开。)
(拿)帽子挂起来。(把帽子挂起来。)
拿碗筷收脱伊。(把碗筷收下去。)
迭封信封起来。(把这封信封起来。)
电扇关脱。(把电风扇关了。)
迭张布告贴起来。(把这张布告贴起来。)
迭张报纸去还脱伊。(把这张报纸去还了。)

上海话的处置式用"拿"是表示工具方式的动词"拿"的虚化结果。在上海话中,有许多表示工具方式的场合仍用动词"拿"引进。如:

拿橡皮揩脱。(拿橡皮擦掉。)
拿茶拨客人。(拿茶给客人。)
迭个拿纸头包一包。(拿纸把这个包上。)
地浪拿扫帚扫一扫。(拿扫帚把地扫一扫。)
拿铅桶拎水。(用铅桶打水。)

拿纸头包起来。(用纸包起来。)

有时不用"拿"作介词引出,直接说:

迭个几钿买个？——五块洋钿买个。(这个拿多少钱买的？——拿五块钱买的。)

三、动词带授受类双宾语结构的多种形式

动词双宾语(一个是与事或与事的人,即 O_1；一个是客体即事物或事件,即 O_2)结构的句子,从语义上分,一种是"给予"类的,另一种是"接受"类的。从形式上来看,一种直接用"给"作动词的,另一种是由其他动词作句子核心的,"给"语法化成为动词后的介词。上海话"给"读 bek,写作"拨"。与事对象联系的介词是"拉"lak/la。

上海方言授受类双宾语句子,有以下几种表达方式：

1. 拨 O_1O_2，V 拨 O_1O_2

此类句式较为常见。如：

拨我一支毛笔。
拨辦个小妹妹几张白纸头。

下面几句,"给"虚化附着在动词后面用,形成"V 拨 O_1O_2"。

我借拨伊三十块洋钿,勿晓得伊几时还。
我特地来介绍拨侬辦位王先生。
伊送拨了我一对花瓶。

"拨 O_1O_2"和"V 拨 O_1O_2"都可以把"V 拨 O_1"用作"O_2"的定语。如：

我拨伊个药末,伊勿敢吃。
伊拨阿拉个希望老快就破灭了。

这种形式句子与普通话同,成为现今上海话中最常用的句式。如:

我<u>送拨侬一首好诗</u>。
阿拉今朝侪要<u>交拨老师作业</u>。
我已经<u>拨伊十块洋钿</u>。
徐石成欢喜伊咾拿衣裳拨伊着,伊勿要咾<u>拨伊铜钿</u>。
假使有啥叫化子来末,就<u>拨伊几个铜钿</u>。
我再<u>拿一块拨拉伊</u>,伊末<u>找拨我五角</u>。
侬<u>拨侬个保姆几化工钿</u>?

主动词后也能省去"拨"。如:

瓣趟我<u>欠侬二三百元铜钿</u>辣海。
只要侬巴结点做朝后<u>加侬薪俸</u>。
假使伊要登辣老店里做生活,<u>出还伊工钿</u>,得伙计一样。
我<u>拨侬两支鸟毛</u>,侬还送我一本新书。

"拨"也可说"拨拉"。如:

伊<u>拨我一本书</u>。→伊<u>拨拉我一本书</u>。

"拉"带的人还可以放在物后面说。如:

伊<u>拨拉我一本书</u>。→伊<u>拨一本书拉我</u>。
少数场合,也有说"伊<u>拨拨我一本书</u>。"的。

2. 拨 O_2O_1,V O_2O_1

上海话在较短的句子中,另有一种说法是"拨 O_2O_1"式,即"拨"后物在人前的用法。它是老上海话中的较常用法,现今也多有听闻。如:

几时可以等着回信?——后日,我<u>拨回信侬</u>。
伊个手套,<u>拨一副我</u>。

蝴蝶酥拨一只我吃吃。
假使要拨利钿我,我就勿借了。
有人寻我个电话,拨个信我。
要侬拨点生意我做做。

这种双宾语位置与北方话正好相倒的形式是江南吴语的特点。VO_2O_1 式也有,如:

伊总勿是白白里一眼也勿谢侬个,总要送几百块钞票侬个。
后来我又借拨钞票伊。
是老朋友个情分咾,借一千块洋钿我,回去做盘费。
一眼勿谢侬个,总要送几钿侬。

"O_2"后面也能加"拉"或"拨"。如:

伊借两千元拉我,做盘费咾转去。
伊拨两千块拉我,让我做个本钿。
借钞票拨伊,一定要还。
勿要多讲,就付钞票拨我。
请侬记得起老朋友个情份,借一千块拨我,回去做路费。
拨一眼我好哦?
拨两三张 A4 纸我好哦?

现今"VO_2 拉 O_1"也用替代式是"VO_2 拨 O_1"。如:

伊种手套,拨一副拨我。
拨两三张 A4 纸拨我好哦?

3. O_2 V 拉 O_1,O_2 V 拨 O_1

当"O_2"可以是定指的对象时,或需要把客体转为话题主体叙述的时候,将"O_2"移到话题地位,这是上海话中的常见用法,尤其是在是非问句中。如:

<u>工资付过拨侬了</u>。
　　阿是侬有两只帽子是哦？<u>一只送拉朋友</u>戴了。
　　迭间房子原主卖拨侬啥行情？
　　<u>一尊好看来死个雕花艺术人像</u>，我本来是端正辣海，为了<u>奖赏拨拉顶用心个学生</u>个。
　　伊拉查清爽以后，就讲<u>占我个房子退还拨我</u>。

　　还有些"$(O_2)V$ 拉/拨 O_1"形式，即"O_2"在前面提到或隐含的句子，也是老上海话里常见的。如：

　　葛末，<u>租拉啥人</u>？——我租拉阿拉亲眷。
　　就是<u>送拨我</u>，我也勿要。
　　一只 DVD ROOM 我<u>借拨拉伊</u>。

　　现今"拉"几乎都已变为"拨"或双音节的"拨拉"。如："<u>一本书送拨拉伊</u>，侬看好否？"(吴语中常用"一"表示定指)

　　像北方话"把那个辣酱油给我。"那样的"把字句"，翻成上海话一般是把"O_2"转为主语的，成为"O_2V 拉 O_1"形式。如：

　　<u>埃个辣酱油拨我</u>。
　　对勿起，<u>掰把茶壶传传拨我</u>好哦？

4. VO_2 拨 O_1，VO_2 拨拉 O_1

　　这是"拨"的介词化，类似英语双宾语句的"to"。如：

　　<u>借一支毛笔拨我</u>好哦？
　　我<u>买一只戒指拨侬</u>。
　　对勿起，<u>借一支铅笔拨我</u>好哦？
　　我<u>送两本新书拨侬</u>。
　　近来我有个朋友，从美国<u>写一封信拨我</u>。
　　我<u>讲一桩好笑个事体拨侬</u>听。
　　伊拉要<u>介绍几桩生意拨俹</u>做做。

叫伊随便哪能,总要想法子,豪燥凑满五万元洋钿拨拉伊。
侬借一支铅笔拨拉我。
我出个茶钿拨拉我朋友个。

5. V 拨 O_2 拉 O_1

100多年前,上海话中已有"V 拨"("V 给")两字连用的形式,"拨"置于句子谓语动词之后做介词用。"V 给"形式也是受北方话影响而来,但其后面还是上海话的形式。如:

果真几日前头辩个人,卖拨辩只家生拉姓赵个,讲定要八千元洋钿。

其构成"V 拨 O_2 拉 O_1"的混合式,现今已经没有此用法,只能说成"V 拨 O_1O_2",现在说:"真个几天前辩个人,卖拨姓赵个辩只马。"更多地说:"真个几天前辩个人,拿辩只马卖拨姓赵个。"

6. V 拨 O_2O_1

当时,"VO_2O_1"也能用作"V 拨 O_2O_1"。如:

伊前头穷苦个辰光,我拿铜钿帮助伊,后来又借拨几十万伊做生意。"

这句也可看作"拨"虚化后"O_2"后移。

今"借拨银子伊做生意"的说法也有听闻,但多数则说:"后来又借银子拨伊做生意。"

7. $V_1O_2V_2$ 拨(拉)O_1

与"V 拉 O_1"变成"V 拨拉 O_1"相同,"$V_1O_2V_2$ 拉 O_1"也变成"$V_1O_2V_2$ 拨(拉)O_1"。如:

我呒没钞票借拨拉伊。

我要想请张先生脱我做一副挽联送拨伊。

至今常用:"我买一只戒指送拨侬。""我呒没铜钿借拨伊。""拨拉"在青少年中大都只说"拨"。

8. 拨 O_2 拉 O_1

"拨 O_2 拉 O_1",即"give…to…"的形式。

有用作"发出类"的。如:

多拨点铜钿拉伊。
卖仔房子要拨收据拉我。
伊拨船钿拉侬,打发侬转来。
侬付了钞票末,我拨收条拉侬。
叫马夫拨点马料拉伊吃。

这种表达形式是此类结构在早期上海话著作中的优势语序,"物宾语"最靠近动词,由于用"拉(to)"引出对象"O_1",表物的"O_2"部分可以用相当长的短语。

用其他动词的"VO_2 拉 O_1"句,有用作"给予"类的。如:

侬要发几只像样个礼品拉伊拉。
辣夜快主任发工钿拉一位佣人。
我常怕一时上头租勿出,每月倒要出完全房钿拉房东。
乃朝后每天挑点水拉浴缸里。

有用作"接受"类的。如:

借只犁拉我。
假使伊是存钞票拉我搭末,总归有凭据个。
只要写一张借票拉我,并勿要啥利钿个。

"拉"的用法可能来自结构相同的非授受类句子的延伸。如:

我叫马夫停马车拉我个朋友屋里。

我叫佣人摆我个衣裳拉抽屉里。

在有"O_2"的时候,当时"O_2"前已用"拨(给)","O_1"也是"给"作介词时,即出现两个"拨"。如：

拨一眼冷水拨我。
拨两块蛋糕拨侬。

现今"拨 O_2 拉 O_1"式已很少用,改说"拨 $O_1 O_2$"或"拨 O_2 拨 O_1"。如："多拨伊点铜钿。"或"多拨点铜钿拨伊。""卖了房子要拨我清单。"或"卖了房子要拨清单拨我。"

9. 拿 O_2 V 拨拉 O_1

相当于普通话"把"字句的形式,上海话用介词"拿"把"O_2"提到动词前,可构成"拿 O_2 V 拨拉 O_1"式。如：

乃末伊就告诉我,拿衣裳裤子拨拉伊拉倒。
我拿买好个香烟老酒交拨伊拉。
王家里要拿李家个二小姐攀拉伊个儿子。
我末就托朋友,拉上海买几块洋钿戒烟药,拿去送拉伊。
我爷邪气相信伊咾,拿一总个事体侪信托拨拉伊。
伊要想拿伊个儿子过房拨拉伊个最好个朋友王先生。
拿钞票咾衣裳,领了出来,一道拿去,送拨拉伊个姊妹。
拿张五寸照片送拨拉男朋友。
我拿昨天买个礼物送拨伊。

同时,"$V_1 O_2 V_2$ 拨 O_1"也成立。如：

我要想请张先生做一副挽联送拨伊。

四、双宾语形式的带兼语句多样化

句子的"兼语"成分,就是句子中前面动词的宾语同时是后面动词的主语,这个既作宾语又作主语的成分,称为兼语。如:"我叫侬去吃饭。"这句句子中的"侬"就是句子中的"兼语"。

上海话中双宾语形式的与事"O_1"作兼语时,其句式多种多样。如:"送我点药吃"这句话用多种语序都可说如下。

1. $V_1 O_2 O_1 V_2$

送点药我吃。
侬倒点开水我吃。
假使勿拿去末,就要拨颜色伊看。
就要吃夜饭了,侬少买点零食伊吃。
伊拉勿懂,侬讲点道理拨大家听。
拿刚刚听见个言话,写一点拨拉朋友看。

2. $V_1 O_1 O_2 V_2$

送我点药吃。
我买拨侬一幅国画挂辣厅里。
我从家乡回来,送拨老师一眼土产吃吃。
拨王先生一张沪剧 CD 听。

3. $V_1 O_2$ 拨 $O_1 V_2$

送点药拨我吃。
侬烧点好小菜拨我吃。
假使勿照侬个言话办末,侬讲点道理拨伊听听,看伊哪能?
拿一副春联拨伊贴起来。

4. $O_2 V_1 O_1 V_2$

点药送我吃。
一桩气冈个事体,告诉老兄听。

两本新出版个好书送侬看。
一个好消息讲拨俫听。
只畚箕借我用用。

5. $V_1O_1V_2O_2$

送我吃点药。
侬再辩能介横行霸道,叫侬吃官司。
小囡还小咪,侬要领牢伊穿马路。
借我用用辩块黑板。
再讲拨侬听听今朝个新闻。

上海话中带兼语句的语序比较灵活,可以进行多样化的表达。如:"送我点药吃。"以上五种语序都可以说:"送点药我吃。""送我点药吃。""送点药拨我吃。""点药送我吃。""送我吃点药。"

带兼语结构句子的五种语序在上海话里兼容,体现了上海话复杂谓语句内部语序的灵活性、变换的自由度,以至可使来沪人士用自己方言中的任一形式换说上海话,都能通用。

第五讲
说好上海话时态句

人类在交际中总是要表达句子"时 tense"和"体 aspect"范畴的意义。"时"表达说话是在什么时间点或一段时间范围为内发生的。"体"表示动作行为发展进行所处于的阶段情形。

汉语在表达"时"和"体"的语义时有两个特点：一是汉语的句子存在一般的"陈述句""描写句"和"时态句"的分别。在通常篇章叙述中，上海话与普通话一样，一般没有现在时和过去时句子在"时"形态上的区别，这充分表现了汉语作为孤立语的节省方便，只需在语段的开始或必要处用时间词或其他词语的形式表示该语段篇章发生在过去或现在的什么时间，只有在表示将来事件的句子中是有标记的。但是，在必须表达与时间密切相关的事件时，常见的是在现实场景说话或对话中，需要使用"时态句"。二是由于汉语是一种以单音节为基本单位的语言，音节和音节之间音渡是开的，所以，经过语法化（即虚化）的"时""体"形态标记，往往以轻声的单音节"语助词"形式，附着在实词后表现。

一、上海话句子中所见的各种"体"形态

先来看看上海话中仅存在"体"形态的句子。

在上海方言中，一些"体"形态（即虚化的标志），除"经历体"外，都经常用于一般"描写句""陈述句"之中，句子表述的"时间"是与上下文相关系的，从句中是不能看出其行为发生在什么时间里的，因此这里

将其从文章中抽出来,在句中是不能看出行为发生在什么时间里的。

1. 存续体

用"辣辣"或"辣海"(过去也有写成"垃拉""垃墭"的)置于动词后,表示动作行为发生后其状态的延续或存在。

"存续体"表示事情已经过去,但其后果还继续存在。如"跟牢辣海",表示"跟"的动作已过去,"辣海"即结果在持续。再如:

扫好地板以后,窗要开好撑辣海。(扫了地板后,要把窗子打开撑在那儿。)

被头咾枕头侪准备辣海。

伊今朝身体好辣海哦? ——好辣辣。

辫桩事体我听见以后就记辣海。

厅堂浪一个人,手里拿了一只包裹立辣。

报表浪向写辣海是十分钟做好个。

我瞓着个辰光,我个心事醒辣海。

烧饭人还有辣辣哦? ——有辣海。

伊总归拿两只手去遮辣木箱个圆筒浪,勿用手末就用一块板遮辣海。

辫双鞋子脚着辣海勿适意。

单被用竹头撑开辣海,太阳头里好晒干个。

大家跟牢辣海,勿要走开!

咖啡吃没个哚,茶末还有辣海。

盐吃没辣海了,胡椒还有辣辣。

2. 经历体

通常"经历体"表示事件已经完成并与参照时间已脱离。还会有如:"我夜饭吃过拉咪。"这样与现在完成时叠用。体助词有"过""过歇""歇过""歇"。用了"歇"字,时间一般相隔远些。再如:

十二点钟敲过了。(现在十二点钟敲过。)
侬托我个事体我已经对伊讲过哎。
录音机俉侪来买过一趟。
我记得搿个人我前头碰着过。
动迁个事体我问过伊拉个。
饭我吃过歇了。(用"过歇","吃"似离说话时间较远。)
我蛇吃歇过个。("歇过"往往强调有过这个事。)
搿块地方我来歇过个。
搿种能个物事我从来呒没看见歇过。
迭个道理我以前听见过歇个。
我寻过歇伊三趟。

表达疑问的句式。如：

搿个小囡疫苗种过了哦？
英国去过歇哦？——呒没去过。
要侬做个事体侬做过了哦？——做过了。
介好吃个罗宋汤侬吃歇过哦？——吃过歇个。

一般否定式：用"勿"。"呒没"放动词前表示"未曾"义。

年夜头过勿过了。
伊一声言话也呒没讲过。
阿拉勿曾做歇过搿种场面。

也有用"V呒没V"通过正反来问的。如：

侬到底去过呒没去过？

因为有"过""过歇"，重在事件在过去发生，不重在表示直到说话时已经完成，所以有的句尾用时助词"个"。

上海话中"经历体"的另一个语义是表示"有过某个经历"的意思。如："蛇我吃过歇个。"这是说明"我"有吃蛇的经历。这个语义通常只用"过歇""歇过""歇"三个体助词，不过有时也可用"过"。

如:"我蛇从来呒没吃过。"要加副词"从来"来表示从无此经历。再如:

> 辦种能个文章我也做过歇。
> 迭个人发歇过大财。
> 城里头侬去过歇哦?
> 辦个书我呒没读过歇。
> 辣上海侬龙卷风看见过歇哦?
> 此地来歇过哦?
> 海南岛到过歇哦?
> 龙华塔看见歇哦?
> 有人来叫侬过? ——呒没有歇。
> 迭种能个人从来勿曾见过。

3. 进行体

用"辣"和"辣辣"放在动词前,表示正在做的动作,必须要看原文或前面的时间词才能分出是现在、过去还是将来进行。

进行体用"辣辣"或"辣"置于动词前表示,有时也可用"辣海"置动词前。问句疑问词用疑问词"哦"。如:

> 一个老师辣辣走过来。
> 伊拉娘辣脱小囡喂奶。
> 伊朋友个儿子辣做啥工作? ——天天辣白相。
> 王先生辣海吃饭。
> 我听得有人辣敲窗。
> 辦个外国人辣海学上海言话。
> 伊个学生子辣辣读外国书。
> 伊个徒弟辣学生活。

表疑问、否定的句式。如:

佾儿子是辣看书哦?——是辣看书。
托侬个事体辣办哦?
侬辣吃啥?——吃馒头。
医生辣辣来哦?——辣辣来。
佾小因辣读啥书哦?——勿辣读啥。
侬个物事辣海卖脱哦?——吪没开始卖。
侬辣辣寻个物事寻着哦?——还吪没寻着。
啥人辣辣敲门?——我吪没听见有啥人辣敲门。
李先生辣海打报告哦?——勿辣海打报告。

4. 反复体

反复体表示事件的反复进行。当动词的对象是不定指或无指的事物如"头、地方、台子、生意"时,动词重叠表示动作行为的长时持续进行或经常性反复。如:"我每日早晨起来,揩揩面,梳梳头,扫扫地,揩揩台子。"当动词的对象是定指的事物时,动词重叠表示动作行为的短时反复。如:"老师摸摸我个头,叫我勿要怕得个。"短时反复,实际是"V一V"的省去"一"的省略式,能读成三字组的连读变调。长时反复不能。

(1) 长时反复。如:

大生意吪没本钿咾做勿起,只好做做小生意。
侬为啥咾勿出去走走?——因为吪没功夫咾。
我辣热天色帮帮伊汏汏咾啥。
花活仔末,要浇点肥料,再后来末,只要拔拔草。
老伯已经辣年纪轻个辰光创办了交关大个事业,现在应当享享福了。
吃好夜饭末看看书。
我酒真个勿吃个,罚我讲讲笑话哦。
我今朝忙煞哝,先拿物事出出出来,慢慢叫再理。

先生来了末,请伊坐坐咾吃吃茶。

夜饭吃好仔末温温书。

吃了夜饭大家乘乘风凉。

睏睏跺跺,啥介忙啦!

要侬去揩揩窗。

早晨头要侬扫扫地揩揩台子椅子。

我屋里也辣淮海路,请俞先生过来白相相。

我有空有功夫末,我要到伊个店里去坐坐咾白相相。

第一个例句意思是:做大生意没有本钱所以没钱做,只好做小生意过日子。这里"做做小生意",是在一长段时间里持续进行的事,可以有停有续,在语用上常有轻松的语感。这类句子很多,是吴语上海话的特色。这些句子用北方话说便不必用动词重叠,这样会表现不出与吴语对应的确切含义。所以现今普通话已有限度地吸收了这种表达形式。

如果两个或几个的"VVO"连用、对象是不定指或无指的动词重叠,能表示动作的交替反复持续,有"有段时间 V……,有段时间 V……"的意思。如:

照辦个学生能,因为伊年纪小咾,总要学三年工夫辣海,也不过辣印板稿子浪向会得着着颜色,打打稿子,换换花头,就蛮好了。

譬方世兄道里,侪打打球,踢踢毽子,血脉也活动咪。

静下来末,着着棋,听先生来讲讲新书。

如果两三个动作同时发生,动词重叠则表示动作的伴随持续,有"一边 V……,一边……"的意思。如:

心境放宽点,常庄到花园里去跑跑路咾散散心。

养病最好个法子,是到海边头去呼吸呼吸新鲜空气,晒晒太阳,汏汏海水浴,效果比吃药好得多。

如果动词重叠后者在前者的前提下连贯发生,则表示动作多次或经常性地连续进行。如：

> 会得动动笔,画画画,跑出去别人总归尊称侬画图先生。
> 趁热天色帮帮伊汏汏咾啥。
> 我想要买几样零碎物事带转去送送人。

不及物的"VV"也可表示长时反复。如：

> 四时八节个花末,侪要种点,辫能介末别人欢喜到花园里来跑跑了。
> 日里睏辣海末勿自然,倒勿如出去走走。
> 幸亏阿拉带了点泰丰公司个罐头物事去吃吃。
> 我假使出去,走走白相,伊拉总归避脱我。
> 到了夜里,伊拉领我去东走走西看看。

不带宾语的动词重叠,常可以用双音节词。如：

> 人交关聪明伶俐个,叫伊慢慢叫操练操练,就会邪气能干。
> 乃朝后去,花园里侪要收捉收捉。
> 我也可以脱侬介绍开个户头往来往来,条件也可以得我一样个。
> 伊拉常常吃点补药,将补将补。
> 抱小囡出去白相白相。

（2）短时反复。

凡是动词的受事对象或处所对象是定指的,动词重叠表示短时反复,即"V一下"的意思。短时反复都用"TV句"（话题句）,表示未然之事较多。

定指事物通常置前做话题。如：

> 辫个办法,想想好处勿少。
> 里外房子要打扫打扫。
> 辫点物事是拨拉我朋友大家分分个。
> 迭块墙壁浪齷齪要粉刷粉刷。
> 所以叫我到杨律师海头去想想法子。
> 舌头伸出来,让我看看,让我把把脉。

伊摇摇头咉没讲啥言话。
侬跑过去开开辫扇门。

后两句是"VVO"式（动宾）用于短时反复。

短时反复的"VV"实际是"V一V"的紧缩，所以，上海话的"短时反复"中单音节动词重叠可用缩略的三字组连读变调发音，双音节重叠可用五字组连调来读，而长时反复不能这样。这也是上海话中"短时反复"和"长时反复"在语音上的鉴别标准。

上海话受普通话影响后已产生"现在时"和"过去时"的"VVO"和表示"V了V"的动词重叠。如：

阿拉辣辣辫搭唱唱辫只歌了。
老师点点头表示满意了。

这句的"点点头"是"点了点头"的意思。
短时反复的另一种表达方式是"V一V"。如：

一具锁浪向钥匙落脱了，要请人来开一开。
西洋镜一角洋钿看一看。
侬到窗缝里张一张。
水摆辣煤气浪向滚一滚。
我有一把扇子，侬有一把刀，让阿拉调一调。
箱子开一开。
我想拿伊到日中心里去翻一翻。
今朝，趁旺日头拿出去晒一晒。
烦劳侬拿一拿进去。

总之，用了"一"后，有时强调了"一次性"。现今上海话动词重叠"V一V"式常省作"VV"。

"VVC"（C是补语），也是一种上海话中常见的形式，过去普通话中没有这种形式。它一定出现在定指对象后表示短时反复，而且都是用在将来时态的句子中，表示希望产生的结果。如：

辫双鞋子我嫌伊忒紧要排排宽。

辫双鞋子拿去刷刷亮。

到睏快前头,后门关关好。

有的虽无"辫个"等明显表示定指,但从上下文中看,事物实际都是定指的。如:

眼睛睁睁开。

衣裳末,快点叠叠好。

烂泥浪先要浇肥料,歇仔几日末要拉拉平,削削细。

拿包袱盖辣上头,四面塞塞紧。

补语也可以是双音节的。如:

拿树摆辣当中,当心勿要歪。再四面放烂泥,拿根木头敲敲结实。

各到各处侪要揩揩干净,灶头浪、地浪一道收作收作好,家生摆摆整齐,一总个锅子,侪要擦擦亮,灶头上也要揩脱点油腻擦擦亮。

现今"VVC"用得依然很多,并且影响到普通话。

"V一VC"和"V一VO",也表示未然的短时反复。如:

辫本纸头要拿去切一切齐。

锅子镬子,侪要揩一揩油。

"V一V"中的"一"往往不读出来,而前边的动词用与"一"相合的连读变调,如"切一切"原来读"3+5+31",往往读"35+31"。

"V个V",也用在将来短时反复。如:

烟囱通个通。

阳台浪向看个看。

噢哼,看看侬个袖子管看,碗打翻咪,快点拿揩台布来揩个揩。

"V个V"有"一V再V"的意思,强调反复的动作,与"V一下"有点不一样,但也是短时反复。用"个"后,强调短暂动作的反复性。也

能带补语,不过现今此式不太用,改为"V—V"。如:

我要想个想清爽。→我要想(一)想清爽。

5. 尝试体

老上海话里,单说"VV"不表示尝试,尝试体的形式是"VV看"。如:

我个扇子请侬得我寻寻看。
辫个里有几斤侬估估价钿看。
看看看今朝侬走了几化步数?("看看看"现今中青年都改讲"看看叫"。)
辫个鱼摆辣鱼篮里,秤秤看有几化份量?
哪能个?再讲拨我听听看。
家生好勿好暂且用用看。
先生要买一件皮袄,先拿来看看叫,看对个末就买。

上海话中双音动词也能用尝试式。如:

我想脱伊商量商量看。

体助词"看"还可以加在宾语或带领属定语的宾语后。如:

噢唷,看看侬个袖子看。碗打翻咪,快点拿揩台布来。
我问问侬看:像辫对瓶,啥个价钿?
闻闻香味看。
做做文章看。
葛末我去,搭伊商量起来看。
㑚辣讲一桩啥个事体,告诉我看。
先要学一年看。
大家豁两记拳?——好个,阿拉两家头,先豁一记看。

尝试体是上海话反过来影响普通话后被普通话引进并在继续扩

大使用的一种体。现今上海话,用"VV"有时也能表示尝试,即"看"可以省去。如:"今朝我要走走近路了。""机器要试试伊灵勿灵。""VV"在句中有没有尝试义,须看上下文而定。

6. 重行体

用"V过"表示重来一次的语义。这个体在浙江吴语中常见,在上海话中已经弱化,往往再在动词前加上副词"再"或"重新",但动词后的"过"还是表示"重新"。如:

迭个写得忒潦草了,重新再写过。
刚刚勿算,让伊再唱过。
味道勿好,重新烧过。
伊又写一封信来过。

7. 结果体

动词后加"脱",表示事件的结果。如:

发条断脱了。
灯火隐脱了。
侬朋友个物事卖脱了哦?
侬落脱啥书哦?
场浪叫来个人侪回脱。
乃伊呒啥办法,只好就拿房子侪卖脱。
灰尘拍脱点。
人辣辣难过个辰光听了音乐末,可以解脱点伊个烦闷。
请老兄隔脱两日再来好哦?
从黄梅到乃,一直落雨落到现在,恐怕屋里向个物事侪要霉脱。
辫座房子已经卖脱了。

"脱"还能用在"状语V脱"的结构中。如:

衣裳簇簇新,伊拉勿肯噢卖脱。

动词后加"脱",可用在动词后将来行为上,表示行为在将来完成,像是一种"将来完成时态",但是往往用在祈使句里,祈使句里的行为都未发生。如:

侬辫只大饼吃脱伊!
一本书拿去还脱仔。
侬辫点垃圾倒脱伊!
侬等等我,我去得伊一道兜脱一圈。
考脱试好好叫松一松,我乡下头去住脱一抢。

在第一句里,吃那个大饼的行为是未然的,意思是要在以后也就是将来的时间里吃掉(即完成)。

二、上海方言中的"时"标记和"体"标记

1. "时"标记：现在时为"了",过去时为"个"

"了 lek[lə?]"（早期用"哉 zE[tsE]"）和"个 ghek[gə?]"，都是多义词，其在一般的叙述描写句中常充当语气助词使用，表示多种语气。但是在时态句里，是"当前相关状态的标记"，表示的是某个事件行为发生的"现在、当下状态"，是观察事件出发的"现在时点"。其在句尾充当"时助词"用，构成了上海方言中"现在时"的形态标记。

1926 年语言学家赵元任在《北京、苏州、常州语助词的研究》（《清华学报》第 3 卷第 2 期）这篇著名论文中，指出南方方言可能存在比普通话更多的时体结合的时态。赵元任关于语助词"的 de"（赵写作"得"，苏州话写作"格"，即上海话的"个"）一词有这样一段论述：

这种得、格的用法在南方方言中往往当一种像英文的过去似的。例如，南京"我看见他的"，苏州"我看见俚格"是"I *saw* him (on that occasion)"。假如说"我看见勒他勒","我看见俚哉",就是 perfect tense：I *have seen* him（now），但在北京这种区别不太注重，大概都用勒就仿佛德文平常说 Ich *habe* ihn *gesehen*，不说 ich *sah* ihn，只有的确有"事类"的口气才用得的呢。

吴语上海方言的"时""体"结合的"时态句"中，确实既存在"现在时"与"体"结合的复合时态，也有"过去时"与"体"的复合时态。

这些句了都发生在"时态句"中。"时态句"一般在现实场景中使用，如在当面对话时发生。

如对面告诉你："风静了。""风静"是个词组，如果没有"哉"字，句子不能自足，即不能成句；加上了表示"现在"语义的标记，才确定了"风静"是在"现在"时间里发生，因为"风静"是常规性经常要发生的事情。加上"哉"把"风静"作为一个具有"新闻性"的事件来告诉你，指的是特定的"现在"发生的事件，这句话才能有意义，这句话就成了一个"现在时"的句子。上海话的"时"原来用"哉"或"特"放在句尾表示，现在是用"了"。

又如，电车上报站对你说"南京路到了"，在没有上下文的语用条件下，这句话的句法含义只是说"现在到南京路"，既无"已经到""正在到"，也无"开始到""将要到"的意思。"南京路到"之所以不能成句，就是因为"到南京路"是一种"常规性"的行为，过去、现在、将来都可以发生。现在要把它作为一个"新闻性"的事件发生来告诉你现在发生，后面就必须加上表示"时"的范畴，如加上"了"，成为"南京路到了"，这样就是告诉你："现在到南京路。""落雨哉"，就是"现在下雨"的意思，其本身并没有"已经下雨""正在下雨"或"开始下雨""即将下雨"的意义，"哉"的语法意义仅为"现在"。有些人认为"下雨了"的"了"表示已然，或者表示"事情发生了变化"，表示"即将"，那都是因为把上下文影响下的语用意义当作"了"的语法意义了。比如说："刚刚天气还好个，落雨了。"这句话中的"下雨了"的语法意义仍是"现在下雨"，而给人感觉的语用意义是"原来没下雨，现在变成下雨了"，事情发生了变化。

又如：

阿拉开会了。
自来水龙头坏脱了。
表停了，勿晓得几点钟了。（手表停了，不知现在几点。）

这三句都是上海话中表示一般现在时的句子。第一句的意思就是"现在马上要开会"，没有"了"字就不能使听者了解什么时间要开会。第二句中，虽然"自来水龙头"可能早就坏了，事件发生的时间不等于叙说的时间，而加上了"了"，向对方叙说的时间是"现在"。

下面这些都是"对你说的"现在发生的"一般现在时"句子。

伊到屋里去了。
十二点钟敲过了。
前头个货色统统卖光了。
辰光晏了。
花开足了。
太阳出来了。
虚度七十二岁，老头子了，吭没啥用场了。
日短了，勿好做生活了。
一把锁勿见脱了。
一道屋里向去了。
一共拢总个条约侪写定了。
房子完全拆光了。
朋友来过仔咾回去哚。
两只手做勿动了。
侬眼镜落脱了？

老上海话"了"是用"哉"的，如："天落雨哉。"

上海方言句尾的语助词"个"，如果用在"时态句"句尾中，即表示"过去"时间，成为"过去时"标志。如：

客人个经费末,侬管伊阿里来个。

我辣淮海路看见伊个。

上面两句中有了"个"以后,"管他哪里来"的便是过去的钱。下句如果没有"个","看见他"的时间是不明的,加了"个",表示事件在过去时间发生。这两句是"一般过去时"的句子。

下面这些都是发生在过去的"一般过去时"句子。

阿拉是上半年折本个。

因为伊个本事大咾,常庄打赢个。

姆妈讲个,勿好辫能对待伊。

夜里雷响个。

侬阿里搭回来?——我城里向回来个。

俫几家头来个?——两家头来个。

侬个脚生病咾折个还是跌折个啊?

老弟啥辰光来个?

几钿买来个?

侬啥辰光城里去个?

"侬啥辰光城里去个?"这句话,"去"后有个"个",则表示"城里去"这事在过去发生。如果后面没有"个"字,那么"城里去"这件事是将来时间发生。

2."体"标记:辣辣、辣海

上海话中表示人或事物位置的"辣 lak[lAʔ]"与普通话中的"在"是同一语素,"辣海 lakhe[lAʔhE]"是"在那儿"的意思。这两个词虚化为"体助词",在动词前可表示句子的"进行体",在动词后表示句子的"存续体"。"进行体"表示动作行为动态地进行着,如:"五分钟前我辣辣吃点心。""存续体"是表达动作结束后其状态在延续的意义,如:"现在我坐辣海。"这个句子中的"辣海"表示"坐"的动作完成后其"坐"的状态在延续下去。

三、上海话中的复合时态句

我们习惯将兼有"时"与"体"语法范畴的句子,称为"某某时体结合时态"的句子,或按人们对英语通常的称呼习惯,简称"某某时态"的句子。

从"现在"或"过去"的时点出发观察,事件的状态通常可以分为三段:一种是已经完成,一种是正在进行,一种是将要发生。上海话对这样三种事件状态都有专用的时态表示法。

1. 现在完成时态

它在动词后用"辣海"或"辣辣",加上表示现在时"了"组成"辣海了"或"(辣)辣了"。老上海话中用"拉海哉"或"拉哉"表示。如:

我家生买辣海了。(家具我已经买好在那儿了。)

小囡瞓着辣辣了。(The child has gone to sleep.)

三百块洋钿我收辣了。(I have received three hundred dollars.)

工钿付过侬辣了。(Your wages have been given to you.)

太阳头里晒辣海哎。(It has been aired in the sun.)

我叫侬买个物事买拉哦?(I told you to buy some articles, have you bought them?)

昨日叫侬写个写好辣?(I asked you yesterday to write; Have you written?)

现在寄来货色,伊买个,还呒没到。(The goods which I entrusted to hem to buy have not yet arrived.)

以上英语的注释句,都是从英国传教士麦高温 1862 年《上海方言习惯用语集》一书中直录。

我决心末定拉了。(我现在已经定下了决心。)

王教授个论文送来辣海了。

衣裳汰好辣了。

我要换一堂地板,木匠已经叫辣海了。

上趟倷爷爷叫我去寻个几部书,寻到了咾,拿来辣海咪。

空调开辣辣了,倷进去睏哦。

倷结婚了哦?——我还吪没好日辣辣了。

枕头套咾单被单汰好辣海哦?

现在完成时态的疑问形式,上海话现今已变为与普通话相近的"V 了哦"。如:"发票上图章敲了哦?"否定说"吪没 V"。

2. 现在进行时态

它用"辣海"或"辣辣""辣"置于动词前,"了"位于句末表示。如:

伊生活辣辣做了。(他现在正在干活。)

倷看,小妹伊辣辣走过来了。(你看,小妹现在正在走来。)

我辣做了。

瓣个外国人辣海学上海言话了。

大概人家侪辣落秧了,我稻还吪没浸辣海。

外国朋友辣辣学中国普通话了。

伊末,辣准备嫁妆咾叫人发请帖了。

伊辣烘馒头了。

马荣听得大家辣走过来了,就马上去迎接伊拉。

伊辣辣买礼品咪,拨我正好碰着。

倷商品辣卖了哦?——还吪没拉卖咪。("咪"是"了"义,但语气较轻松。)

3. 现在即行时态

表示从现在的时点出发去看。一般动词后用表达即行的"快"加上表达"现在视点"的"了(哉)"表示。如:

火车开快了。

这句话的意思并不是单纯说"火车马上开"这件事,而是说"火车现在快开""火车即开",离现在时点很近。又如:

我个作业做好快了。(我的作业快要做完了。)
十二点钟到快了,小菜侪预备好辣海哦？——好快了。(现在十二点钟快到,菜都准备好了吗？——快好了。)
戏就要开场快了。
我爷叔迭抢衰猪来交关,因为伊个囡儿要出嫁快了。
福州路江西路口头,立兴鞋子店,开店快了。
我辣伊头要讲好快了。
快点去叫救护车来,恐怕伊要死快了。
我作业做好快了。

4. 过去完成时态

表示到过去某个时间,事件已经完成。它在动词后用"辣海"或"垃拉""辣""拉"再加表过去义的"个"来表示。如:

条子我写辣海个,侬寻出来看看好了。(条子我过去已经写好,你找出来看一下吧。)

"条子我写辣海个"与"条子我写辣海了"是不一样的。句尾用"了",表示到现在为止,我已经写好条子放在这儿;但用"个",是说明条子是在以前某时已经写好的,所以可以接着说:"侬哪能几日过去到现在还勿晓得！"

医生讲拉个,一分洋钿也勿收。(医生以前就已说好了,不收一分钱。)
价钿照侬讲辣个,要做要考究点。
辫张遗嘱是大阿哥做辣海个。
辫个两个人,勿是正式夫妻,是姘辣海个。

所偷辣个衣裳完全查着,而且也查出啥人所偷辣个。

伊辫人脚哪能跷辣海个,毛病呢还是生成功拉个?(那人的脚怎么拐的?是以前病成的还是早已生成的?)

所偷拉个衣裳完全查着,而且也查出啥人所偷拉个。(过去已经偷了的衣服完全查到,并且也查出谁当时偷的。)

难道是伊做辣海个呢啥?——勿是伊。

长辈规定辣海个,所以勿得勿听命。

一对椅子,新买辣海个。

学堂辣过面曲弯里,挂一块牌子辣海个。

因为昨日夜快到拉个,行李咾啥还吭没安放好,我明朝来拜望侬哦。

辫只古铜个香炉是啥个朝代造辣海个?

伊老早死了爷娘,伯伯阿叔照应辣海个。

客厅里向个灰尘已经积了老厚辣海咪,玻璃窗末勿晓得几时揩辣个。

大家照仔讲定拉个地方咾去睏了。

我天天辣坐个,坐惯拉个,板数辣辣个。

阿拉商量好辣海个事体,今朝再来敲敲着实。

女人当中顶媺个呀!侬所爱拉个,到阿里去了?旋转身体到阿里搭去了啊?(媺:美好,漂亮。《广韵》上声语韵创举切:"媺,《埤苍》云,鲜也,一曰美好也。")

发票浪向打清爽辣个哦?——吭没打清爽辣海个。

看下面这个句子,可以较好地比较过去完成和现在完成的差别:

我喊侬叫辣个车子侬叫辣哦?

前边"叫辣个"是以前叫对方完成的事件,而后边问到"侬叫辣哦"是到现在"叫车"的事现在叫了(完成了)没有。

5. 过去进行时态

表示事件过去正在进行。它用"**辣海**""**辣辣**"或"**辣**"置于动词前,"**个**"位于句末表示。如:

我看见侬辣辣写个,侬勿要赖脱。(我看见你刚才正在写,你别抵赖。)

伊辣辣卖啥个,我到现在也勿晓得伊个底细。(他以前在卖什么,我至今不知道他的底细。)

侬叫我汏浴个辰光,我辣海踢球个。

阿拉侪辣海坐个,坐惯辣个,板数辣海个。(我们以前在坐,已经坐惯了,总归在那里的。)

有我辣经管个,从来吥没出过事体。

伊晓得侬以前一直辣辣学唱个,所以现在基本功介好。

人是我寻来辣海个,我该当担保。伊勿会偷出去卖,是有我辣经营个。

上面最后两句,第一句因为是过去进行,所以"唱"后只能用表示过去的"个",不能用表示现在的"了"。第二句"有我辣经营个"是过去进行时态,"辣"表示进行,"个"表示过去,与"有我辣经营了"表示现在进行不同。

四、时态的历时变化

"体"形态和"时"形态专用形式会消退,变成用词汇形式表达。

1. "体"形态渐为时间副词所替代

汉语不断地向"孤立语"推进,最显著的特点,就是用词汇形式取代形态。在北方话的影响下,上海话用时间副词代替"体"形态。如:

"我参加了运动队了"变为"我已经参加了运动队了"(加上叠用),再变为"我已经参加运动队了"(表示完成体的"了"失去)。

我已经找到了辫位姓徐个客人了。

这句话是演变中的中间状态,既有"已经"又有"了"重叠。

侬个姐姐也已经交关难过辣海了。

这句,既有"已经"又有"辣海"重叠。再如:

树上个桃子已经熟了。
电影开映到现在,已经有三日天了。
因为我告辩片店有来往已经交关年数辣了。
已经长远吽没得侬两家头谈心了。
我个老同学,杨律师,辣上海开事务所已经多年了。

2. "时"形态渐为时间名词所取代

形态退化的演变还有另一种情形,是用"时间名词"取代"时"的形式。如:

"伊辣辣做功课了,侬出去。"(他现在正在做功课,你出去。)→"伊现在辣辣做功课了,侬出去。"→"伊现在辣辣做功课,侬出去。"用时间名词"现在"替代了"了"。

"我看见侬辣辣写个,侬勿要赖脱。"→"我看见侬昨日辣辣写,侬勿要赖脱。"

句子中用了时间名词"昨天",句尾就不必用"个"了。再如:

现在天热了,要用棉毛毯。
有人讲拨拉奵细放火爆脱个,也有人讲走电咾爆脱个,现在当局正辣辣调查。
去看现在几点钟?

第一句"现在天热",是时间名词"现在"与时助词"了"并用的句子,有了"现在","了"就可以放弃,变成:"现在天热,要用棉毛毯。"这时"时形态"就可消失,句子语义不变。

第二句"爆脱"用"个"表示在前发生;用"现在"表示后句的时间发生在现在,"现在"一词已经替代了句尾的"了"。

第三句里已无时态,用了"现在",就不必用在句尾表示"现在时"

的"了"。再如：

我个老同学,杨律师,辣上海,开了事务所已经多年了。|我个老同学,杨律师,辣上海,现在开事务所已经多年了。

侬个姆妈也已经交关难过了。|侬个姆妈现在也已经交关难过。

条子我写辣海个,侬寻出来看看好了。|条子我过去已经写辣海,侬找出来看一下好了。

一旦"时""体"形式都为词汇形式替代,句子形态便都消失了。如：

阿拉个田已经车仔半个月了,水磨田已经耖好辣了,岸末也做好,单等种秧了。后日末,阿拉要莳秧了。

句中"已经 V 仔……了('已经'与'仔'叠用)""已经……辣了('已经'与'辣'叠用)"表示现在完成；"单等种秧了"里,"了"表示现在。"要……了"表示现在将行时态。这样的句子总是出现在对话中的"时态句"中。

这句话,现在也可以这样说：

阿拉个田现在已经车了半个月,水磨田已经耖好,岸也做好,现在单等插秧。后日阿拉要插秧了。

3. 时间名词强势支配"时"形态,使其表示"该时时间"

一旦时间名词词汇形式替代了"时"的形态形式后,成为强势,可以进一步支配句尾的"时"形式。

当用"时间名词"取代"时"的形式时,也产生了一种中间状态,句子末尾还保留了"了"。前面已经有了特定的时间后,那种句子句尾的那个"了",就受制约退而表示前面指明的时间范围里的那个时段的"相关状态",即"该时时间"了。如：

再歇一日,田里个水侪好干了,田里后日末就好莋稻了。

明朝末,吃鸭肉个日脚了。

昨日早晨我去买蛋糕了。

两天以后我就辣日本了。

今朝伊拉一道到公园里去了。

句尾的"了"表示了相关时间,第一句是"后日",第二句是"明朝",第三句是"昨天",第四句是"两天以后",第五句是"今朝",都相关了"当时时间"。

不过,有"了"和无"了"的句子,在语义上是有细微差异的。如:

明朝早晨我到了日本了,我马上打电话告诉侬。

明朝早晨我到了日本,我马上打电话告诉侬。

前一句只是说明"明天早晨那个时间我到达了日本"这件事,表达的言说内容是那时的状态,它是一个完整的句子,后面不能接上"我马上打电话告诉侬"。后一句仅说明到日本在明晨完成,所以可以充当时间状语从句。

4. 北方传来的"完成时态"和吴语上海话的"完成时态"交叉

上海方言中的现在完成时句子是"SOV"的语序。但是上海方言里也存在一种"SVO"形态的"现在完成时态"句了,其句式是"SV 仔 O 了"。两者之所以并存,究其源,后者是上海话受原苏州府(平江府)语言的影响而产生的,而苏州地区的这种句式是在语言接触中受长江北部江淮官话覆盖的结果。

开埠初就存在这类被有些学者称为"实现体"句式的句子。如:

吃仔两帖药现在好了点了(吃了两帖药现在好些了。)

一只船碰着仔风浪了。

伊个儿子也做了官了。

疑问式与肯定式相同,只是句末语调上扬。否定形式也是"呒没V",与吴语式完成时态相同。如:

侬汏衣裳生活做了几年了?

侬个小因养仔几个月了?
侬厨司做仔几年了?
侬车床生活做了几年了?
扫了地板以后,窗要开仔咾撑辣海。
门锁仔,勿要开辣海咾拨别人偷了物事去。

上海话中北方来的时态句子"SV 仔 O 哉"(后来"仔"和"哉"都被"了"替代)形式,是从北方话传来后叠加在上海话"完成时态"上的一种形式,是因为它与上海话其他时态形式都用"SOV"语序表达有明显不同,它用"SVO"语序表达。这个时态的部分时态意义而且还与完成时态重合,即时态中那一小部分表示"完成"语义的句子和原上海话的"SOV"现在完成时态句重合。

第六讲

说好上海话复合句

"SOV"句子类型的上海方言,在主从关系的复合句中,其原因、目的、直推、假推、让步、条件、转折、结果、方式伴随、时间、方所状语从句以及定语从句,原来都用后置词(从其后附着和用词来看,可归语助词系统)为标记。受近代汉语书面语的影响,逐渐地被北方话和近代书面语前置标记所取代。新老的关联词,在逐步过渡中,直到现在,我们口中说的上海话的复句中,前、后置词关联词都会出现,甚至重复使用在一个复句中。

一、主从复句关联的转化

小结复句中分句之间的关联,在偏老上海话中,关联形式是比较简单的,它用附着在前分句后面的"末、是、咾、仔"等后置连词,像助词一样,与后分句上的副词"就、也、再、侪"等配合,来区别各种逻辑关系。下面是偏正关系表:

		A级	B级	C级
对立关系	转折:	V末V V是V		让步: 末……也…… 再……也…… V做V
承上关系	因果:	咾(重) 末(轻)	直推: 仔/了末……就…… 假推: 末……就…… 是……就…… V是V	条件: 末……再…… 也好,也好……侪…… 随便哪能……侪……

偏新上海话,与普通话、书面语相近的一整套关联词语慢慢地成为上海话复句表达的主要关联形式。如下表:

	A级	B级	C级
对立关系	转折:虽然……但是……		让步:即使……也……
承上关系	因果:因为……所以……	直推:既然……就…… 假推:假使……就……	条件:只有……再…… 除非……再…… 无论……侪……

老的一套现今仍用,但频率低了,感觉老了。

下面举例说明:

因果关系(重):昨日早浪头发之五更西咾,天气转得交关高爽。

迭位先生是老上海了,葛咾样样门槛精来。

因果关系(轻):读了历史书末,乃末晓得历代个兴旺咾失败,人咾事体个好坏哝。

读了历史书末,就晓得历代个兴旺咾失败,人脱事体个好坏哝。

转折关系:现在**做末做**辣海哝,还吰没烧。

海滨公寓**好是好**,忒贵。

直推关系:得人家约定**仔末,就**应该准时到。

假推关系:侬**要末**,拨侬好了。

伊晓得便宜**仔,就**勿会放过机会了。(可能实现的假设)

昨日勿落雨**是**,辫点生活老早**就**做脱哝。(不能实现的假设)

让步关系:侬勿想去末,**也**要讲一声。

迭眼生活,一家头**也**吃得落个。

车子**再**轧,我**也**要上去。

就是费脱一眼功夫,**也**看得见个。

本钿**多做多**,吰没经验总归尴尬个。

条件关系(充分):读之书**末**,样色会晓得。(与"假推"同)

　　(唯一):坚持吃伊几个月**末**,毛病**再**会好。

　　(无):落雨**也好**,刮风**也好**,我**侪**要去个。

连贯关系:剃好头发**末**,我脱伊汏头。

　　歇之一隙**咾**,再打打看。

　　汏好了浴,**乃末**看夜报。

　　休息到两点钟,**乃末**再办公。

在早期已经有一些书面语的连词进入上海话,如"若使""倘然""因为"等。常见新旧形式混合叠用的例子,如:"因为寡不敌众咾败了下去。"

现今经常听到的上海话,关联词语已经换了一套。但是连贯关系现今往往不用关联词。如上面的句子通常这样说:

因为昨天一早发了五更西风,**所以**天气转得交关高爽。

因为辣位先生是老上海咪,**所以**样样门槛精来。

因为读了历史书,**乃末**晓得历代个兴旺告失败,人告物事个好坏了。

现在**虽然**做辣海了,**但是**还吃没烧。

海滨公寓**虽然**好,**不过**忒贵。

既然脱人家约定了,**就**应该准时到。

假使侬要个言话,**就**拨侬好咪。

要是侬来,我**就**等侬。

如果伊晓得便宜,**就**勿会放过机会了。

要是昨日勿落雨,生活老早**就**做脱了。(可能实现和不能实现的假设不能区分)

即使侬勿想去,**也**要讲一声。

辣眼生活,**就是**一家头**也**做得脱个。

即使车子**再**轧,我**也**要上去。

即使费脱一眼功夫,**也**看得见个。

即使本钿**再**多,呒没经验总归尴尬个。

105

只要读了书,样样**就**会晓得。
只有坚持吃伊几个月,毛病**再**会好。
无论落雨,**还是**刮风,我**侪**要去个。
剃好头发以后,我脱伊汏头。
等个一歇,再打打看。
汏好了浴,看夜报。
休息到两点钟,再办公。

在现今的上海话中,还常常可以听到新、旧两套关联词语的混用叠用,这是一种过渡中的中间现象。如:

嗯是嗯个,**不过**物事勿大哪能。
假使天勿好**末**,**就**改日脚。
伊**因为**吃坏肚皮**咾**勿适意。
伊勿适意,**因为**吃坏肚皮**咾**。
因为伊勿答应,**葛咾**吭没用。
既然伊勿想做**了末**,**就**勿要去勉强。
无论伊高兴**咾还是**勿高兴,**还是**答应**咾还是**勿答应**也好**,阿拉总归要做了。

上海话复句关联由助词向连词转化的这个推移,历史延续很久。即使是第一批来的关联连词如"倘然""若使""倘使""勿独是""而况乎"等,后来也淘汰了。

下面我们再来详细学习一些说话中经常用到的主从句。

在各种主从关系从句中,在前面举例使用后置连词、后面改用前置词的句子,还有些是前后置词在过渡中重叠使用的句子。

(1) 因果关系:

咾、葛咾＞**因为/为仔……所以/故所以……**
人手少咾生活做勿快,只好慢慢叫个做。
我是外行咾做起来勿见得好。
近咾便当。

房子低咾,空气勿大流通。
房子高咾,望望远景交关好。
伊拉末侪是年纪轻咾邪气会得打朋。
勿晓得迭两日侬啥事体咾勿会见客人?
因为逆风,故所以洋伞勿好撑。
因为水土勿服,所以常庄生病。
我个衣裳龌龊来死,所以我要刷刷好再着。
为仔伊嫖赌吃着,所以弄得现在变成功一个三轮车夫唻。
为仔伊左手有毛病,所以我看得出伊左手一直勿伸开来。
坏人呒没人看重,葛咾人要做得正。
小囡有病葛咾多哭。
我今朝因为已经有约,葛咾勿好奉陪了。
张家老太太邪气勿赞成,因为门档勿对。
因为吹了风咾,头脑子里痛得来。
因为生病人瘦脱了。
为仔侬勿快活,所以我勿来。
明朝,侬早一眼叫醒我,我要早点动身因为日中心里天热咾。
为仔怕拨人要查着,一个人只好缩转去唻。
因为小囡辣哭咾,只好抱辣手里。
伊是新来个,葛咾样样侪勿懂辣海。
大多数人身体勿好,往往因为是伊拉发育辰光,发育得勿好。
身体保重侬勿要讲伤心话。(此紧缩句省去了关联词。)

(2) 直推关系:

仔末＞既然……就,既然……葛末……

等到伊手摸进仔末,我突然拿一只手提牢,伊睾也睾勿脱。
拨拉查票查出仔末,要罚伊。
吃上仔末,勿好勿吃了。

块头大仔末,人就勿好看了。

做仔娘舅了末,总归要带点物事去。

既然望落雨,勿要惹厌太阳。

既然侬吥没道伴咾勿高兴,葛末阿拉两家头一道去,好哦?

既然吃个物事侪是从烧饭司务烧出来个,乃末只要烧饭司务当心,葛末毛病就会得少了。

既然要末再去买好唻。

既然脱人家约定仔末,就应该准时到。

(3) 假推关系:

一种是关联的前句未发生。

仔、末＞假使……就……,如果……就……,比方

学精明仔,包得定将来请教侬个人勿少。

砚台上墨,勿要忒浓,浓末揭勿开,也勿要淡,淡末要化。

勿留心末,容易闯穷祸。

摆了花末,房间果然好看唻。

小菜淡了末,顶好再加点盐。

侬加进末,我也加进。

侬要末,拨侬好唻。

侬来末,我候侬。

倘使辫能做,毕竟要受处罚。

倘使花籽吥没,有花秧也好个。

假使有本事个人能够谦虚点,葛末人家侪会敬重伊了。

侬有空末,请侬来一来。

比方一家屋里有人生仔时疫病,葛末应该快点送到医院里去看。

比如侬做起来,哪能做法?

譬方我有啥勿好,侬要脱我讲个。

一万块勿要,葛末要几化?

假使有人来花园走走末,侬辫副吃相邪气难看。

假使要定做末,价钿要贵一眼。

倘使别人去劝伊末,伊一定要动气个。

假使要末,侬来拿。

要是吭没,就勿要了。

侬如果调得出工夫来,就弯一弯。

如果辫个案子能够破个末,我要大大个赏赏俉。

如果勿可以末,我就叫别个老师来教教伊看。

作兴天勿好末,就改日脚。

要是伊拉个原料勿对末,拨我看出来仔,我完全要叫俉拆脱换个。

要是钞票伊勿收末哪能办?

昨天勿落雨个言话,辫点生活老早就做好了。

我晓得嗰个言话,豪燥就去买了。

万一勿可以末,也吭没办法个。

万一有一两只蚊子飞进来仔,我可以点一眼蚊虫香。

一种是关联的前句发生之后。

……了,……仔……等……仔……,一……就……,……以后……

钟头到仔,喊我一声。

等水开仔,脱我冲眼茶。

等先生来仔,脱我话一声。有啥变动,请侬通知通知。

等衣裳干仔,得我烫一烫。

侬到仔日本末,东京总归要去游览游览。

一落雨,就湿滋滋个。

天一好,人就觉着爽快个。

好个,一做好就脱侬送去。

一看就有数了。

等我有仔工夫,要想到北边去考察一转。

(4) 让步关系:

咾……也,V 做 V＞也怕……也……,就是……也……,即使……也……

伊反对咾,我也要去。

本事大做大,机会勿好,也勿会成功个。

骂做骂,打做打,拿伊吓没办法!

小坯杆,硬做硬,勿要一碰就坏个咾。

前头画了勿好,就是后首来用心做用心,画出来总勿得法。

着仔迭件大衣,冷做冷个天,勿冷个了。

本钿多做多,吓没经验总归尴尬个。

省做省,少到一千块洋钿总要个。

笨做笨个人,只要肯用功,吓没勿进步个。

赶快做赶快,快到一个月总要个。

就是伊哭,也勿要睬伊。

就是费脱一眼心思,也舍得个。

就是吃亏,也是有限个。

就是走到天涯海角,也要拿伊寻到。

吓没好个,就是普通个也勿要紧。

也怕伊磕头咾来求我,我也勿肯答应伊个要求个。

也怕吓没铜钿,总勿要去偷人家。

哪怕成功勿成功,定规辣海个事体,只好做。

别人哪怕反对,我总归赞成个。

乃是懊恼也来勿及。

即使伊是名家,也做勿到。

即使打咾骂,也拿伊吓没办法。

(5) 条件关系：

顺接条件：末＞只要……就……,一……就……

教会侬孲能做末,一定会成功。

读了书末,样样会晓得。

看仔伊样子好末,就敲定了。

学个人自家要末,多留点心,就会晓得多点。

英文学仔几年末,可以随意用用唻。

再歇仔十日,要开学唻。

我到仔下半日,空了。

阿拉海头到了月底末,忙唻。

只要有通行证,随便啥人侪可以去个。

只要有买个人,就有赚头个。

只要干净就好。

只要物事好,价钿大眼,倒勿碍个。

一落雨,就湿得来勿适意。

天一好,人就觉着爽快个。

逆接条件：就是……也……,那怕……也……

吼没新个,就是旧个也可以。

就是吃亏,也有限个。

那怕结果好还是勿好,定规辣海个事体勿好半途而废个。

充分条件：勿论,随便,无论,"反义重叠"

勿论中国人咾外国人,侪是讲道理个。

勿论做啥事体,总归要有决心。

无论如何勿答应。

随便啥人,总勿会得吼没缺点。

伊个囡儿邪气聪明,随便叫伊做啥,侪会个。

迭桩案子,随便哪能勿可以让步。

随便啥人,总勿能讲伲没缺点。
伊随便哪能反对,我伲勿怕。
凡是到酒吧间里去吃酒个人末,大多数侪是年纪轻咾性子暴躁个。
迭票货色我嗖嗖贵贵侪要去买脱。
好好坏坏,勿也可去管伊!

(6) 转折关系:

V 末 V,V 是 V＞虽然……不过……,虽然……但是……,倒,可惜,只是

洋伞比油布伞贵末贵,到底更加用得起。
好是好个,到底本事平常。
卖是要卖个,只是卖勿脱。
侬肯借物事拨邻舍哦? ——肯是肯个,独是呒啥好物事。
侬可以到我地方来一道看戏哦? ——来是来好咪,戏末勿看。
会是会个,不过呒没心想做。
侬可以脱我告诉伊拉哦? ——可是可以个,但是侬讲得勿明白。
现在做末做辣海了,还呒没烧。
请求是请求过了,拨伊回头个。
白莲泾个地方我去末去过个,已经记勿清了。
张先生个人是交关老实,但是气量小咾记仇心交关厉害。
虽然路远,毕竟走得到。
迭种花,颜色虽然好看,可惜勿香个。
虽然好几家商场请伊去,但是伊还呒没答应。
虽然有红灯辣海,伊一眼也勿管闯过去。
便宜是便宜个,不过物事勿大哪能。
好是好个,不过价钿忒贵咪。
要末要个,就是价钿忒贵。

有末有个,不过忘记带来了。
嗖是嗖个,不过物事勿大哪能好。
请求是请求过唻,拨伊回头个。
滩头浪咾小店家末,物事虽然便宜眼,有虚头个咾勿好个。
伊个练习生,年纪虽然轻,主意倒蛮老个。
打定主意要去,独是现在落雨了。
生意是好个,独是路浪勿太平。
骂伊倒勿响。
自家推扳咾倒怪别人勿好。
侬讲要做,倒勿做。
迭个衣料质地倒蛮好,可惜花头勿对。
搿只帽子,尺寸倒正好,可惜样子勿大中意。
有啥呒没办法,只不过费手脚点。
伊跟啥人侪高兴个,就是伊勿高兴跟侬一道去。
人家侪同意个,独是伊一家头勿答应。
因为非常之急,一眼也呒没带啥出来个,只不过几件衣裳咾被头。
有一样生活,我想找来做,到底呒没合伙人。
现在还勿起,到底要还侬个。
想想要,想想要,到末脚还是勿要了。

(7) 时地关系:

……仔,仔末,之后来＞当……,拉……

前面一个小句是后面一句主句的时间或地点。

大家看见仔,快活得极。
南京去过以后,我还要到北京去。
花秧活仔末,要浇点水。
早晨起来仔末,快点去揩面。
吃好了中饭末,豪燥去休息。

日头出来仔末,早晨个雾露要散了。
当伊走进饭厅,看见伊拉娘也来了。
夜里静仔后来,阿拉两家头,一道出去拣个地方谈谈心事。
当伊走脱仔,我就拨侬看。
辣姆妈哏衣裳地方,一泼老人辣辣打牌。

(8) 目的关系:

为,为仔＞为了

勿论男咾女,侪要天天早晨头做十分钟早操,为此缘故咾,我个小囡晓得以后现在吭没生过大个毛病。

为了吃饱饭,伊每天还要去卖脱一点自留田里种个青菜。

(9) 结果关系:

……仔咾＞结果就……

牙齿脱光之咾嚼勿动。
天热仔咾,帽子用勿着了。
伊今朝生活吭没做好仔咾,走勿脱了。
我学会了新办法,结果就勿怕伊了。
考虑到伊刚刚做半年仔咾,结果也就勿追究伊了。

"之咾"是"这"和"因"的合成,这就像上海话中表示因果的连词"葛咾",语义是"所以"的意思。"葛"就是"个",是"这"的意思,而"咾"表示原因,"葛咾"便是"此因",也是一个"OV"式结构的词(如古汉语的"是以"),用"VO"式的普通话说,即"因此"。

二、联合关系复合句

复合句分主从关系复合句和联合关系复合句两大类。除了以上说的主从关系复合句之外,在联合关系复合句里,上海话还有以下几种句式,有的用前置关联词,有的用后置关联词。

1. 并列关系

用前置关联词的:

一头……一头……

瓣个开心人,一头零食吃了交交关,一头言话咿咿呀呀讲勿停。

一头有看勿光个小说书,一头有打勿完游戏,侬讲伊还有啥个辰光去做做家务!

一样末……一样末……

一样末,学着颜色。还有一样末,学打稿子。

一则……二则……

伊拉常常拣身体长咾大个人做保镖,一则因为长咾大个人气力来得大,有啥意外事体出来,能够对付;二则末长咾大个人来得神气。

一则是礼拜天,二则是天气好,所以去荡马路个人交关。

一来……二来……

可以加上提顿助词"末"或"是"。如:

一来现在辰光生意清,二来末种种开销大,生意真真勿好做。

一来是交货个期限搞错,二来是得原样子勿对,所以阿拉大班闹来勿过头辣海。

一面……一面……

一面走路,一面看野眼。

一面讲伊事体常庄弄错脱,一面爪手爪脚做勿来生活,真是个天生笨蛋。

2. 连贯关系

仔末,了末,咾,乃,乃末,仔……咾,了……就……,仔咾……再……

表示连贯的叙述,常常是一句接一句,不用形式标志,所谓"流水句"便是。如有形式,则有上面所列那些后置连词或前置连词。如:

葛是年纪忒小,总要十一二岁仔末,学起来容易点。

辫桩事体侬要完完全全做好了末,再放侬走。

真讨厌!我辫张唱片听脱咾,跟侬出去白相。

我卖脱点货色咾到侬此地来个。

我读了书咾一眼勿做啥,屋里向更加要穷咾,爷娘个担子要更加重了。

交仔货色咾,收铜钿。

问仔伊本人咾,再决定。

伊拿了一本书就走过来了。

一颗一颗排好仔咾种。

一副铺盖,卷好仔咾,拿来。

借了铜钿咾买。

阿拉跟了几个小囡,就跑过来了。

停仔一抢咾,再催催看。

商量仔咾,再定方针哦。

城隍庙里个仙方勿灵,乃末快点去看医生。

我轧上去,看见有一个廿几岁个青年人辣辫搭哭咾骂,乃末就问伊拉打听啥个事体。

老师先听学生子背书,侪背出来了,乃末课上下去。

读仔历史书末,乃晓得历代个兴旺衰败,人脱事体个好恘了。

乃侬多放点水辣浴缸里。

因为乃朝后,侬要代替娘来维持侬家人家了。

先要拿石青敲碎,乃末摆辣盂钵里,放一眼水,细细叫研。

汏好仔浴,乃末看新民夜报。

房间收作好,乃末睏觉。

稿子临到辫能样子了,乃末好划进法做出轻重出来。

一家屋里向人大家勿对,乃末就有外头人来欺侮。

拿个桃树个头截脱仔,乃末来嫁接。
兄弟道里勿对了末,势必至于要分家了。
强迫伊拉多做生活,少拨工钿,势必至于工人要罢工。

连接词"乃末"是"接着""于是""这下"的意思。

3. 递进关系

勿但……并且/而且……,外加
勿但物事质地推扳,并且做工勿认真,弄得一天世界。
瓣个新邨,勿但房子宽敞,而且花园也大。
伊个房间里陈设交关整齐大气,而且太阳光线十分充足。

勿单是……也……
勿单是侬推扳,就是伊也靠勿住,我好相信啥人?
勿单单勿拨伊吃饭,还要叫伊跪辣地浪向。

况且
阿拉个机器设备推扳,况且伊拉个原料比阿拉个好得多。

何况
小事体勿会做,何况大事体哞。
一千勿肯出,而何况二千!
天好看勿见,何况落雨。
自家尚且勿会做,何况要求别人。

4. 选择关系

勿是……就是……
勿是今朝去,就是明朝去,总归要去个咾。
勿是侬做,就是我做,做好算数。

还是……还是……
侬瓣句言话,还是当真呢,还是讲白相。

还是要四纸四绫裱,还是只消裱四纸两绫。

与其……勿如……,与其……宁可……

有定选择用的关联词语,书面语味较重。如:

与其挜能样子做,勿如伊个能做。

迭种能个广告与其登拉外国报纸浪去,宁可登拉中国报纸浪。

第七讲
用好数词、量词和代词

一、数　　词

1. 数词的读法

1 yik　2 lian　3 'se　4 sy　5 n　6 lok　7 qik　8 bak　9 jiu　10 shek　0 lin

其中：1、6、7、8、10 是入声字。

11 shekyik　12 shekni　15 shekn　17 shekqik　20 nie(廿)　22 nieni(廿二)　23 niese

30 'seksek(三十，其中的"十"读清声母 sek)　60 loksek(六十)　70 qiksek(七十)

101 yikbak lin yik　111 yikbak sekyik　120 yikbak nie

140 yikbak sysek(其中的"十"读清声母 sek)

155 yikbak nshek n(其中"十"读浊声母 shek)　222 lianbak nieni(两百廿二)　242 lianbak syshek ni

1001 yikqi lin yik(一千零一)　1020 yikqi lin nie　1030 yikqi lin 'sesek　1064 yiqi lin lolshek sy　1520 yikqi nbak nie　1666 yikqi lokbak lokshek lok　2999 lianqi jiubak jiushek jiu.

二三十 nisesek　三二十 'senisek

2. 数词"二"和"两"

二 ni/lian/hher

(1) 用于多位数的个位读"ni":十二、廿二。但在"三十"以上时新派也读"lian",如"五十二路电车"。

(2) 单用和顺序方位数时老派读"ni",多数人读"lian",如"一、二、三、四"。

(3) 用于序数"第二""二伯伯"时读"ni"。

(4) 用于重量单位"两"前读"ni",如:二两细粉烧汤;用于其他量词前读"lian",如:二只,二尺二寸。但用于传统度量衡称数时,老派还有人偶读"ni",如:二尺。

(5) 三位数连读时,遇2读"lian"。如:323('selianse)路车,232(lianselian)路车。

(6) 年份用数时读"lian"。如:1922(yikjiu lianlian)年,2002(lianlin linlian)年。星期、日期、月份则称数时同前第(1)(2)条。

(7) "hher"是文读音,如读:"二郎腿"。

两 lian

(1) 上海话中读"lian"的场合比普通话多。如:三分之二,二层楼,一二三四,二里路,初二年级,2022(lianlin lianlian)年,两趟事体。

(2) 几。用在一个连读调中,表示"几"(三字连读);用在"1+2"形式,仅后两字连读时;表示实数时,表示实数"两"(二),如:吃二只。

头 dhou

序数之首,常称"头",即"第一"。如:头段,二段。我是头(一)趟去个。

初:'cu

序数之首,常用语阴历于前10天。如:初一,初十,年初三。也用于在学校初中时称序次。如:初一,初三;初一(1)班,初一(5)班。

3. 数词"一"作定指用

"定指"是指所指的东西是对话双方都已知的东西,或说话者指着的不论远近的东西,说话对方当时知道的东西,或者上文或本句话中提及的事物。

上海话里,在句首的"一"相当于英语中的"the、that"而不是"a"。如:

一口网拨拉大鱼撞破脱个。(The net was broken by a large fish.)
一只引线锈脱了。
一张网结得来忒稀,小鱼常常要漏脱。
一只表面碎脱了,要配一块上去。(这里的"一"不是一般的数目字或序数。)

上海话这种用法在普通话中是没有的。上海话中甚至可省去"一"说。如:

只钟坏脱了。
条毛巾拿下来。
件衣裳拿拨我好哦?

这种表述今已少用,一般会多加"一"或"辩"。
"一"表示定指,前面还能加人称代词。如:

勿要得董先生讲言话,伊一只嘴巴里向讲勿出啥好言话。

"伊"和"一只"连读调是分读的。也能说:

伊只嘴巴里向讲勿出啥好言话。

二、上海话中的特殊量词

汉语的量词是纷繁复杂的,外国人学起来觉得很烦,而且不同方言里,用的量词又不同,古汉语是没有那么些量词的。

上海话里,有大量与普通话相同的量词,这里就不讲它们的用法了;与普通话用得不一样的量词,这里来讲一讲。

桩 普通话用"件"的,上海话用"桩"。如:"一桩事体、心事、买卖、生意"。

样 上海话用"样"表示事物的种类。如:"一样物事、事体、生意、料作、图案"。

部 普通话用"台、架、辆"等的,上海话都用"部"。如:"一部机器、拖拉机、扶梯、脚踏车、火车、汽车"。

爿 上海话中有一个"爿",用于商店、工厂等。如:"一爿店家、厂家、饭馆"。"爿"还能用于成片的东西。如:"一爿天、田、瓦、墙头、门面"。

瓣 植物的成片状的一部分。如:"一瓣叶子、花瓣、大蒜、橘子皮、鱼鳞"。

囊 瓜果的一片。如:"一囊橘子,一囊西瓜。"

张 薄形平面东西的"一片",上海话有的说成"一张"。如:"一张馄饨皮""一张纸头""一张瓦片"。

粒 圆珠形、小碎块形和颗粒状的东西,上海话不用"颗"。如:"一粒米、子弹、糖、黄豆、珠子"。普通话用"块"称呼的东西,上海话有的不用"块",如:"一只手表""一粒糖"。

把 "伞""茶壶""枪""伞""手枪""尺",上海话说"一把"。"伞"还可以用"顶"。

顶 用于某些有顶的东西。如:"一顶伞、帐篷、帐子、桥、轿子"。

管 用于某些杆棒状物。如:"一管手枪、尺、笔"。

宅 上海话称整座房子为"宅"。如:"一宅花园洋房。"

幢 一座房子称"幢",不称"座"。如:"一幢高层、牌楼、三层楼房子"。"幢"还用于成层成堆的东西。如:"一幢书、碗、盒子、被头、箱子"。

级 "台阶、楼梯"称"级"读作"jik"或"jhin(音'琴')"。如:"一级胡梯、阶沿石"。

坒 排列整齐的成层成叠或成排的东西称"坒(bhi)"。如:"一坒砖头、房子、钞票、青菜、石头"。

绞 用于扭在一起的细条状物,多股合成一绞。如:"一绞绒线、丝线、铜丝"。

版 一页书,称"一版书"。

坎 一行字、房子,一条马路称"一坎字、房子、路"。如:"一坎路跑下来交关衰痨。""去走一行"称"去跑一坎"。

门 "一道题"称"一门题目","门"作量词的再如:"一门技术、大炮""一门亲事""一门功夫""一门生意"。

毬 "一簇花"称"一毬花"。

泼 用于数量较多的一批人或货物。如:"一泼人、橘子、货色"。

票 用于一批货物。如:"一票货色、生意""伊拉两个人是一票里个货色!(贬义)"

沰 音 dok(笃)。一个比"点"大一点的、有时带黏液的水滴。如:"一沰馋唾、烂泥、痰"。引申说"一沰饭""一沰沰汤""一沰沰个小事体"。

蓬 旺盛的一簇。如:"一蓬火、野草、雨、风"。也有说扬起的"一蓬灰尘、垃圾"。

庹 双手横着伸直的长度,称"tok(托)"。如:"一庹布"。

蒸 一笼蒸出来的面食。如:"一蒸蛋糕、小笼馒头"。

捧 可合手抱起的一丛。如:"一捧书、报纸、柴爿"。

一会儿,上海话说"一歇歇""一点儿""一眼眼""一阵子""一抢"(做一抢,休息一抢)。一下,称"一记",如"打一记、听一记",也能有"划三记"。又称"一趟",如"去一趟";还有来回的过程,称"转",如:"走一转";表示用水的整个过程,称"潽",如"冲一潽、揩一潽"。

上海话中的泛义量词"只"

上海话的"只",是一个泛用量词。语义与普通话的"个"相似,普通话的"个",可以用于泛称。如:"杀了一个鸡、鸭、羊、猪、牛,人"。上海话的"只"也能说"一只鸡、羊、牛"等,只是不能说"一只人";除非是恨言,骂一个人的时候说:"㑚只老太婆!"然而也不说"㑚只人"!

上海话的"只",泛用得很广,除了"一只手、虫、面孔、篮头、电视机、台灯"等用法外,已经发展得能用于比较抽象的东西,如"一只企业、班级、节目、指标、任务、报告、文件、礼拜、国家、风景区、谜语、新闻、画、题目"和以前不能用的"一只汤、布、画、工作"(特别是用在"㑚只"后面)等。

"只"的定指用法

上海话的泛用量词"只"常常作定指用。如:"下山一看,伊只马吪没了,㑚个辰光,天突然落起雪来了。"这里的量词"只"用作定指,"伊""只""马"三词不连读,分别读本调。又如:"㑚搭只角里,因为是旱地咾,讲究种棉花得仔黄豆个阿是?"这个例句中,"㑚搭"是"这儿"的意思,"㑚搭"与"只""角里"都分读。又如:"我只杯子得我拿过来。""只凳子搬得来!"

三、上海话量词"个"用法扩展到定指代词

"个",是上海话句子中用得最频繁的一个虚词。"个"在上海方言著作及近300年的吴语书著中常见有多种写法,如写作"个""箇""個",或"㑚""葛""格""过""故"和"介"等,但是其本字只是一个"个"字。由于它在使用中不断虚化,分化出不同的意思来,有的书为了区分其语义,就用几个别的字形来加以区别,以使使用时意思不会混淆,但是它们只是量词"个"的延伸扩展的用法变迁,意思表达时除了下面分析中宜改写"㑚"的地方,一般不会有混淆,没有必要改写成不同的字,掐断"个"这个词的语义引申扩展的联系。

"个"的来源是"量词",后来用法涉及量词、指示词、介词等几类。在上海话中"个"有量词、定指、词头、指别、连接、引介、语气等用法。

1. "个"是使用面最宽的个体量词之一

现在有个朋友,为我推荐一个人来了。

伊拉就从贴隔壁个一爿烟纸店里进去,歇一歇又有几个人进去,大约一共进去了廿几个人。

迭个礼拜呒没啥消息,第二个礼拜又要过去快哞。

这是"个"在上海方言中最常见的用法。

2. "个"在句首表示定指

什么叫定指?定指就是指说话双方都知道的对象,或者前面提到过的对象。上海话里的量词都可以在句首表示定指,不需要加个指示词如"那"。如普通话"把那条毛巾拿过来!"等,在上海话里可说成:"条毛巾拿过来!""叠纸头脱侬拿来了。""件衣裳吹下来了。"从现今上海方言使用的情况来看,定指用法量词的声调读音为"一"加"量词"的连读变调的后字读法,因此"条"的用法可看成"一条"省掉"一"的结果,而吴语中"一"用在句首是有"那"这样的定指作用的。省掉"一","条"就直接定指那条双方都知道的毛巾。"个"是一个宽义量词,就是说许多名词前的量词都可用"个"。下面是宽义量词"个"的定指用法。如:

个朋友搞勿清爽了,伊勿应该去管伊拉个事体个。(谈话双方都知道这里的"朋友"指谁)

个人哪能搞头个?伊辫眼小便宜也要贪个。

个炮仗放勿出声音,是坏个。

3. "个"在句子当中的名词前也表示定指

原来上海话中量词都能在句前表示定指(就像前面举例过的"条""张"),接着"个"字慢慢胜出,代替了其他的个体量词,进入句中的名词前面表示定指,如英语的"the"。如:

侬等一等,我去叫买家生个人来,当面商量。
我今朝要个公司老板亲自出来,讲讲清爽。
楼下吊了个牛,楼浪摆了个油。
侬看落脱票子个人,心里多少急啊!

"个"在这里表示定指,在今上海话中语音上是与前面的动词或代词分成两个语音词读的,与后面的名词也分读,"个"在语法上是与后边名词结合在一起的。其语音形式与前面讲的句首表示定指相似。

这里的"个",因为有指示作用,所以有人认为最好写成"辩",上面一句写成"落脱票子辩人"。

4. 指示词"个"虚化为定语标志"个"

这相当于普通话的"的"。

"落脱票子个人"在日常使用中,"个"字会发生"重新结合",原来是"落脱票子+(个+人)"这样读,后来变读成"(落脱票子+个)+人",这样,定指词"个"就变成了名词"人"前面的修饰成分或限制成分的后置介词,即定语的标志"个",相当于普通话的"的"。又如:

王小姐个学问交关好。
看窗口里个月光,瞄也瞄勿着。
胆大个人走夜路勿怕个。

所以上海话中的定语标志,来源是从指示词"个"来的,就应该写作"个"("辩个"与"我个"后字相同)。其实普通话的"的",也是从古代的指示词"底"变来的。

同时,普通话做状语标志的"地"(如"慢慢地走"),上海话也用"个"。如:

今年个天气邪气个热。
辩生活我一眼一眼个学会了。

5. 表示定指的"个"进一步虚化至无任何意义

表示定指的"个"跟在动词后,不表示什么意义,仅多一个音节作衬字,只起调节说话节奏用。如:

慢慢叫伊发达起来了,吃个油咾着个绸。
迭两日,爿天辣做黄梅,一日到夜落勿停个雨。
辦本书要写个五六年咪。
侬到法华镇去买个两把铁锸。

"吃个两碗""唱个一只""汰个把浴""落勿停个雨",即普通话的"吃它两碗""唱它一个""雨下个不停",或"吃两碗""唱一下""下不停雨"。

6. "个"构成"个字结构"替代名词

这相当于普通话的"的字结构"。如:

侬手里拿一包红个,啥物事?
伊拉拜个末,释迦牟尼咾观世音。
姓陈个情愿吃官司也勿付钞票,因为伊吭没铜钿咾。

不过用"个字结构"代职业人品,在早期上海话里派生性很强。如:

"领船个""看门个""捉鱼个""斫柴个""打铁个""挑担个""换糖个""卖拳头个""烧饭个""看门个""吃白食个"等,各种打杂活者和三教九流之多,用此称呼极易,故很流行。

7. "个"在量词前表示定指

过程是这样的:"个"从加在名词前发展到这个名词变成代量词,后面再加名词。如:从"个日脚"到"个日",再加用到"早晨"上去,可说"个日早晨"。这个时候,"个日"就成为定指指示词("个"加代用量词"日")的"指量结构"。如此普遍地用下去,用到了表示"个体"的宽义量词"个"前,就形成"个个","个日早晨"就成了"个个早晨",表示定指的"个"便延伸到头上指示词的位置,定指指示词(代词)"个个"就这样形成了。

为了区分常用的量词"个"和前面定指指示词"个",不致在句子中有时使语义混淆,通常就用同音词把前面的定指成分写成"辫"(或"箇"),"个个"写成"辫个"。只有常用在这个语义上时,为与"个个"区分(个个是英雄好汉≠辫个是英雄好汉),写成"辫个"。("箇"是"個、个"的异体字,在印刷时会被自动转换成"个",且生僻,不宜用。)

将上面那个演变过程整理如下:

辫日到我屋里来,对我讲过。→辫日早晨到我屋里来,对我讲过。→辫个早晨到我屋里来,对我讲过。

辫家人多,祖孙三代住辣一道。→辫家人家人多,祖孙三代住辣一道。→辫个人家人多,祖孙三代住辣一道。

8."辫个"由定指指示词兼任近指指示词

因语言里需要指示地方的远近,各种语言中通常都有表示直指的近指指示词(如:这个)和远指指示词(如:那个)。

上海话的近指指示词是"迭个"(较旧)或"辫个"(较新),远指形容词是"伊个"或"埃个"。上海话的近指指示词又兼任定指指示词。如:

辫桩生活,包拨我,比别人便宜点。(这里的"辫桩"是"定指",所说的"生活(活儿)"肯定是说时对方都知道的生活。)

辫宅房子,门窗侪勿全个了。("辫宅",定指。)

收是收个,请问辫个学生子,有几岁了?("辫个学生子"也是定指,是说话双方在前面的话里都认定的人。)

我劝侬辣辫个两日天里向拿所有个事体侪放开,一门心思看完辫本书。(这里"辫本书"是定指,而前面的"辫个"就既是定指又是近指了。)

普通话是没有"定指指示词"的，只有"近指""远指"，所以下面比较的例句因事件都离说话时很远，都用远指"那"。而在上海话里，因那个事件在话中前已说到，所以习惯是用定指"辩"。表达中的用词是不同的。如：

上次阿拉谈到个辩桩生意现在哪能啦？（沪：定指用法）
上次我们谈到的那个买卖现在怎么样啦？（普：远指用法）
行李就摆辣窗口辩搭。（沪：定指用法）
行李就放在窗口那儿。（普：远指用法）
拿辩几只凳子搬脱，拿买来个辩两只沙发搬到辩搭去。（"辩搭"，手可指着远处时说，是定指）
把那几个椅子搬了，把买来的那两个沙发搬到那儿去。（普：远指）
侬"文革"辩个辰光还呒没养出来。（沪：时间定指"文革"）
你"文革"那个时候还没出生。（普：时间久远，故用远指）
穿红裙子个辩个姑娘跑过来了。（沪：定指穿红裙子的姑娘）
穿红裙子的那个姑娘走过来了。（普：地点远处）

请注意下面紧接的两段话：

让辰光回溯到20世纪50年代前期哦！我进小学辩个一年，是1950年。我读三年级开始初体验生活个辰光，每日天我总归是辣辣广播喇叭传出来个蛮有朝气个乐曲声中醒转来。我屋里住辣复兴公园隔壁个"花园邨"，每日早晨6点半，"第一套广播体操"就从公园个大喇叭里传出来，辩个辰光公园里大多数人，侪会自动个跟了音乐节奏做早操。

辩个年代，复兴公园架辣竖杆浪个圆形广播喇叭里传出个，往往是一股新鲜个朝气。……

在第一小段中，"辩个一年""辩个辰光"，都要用"辩个"来表示定指，不因说的是50年代过去的事而用远指"伊个"或"埃个"；更要注意的是换段时，接着前段的开头，也用定指"辩个年代"来指上面说的那个时候，而不用"伊个年代"。但如果说写的是普通话文章，就要写

"那个年代"。

9. "个"又延伸,有连词"个""个末"的用法

上海话的"个"100年前是读清辅音 gek[kʌʔ]的。"个"又虚化到可做连词"个""个末 gekmek"。到现在,做连词的"个"还保留读清辅音 gek 的音,表示普通话连词"那"顺上文说明结果或做判断的意思。

侬亲自去做,个是再好也呒没唻。
侬勿肯去,个只好我去。

现在在上海话里,这个连词"个",按同音原则,写成"葛 gek"。如:

葛是年纪忒小,总要十一二岁仔末,学起来容易点。

连词"葛末(个末)",是普通话"那么"的意思。如:

侬生病了,葛末辫个几日里向,只好我代侬去应付应付了。
侬既然已经上手了,葛末我就勿来插一脚了。

10. "个"进一步语法化(虚化),用到句尾作语气助词

(1) 表示申明、表白的语气。如:

辫种卑鄙个事体,我总归勿至于去做个。
开车个辰光一点勿辛苦,老适意个。
侬勿会做,我好教侬个。
虽然拨伊吃人参,也呒没用场个。

(2) 表示确实、肯定的语气。如:

要伊教,伊肯个。
辫个人心肠末热个,但是粗心大意,常常要吃力勿讨好。
迭块白玉一无斑点卖大价钿个。
前头去,我自家也做过生意个。

(3) 表示提醒、警告的语气。如：

侬只要慢慢叫等,机会是望得着个。
伊胆小咾吓勿起个。
我现在得侬讲,辩种生个物事,吃了要生病个！
当心乱穿马路要轧杀脱个。

(4) 表示"过去"的时助词。如：

为啥咾辩位姓朱个,停伊生意个?
我今朝乡下去个。(不加"个",这句话即成将来时。)
㑚各位看见伊酒吃个哦?——阿拉倒吓没留心。

(4) 项的"个",与其说是语气词,不如称为表示过去时态的"时助词"。

"个"是个常用字,在写上海话文章时只要用这个常写的本字"个",人人容易认识,在文中出现频率很高,不必用那些生僻不便印刷和认识的字代写,以免满目僻字影响别人观感。

"个"表示定指的情况与前面那个字不连读,如："还有配套子个部书,配好了哦？""伊个人也有专门学问个,伊得到一个经济学硕士个位子。""伊个人"是"他这个人"的意思,"伊"和"个""人"分别读本调,分读三个语音词,这说明这里的"个"是个定指词。又如："侬个脚生病咾趃个呢还是跌趃个？""侬个人戆来！"今也用。还可以用于加数词"一"或"两"的场合,如："近来侬两个字写地好仔交关了。"

四、代　　词

上海话中的代词有以下这些,讲上海话时都要用对。

1. 人称词

我 ngu　我。

阿拉 aklak　我们。
侬 nong　你。
㑚 na　你们。
伊 yhi　他、她、它。
伊拉 yhila　他们、她们。

2. 指别词

(1) 指别人、物：

挌个 ghekghek/ghekhhek　这个：～是一本大戏考。（老派为"**迭个** dhikggak"。）

埃个 'eghek/'ehhek/**伊个** 'yighek/'yihhek　那个，另一个：我勿认得～人。

挌眼 gheknge　这点：～橘子侬吃脱伊。

埃眼 'enge　那点：～小菜侬留辣海。

埃面一眼 'emiyiknge　那些：～书勿是我个。

(2) 指别地点：

挌搭 ghekdak　① 这儿：我从～过去到埃面，穿过横马路就是。（老派说"**迭搭** dhikdak"）② 又用作"定指"，指手指点处或说话双方预知的地方：侬到～转弯角子浪向去乘地铁。

埃面 'emi/**伊面** 'yimi　那儿：我今朝要到外白渡桥～去。

挌面 ghekmi　① 定指的远处：～有只电话亭，～有爿银行，侬看见哦？② 手指远处：～有个村庄，埃面有座宝塔。

(3) 指别时间：

挌抢 ghekqiang　这段时间，或定指那阵子：～天气老冷个。｜今年五一节～侬辣辣啥地方？

挌个辰光 ghekghek shenguang　这时候，或定指那时候：到～伊还勿来！｜侬五岁～还小了。

挌歇 ghekxik　这会儿，或定指那时：侬～空有哦？｜伊昨日～还吪没到上海。

(4) 指别方式程度：

搿能(介) gheknen(ga)　这么：字写得～推扳！｜～个沙发我勿要买。

搿能样子 gheknenyhanzy　这样子，这么：照～做。｜生活做得～蹩脚，好意思哦？

介 'ga　这么，只用在形容词前表示方式：花开得～漂亮！

3. 疑问词

(1) 问人：

啥人 sanin　谁：侬是～？

(2) 问东西：

啥 sa/**啥个** saghek　什么：搿个是啥？｜啥个水果好吃？

(3) 问时间：

几时 jishy/**啥辰光** sashenguang　什么时候：侬几时来？｜侬啥辰光去？

(4) 问地点：

阿里 hhali/**阿里搭** hhalidak　哪里：侬从阿里来个？｜侬到阿里搭去？｜阿里搭好白相？

(5) 问数量：

几 ji/**几化** jiho/**多少** 'dusao　几，多少：㑚屋里有几个人？｜一共几化人？｜买多少物事？

(6) 问原因：

为啥 whesa/**哪能** nanen　为什么，怎么：侬～勿要吃？｜伊～勿来？

(7) 问选择：

阿里个 hhalighek　哪个：热天冷天，～好？

(8) 问方式程度：

哪能(介) nanen(ga)　怎么：DVD哪能介翻录？｜侬哪能勿识相？

这里上海话"代词"只是一种与其他语言对应的一个笼统的称

呼。其实,在上海话中,与普通话的"指示代词"相对的只是"指别词",只有"指别"作用,没有"替代"作用。普通话能说:"这是我的毛笔,那是你的毛笔。""这"和"那"可单独作表示"替代"作用的"代词",而上海方言和大部分吴语都没有"替代"作用,所以,上海话的"辣"和"埃"不能作代词,只能用"辣个""埃个"作为"指别词",只能说:"辣个是我个毛笔,埃个是侬个毛笔。"不能说:"辣是我个主意,埃是侬个主意。"所以大家要注意这个区别。特别是"辣个"两字发音可以连续混合连读,写的时候会少写一个"个"字。

关于上海话的指别词,还有以下几点值得注意。

(1) 上海话中的"伊个"和"埃个"。

"辣个""埃个"是偏新的说法,"迭个""伊个"是偏老的说法,说法不同但意思相同。

"埃个"往往只在用于近远对称时,有时可以用于说话提及的时间先后,不一定在远处。如:

辣个是借来个,埃个是买个。

辣个花勿要,要埃个。

在不进行远近对称用的情况下,上海话中往往不用"埃个"。如普通话:"把那个箱子搬过来!"用上海话说是:"只箱子搬过来!"或"辣只箱子搬过来!"往往不说:"埃只箱子搬过来!"如果箱子在远处,通常会说:"拿埃面个箱子搬过来!"

说"侬埃点物事吃吃脱。"和"侬辣点物事吃吃脱。(你把那些东西吃掉。)""辣个/埃个辰光侬还呒没养出来。(那时你还没出生。)"时,只要事情或时间前文已有交代,意思就相近,这时可都表示定指。"埃个辰光"是"那个时候"的意思,如果前文时间已明确,上海话则通常不用"埃个辰光",而说"辣个辰光"。只要是前面已说到的事情,不论离说话时间多远,普通话的"那个事情",上海话中都通常说成"辣个事体"。这样一来,"埃个"的使用率就很低了。

"埃个"现今用得很少了,大多用"还有个"说,上海话中,对称时

通常是这样说的:

辩两桩事体我办好了,还有一桩等辣明朝办。(这两件事我办好了,那一件待明天办。)

辩眼西瓜子吃光伊,还有眼西瓜子摆辣明朝吃。(这些瓜子吃完了,那些西瓜子放着明天吃。)

也可以说"埃一桩事体……"和"埃眼西瓜子……",但实际上一般不这样说。

"伊个"的"伊"和"埃个"的"埃",源自"还有一"的缩读,上海话及其周边方言的"还"音读"[ɛ]/[uɛ]",或都带浊音[ɦ]。我们比较上海周边地区的那个所谓"远指"的用词及其读音,可以看出其元音的不断高化。"伊"的读音是"埃"的开口度更缩小一点到底(ε＞ᴇ＞ɪ＞i)。

(2) 还有一种"辩个一"的说法,用作"特指"。如:

辩排彩色玻璃器皿当中,辩个一只做得特别好。

一批小姑娘里,辩个一个最嗲。

辩个几张图片我带回去了。

上海话对场所的指别,近处为"辩搭""迭搭",远处为"埃面""伊面"。现今多以"搭"后缀表示近,以"面"后缀表示远处。如说:

小菜场辣辩搭,红绿灯辣辣伊面。

如果同时指别远处的两个目标物。上海话这样说:

侬看,埃面有只红绿灯,辩面有一爿银行。

这时就要用手指点一下银行位置,或用头或眼睛表示一下两个不同远方位置,至少"银行"那边定指一下。

(3) "埃个""埃面"少用的。

上海话说话时很少使用"伊个""埃个"(指事物)和"伊面""埃面"(指方位)。

上海话只有在两个事物需比较分近远的时候,"辫个"用于近指,"埃个"用于远指。如:

辫点西瓜子我现在吃脱伊,埃点侬带回去。

上海话在实际句子表达中,很少用远指"埃个""埃点"或"伊个""伊点"。下面的句子多数时候是这样说的:

辫点西瓜子我现在吃脱伊,还有点侬带回去。
辫眼作业我已经做好了,还有眼我带回去做明朝交。

现今上海话中,在直指方所时,才有明确的近指和远指,而以"搭"和"面"区分近远。近指是"辫搭",远指是"埃面",远指时的定指是"辫面"。如:

辫搭是一爿超市,埃面是一只邮局。(不必手指,直指近对远)
这里是一家超市,那边是一个邮局。(普通话)
侬看,埃面是一排高层,辫面是一只湖泊。(都在远方,区分两处,"辫面"可用手指)
你看,那边是一排高层,那边是一个湖泊。(普通话表述不清)

综上所述,现今上海话指人和指物,单指时通常用定指"辫个";对指时,上海话"辫个"用作近指,"埃个"可以说实为另指。非对指时,平时很少用上"伊个"(老派)或"埃个"(新派)。

从下段引自20世纪30年代末的传教士所写的上海话文章里,我们还可以体会近指有专指的意味:

辣辣八月里,常庄有大汛个。假使再有大个风末,辣迭个地方要没脱了。辣辣辫个辰光,辣上海,也有几个地方,水也要没起来个。迭个水勿是从黄浦里升上来个,是辣阴沟里出来个;所以咾辰光勿长远,只有两三个钟头。

在这段话中,"辫个辰光"就是定指前面的"八月里";"迭个地方"是专指某个地方,不一定是近指;"迭个水"是指"也有几个地方"的

"水",专指的意味较重。

  需注意的是,在文章或对话中换段时,如意思是接着上面一段继续讲,或提及前段说到的事连下去说,不管时间相隔多远,上海话都不像普通话那样用"那个""那个时候"接续,而是用定指词"㖸个""㖸个辰光"等。

第八讲

用好上海话虚词

本讲学习最常用的各类虚词(封闭类词)。

一、副　　词

1. 程度副词

忒 tak　太：车子踏得～慢了。|迭个地方～龌龊。

交关 'jiaogue　很,相当：伊～有办法。|今朝我～开心。

蛮 'me　满,相当：种花叫伊去种倒～好。|伊人是～好个,可惜运气总归勿大好。

老 lao　很,非常：伊功课学得～好～好个。|伊两个毛笔字写了～嗲个！

顶 din　最：小王表现～好。|我～相信侬讲个言话。

邪气 xhiaqi　很,非常：辫眼茶叶～好。|辫眼茶叶好来～。
◇在动词后面的用法是旧上海话用法。

瞎 hak　非常,极：辫套衣裳～嗲！|侬两个字写得～好！

穷 jhiong　拼命地；尽力地(用于动词前)：辰光来勿及,伊～奔唻。|我～叫也呒没用。

来得(个) ledek(ghak)　非常；尤其：伊跑得～快。|伊～高兴。|叫伊勿要去做,伊～要去做。

(得)来(dek)le　〈副〉① 很；非常；多么：小菜鲜～！ ② 得……

138

呐：要四天～。③〈介〉得：做～人坍脱！

来死 lexi 得很：辣个人作风坏～！◇俗又写作"来西"。但不能作团音字的"来兮"。

煞 sak ① 得很，极了：儿子介晏还吪没回来，我真是急～。② 非常：房间～亮。③ 到了顶点：想～急～。

煞快 sakkua 〈副〉得要死：我恨伊恨～。|伊今朝生活做～，也吪没做好！

煞死 sakxi 〈副〉……个没完：吃～。|做～。

兮兮 'xixi 表示"有那么点儿"：我看伊邋遢～。|辣个人戆～。

畅 cang 足够，很长一段时间：一顿酒水吃～吃～。|我等～，伊还吪没来！

世界上许多语言中的程度副词使用的词语，除了最美好的词语外，往往用一些极端和最坏意思的词虚化而成，汉语也是如此。如：普通话中的"非常、狠（很）、极、蛮"等，上海话也如此，如："邪气、瞎、蛮、来死、煞、要死要命、一塌糊涂"等。

从"野"到"瞎"

表示极度的程度副词，人们除了用意思最好的词去充当以外，更多的是用一些感觉极坏的词，这也是人们的一种思维和行为心理，世界上的语言都是如此。普通话中的"很"原来是"狠"，20世纪初还写作"狠"的。如《新青年》1918年登载鲁迅的《狂人日记》那时，还是写成"狠好的月亮"。即使是"很"字，古代也作"违逆、险恶、凶暴、行难、恨"几个解，都是坏的含义。"非常"也是不正常的，"极"也是到"猴急（即猴极）"的地步了；"蛮好"的"蛮"，"颇好"的"颇"，原词都不是正面的感觉。上海话里的那些程度副词也如此，从最早用的"野"，后来用的"邪气"，到近年中新生的"瞎"，原义都挺坏。

上海开埠170年来语言发展之快，突出表现在那些在词汇里最稳定的基本词上，如本来最不易发生变化的封闭类的副词，也会发生较多变化。

从最早记录上海话的西方传教士几本书上所记的上海话中看，

当年的上海话里表示极度的副词有"野""野大""来死""啥能""吭做""得极""得厉害""煞""了勿得""了反勿得""话勿得""完""勿过""顶""最""十分""十二分"等。如:"黄浦里险得野。"(艾约瑟1846年《上海口语语法》,97页)"今朝风大来死。"(艾97页)"日头旺来吭做。"(艾97页)"好来了勿得。"(艾97页)"重来了反勿得。"(艾97页)"大来话勿得。"(艾98页)"画来像完者。"(艾98页)"斯文得极。"(艾97页)"重得厉害。"(艾98页)"强盗多煞"(艾97页)"热勿过。"(艾138页)"第个小囝读书会读来啥能。"(麦高温1862年《上海方言习惯用语集》,49页)"皮肤晒来黑来死。"(麦13页)"净盆子哪能净法拉个?油腻多来要死。"(1883年《松江话练习课本》237页)"既然脾气出性怵('qiu)极,将来啥着落呢?"(1908年《土话指南》9页)还有一些词是放在形容词线面说的。如:"伊个人顶明白。"(艾96页)"老虎最厉害。"(艾96页)"物事十分好。"(艾98页)"忒好。"(艾138页)"第个小囝长成来蛮快。"(麦47页),"蛮"是"颇"和"相当"的意思。这些词现在在上海郊区都能听到,现还在用。其中"野""死""煞""蛮""完""厉害""来死"等都是不雅的极端词。还有"要命""要死""恶好"等。

这些程度副词大致可以分三类:第一类是相当于普通话的"很""极"类;第二类是相当于普通话的"最"类;第三类是相当于普通话的"太"类。"极"类是形容心理上的顶位的,在老上海话中用"野""野大""啥能""吭做""得极""来死""要死""了勿得""了反勿得""话勿得""完"等。程度稍轻有伸缩度的有"来死""厉害"和"煞"。"最"类表示三个或三个以上的事物中比较出程度最大的那个,如比身高,甲1.62米,乙1.64米,丙1.66米,虽然丙并不高,但丙是三人中最高的。上海话中有"最""顶"两个。"太"类常在超过原来的心理定位时使用。如他要的是1.60米长的木头,给他的是1.65米的木头,他说"忒长了"。如:"咳,第个说话像煞话得忒过分。"(派克1923年《上海方言课本》25页)"太太,侬勿要忒啥心痛。"(蒲君南1939年《上海方言课本》72页)因此,这三类词中只有第一类是真正表示极度的程度副词。南方语言的一个特点是修饰语常常放在被修饰的中心语的后面。上海开埠时上述的大部分词都是用在形容词中心语之后的,只有第二、三类的"顶""最""忒"和从北方来的带有书面语色彩的"十分""十二分"是前置的。

上海话的第一类"野"类的词到后来发展得很快,开埠时的一批几乎全部淘汰。后来原使用频率最高的"野""野大"被"邪"和"邪气"代替,而且"风大来邪/邪气"的后置用法也转到前置,如说"风邪大"或"风邪气大"。到蒲君南记20世纪三四十年代的语法时,"邪气""非常之""交关"三个词取胜,而且大多已放在形容词的前面。如:"一看见之陈太太面孔涨来血红咾邪气勿好意思。""昨日拉摆渡船上浪头邪气大。"(蒲31页)那时1939年,也有用在后面的,如:"我真意勿过来邪气。"(蒲38页)"侬末是交关开通个。""热闹来交关。"(蒲30页)有关近来生活程度,动词前的"穷"至今还在用。20世纪60年代以后,"老"字取胜一直用到现今,大有取代"邪气""交关"之势。如:"箇只布颜色老嗲!""老"的读音有点与通常的连读调不一样,不跟其他词连,单独读一个由低到高的长调,别有特色。"老"表示"很"的含义在上海话的词语中早已有之,如"老清老早""大清老早",说"我老早老早就到了"很早就用了,普遍用起来以至成为表示"很"的频率最高之词,一直用到现今。80年代,青年中又流传起来一个"瞎",如:"箇个裁判瞎有劲,罚下去三个人!"中说"瞎有劲"时,其语气要比"老"还强。"瞎"来自上海郊区奉贤松江地区,"瞎"实际上填补了上海话中表示至极语义的副词的空白,过去曾用过"极"和"得极",后来不用了,只用词组形式"到极点"。如:"伊箇人好到极点!"这个语义现可用"瞎"表达:"伊箇人瞎好!"有时语调加重一点可更有感情色彩。到90年代,在群众中又冒出一个"勿要忒……噢"的句式,表达上述的极端感情色彩,其含义、表达形式都与古汉语"不亦……乎"相同,"勿要忒开心噢"就是"不亦乐乎"。"一塌糊涂"也虚化用到表示非常。如:"箇只片子好看得一塌糊涂!""我恨伊恨得来一塌糊涂!"

当代,上海话里形容程度由低到高的表示法十分丰富,前置、后置并举,在语系上呈过渡态。如形容"热",除了表示超过心理预设的

"忒热"和比较程度的"最热""顶热"以外,程度较低的是"有眼热"或"有点热",或者说"热兮兮";高一点说"蛮热""相当热";再进一步是"热得来"或"交关热";程度高的说"热煞快""热勿过","热头势(勿谈)";形容极度的有"邪气热""老热""老热老热""热透热透""热煞""热得勿得了""热得一塌糊涂""勿要忒热噢""瞎热"。

近几年,一些青年又重新用一些极度副词"瞎、恶"(从郊区来),再创造"暴""绝"等,花色繁多,到顶到绝,表达那种狂欢心态。如:"瞎灵!""恶灵!""暴灵!""绝灵!"

极端形容"好"的方面,上海人除了"顶顶好""非常之高。"(蒲31页)外,前置的还有"极""十分""十二分""蛮",后置的还有"得极""煞""来""死""非凡",如:"此地到上海勿远煞个。"(蒲32页)"今朝衰来。"(蒲32页)"有一种人,吃起物事来,做人家来死个。"(蒲32页)

到五六十年代,除了常用"邪气""交关"外,这时候又冒出了一个"穷",这个"穷"既可用在形容词前头,又可用在动词前,如:"伊个人看得穷清爽。""伊一个人辣穷用力气。"但到60年代中期,"穷"用于形容词前的用法渐渐淘汰,现在苏州话中还在用。

除了"最好"外,还有"一只顶""顶脱了""好得勿要命""好得要要命""真结棍""真海威""要要命""好来热昏""好得勿要去话伊""好得勿过门""好得煞根""好来要死/好来死""好得死脱""好得吭没言话讲""刮刮叫""乒乓响"。此外,浦东还有"好来邪拉",嘉定宝山有"好透好透",奉贤松江青浦等有"好去好来",种种激情的表达,真是"好得一塌糊涂"!

上海话的程度副词丰富得很,也变化得快!

2. 其他副词

一塌刮子 yiktakguakzy　总共,统统:今朝一日天工夫,～卖脱廿斤菜。

一共拢总 yikghonglongzong　总共:真是浪费,算算～已经用脱几万元了!

亨八冷(打) hanbaklan(dan) ① 总共：我袋袋里向～只有一百元。② 统统，一切：辩间房间里个物事～侪要搬脱。

辣陌生头 lakmaksandhou 冷不防，突然：伊～喊起来，吓脱我一跳。

老底子 laodizy 原来，从前：辩眼字伊～就写好辣海个。

着末脚 shakmekjik 最后：吭没通过考试，依是～一个了。

有辰光 yhoushenguang/**有常时** yhoushanshy 有的时候：我～去，～勿去。|伊～做做，～勿做，辣辣磨洋工。

作兴 zokxin 也许，可能：现在辰光还勿到，～伊会来个。

横竖 whansy 反正：我～要输了，索性帮帮侬个忙。

大约摸(作) dhayakmok(zok) 大约：我也吃勿准了，是～个。

索性 sokxin 干脆：我自家来做，～勿要侬帮忙了。

碰顶 pangdin 到顶，最多：到外滩～只有两公里路。

足惯 zokgue ① 老，总，总是：伊～勿起劲。② 终究：伊～会赢个。

有得 yhoudek 〈副〉更要有，还要有：侬勿听言话～苦了。|阿拉等辣海，～好戏看！〈动〉① 得以，能得到：我～吃，侬吭没吃。② 有：我～一本侬要看个书。

板定 bwdhin 一定，总归：礼拜日，我～要到阿姐屋里去个。

呆板(数) ngebe(su) 必然，肯定：事体明摆辣海，～辩能做。

轧辣 ghaklak 当然；总归，肯定：我叫伊去，伊～去个。|辩桩坏事体～是伊个弟弟做个！

稳 wen 肯定，准，有把握：我晓得迭盘棋，伊～输个。|数学考试，伊～拿一百分。

亏得 'kuedek/'qudek 幸亏：～侬来了，否则阿拉要急煞脱了。

齐巧 xhiqiao 恰巧，正巧：望伊来，伊～来了。

扣搭扣 koukakkou ① 恰好：辩部车子～赶上。② 差一点就不够：侬拨我个材料，真是～。

贴准 tikzen ① 正好，恰巧：～是侬嘛，阿拉可以好好谈谈了。

143

② 完全：～照侬个话做。

原旧 nyujhiu　仍旧；照原来样子：弄来弄去，还是～回到老办法去做。

着生头里 shaksandhouli　突然：～来了一个认也勿认识得个人。

特为 dhikwhe/dhekwhe　故意：侬～脱我作对来了，做啥？

本生 bensan　本来：我～是勿叫伊来个，后来想想叫伊来也勿错。

着末脚 shakmekjik　① 最后：我～一个走出去。② 底上：还剩～一眼眼。

快 kua　即将：火车开～了。|本来伊讲今朝上半日到，现在到～了。

捌末 lakmek　最后：～两门题目我做勿出。

歇歇 xikxik　〈副〉马上，一会儿：侬等一等，伊～就来个。〈动〉休息一下：侬～，我马上来叫侬。◇歇歇：老上海话有时读 xinxin，是"歇"儿化为"xin"的读法。又：儿化失落后"歇"也读作"xi"，如"坐一歇""坐歇"读作 shuyikxi、shuxi。

隔手 gaksou　随即：看伊走过来，～勿看见伊了。

常庄 shanzan　常常：伊～要旧地重游。

难板 nebe　偶然，很少：我～到图书馆里去个。

豪悚 hhaosao　赶快：侬～到公司里去，经理有要紧事体寻侬。◇又写作"豪燥"。

逗当 dendang　一起，集中：～进，零碎出。

来得 ledek　会；就：侬辫能做～慢，伊埃能做～快。

只消 zakxiao　只需要：完成辫篇文章，我还～两分钟了。

早晏 zaoe　早晚，迟早：一直勿听我言话侬～要吃亏倒霉。

终 'zong　有大多数把握的预料：今朝伊～会得来个。|我讲得辫能仔细，侬～懂了！

乃终 nezong　这下子：～伊完结了。|～伊个要求满足了。

像煞 xhiansak　好像：辫块地方我～来过歇个。

赛过 segu　好像：事体伊～侪晓得个。

派派 papa　按理说,料想:～伊勿会去个,结果倒去了。

二、连词、介词

葛 gek　〈连〉那么:身体勿好对哦,～侬就勿要去了。
葛末 ˈgekmek　〈连〉那么:～再加我两只好哦!
葛是 ˈkekshy　〈连〉那当然是:～辩搭个面筋百页双档最正宗。
乃 ne　〈名〉现在:～已经收场了,勿晓得还寻得着哦?〈代〉这:～以后,要注意经常锻炼身体。〈连〉这下:～倒霉了,事体勿好挽回了。
乃末 nemek　〈连〉于是,那:吃得胖来死,～要影响发育。
要末 yaomak　〈连〉要不,不然:吮没介快个,～寄"特快专递",明朝就可以到。
脱 tek　〈连〉和,跟:侬～伊明朝一定要交作业了。◇"脱"自"替"虚化而来,"脱"为俗字。或用"得 dek"。"得"自"对"虚化而来。"得"也写作"搭",但与老派上海语音稍异。
脱仔 tekzy　〈介〉和,跟:我今朝～小张打了半个钟头电话。〈连〉和,跟:伊勿拿情况告诉我～侬两个人。◇又作"得仔"。
告 ˈgao/gao　〈介〉和,跟:我今朝～侬一道去跳舞。〈连〉和,跟:明朝我～侬一道去。
帮 ˈbang　〈介〉和,跟:我昨日～芳芳打脱两只电话。〈连〉和,跟:我～伊是同学。◇介词"帮"由动词"帮"虚化而来。新派用。

三、语气助词

(1)表示称赞:

个咳 ghekhhe/**唻** le　侬蛮来三个咳!｜辩块料作最好唻!

(2) 表示勉强赞同：

个呀 ghakya　我明朝会到会～。

(3) 表示敷衍答应：

啊 a/**个啊** gheha　好啊！我去个啊！

(4) 表示怀疑：

啊 hha/**个啊** ghekhha　勿要骗骗我啊？｜伊会来个啊？

(5) 表示催促、命令：

呀 ya/**起来** qile　勿动做啥？走呀！｜大家票买起来！

(6) 表示劝听、商量：

了 lek/**好了** haolek/**好哞** haole　勿要吵了！｜侬吃点好了。｜送拨我好哞。

(7) 表示提醒、警告：

个 ghek/**了噢** lek ao/**个噢** ghek ao　乱穿马路要轧杀个！｜警察就要来了噢！｜辣眼水是开个噢！

(8) 表示讨厌：

啦 la　侬做啥～！来惹我。

(9) 表示威胁：

喏 nao　侬嘴巴再硬，当心我拨侬吃生活～！

(10) 表示怜惜：

个嚎 ghekhhao　伊蛮作孽～！（她挺可怜的！）

(11) 表示羡慕或反感：

个噢 ghek ou　伊老聪明～！｜侬老怪～！

(12) 表示指明：

喏 nao　侬看伊辣种腔调～！（你看他这种模样！）

(13) 表示叮嘱：

啊 hha/**噢** 'ao　洋伞带好啊！｜灯管勿要忘记买噢！

(14) 表示不满埋怨：

啦 la/**个啦** ghekla　侬哪能介糊涂啦！｜侬邪气勿识相个啦！

(15) 表示确实肯定：

个 ghek 我勿会忘记侬～。

"个"和"了"兼有多种含义

个 ghek/hhek 〈量〉个：一～人｜一～文件｜一～班级。〈助〉① 的：我～妹妹。｜表演～节目。② 地：慢慢～走。｜认真～商量。｜好好叫～做。③ 表示确实、肯定的语气：我勿会忘记侬～。｜是真～。｜伊想来～。④ 表示申明、表白的语气：标语勿是我写～。⑤ 表示提醒、警告的语气：乱穿马路要轧杀～。⑥ 表示禁止的语气：公共场所勿准大声叫～！⑦ 表示过去时：今朝我看见王先生～。｜一张条子贴辣海～。〈代〉① 在句首作定指用：～人今朝为啥勿来？｜～衣裳要挂挂好。② 作定指或近指的指示代词用：～只台子要搬脱｜～点菜吃脱，伊点菜留辣海明朝吃。◇通常写作"舡"。

来 le/**了** lek/**得来** dekle/**得** dek 连接动词、形容词和情态补语的助词：红了发紫。／红得来发紫。／红得发紫。｜休闲要休了扎劲，休出情调品味。｜祝侬一路浪向白相来开心！｜浴池里汏浴末，人泡得来煞根！｜诺，球踢得正好紧张辣海。◇最老的用法是用"来"，今也偶用。

了 lek ① 表示现在时：大世界到～。｜房子买辣海～。② 表示该时状态：明朝6点钟我到东京～。

好哚 haole 常用的语气助词：① 表示劝听、商量（吧）：再做一歇～！② 表示承诺、许可（吧）：就舡搭停车～！③ 表示任凭（吧）：随便伊去～！④ 表示从便建议：侬只要乘46路去～。｜马路高头吃吃～！⑤ 重读表示求同意答应（行吧）：一元买一只末～！｜点舡只冷盆～。◇语气轻点用"好了 haolek"。

四、叹　　词

叹词，又称感叹词，是表示强烈的感情或者呼唤应答的词，它独立成句,往往用在一个与它有关的句子前面。

按照感叹词所表达的感叹意义,下面分类并列举能表达该语义的词,再举上海话的例句。

感叹词表示人性中的各种心情与表情。

(1) 喜悦,满意,得意:

哈 hak/**哈哈** hakha　～,我猜着了!(哈,我猜到了!)

嘿嘿 hehe　～,外快吃着 90 分!(嘿,侬幸得了 90 分!)

噢 ou　～,我着着头奖噢!(哈哈,我中了头奖了啦!)

(2) 兴奋:

啊呀 aya　～,长远勿见了!(长远:很久。)

喔唷唷 oyoyo　～,买着介许多便宜货啊!(着:到。介许多:这么多。)

(3) 惊讶,出人意外:

咦 yhi(长音)　～,介滑稽个!(介:这么。滑稽:奇怪。)|～,辩是哪能桩事体啊?(哪能:怎么。事体:事情。)|～,伊又呒没考取大学?(呒没:没有。)

叶 yik　～,辩个是啥物事?(辩:这。物事:东西。)|～,侬哪能也来啦?|～,侬介快就做好啦!

嚎 hhao　～,伊倒有明朝个玉壶个!(带疑问)|～,伊买得起房子个啊!

唷 yo/yok　～,侬看呀!|～,哪能介快个啦!|～,侬看啥物事啊!

哗 hha(长音)　～,伊是坏人啊!(带疑问)|～,伊死脱啦!(死脱:死掉。)|～,伊拉侪去参加啦?(侪:都。)|～,伊生了一只瘤?

唷 yhou(长音)/yhao(长音)　～,瓜长了介大个!|～,伊倒升大官啦?

嗯 hhn(长音)　～,侬呒没去啊!

(4) 惊叹,赞叹:

吓 ha/hak　～,小鬼头,侬介硬啊!(小鬼头:小鬼。)|～,勿得了了!

喔 o　～,埃面搭火着了!(埃面搭:那边。火着:着火。)|～,真了勿起!

嚯 ho　～,介大个鱼啊!

喔唷 okyo　～,真了勿起!

呀 ya　～,落雪啦!(落雪:下雪。)

哦 o　～,我个美人啊!

喔唷唷 okyoyo　～,介漂亮个人啊!

嗄唷 hhokyo　～,来了一个大阿福。|～,介结棍啊!(结棍:厉害。)|～,侬哪能打扮了介漂亮啦!(了:得。)

(5)诘问,疑问:

噫 hha　～?伊真个是警察啊?|～?会介顺利个哦?(哦:吗。)

嚎 hhao　～?我倒勿晓得喏。(喏:呀。)

嗯 hhn　～?侬讲啥?

呣 hhm　～?啥体啊?(啥体:什么事。)

唷 yo　～?哪能㿟能样子个?(㿟能样子:这样。)

哦 o/o　～,有㿟种能个事体个啊?(将信将疑。㿟种能:这种。事体:事情。)

(6)醒悟,领会:

哦 o　～,我懂了。|～,我想起来了!

喔 o　～,是王先生!|～,原来是侬!

噢 ao　～,想起来了,原来如此!

嚎 hhao(长音)　～,原来伊介坏啊!(恍然大悟)

(7)愤怒,鄙视,斥责,反对:

哼 hen　～,伊有啥好?|～,伊最卑鄙。

噷 hm　～,侬再吵啊!|～,侬骗得过我?

呸 pe　～,啥人要侬来!(有诅咒味)

去 qu　～,瞎讲!(瞎讲:胡说。)

(8)厌恶,埋怨:

咦 yhi(长音)　～,侬来做啥!|～!啥人要侬来瞎起劲!

啊呀 akyha　～,侬勿要轧来轧去!(轧:挤。)

啊唷 akyhou　～,臭得一塌糊涂了!｜～,侬功课老推扳个哦!(推扳:差劲。)

喔唷 o yo　～,一大堆废物!

(9) 不耐烦:

喔唷 ok yho　～,侬去去末好哦!(好哦:算了。)｜～,忙也忙煞了!(煞:死。)｜～,烦煞了!

(10) 悲伤,惋惜:

唉 hhe(长音,前重)　～,生了一个月个病!｜～,老可惜个喏!

哎 e(前重)　～,老来,吭没用了!

(11) 懊恼,悔恨:

哎 e　～,早晓得是羴能样子,我就勿来了!

嗨 he　～,我哪能介糊涂啦!

唉 hhe(长音,前重)　～,我吭没想到,来勿及了!

(12) 不满,反感,责怪:

嘿 he(长音)　～,侬哪能羴能介讲个呢!(羴能介:这么。)

哼 hen　～,伊有啥好!

叶 yhik　～,侬来碰我做啥?｜～,我又吭没赞成过!

唷 yhou　～,我又吭没叫侬来!｜～,侬哪能撞了我一记?(记:下。)

(13) 否定:

嗳 hhe　～,勿要羴能讲!｜～,勿是羴能样子摆个!(摆:放。)

(14) 不同意,不愿意:

嗯 en(长音)　～,我勿去!

呣 hhm(长音)　～,我勿要末!

(15) 驱逐:

去 qu　～,走开走开!｜～,滚!

去去去 ququ qu　～,跑得远点!

嗄嘘 hho xu　～,弹开!(弹开:滚开。)

（16）恐吓：

哼 hen（重读）　～,侬当心点！

哼哼 hen hen（重读）　～,我要侬个好看！

（17）着急,惊呼：

啊呀 ak ya（后字长音）　～,洋伞忘记辣教室里了,哪能办！（洋伞：雨伞。）

啊呀呀 ak ya ya　～,车子开脱了！（开脱：开走。）|～,手套落脱了！（落脱：掉。）

（18）疼痛,忍受不住：

喔 o　～,打得轻眼！（眼：点。）

喔唷唷 okyoyo　～,痛煞！|～,要跌下来快了！

喔唷 okyo　～,真吃力！

喔唷哇 okyowa　～,打得真重啊！

（19）舒服,快感：

喔 o（长音）　～,～,再揿得重一点！|～,真适意！（适意：舒服。）

嗯 n（长音）　～,老舒服个！

（20）呼唤：

哎 e　～,侬快点来呀！

喂 we　～,侬跑过来！|～,侬离开点！|～,声音轻点！（不够客气的招呼）

喂 whe（长音）　～,侬是啥人？（打电话时的首次招呼）

（21）应答：

哎 e　～,我来咾！（应人声）

噢 ao　～,我去做！/～声能！（表示答应、同意）

呣 m　～,我晓得了！（表示应诺）

嗯 n　～,～。（表示听到对方的话）

（22）未听清：

嗐 hha（长音）　～？侬讲啥？侬再讲一遍！（又称代句词）

151

(23)肯定,对:

咳 hhe　～,一点勿错。｜～,是要烧一烧再好吃。(烧:煮。)｜～,我也勿去了。(又称代句词)

(24)给予:

喏 nao　～,脱我拿去!(脱:给。)｜～,还拨侬!(拨:给。)(又称代句词)

(25)指明:

喏 nao　～,要辩能挖再挖得快!｜～,侬要个物事摆辣此地。｜～,讲拨侬听!

(26)提醒:

哎 e　～,侬哪能好辩能介讲人家呢?｜～,侬要注意点啊!

(27)要求轻声:

嘘 xu　～,轻一点!

(28)找到,释疑:

哦 o　～,原来题目是辩能介做个!｜～,我晓得摆辣啥地方了!｜～,寻着了!(寻着:找到。)

(29)敬佩:

喔 o　～,真了勿起!｜～,侬侪是 100 分!

(30)抬杠:

唷 yo　～,真了勿起嚎!｜～,侬样样侪来三末!(侪来三:都行。)

(31)轻蔑:

哼 hen　～,伊呒没介便当!(便当:容易。)

呦 you　～,有啥稀奇!

(32)幸灾乐祸:

哈哈 hakha　～,杯子打碎脱了!

噢 ou(长音)　～,玻璃窗敲碎了!

(33)撒娇中的不予理睬:

噫 yi(长音)　～,啥人睬侬!(睬:理睬。)｜～,我会跟侬跑哦!(跑:走。)

呀呀呸 yayap'e　～,勿睬伊!

（34）撒娇中的求人答应:

呣 hhm（长音）　～,侬拨我末好咪!

五、六个特殊的"代句词"

最近,在一家商场里听到一位营业员在对人抱怨:"今朝我触着霉头了！上司埋怨我勿听伊个话。伊叫我辣10点钟以前要搬好三箱子红茶上架,我明明讲了'噢!'伊却指责我吭没反应,勿接受任务分派。"笔者在边上听了这番话,心里想:她上司一定是个新上海人,不懂"噢"这个上海话词语的意思,因而引起了误会造成的麻烦。

上海话里在两人对话时,有六个可以用一个音节表达一个句子意思的词,为普通话所无。

噢 ao

高降调,读音如"懊悔"的"懊"。表示"知道了"的意思,而且是"一口答应",积极姿态。如:"甲:侬去搬三箱红茶来！乙:～！马上去搬。"

嚎 hhao

读音如"号"。相当"真的吗？是吗?"这个句子,带有惊讶味。如:"～？伊到今朝还吭没结婚啊?"又可以含有恍然大悟的意思:"～？原来伊介坏啊!"

嗐 hha

读音就像上海话的"鞋子"的"鞋",勿读作"啊"。"嗐"表示"你说什么呀?"的意思。如:"甲:侬带张CD来噢！乙:～?"就是"乙"没有听清楚,有"请再说一遍"之意。

咳 hhe

读音和上海话里"咸、淡"的"咸"相同,不同于"哎"音。是"是呀!"的意思,表示赞同或者附和。如"甲:辣件衣裳蛮大方个嚎?

乙：～！我也去买一件。"

喏 nao

高降调。表示"给你！""拿去"的意思。如："甲：我欢喜侬辩张邮票。乙：～！送拨侬！"

呶 nhao

平升调，读音如上海话的"脑"音。表示"你看！"的意思，有指示给对方看的表示。如："～！辩个就是侬欢喜个颜色！"

这六个都是上海人在对话中的常用词，新上海人在与老上海人交往中懂得这几个"代句词"显得尤为重要。上海话中用一个词就能表达两个人对话中一句话的意思，简洁明了。这类一个音节单独成句的词，汉语语法当中通常称为"叹词"，但是其他的那些感叹词远没有上面的六个词"代句"的作用这么明确及普遍常用，所以在上海话中似乎不能称这几个词为一般叹词。

类似的还有"唔 n"，读如"五"但拖音长、有曲折，是"不要嘛！"婉转拒绝的意思；"咦 yhi"，读如"移"，是"怎么回事？"的意思。不过这两个词称它"代句词"不典型。

六、随带口头语

有的人有时候说了一句话以后，会跟上一个可有可无的口头语，只是表示一个停顿。上海话中的此类词语有：

是哦 syfha　**对哦** defha　**阿是** akshy

都像问听者是不是，实际并不问。如："伊拉爷娘是哦，老宠伊个。""伊唱歌对哦，唱勿来个！""我脱倷讲对哦，我今朝上班勿去了。"

这句话中的"对哦"实际上是多余的，不加也可以，加在上面，好像有点在问对方的意思，但说话者实际根本没有在问对方，只是要告诉对方话中的事。加了"对哦"，有时有点强调开头一段的味道，起了提顿助词的作用。

伊讲 yhi gang

也如此。如："今朝要考试了哦～。"有"居然要考试了"的含义。这里的"伊讲"是读轻声的，是一个句尾随带的口头语，不加也可，加了好像加了点"居然"的惊讶味，其实那个"哦"本来就有惊讶味。

听讲 'tin gang　　伊拉讲 yhila gang　　人家讲 ninka gang

这三个词都是"据说"的意思，又被称为"插入语"，放在句子前，使那回事似是似非。如："～，庙会已经开始了。""～，伊外语呒没考好。"

这种随带的"口头语"，是在说话中有时会无意加上去的词语，这些词语并不表示什么意思，可以不用，但用了也给对话语带上一点色彩。这种"口头语"在各方言中都有，而且也是大家一起约定俗成的，都这么用那几个词。

老实讲 laoshekgang

带有点实事求是的意思。如："阿拉两家头，～，侪勿及侬。""阿拉两家头，侪勿及侬，～。""～，阿拉两家头，侪勿及侬。"

在说话遇到语塞时，上海话里还有四大口头语。如下：

搿个……　　迭个……

在开言时用。如："迭个今朝个事体，迭个大家勿要忘记，迭个就是讲要打扫一下自家办公桌周围个卫生。"有时候一个人要开始说话时一直在说"迭个，迭个……"，一时像说不出要说的话，就常用"迭个"这个词。

就是讲……

在句中像要解释时讲。如："现在大家侪老高兴，～明朝大家就要出发去旅游了。""搿点花今朝一定要种完，～，～，勿要捱到明朝。"这里，两个"就是讲"都可以不说的。

乃末……

在接续时用。"乃末"这个词有两个意思，一是"这下"，二是"于是"。如："～事体弄僵脱了。"是"这下事情搞糟了"的意思；又如："做好第一桩，～再做第二桩。"是"做了第一件，然后再做第二件"的意思。而这里用的是表示"于是"这个意思的虚化,像普通话中现在不少人常在用的"然后……,然后……"。如:"伊脱小王两家头对勿起来个,～常庄要板面孔,～常庄要抢白,～常庄弄得睬也勿睬。"其实这里三个"乃末"都是多余的。现在许多人在说普通话时,常会在句首无意地加上"然后……,然后……",也是这类口头语。

……伊讲

是后刹时用。如:"中浪要大扫除了～。""小王已经出国了伊讲。"

还有一种插入语**"听讲"**,在一句话的开头、中间、末尾都可插。如:"现在要出发了,～,马上就走。"这话有"听讲"插入,句子就断开了,所以称为"插入语"。这种插入语,是有点意思的。

七、拟 声 词

1. 常用的拟声词

嘘 'xu　①示意不发声;②把尿声。

郭嘟 gokdu　喝水吞咽声。

扑托 poktok　小物体掉下的声音。

啪拉 paklak　书掉下的声音。

空通 'kongtong　人、物落进河水、井水发出的声音。

的铃铃 diklinlin　铃声。

蓬拆拆 bongcakcak　跳圆舞曲声。

横冷横冷 hhanglanghhanglang　大声说话或叫喊的声音。

咪里吗拉 'milimala　吹喇叭、唢呐的声音。

屑力索落 xikliksoklok　因小动作而发出的轻微声音。

乓令乓冷 'pinlinpanglang　敲打或跌落玻璃、金属物体发出的响声。

的粒笃落 diklikdoklok　小圆形物或水珠掉落的声音。
踢力沓蜡 tikliktaklak　走路时拖鞋在地上发出的声音。

2. 拟声词的特点

拟声词，又称象声词，从象声开始，而形成一个词。在每个方言中，大家约定俗成的象声词，代表什么声音，有固定的意思，也有固定的读法，不能个人模音自造。每种方言里都有自己独特的象声词。

上海话里象声词十分丰富，有单音节、双音节、三音节的，比如："嘘"是把尿声，"蓬"是车胎爆破声，"当"是敲钟声，"啪"是书本掉地声或打人声。双音节的拟声词，如："唰噜"，吸水声；"恩牙"，婴儿哭声；"郭嘟"，喝水吞咽声；"共隆"，大物掉地声。

双音节的拟声词还有双声重叠的，即两个字的声母是相同的，如"平碰"，是重关门声，或放大爆竹声；"叮当"，是金属或玻璃器皿的敲击声。又如"叽咕"，是低声嘀咕；"凄扯"，是油锅里炒炸声。这两个词现今在上海话中好像声母并不相同，但是在上海话的古音上是相同的。"叽 ji"音，在古代读 gi 音，与"咕 gu"的声母同，现在舌面化读 ji 了；"凄"音是尖团音中的尖音字，原读 ci，声母与"扯 ca"的声母同，现今团化读 qi 了。上海话中的拟声词也有叠韵词，即韵母重叠的，如"啪拉 paklak"，是书本掉下的声音；"空通 'kongtong"，是跳水声，大物掉水中声；"扎搭 zakdak"，是一口咬下食物的声音；"扑托 poktok"，是心跳声。后两个都是入声韵词。

单音节、双音节拟声词，都有重叠式。如：

呜呜 wuwu　火车鸣叫声。
同同同 dhongdhongdhong　击鼓声。
笃笃笃笃 dokdokdokdok　敲门声。
喔牙喔牙 okngaoknga　婴儿哭声。
唰噜唰噜 soklusoklu　吸水声。
丁丁冬冬 dindindongdong　流水声或弹奏声。
的的笃笃 dikdikdokdok　打算盘声，或打电脑键盘声。

踢蹋踢蹋 tiktiktaktak　拖拖鞋走地声。
哗啦哗啦 whalawhala　大声喧哗叫喊声。
搭冷——**搭冷冷** daklanlan　打铃声。
的铃——**的铃铃** diklinlin　电铃声。

三音节的拟声词,有2+1式的。如:
扑龙通 poklong tong　跳下或掉下水中的声音。
嘀立笃 diklik dok　滴水声。

上海方言中四音节拟声词特别有趣。如:
咪里吗拉 'milimala　吹喇叭,表示庆祝。
劈力拍腊 piklikpaklak　放鞭炮的声音,或敲打物体的声音。
叽里咕噜 jiligulu　多言,或因心中不满而嘀嘀咕咕说话声。
乒令乓冷 'pinlinpanlan　玻璃等硬脆物被打碎声。
凄里扯拉 qilicala　油锅里炒炸食物的声音。
擎令共隆 ghinlinghonglong　大型物体撞击或重踩木制楼梯、地板发出的响声。
歇力索落 xikliksoklok　因小动作而发出的轻微声音,或老鼠在纸张堆中活动发出的声音。
的粒笃落 diklikdoklok　小物件掉接连掉下或雨滴接连不断的声音,或重复啰嗦的说话声。
极力阁落 jhiklikghoklok　干活不断发出较重的声音。
轻令空龙 qinlinkonglong　走路时裤靴不断发出的重声,或者拿着的器皿撞击发出的声音。
兴令哄隆 xinlinhonglong　描写人多势众干劲足的声音和样子,既是拟声又是拟态。
得支捺支 dekzynekzy　形容东西粘在手上的样子和声音,既是拟态又是拟声。

这类词产生得很早,每个词的共同特点是:第一字和第三字的声母相同,第二字和第四字的声母也相同;第一字和第二字的韵母相同,第三字和第四字的韵母相同。如"咪里吗拉"中,"咪"和"吗"声母都是M,"里"和"拉"的声母都是l;"咪"和"里"的韵母都是i,"吗"和"拉"的韵母都是a。"乒令乓冷"中,"乒"和"乓"的声母都是p,"令"和"冷"的声母都是l;"乒"和"令"的韵母都是in,"乓"和"冷"的韵母都是an。其他各词都是这个规律。从中还可以看到上海话的古代读法,如声母j、q、x原来都读g、k、h的,如"兴"和"哄",在古代都读h声母。

上海话的拟声词还可以证明古代有复辅音声母,因为上海话的象声词里保留着上古年代的复辅音的痕迹。例如"劈力拍腊"实际在古代只是一个双音节词"劈拍",因为"劈"原读"plik","拍"原读"plak","pl"是复辅音,后来慢慢分成四个音节读成了"piklik pakla"。

八、语　　缀

1. 形容词语缀

A头势　是"A头势勿谈"的省略。表示A的程度不去说它了,很厉害:红～|轧～|凶～勿谈|搞～勿谈。

A头A脑/A里A气　侬看伊戆头戆脑个样子,倒也蛮可爱。|伊打扮得妖里妖气,戆头势勿谈！花头花脑(善于想出各种主意诱惑人)|野头野脑(不循规矩,冒冒失失,不文雅)|怪里怪气(怪异,不合常情)|乡里乡气(十分土气)。

A八蜡　腻心～(肮脏得令人作呕)|罪过～(很可怜)|危险～(有危险)|作孽～(怪可怜)|花里～(花里胡哨)

AA叫 jiao 地(限于少数叠词后)　慢慢～|轻轻～|好好～。◇又写作"较"。

2. 名词语缀

N相 xian　表面样子:人～|品～|坐～|立～|睏～|哭～|卖～|难过～|寒酸～|惹气～|清爽～|邋遢～|茄门～。

N 法 fak 吃～|写～|看～|坐～|做～|唱～|打～|走～|白相～|休息～

子 zy 台～|牌～|石～|模～|关～|方～|纽～|法～|额～|哑～|叫化～|学生～|被褥～|头头～|昨日～|上趟～

头 dhou 可以作为词尾构成名词。如与名词结合,构成"龙～、名～、肉～、排～、东风～、魂灵～、男囡～"等;与动词结合,构成"望～、推～(借口)、轧～(岔儿)、找～、用～、浇～、姘～"等;与形容词结合,构成"暗～、滑～、高～、嫩～、老实～"等;与方位词素结合,构成"下～、后底～、门口～"等;与量词结合,构成"班～、斤～、份～、条～";与数量词组结合,构成"一记～、几口～、独家～"等;与时间词结合,构成"夜～、黄昏～、早晨～"等;与一些词组结合,构成"冷饭～、床横～、灶前～、早发～、辣陌生～"等;与叠词结合,构成"多多～、滴滴～、脚脚～、奶奶～"等。

"头"在这些结构中,有的只是为了增加一个音节,如:"名～、饭箩～、里向～";有的表示人的称呼,如:"寿～、滑～、小毛～、大块～、小鬼～、阿三～、老实～";有的表示物的称呼,如:"扳～、插～、冷饭～";有的表示受动的东西,如:"衬～、吃～、赚～";有的表示一个单位量,如:"班～、分～、两斤～";有的表示时间处所的范围,如:"夜快～、中浪～、年夜～、屁股～、隔壁～、里向～";有的表示时空位置,附带有那时或那儿的意思,如:"黄昏～、前日～、朝后～、胸口～、水桥～、胡梯～";有的表示剩下少量的,如:"零～、饭碗～、脚脚～";有的表示微小可爱,用重叠两字来说,如:"结结～、蕾蕾～、粒粒～、滴滴～、毛毛～、须须～、多多～、渣渣～、屑屑～、脚脚～,边边～、沿沿～,角角～、尖尖～、妹妹～,囡囡～、奶奶～"。用在量词后面,再接名词,表示某种整体状态,如:条～糕|阵～雨|瓶～装|听～货。

许多普通话里用"子、儿"作词尾的词,上海话里都用"头",如:"竹～、篮～、鼻～、被～、摊～、盖～、调～"。普通话里不用"头"的,上海话里也用"头",如:"洋葱～、大蒜～、胸口～、窗口～"。

除此以外,语缀"头"还可以用在量词后面,再加名词,表示某物的整体状态,如:"条~糕(成条状的糕)、阵~雨、听~货"。与表示动量的数量词组合用,表示"一下子",如:"掰点书我一记~搬光了。""掰眼橘子我一口~吃完。"与"一"合用,还可以表示动作迅速完成,如:"工具一掼~就跑。""书包一拎~就走!""掰只球我一脚头踢出去。"如果数量词组后接"头",还可以表示一个单位整体来计算,如:"一包香烟廿支~""掰根绳五股~""十元~钞票五十张""我五十张~一包个纸~买三包。"与表示动量的数量词组合用,表示分几次,如:"掰只钉我两记~敲下去。""掰点药要三趟~吃。"

"头"还可以与"有"合用,表示动作持续一段时间,如:"有吃~(要吃好多时间)""掰眼地板有拖~。""有看~""有等~"与"没有"合用,表示"不值得",如:"呒没吃~"就是不值得吃,"呒没做~"就是不值得做。"头"与"有啥"或"呒啥"合用,表示值得或不值得,如:"掰点钞票有啥赚~!""有啥白相~?""呒啥叫伊~。"与"有啥"或"呒啥""呒没啥"合用还可表示并不如此,如:"掰只电视剧有啥好看~?""呒没啥高兴~!"

九、语助词举例

1. 语助词"末"表达的提顿、连接、语气作用

这里对上海话中最常用的语助词"末"做个小结。

(1)"末"提顿话题。如:"工资~,是侬个零头;上班~,大家淘淘浆糊。"

(2)"末"引出虚拟假设句。如:"讲出来~,就要出穿西洋镜。"

(3)"末"表示当然语气。如:"侬本来就勿来三~!"表示劝听、商量的语气。如:"歌侬先唱~!"表示轻微反驳的语气。如:"伊呒没做错~。"表示没有料到的语气,常和"个"一起合成"个末"。如:"掰点火腿蛮便宜个~。"

(4)"末"常常起蝉联的作用,使语句接合紧密而有层次。如:

布～,摆拉架子上。布浪先要上白墙。布～,或者是用斜纹布,或者是用西洋麻布,门面来得阔。(此段"末"起并联作用)

别个～,也要用心,要看好样,学好样;学好仔～,自然也有得赏着个。(此段"末"起递进的连贯作用)

树～,哪能种法?要看选棵树个大小,照仔大小咾垦潭。先要放河泥,后来～,拿树摆拉当中,当心勿要歪。然后四面摆烂泥,拿根木头敲敲结实。种好仔～,就浇水。修树～,也辣迭歇辰光。(此段三个"末"使语段分成三个接续层次)

伊末贪心勿足接续做下去,冒险心～,更加大了。(此句中"T"之间有部分和整体关系)

(5)利用"末"可以使语句层次清楚,节奏分明。如:

胆大个人～,惯常粗心;粗心仔～,事体做勿好哢。细心个人～,惯常胆小;胆小个人～,勿敢做事体。两种人侪吮啥好。所以古人讲:胆～要大,心～要细。

现今上海话里,老派说话时倾向于仍然用"末",新派"末"这批语助词趋于退化,往往可用可不用。如下两例不用"末":

伊贪心勿足连续做下去,冒险心更加大了。

胆大个人老是粗心,粗心以后,事体就做勿好了。细心个人老是胆小,胆小个人,勿敢做事体。两种人侪吮没啥好。所以古人讲:胆要大,心要细。

这样语句的层次蝉联更显意合化,须到分句本身语义中去辨认了。

2. 语助词"咾"表达的提顿、连接、语气作用

"咾"是一个后置词,在上海方言中,有表示提顿、连接、语气三类语义。

(1)"咾"表示"提顿"。

可以提顿一般话题。如:

花秧～,有三四寸长末,就要分开来种。

可以提顿罗列话题。如:

戏～歌～,我侪勿会唱。
一日到夜,上楼～下楼,衰瘴来。

可以提顿虚拟话题。这一类句是"如果……就"假设句。如:

等伊再用心点～,望老师再赏眼物事拨伊。
我是倷～,老早去哧!

可以提顿因果话题。如:

今年雨水多～,水稻丰收。
我生病～吭没去学堂上课。

(2)"咾"可以做连接助词,连接词、短语或小句。
名词性并连。如:

辫家人家,有老爹～唔奶～爷～娘～小囡～六个。
吃饭前头,摆盆子～碗～啥,勿好缺脱一只。

动词性并连。如:

兄弟道里好好叫,勿要打相打～骂山门。
吃香烟是一头烧～一头吃。

形容词性并连。如:

辫宅房子,几化长短～阔狭?
做生活伊拉常庄拣身体长～大个。

反义的并连。如:

大家是老朋友咪,借点铜钿,有啥利息～勿利息。
伊常常甜言蜜语～口是心非。

短语和小句的并连。如:

到仔夜里,伊拉领我东走走～西看看。
有个人突然发大财,吃个油～着个绸。
烤鸭我等辣屋里～伊去买来。

可以并列三个小句,最后一个小句意思有点递进。如:

写满一个钟头以后要休息十分钟,葛末精神勿会得疲倦～知识能够加添～做事体有滋味。

由并列连接向连贯连接进化,如:

勿晓得伊现在辣啥地方～好辣海哦?

这句话里"好辣海哦"的事有点像是连在"辣啥地方"以后发生的。

词或短语连贯。如:

㑚可以书拿好～回转去了。
受着仔伤～逃走了。

方式连动。"咾"前的动作是"咾"后的动作的方式。如:

花要一颗一颗排好仔～种。
吃个小菜一定要弄干净～烧。

两个小句连接。如:

当时我看迭个小囝有志气～就依仔伊个价钿买了伊个菜。

连贯向因果进化,兼有连贯、因果意义。如:

刘司务,老爷告～进去。
我听见伊个说话稀奇～问问伊屋里个情况。

表示因果关系。如:

大生意呒没本钿～做勿起,只好做做小生意。
为啥今朝勿来,忘记脱～。

表示让步关系。如：

侬画得一手好画,名家～做勿到。

此后句就是说"即使名家也做不到。"
"咾"还可以做结构助词。如：

辦扇窗做得一眼也勿好,常常动～动。
侬走路汆～汆,一点也勿起劲。

(3) "咾"退到句末,做语气助词。
表示追问语气。如：

迭块地方,侬自家寻得着哦～？ ——寻是寻得着个。
台子抽屉里向有啥～? ——吭没啥。

表示申述语气。如：

勿要迭只钟勿准个？看看我个表,也走到三点钟了～。
辦桩事体,我又吭没答应伊～。

表示当然语气。如：

就是～,一点勿错。
伊要辦能,我又吭没办法～。
当然～,勿会错个。

表示公认语气。如：

伊末是先进～。
伊是门槛最精个～。

表示劝听和商量语气。如：

侬现在快点先回转去～。
我想侬应该去道歉一声个～。

表示提醒和警告的语气。如：

水烧干快～！
要出事体～！

表示反驳的语气。如：

我又吭没做错～？

表示需要确认的语气。如：

辫能讲,俉伲有联络个地址～？

"咾"与"啥"结合,成"咾啥",表示"等等"意思。如：

纸头、笔墨、书籍～买仔交交关关。
小囡道里,勿要打打闹闹咾哭～！

"咾啥"又能表示"这回事"。如：

倒勿是看勿起伊～,本来就轮勿到伊个。
勿是勿相信侬～,大家伲也勿参加了呀。

反过来,"啥咾",表示为什么缘故的意思。如：

～侬又不去苏州了呢？
伊～勿来相信我？

这个说法较旧,现在一般说"做啥咾"。
"话"加"咾"为"话咾",是"据说、说什么"的意思。如：

～伊吃仔安眠药自杀了。

"哪能"加上"咾"为"哪能咾",是"怎么""为什么"的意思。如：

伊～一歇歇勿理睬我了？

"葛咾",是"所以"的意思。如：

衣裳越着越旧了,～要再去买一件哚。

上海话中"咾"字用场实在多,使用频率也极高。不过,随着时代的变迁,主要由于书面语对上海话口语的影响,在年轻人的上海话中,"咾"等一批表示形态意义的词已在退化中,使用次数大为减少了。

追溯前世,在近代汉语中,产生了三个"了"。"了$_1$"在上海话中用"仔(之)"来说,"了$_2$"就是上海话的"哉",如:"我吃仔夜饭哉。"后来受了普通话的影响,两个都成了"了"。上句说作"我吃了夜饭了。""了$_3$"在普通话中已经不用,偶尔可见"当然了"这样的说法,可能是吸收了吴语"当然咾"的用法。但是近代汉语中从"终了""了结"实义虚化为的"了$_3$",有表示前后关系(如:"辞妇娘了入妻房",《敦煌歌辞总编·捣练子》)、因果关系(如:"若不是酒醉后了胆大,景阳冈上如何打得这只大虫!"《水浒传》第29回)、疑问词词尾(如:"却是甚么了,起这片心?"《水浒传》第27回)的这些用法,如今还保留在上海方言之中。

第九讲
用好上海话特色词句

一、上海烹调——小菜烧法

上海人,很会小乐惠,烧小菜中,上海人的五方杂处,使上海的食文化取得了博采众长优势,弄堂里的"买汰烧"们常常会把"烧小菜"当作一门学问一样,互相推介,研究交流,做出好味道来。大家非常重视各种小菜的烧法,"翻翻花样""吃吃白相相"。

上海话中也集中了江南人烹调食物用火制作方法的所有的动词。

烧 'sao　所谓的"烧法",就包括烹调菜肴和面、饭的种种操作法:红～排骨|红～肉|白～鱼|白～羊肉|红～蹄髈|～咸酸饭。

炒 cao　将食物放锅中加热并随时翻动使熟,炒菜时要先放油:～蛋|～虾仁|～三鲜|竹笋～肉丝|～竹笋|～青菜|糖～栗子。

煎 'ji　把食物放进少量的热油里炸黄:～荷包蛋|～带鱼|～肉圆|油～芋艿|～豆腐。

蒸 'zen　利用水蒸气使食物变熟或变热:清～甲鱼|粉～肉|～馒头。

炖 den　食物加水或汤汁,烧开后用文火煮烂,或放在水锅里隔着盛食物的碗用文火蒸:蛤蜊～蛋|清～鸽子|～肉圆|～蛋。

笃 dok　将食物先烧开,然后用文火慢慢煮:～蹄髈|腌～鲜|白～肉|～老母鸡|～骨头汤|～粥。

煠 shak 放在水里用大火或中火煮：～毛豆｜～芹菜｜～牛肉｜～蟹｜大～蟹。◇煠，《广韵》入声洽韵士洽切："煠，汤煠。"这些是上海人最常用的烹调方法。

氽 ten 漂浮在较多的油中炸：～油条｜～豆瓣｜～油～果肉｜～臭豆腐干。人浮在水面上也称"氽"。

炸 zo 把食物放在沸油锅里，用大火使熟：～猪排｜～虾球｜～鸡排。

煸 'bi 把菜、肉等切小，先放在少量热油的锅子中略为炒一下，使之上油：～咸菜｜～肉丝｜～番茄｜～洋山芋。

爆 bao 在滚油中微炸或用滚水稍煮：油～虾｜～鸡丁｜～鱼｜葱～牛肉｜～炒米花。

烘 'hong 用火烤的方式使食物变熟变干：～山芋｜～面包｜～大饼｜～小牛肉。

汆 'coe 把食物放到沸水沸油里稍煮：～菠菜｜～马兰头｜黄鱼～汤｜鲫鱼～汤｜～芹菜。

熘 'liu 炸或炒或清蒸的菜肴，均匀裹上加入油、佐料、淀粉的卤汁后加热：～鱼片｜～鱼丝｜醋～白菜。

熠 zou 用油慢煎，使食物的皮皱起：～油肉｜油～蹄｜面～虾｜～肋膀肉｜面～落苏。

烤 kao 将食物放在热源附近使之熟或干：～乳鸽｜～鱿鱼｜～肉。

焐 'wu 用微火将食物煮到酥烂程度；或用热的东西接触凉的东西使变暖，或使热的食物较长时间保持温度：～酥豆｜～酒｜～饭｜热水袋焐焐手。

扣 kou 把肉块煮到半熟，油炸后切片，加入佐料用碗或其他器皿罩在上面：回～肉｜～肉。

煠 hoe ① 烘：～馅饼；② 用极少的油烘：～草头饼。｜摆辣油锅浪～一～。

焖 'men 用油煸好的食物或不煸的食物，放在锅里，加少量水，盖紧锅盖,以慢火烧熟或炖烂：油～笋｜～蛋｜～肉。

烩 hui　炒菜熟后加少量的水、芡粉或浓汁：～三鲜｜～虾仁｜～什锦。

熬 ngao　把蔬菜等放在水里煮；把粮食等放在水里,煮成糊状：～白菜｜～皮蛋粥。

煨 we　用微火慢慢烧煮,使食物熟而软：～甲鱼｜～面｜鳝丝～面。

爊 ngao　煨：爊猪油。◇《集韵》平声豪韵於刀切："爊,煨也,或作。"

熏 'xun　燃烧木炭、柴火等,用散发出的烟和热烤熟食物：～青豆｜烟～拉丝｜～鱼｜～鸡｜～火腿。

奘 zang　用面粉等自己在蒸笼里做糕,叫"奘糕"。

滚 gun　用重油煮沸,然后将搅拌好的蛋倒下炒熟：油～蛋。

另外,不用"烧"的方法做好吃的食物,有几种方法：

涮 sak　把肉片等放在开水里烫后取出蘸佐料吃：～羊肉。

粧 zak　把粉调入粥、菜或水使成糊状：～腻（即"勾芡"）｜～粥。◇粧,《集韵》入声陌韵陟格切："粧屑米为饮,一曰粘也。"◇俗作"扎"。

风 'fong　去除内脏,在体内放重盐、花椒等涂抹后放置晾着风干的食物：～鸡｜～鹅｜～鸭｜南～肉。

腊 lak　用盐腌制后风干或熏干的食物：～肠｜～肉｜～鸭｜～香肠。

酱 jian　用酱油等腌渍的食物：～菜｜～萝卜｜～瓜｜～肉。

腌 yi　把食物加盐、糖、酱或酒等制作：～咸菜｜～黄瓜。

盐 yhi　仅用加盐的简单方法：～萝卜｜～大蒜｜～黄瓜｜～莴苣笋｜～咸菜｜～鱼｜～鸭蛋。

糟 'zao　用酒或糟腌制食物：～蛋｜～鸡｜～肉｜～钵头。

醓 qian　用酒汁、卤汁或酱油腌制的食品：～虾｜～蟹。◇《玉篇》卷第十五卤部音昌："醓,卤渍也。"

渚 yok　用椒酒酱油浸藏鱼肉：～鱼｜～肉。

除了融江南特色于一炉外，北方南方的一些烹调称呼，也如**"煲"** **"炝"**等词一样开始在沪扎根。

还有一些关于烹调和饮食的词语：

烧烤 'saokao　用火烤熟的食物，如牛肉、猪肉。多指来自日本、韩国的烤肉方式，也有中国四川式的。

串烤 'coekao　把块肉等食物成串地在火上烤。

挪面 niok mi　揉面团。

下面 hho mi　把面条放到开水锅里煮。

裹馄饨 gu whendhen　包馄饨。

焋糕 zang 'gao　在家里蒸做糕点。

拷酱油 kao yhou　打酱油。

拷老酒 kao laojiu　打酒。

劗肉 'ze niok　剁肉。

起油镬 qi yhouwhok　炒菜前把生的食油煨热变熟。

炒菜 caoce　在锅里用油做菜。如炒猪肝、炒腰花之类。区别于烧、煮的菜肴。

炒菜 cao ce　用炒的方法制作的菜肴。

开饭 'ke fhe　打开饭锅盖，开始吃饭了。

搛菜 'ji ce　夹菜。

舀汤 yhaotang/yhao 'tang　用匙或大勺盛汤。

淘汤 dhaotang/dhao 'tang　和汤吃。

泡茶 pao sho　沏茶。

买小菜 ma xiaoce　买菜。

叫外卖 jiao ngama　呼叫做餐店打包送饭菜。如：今朝勿烧饭了，打只电话～。

盆菜 bhence　放在大盆子里的、经过搭配的荤素生菜，买后可以直接烧炒。

和菜 whuce　配好的多盆煮熟的大众化菜肴。

二、上海人的数字情结

这些有数字在内的词语、短语,如果在你说的上海话中经常使用,会使你说的上海话更有活力。

汉语里的数字是10进位的,与阿拉伯数字和数学的10进位制相同,因此中国人的数学思维从小就比英国人好。中国人对数字的认识还带有人文意义,如"一"往往表示概括,所谓"一言以蔽之"即是;又如"九"表示多次多数,所谓"九死一生",还表示到顶,所谓"九重霄"便是。"二""三"则表示零星不多,所谓"三三两两"是也。上海人对天天用的数字更情有独钟,活学活用,在数字上下的功夫做的文章,真是"孃"极了。

先说惯用语,"伊开小差一等",这个"一等"是"最厉害"的意思,在这里是贬义的。但是,"伊跳迪高一级",这个"一级"却是"最好""第一流"的意思。形容"到顶""最优秀的"还可以说"一只顶"。

以"一"开头的常用词强调一式整齐,划一性。如:

一样生(一模一样) 一落式(一个式样) 一蓬当(总的一起,头头是道) 一排生(整个一排) 一拔直(笔直) 一脚去(很快告终)

还有些惯用语也表达整体概括,如:

一路货(一丘之貉) 一帖药(佩服,顺从) 一包气(一肚子气)

在动补格式里则表示"一次性"。如:

拉一枪(指押赌) 搏一记(指拼搏) 劗一刀(指敲诈) 搓一顿(指吃饭) 放一码(饶人)

"二"开头则强调不同。如:

两样生(不一样) 两起生(不合套,分开) 两顺生(不是同一方向) 两爿生/两半爿(两半儿形态)

上海话用数字构成了一系列专有名词如:

二房东 三棣头(租界巡官) 三夹板(夹在中间受气的人) 三

脚猫(似精通又不精通某事的人) 三只手(小偷) 三黄鸡 三吓头(虚张声势) 三光码子(吃光当光用光的人) 四眼狗(骂戴眼镜的人) 五分头(一巴掌) 十样景 十景椅 百衲衣 百得胶 千里镜(望远镜) 万金油(什么病都能用什么都医不好的药) 百搭(事事都搭上一手的人) 百有份(爱管闲事,事事介入) 万宝全书(样样皆知的人)

在20世纪初,上海话里还形成了"三"的类后缀。如:

长三(上等妓女) 赖三(女流氓) 小瘪三 红头阿三(印籍巡捕) 来三(行,有本事) 肮三(不正派,令人不快失望) 刮三(事情穿帮败露) 牛三(牛皮) 小鬼三(小鬼) 老鬼三(某样不便言明之物,如月经) 猪头三(畜生) 小三子(小人物跑腿的) 搁落三姆(总共) 七勿老三(不正规不像样) 搞七廿三(乱搞胡缠) 十三点(说话形式无分寸、不自重)

上海话中由数字构成的成语特别多。用"一"开头的成语,数字"一"主要表"单纯、专一、总括、利落"的意义。如:

一式一样 一天世界 一声勿响 一塌刮子 一塌糊涂 一票货色 一五一十 一搭一档 一点一划 一时三刻 一日到夜 一时头浪 一歇勿停 一生一世 一手一脚 一刮两响 一盆浆糊 一脚落手 一句言话 一门心思 一头一脑 一泾涎唾 死蟹一只 百无一能 派头一落 前世一劫 另有一功 一二勿过三 一本三正经 一把乱头发 一报还一报 一跳三丈高 一只袜统管 一似一脱式 一笔糊涂账 一对搭落苏 幺二三角落

其他的数字成语,数字有表"数量、次数"多的,表示"经常"的,用"二、三"则相对程度较轻。如:

两头勿着港 脚踏两头船 三青四绿 三更半夜 三朝四日 三脚两步 三等四样 三翻四复 三头六面 三头六臂 三日两头 勿二勿三 勿三勿四 老三老四 狠三狠四 摆三摆四 瞎三话四 三日两横头 烂糊三鲜汤 四时八节 四角方方 四处八路 投五投六 搞五搞六 五荤六素 五花六花 五颜六色 五脏六肺 五

颤六肿　五斤吼六斤　六神无主　六缸水浑

用"二、三"组成的,也有表示"简单、量少、不繁复"的。如：

三三两两　乒彭三响　两拳三脚　三拳两脚　三分钟热度　三下五去一　三一三十一　三铜作两铜

用"七、八"数字,则都是夸张或强调"繁多、长远",也有表"杂乱、反复"的。如：

七勿牢起　七支八搭　七荤八素　七丁八倒　七歪八牵　七挢八裂　七曲八弯　七弯八曲　七高八低　七曲八绕　七停八当　七零八落　七手八脚　七上八落　七勿老三　七生八嘴　七嘴八舌　七停八当　七搭八搭　七讲八讲　七弄八弄　七里八里　杂七杂八　夹七夹八　绕七绕八　搞七搞八　瞎七搭八　远七长八　七老八十　老里八早　亨八冷打　悬空八只脚　七手八只脚　七里缠辣八里

用"九、十"的成语不多。如：

急煞九更天　开年礼拜九　十画八搭　十样八景　十日八夜　十恶不赦　十十足足　十步九回头

用大的数字组成的成语。如：

百伶百俐　人千人万　千算万计　千嫌百比　千年难板　老茄三千　乱话三千　络乱三千

还有用"半"的。如：

半死半活　半半日日　半山勿界　半发朗当

上海话中,由数字构成的成语比普通话多得多。一个人被搞得昏天黑地时说:现在我已经"五荤六素、七丁八倒、七支八搭、搞七廿三",弄得"投五投六、六神无主、半死半活、死蟹一只"啦!

切口中的数字,颇有特色。不同的行业,数字切口也是不同的。如猪行里的"一二三四五六七八九十"分别叫"平、竹、春、罗、语、交、蛇、分、旭、老平",取字的部分;老虎灶则是"豆、欠、台、长、人、耳、木、另、王、合",纯系取代性;金线业是"欠丁、挖工、横川、侧目、献丑、断大、皂底、分头、少丸、田心",带有指点性。

数字用作夸张,加强了说话的力量。如"谢谢一家门",把一份人家都谢进去了,当然是反语咾,用以强烈表示对别人的讨厌或回绝,这是一个嗔语。如:"谢谢一家门,明朝侬勿要来捣蛋了!"

它又是事情被对方办糟时的埋怨语。如"胡摇八只脚"则强调"手舞足蹈地胡闹",两只脚变成了八只脚。

数字"九",是传统作为到顶的数字,如"九重霄"就是天的最高处,"急煞九更天"即"急死人"的意思,"九"是最大数,可见急的程度;"开年礼拜九"则俏皮遥遥无期无指望:"要等到开年礼拜九了!"

"古老十八代""横理十八条""半半六十日"都是夸张内容之多、时间之久,如:"我辣厕所门口等了侬半半六十日。""板板六十四"形容死板得很,不知变通。"省个一百省"强调省点事吧,别费心了,算了吧!"放一百廿个心"就是尽管放心。"碰着七十二个大头鬼"是倒霉之极。"门槛精到九十六"是精明到顶。

用临近数字借代总体的,如"三钿勿作两钿"就是说"不值钱了","七里缠辣八里"喻"拉来传去,这个搞到那个去"。"勿管三七廿一"就是不管一切。

上海人用发散性思维创造出一些有趣的数字流行语,带有幽默的谜面性。如:"十一点八刻"就是"十三点"。"808"是"手铐",取其形似。"十三块六角"是"乌龟",因它有四脚和头尾,背上分划13块。"十一路电车"是"步行",因用两条腿走路,形似"11",这是上海有了电车后产生的戏谑语:"侬乘24路电车,我是11路!""六点零五分",是形容老师在讲台上斜着头训人的样子,出自中学生活。"根号两",是巧喻女生矮小,身高只1.41 m左右。"根号三",指长得不够高的男生,是谐语。"419",趣言一夜情(英语谐音)。"3860部队"指老年妇女组成的维护街上秩序的队伍,"38"是妇女,"60"是"老人",带有苏北话口音的上海话。"567保密厂"巧指"环卫所",因567的乐谱谐音为"扫垃圾",保密厂都以数字为名。"学习144号文件"是"玩麻将",麻将共有144只牌,打牌的人围在那儿很认真的样子。这些都是充满诙谐的戏谑语,上海人玩数字的魔方玩得真是有滋有味。

至于用数字构成的顺口溜,也有一大箩,最好的流行期是在20世纪四五十年代。如那个跳橡皮筋的顺口溜,节奏则完全和游戏合拍,唱、跳、算三位一体,益智益体,玩得开心,50年代风靡校园。那时还有踢毽子歌:"一手心,二手背,三酒盅,四肉筷,五吃菜,六佛手,七拳头,八车水,九打长,十连环。"手胭歌:"一胭巧,二胭转,三胭回勿转,四胭拖棒头,五胭富,六胭穷,七胭叫相公,八胭骑白马,九胭挑担卖胡葱,十胭挑只臭粪桶。"还有一只调侃讽刺草率性行为的顺口溜,用的是谐音形式:"一只床,两个人,散散心,试试看,焐心来,碌勿起,吃勿消,……实在难为情。"那种"3"和"8"的顺口溜,下面各举其一。如:"今朝礼拜三,我去买洋伞,落脱三角三,打只电话三零三,回去做瘪三。""从前有个老伯伯,年纪活到八十八,有一日早晨八点钟,乘仔八路电车乘到八仙桥,吃碗八宝饭,用脱八万八千八百块。""八"字的读音可以作出特殊的口音来。这些都是生活中的润滑剂了。

三、搭架子

现在的房产商,要造"东方曼哈顿"也好,"东方哈佛"也好,"东方伦敦"也好,"东方剑桥"也好,都要先搭点架子,做几只模型放在售楼部,让大家来看看,卖相瞎好!现在人家进行室内豪华装修,都要在大厅里搭个古式古香的架子来,雅称"博古架",专门为了陈列一些真假古董摆卖相的。一件古董,下面也得要放一个红木或假红木的搭子,才更使其显眼。书房里面,要做像样的书架,这个架子,也非同一般,可凸显出主人的风雅。地摊上的东西,是不值钱的,地摊上不能搭架子,东西一到高级的商场里去,放在搭好的华丽的架子上去,它就身份高了,卖相好了,价钱贵了。即使一盆花,放在定做的花架子上,它也就更美了,它的身份也抬高了。由此可见,一搭架子,身份便高。

人也要"搭架子",一搭出个"架子"来,他仿佛身份也就高了。"像煞有介事"的样子,就是"搭架子",架子搭得很宏大的模样,真像有这么回事似的。到底是什么身份,还得仔细看看,他搭出来的是什么架子?

搭什么架子,现在说起来,就是摆出什么POSE。还没做老板时,就装出老板POSE;还没做教授时,就扮出教授架势;没有做情人时,便已搭出情人架子。就像做戏的时候,没有学好角色的架子,怎么能上场去表演呢?怪不得有人一看那副架子,就像从前的"白相人";一眼看他跨步的模样,就已经有了局级部级的架势!高贵的架子,低卑的架子,常常易被仔细一点的人分辨出来。

审视了上海人"搭"的种种"架子",可以总结出有七种"架子",真是个奇异的数字,连"搭架子"的种类也是"7"。

穷架子

如果你不想向富翁借钱,不妨搭搭"穷架子",但这种架子只好"搭给黄脸婆子看","搭给叫化子看"的。就是说,你要"搭穷架子",也要找准对象。有一次单位里一位同事查出癌症马上要开刀,大家都在凑钱支援他,问到小王,小王过去也看不出穷相,今天突然"哭穷",说儿子请了两个补课家教否则高中也要考不取了,老婆又在不断看病吃进口药,家里现在荤菜也吃得少了,实在没有办法。只有他一人不伸援手,本来也没有什么,但是听他说得这么可怜,大家就都有点"勿领盆(不买账)"。

臭架子

指在不应搭架子的场合乱搭架子。某教授是考古学和历史学的专家。一次学校里分析,上海某项古墓发掘有了许多新发现,我们学校一定派人去参与考察和研究。校长高高兴兴地请他来商量,他就开始"搭臭架子"了:我现在还有一个项目正在研究的关键时候,两个研究生我评不及格你们又不听我的,我本来要重点培养的一个研究生被某教授抢去了,我是专门研究宋代古墓的,与元代古墓"勿搭界",我现在没有能力接受这个光荣的任务了,除非把那个研究生调回给我。校长对他说:"侬勿要发嗲了好哦?"

空架子

就是"空心大老官"要硬"绷场面"。有个卖相不错的"小白脸",开来开去一部"宝马"轿车,身穿时髦的名牌,花花年轻姑娘说自己是某某市领导的公子,一掼就掼出一张名片,是某某名牌大学国际金融系的博士,是一家有一百名以上白领工作的IT公司的董事长,谈得非常热络,有一批合作开发新项目,英文中文单据一叠,还送她手机一只单线联络,竟把一名也是白领身份的姑娘花进,掏出6万元来与他合作。谁知过了几天杳无音讯了,"空架子"就此散架得无影无踪。

辣架子

他站在叠床架屋的双重架子上。黄先生一旦隑上了牌头,就得到了一个芝麻绿豆官做。一上台,他就搭出一副面孔铁板的法官架子。有人申请要求他批一个合理的条子,他非常严格,先是对方写了五次报告,都说文字不符合规格,给了一份别的单位的样本,要申请者依样画葫芦,画好又说没有自己的特点,特点有了又说要一二三四写满三张纸,撑满了又说打字不符合规格,签名不符合规格。有两位先生被他这样折腾得死去活来,问他到底批不批?他又对人家跷跷二郎腿,毫无礼貌。架子实在太"辣",这样为难别人,到最后人家一封告状的信也为难了他,言辞尖锐,传给了他的"牌头",还好他的"牌头"不是"辣"得很的,想想只好暂时罢了他的官。

豆腐架子

轻轻一带,就要打翻。这种架子只能维持一时,也许几分钟就坍。老公今天神气活现,仿佛在等上帝给他颁奖,架子十足。正好老婆的电脑出了故障,一篇打到一半的长文,不会救出来。他就叫他老公赶快来帮忙处理,哪知老公正衣冠楚楚地准备晚上八点去见重要人物,就对老婆搭起"豆腐架子"来了,不弄就是不弄。老婆听了,只消轻轻一句:那我现在不烧晚饭了!老公从来没有一次饿着肚子去见上司,只好马上让步,急速处理老婆的事,还被老婆戳铲了一句:

"搭啥个豆腐架子!"

松香架子

"松香"这种东西,搁半支香烟屁股上去,就会轰然烧完,无影无踪。这种架子,一定十分富丽堂皇,制作中花了不少精致的工夫。某人福星高照之时,不难搭上了粗腿,于是经营起自己的小天地来。眼看他起朱楼,宴宾客,岂知这种架子搭得再漂亮,后台老板一倒,也眼看他楼烧了。恰似纸扎"寿楼",一烧而空。

蹲坑架子

"坐马势"的似蹲非蹲姿势。此种架子,是戆模戆样的架子,自己以为在摆架子,人家看上去像在蹲坑。即现在的"摆戆POSE"之谓也。他想摆出种种台型的POSE,像煞有介事,然做出来的却什么架子都不像,只好买块豆腐去撞死算了。

四、七 搭 八 搭

刚刚讲了"搭架子(摆架子)",上海话中,用"搭"字开头,"七搭八搭"可以组成许多惯用语和俗语。我们来看看这些短语的用法。

搭档　① 合作的对子:阿拉是三十年合作下来个老~了。② 协作:撖趓阿拉两家头~,做好三桩生活。◇"搭道",是结交朋友,还有"搭道搭队"就是合伙结帮。◇"搭头",是合作者。◇长期合作的,称为"老搭头"。◇"有搭头",是可亲热相处,合得来:小王真是有~!◇"搭僵",关系不太顺,难合拍;形容差或糟糕,也说"搭浆":年纪老了,脑子~了。

搭桥　联络沟通,中间牵线:办好撖桩事体希望侬去搭桥。|我脱伊拉勿认得,全靠侬来搭桥。

搭界　有关系,有关:伊做个事体脱我是~个!|我得侬勿~!|撖两桩事体~哦?◇反之说"勿~个",就是没有关系的;不过此短语已经有了虚化的引申:对勿起!我撞了侬一记。——噢,勿~个!

搭腔/搭嘴 ① 跟上去接着别人的话说：我问了伊半半六十日，吭没人搭腔。② 搭话：关系勿好，伊拉两家头长远勿搭嘴了。

搭讪 为了跟生人接近没话找话说，或者随便拉话：我勿想卷进去，只好简单～两句。

搭讪头 同"搭讪"：伊为了要推销商品，常常寻人～。

搭棚眠 双腿架起睡觉：眠觉有多种姿态，最好看个是～、合扑眠、四脚朝天眠。

搭凉棚 手放在眼睛上方遮住阳光，或是女子做头发，把前面的刘海撑起如棚状：侬看侬辂张照片浪额骨头浪～咪。

搭得够 ① 有交情，要好，够朋友：阿拉两个是一条弄堂里个出棗兄弟，邪气～。② 够得上：做辂能重个生活，侬身体～哦？

搭勿够 ① 吃不消：要我去买商品房，我经济实力～。② 不够朋友：伊勿肯帮我个忙，主要是阿拉两个人还～。

搭底 ① 最差：迭个人讲出来个言话试～试下作！｜侬看伊做出来个事体～哦？② 搭在底部的东西：有种摊贩，装辣篮头～个是坏个、烂个物事。

搭底货 最差的没人要的或剩在最底部的蹩脚的货品：叫侬买水果要买贵一点好一点个，侬只会买点～来！｜已经拣剩下来了个一眼～。

搭浆 ① 马虎潦草，敷衍了事，差劲：侬生活做得试～咪！｜侬辂种～生活以后勿要做出来！② 糊涂糟糕，没法子了：我个脑子越来越～了。｜我辰光记错了，乃末～！

搭卖 把差的东西放在好的东西里一起卖给顾客：迭家店常常要拿蹩脚商品混辣好个里一道～拨顾客。

搭脉 原是中医治病的把脉，引申为掂量打听对方的实力，估摸意图：侬想告伊谈朋友啊，哪能勿搭～个？

搭脚手 ① 搭起造房和修房时用的脚手架。② 帮一把，搭把手，接个力：对勿起，我还推扳一点气力，请侬搭个脚手。

搭脚 ① 有连带关系者：辂桩事体脱侬是搭得着脚个。② 主人与女仆有私,也称"搭脚"。

搭手 ① 配合:我要做个棚棚,请侬来搭搭手。|我要做完快了,侬来搭把手。② 合作得来:伊脱我两个人邪气～。

搭头搭脚 ① 连头带尾:今朝到年底,～还有五天。② 挤在一起互相碰到:阿拉～一道睏觉。

搭一脚 插一手:我做随便啥个事体,侪勿要侬来上来～!

搭进搭出 ① 说言语没条理,一会儿这样说,一会儿那样说,说不清楚,没有定论:伊讲个言话,～,勿好当伊真个。② 头脑紊乱,思维不正常:辩个人神经有毛病,常庄～个。

搭错经 讽刺人脑筋搞乱了,或一时发神经病:伊今朝～了,买来介戆个戆物事。

搭脱 浪费掉:伊常常有事呒事要来茄茄山河,我辰光侪拨伊～。

搭僵 ① 差:对过伊爿点心店,卖出来个物事老～个。② 很不灵活,糟糕,卡住:年纪大了脑子～了。

搭牢 ① 连住、接住:两根电线要～,再好亮起来。② 附着:侬～我个肩胛爬上去!③ 抓住、被捕:小贼辣摸皮夹子辰光,拨大家～。|警察拿伊～了。

搭班 在一个班头上一起工作:近两年来,我一直脱小王～工作。

搭车 不花钱搭乘在人家的车上:我得侬同路,侬拨我搭个车好哦?◇"搭顺风车",比喻搭上人家的顺利的事做:侬股票做得老好个,我来搭侬个顺风车。

搭积木 原来是小孩子玩的积木游戏,现在比喻说设计和安排内容:明朝要检查了,昨日刚刚开始～,侬讲急勿急?

搭七搭八 乱搭一气:颜色～难看勿啦?|辩个人交际忒广。～,搭来一大帮勿二勿三个人。|伊拉～个勿晓得讲点啥。

七搭八搭 这个也搭进去,那个也搭进去:好了,已经够了,倷勿要～拿勿搭界个物事侪加进去。

181

讲上海言话，常常会碰到"搭"字，搭来搭去，怎样"搭"法，你得要搞搞清楚，弄不好就要"烂搭八搭"，或者"瞎七搭八"（胡拉乱扯）"搭"出麻烦来了。

五、手 脚 并 用

上海人勤奋出名，"实打实"地劳作，做起事来就要"动手脚"，上海人最称赞那些"手勤脚俭""勤手快脚"的人，所以上海话中手脚并用的熟语也就特别多。从这些手脚并用的词语中，我们可以去探索和学到上海人工作活动的行为方式。

快手脚 称赞一个人做事动作敏捷利落。如："侬等勿及，就应该寻个～个人来做。"◇反之是"慢手脚"，如说："辩个人是～出名，木笃笃，木笃笃，我等辣海心也要痒个。"这是讨厌一个人做事太不上劲，或做不快。但"慢手脚"不一定是贬义词，也有这样说的："伊有心有想，慢手慢脚，做出介精细致个钩针生活来。"所以"慢手脚"是个中性词。

搭手脚 是加入进来帮忙的意思。如："我忙煞来，侬来搭个手脚好哦？"但上海人做事情往往喜欢自己一门心思地做，不喜欢有无关的人前来"搭手脚"的。如："侬来七缠八缠，反而搭脱我个手脚了。"

添手脚 指有人插进来增添麻烦的意思。如："我正好忙辣海，侬勿要脱我来～。"

讨手脚 是给人增添麻烦的意思。如："我个小囡常常要讨我的手脚。"

替手脚 是帮人家加一把力的意思，在关键时候如有一能人来替一下手脚的话，有时是帮了大忙。上海话里，需要你帮一下时，你就来"搭一手"；不需要你来帮助时，你就别去"搭一脚"（即"插一手"），这要你自己"拎得清"。

做手脚　是制造假象，改变事物、事情的原来面貌，一般用于作假。如一摊贩在卖给你大闸蟹的时候，在一串蟹里混入了一只死蟹，这就是做了手脚进去，占了买者的便宜。"做手脚"有时指作弊行为，如："电表上做个手脚，偷了交关电。"

做小手脚　有时却用于褒义，比如在"文革"时期，不准穿"奇装异服"，但上海人有时会在衣服上做点小手脚，如穿一色的绿军装时，有的女孩子用家里的缝纫机，把腰身改小一点；大路货的衬衫上，绣上一条小花边，这就叫"做小手脚"，别人不易发觉，却满足了自己一点小资的求异心理。

动手脚　这个词有三个意思，一是动手做事的意思，另一个是"打架"，再一个是"处理掉某人某事"的意思。如："上级开始对辣两个头头～了。"再加一个"动"，成四字成语"动手动脚"。

动手动脚　有两个意思，一是"动手扯人打人"，另一是特指"调戏别人"。如："迭个人一眼也勿文明，碰碰就要～！"

上海话中四字组手脚熟语很多。如：

快手快脚　说的是某人做事行动很快，老板一定喜欢这样利索的打工者。

慢手慢脚　往往表达讨厌某人做事动作太慢。如："侬辣能～个，勿晓得要做到阿里一日！"

一脚落手　是指一个人一口气，不停歇地完成。如："让我拿事体～做光以后来看侬。"

一脚一手　是一个人包下来善始善终完成的意思。如："辣桩生活我来～做脱。"这种人都是快手快脚的，又是有始有终的。

一手一脚　一个人包下来做，还可以说我来做好，赶紧着做。如："辣点生活我～做完了再去吃饭。"

七手八脚　指人多手杂，添麻烦，往往坏事。如："侬看，几个人，～个，做得一塌糊涂。"

碍手碍脚　指妨碍别人活动，给人带来阻碍。如："让开点！勿要立辣此地～！"

重手重脚 干起活来手脚使得很重。如:"辩个人做起事体来总归~,做得叫人担心!"

轻手轻脚 干起活来手脚很轻。如:"叫相反有个人做生活,得心应手,~,一样可以做好事体。"

搭手搭脚 指东摸摸,西碰碰,插进来增添麻烦。如:"侬弄勿来,还是脱我坐辣海,勿要来~。"

搭脚搭手 指行动不便,如老年人行动不便,走起路来,就有点"搭脚搭手"了。如:侬身浪阿是生疮?哪能走起路来~个?

大手大脚 手脚还有大小,"大手大脚"是这个人手也大,脚也大,人长得"大模大样"的。这个词另有一个抽象引申义,是说的行为"浪费"。如:"用起原材料辰光,大家省省叫,勿要~!"

小手小脚 可以说这个人长得"小手小脚",也就是说,人长得很"小样";另一个意思是做事迈不开大步,小弄弄,吝啬用钱。

出手出脚 喻行事放开手脚或无所顾忌、不受约束。如:"伊每做一桩事体,~侪是老快个。"

手脚勤快 做事利落。如:"伊做生活从来~,人人欢喜伊。"

手脚清爽/手脚干净 指做事情做工很利落,纹丝不乱,不拖泥带水或带有小缺点。也指这个人他绝不会顺手牵羊,小偷小摸或揩油。而**"手脚勿清爽"**,是指偷东西。

六、形 容 认 真

海派文化的一大特点是崇实,讲究认认真真做事,踏踏实实做人,因为在一个平等竞争的社会里,一定会形成一个大家合力办实事的氛围,而靠"虚头"是会处处碰壁的。只有在那种失去诚信的社会里,"开大兴、放白鸽"才会处处横行。

"认真"这个词上海话叫**"顶真"**,"仔细"上海话叫**"把细"**,上海人很讲究做事情一个是要"顶真",求真到顶;一个是要"把细",把握得细。上海人说**"硬碰硬"**,"乌龟背碰石头——硬碰硬",就是说做事情要实事求是,经得住考验。

正因为大家喜欢说话办事都"顶真",所以上海话中表示认真的词语也就特别多。

一门心思 一个心眼、专心致志的意思,这是一种工作作风,严谨踏实。对工作既热情,勇于承担,一鼓足气,又冷静。

有心有想 描写对待一件事的工作态度,一直有耐心。

一点一划 做人办事循规蹈矩,一丝不苟的意思。

勾勾勒勒 做起生活来,要精细、负责、清楚不含糊的。

丁是丁,卯是卯 清清楚楚,一丝不苟。

一个人要办成大事,必定要有这样的素质。

"看功夫",行事就要拿出真功夫来,才能真正做好实事。所以人"老实""用心",做事"勤谨""规矩",还是不够的。上海有一批技艺精湛、富有经验的老技师,被尊称作"老法师",他们的最大"法道",就是对所从事的工作做到**"熟门熟路"**,做到得心应手、门路极熟悉的地步;办一件大事也必须得"中规中矩",做到得心应手的程度。**"生活掼得出"**,是说做出来的活儿十分漂亮,拿出来十分过硬。生活做得是**"板板扎扎"**的,即结实完美,一丝不苟,**"细针密缝"**,精雕细刻,那对你的行为就**"服服帖帖"**,即佩服之至。

上海话中关于认真办事的熟语很多。如**"一板三眼"**,也引作办事认真规矩的意思。**"一脚一手"**,就是可一个人包下来,善始善终地把事情做完,不必别人再来帮忙了。**"立时三刻"**,就是很干脆,接到的生活,随手马上做好,这就是一种历练的工作作风。而不是拖拖拉拉,捱个"半半六十日",即该短时间里完成的事情耽搁了很长时间,才草草收场的坏作风。

这样善于办事的人,人家托他办事是**"托得牢"**的,他也能把天大的事"托得牢"。"托得牢"的人,还得具备两个长处,一是"聪明",二是"上路"。聪明人一是能审时度势,算计明晰,极少失误,这是认真踏实办事的基础,做事才能做到"把细顶真",熟门熟路和聪明也有必然的联系。世界上**"聪明一世,糊涂一时"**的人也很多,一时的糊涂,往往会误了大事,甚至毁了一生。一切的努力,也会变成"捏鼻头做梦",空欢喜一场。何况糊里糊涂的人,怎么能撑得了大事?**"上路"**,就是路道正,不寻旁门邪道;还有做在情理上,**"正行正经"**,不走"歪路子",即不找不正规的途径。这样就上正路了。做事搭浆,人品搭底,绝对与认真无缘。至于马虎草率,**混克拉司**(class 音译,不求上进;在校混日子)、**混天糊涂**(糊涂之至)、**黄牛肩胛**(喻不负责任,遇事卸肩)、粗心大意、毛手毛脚(做事不仔细,令人担忧)、**脱头落攀**(说话、做事丢三落四)、**漫不经心**、脑子兜牢(头脑堵塞)、**脚高脚低**(说话做事不稳重,有时正常有时不正常)、茄门疲塌(不起劲,没兴趣,拖拖拉拉,无精打采)、**烂污糟糟**(得过且过,似将烂掉)、**开大兴**(吹牛、说大话、蒙骗)、拆烂污(做事不负责任)、**淘浆糊**,……这些都是和"认真"背道而驰的做派了。

七、形容马虎不负责

上海话中有哪些描写做事不认真、不负责任的词语呢?

一个人过日子老是在混,极其马虎不认真,上海话中有好多词可以用来形容。**"淘浆糊"**是现在用得最多的。"淘浆糊",指做事马马虎虎,敷衍塞责;说起话来,插科打诨;究其责任,他就蒙混过关;参加集体,他就滥竽充数。后来大家嘲笑那些糊里糊涂、只是混混的老兄为**"浆糊兄"**,把那些善于搅和蒙混的人称为**"浆糊师"**。

表示"混"的,还有一个词,叫**"混腔势"**。"腔势"是从英语"chance"音译来的,这种人总是寻找个机会来混混,一天天都是在混日子。他的最大本事,就是蒙人,蒙混,混过去算账。如:"伊是勿懂装懂,辣辣~。"这种不求上劲,只会混日子的人,又被戏称为**"混兄"**或**"混客"**。如:"辣劳动组合优化之后,一点平常拨人称我'混兄'个懒、散、混、差个职工,拨管理部门拒之门外了。"

有的人惯于**"拆烂污"**,就是做事不负责任。如:"小王做生活个辰光常庄~,要别人帮伊盖屁股个。"如果烂污拆得严重,搞得不可收拾,还可以说是**"拆洋烂污"**。如:"喔唷!蛮好个家生俙拨伊拆光,伊真会~!"

生就的**"黄牛肩胛"**,遇事卸肩,不负责任,也是一种马虎。他们做起事来,**"七勿牢牵"**,很不像样,随便胡来;做事说话**"脱头落襻"**,即丢三落四;托他一件事,他就是一个**"王伯伯"**。"王"和"忘"文读谐音,"托着一个忘伯伯",忘得快,极不负责。**"乌里买里"**,是他们一贯的作风和模样,做事马虎潦草,拆足烂污,办事很不讲究,混到哪里就哪里。如:"伊对挢桩事体呒没兴趣,~弄过去算数。""弄过去算账",也是混过算数的另一种说法。他们什么事都做得**"喇叭腔"**,办糟了,不可挽回。

"脑子拎勿清,七里缠辣八里",说的是这个搞到那个去,完全搭不上,把事情都办糟,搞得乱七八糟。有种人或者是**"五分钟热度"**,热情一会儿就降,干不了了,转身便走;或者是一会儿奔东,一会儿转西,从来沉不下来踏踏实实工作。要不就**"投五投六"**,冒冒失失;瞎七搭八,脑子里是**"一别浆糊"**。他做出来的活儿,就是**"烂糊三鲜汤"**,胡来一气,弄出**"一笔糊涂账"**。

"懒扑""懒惰",是他们的本性。这种人常会被人骂作**"懒惰虫""懒惰胚"**,被人说**"可以懒出精来"**!还有人的典型懒惰的特点就是**"捂来死""推拨勿动"**,久久捂辣海没有动作,什么机会都错过,都在他面前溜过,他也不着急。

做事情,拖拖拉拉,磨磨蹭蹭,在农村称为**"搭水扳浆"**。后来在工厂里,称"磨洋工",出工不出力,或者消极怠工,或者**"摸发摸发"**,懒散拖沓;办起事来拖拖拉拉,不爽快,**"茄搭搭,慢吞吞,疲沓沓"**,像个生病人一样。**"疲沓"**,是无精打采、拖拖拉拉的状态;一直不上劲,这种没劲拖拉到底,就是**"疲脱了"**。

惯于马虎拖拉的人,精神状态老是一副"混淘淘"的模样和气色。**"混淘淘"**,就是头脑昏昏然,整天**"昏头昏脑"**,睏不醒的,老是无所事事,他做出的生活,就很"搭浆"。**"搭浆"**是"搭水扳浆"的缩略词,指的是马虎潦草,敷衍了事,差劲,糟糕。像这样的**"捐皮"**,谁遇到谁就倒霉——**"碰着伊算我路道粗!"**(这句话是说:"碰到他,算我倒了大霉!")

八、形容心情的难受

表示心情不好、没有劲,上海话中有哪些常用的词语呢?

我们最多听到的表示"心情郁闷,不舒服,不痛快"的词,是**"殟塞"**。它从气候很闷给人的难受,引申到表示心情的难受。如:"今朝个天气真~,气也透勿过来。""我今朝莫名其妙拨老板训了一顿,~了半日天!"("殟",《广韵》:入声没韵乌没切:"殟,心闷。")

与"殟塞"意思最接近的词是**"气闷"**和**"勿焐心"**。"气闷",是苦闷,闷在心里,不好受。其是从气压低或空气不流通而感觉不舒畅引申到人心情的烦恼、烦闷。如:"门窗关得紧腾腾,屋里向邪气~。""今朝我是碰着伤心事有苦呒处说,一家头坐辣海~煞!"如果因为有事心中实在无法忍受,要骂出声来,就呼"气数"。**"气数"**,就是不像话,令人气愤,可恨,没劲。如:"我脱侬安排了介好个一个环境,侬勿领情,还要怨我,~!"气得一点也说不出,说"闷脱了"。

上海人因后悔而内疚心疼,称**"懊闷痛"**。如:"难道侬答应了人家又~了。"这时候的心情往往是很"膉肿"。**"膉肿"**,就是懊丧、不愉快。如:"今朝我买了一只玉马,带回来,尾巴就断脱了,原来是块假玉,买得真~!"

上面的"殟塞""膉肿",一般来说都说得出原由。自尊心受刺伤后很痛心想发怒,叫**"吼"**,是英语"hurt"的音译词。如:"我倒好心好意为伊带早饭,碰着伊勿领情勿要吃,我老~个!"如果是难受,可以说**"吼势"**。天气也会使人"吼势":"今朝气压低,湿度高,老~个。""吼势"经常用在表示人的心理感受,烦闷,不舒适。如:"生活做来做去做勿好,～煞!"有时是一种难以名状的难受。如:"今朝我～来,讲勿出所以然。"心情烦杂理不清,不能平静,也是一种难以名状的不舒服的感受,叫**"乌苏"**。如:"勿晓得为啥,心里～得来,啥个言话也勿想讲,坐辣海发闷!"有"乌苏天"的说法,指潮湿、闷热、使人不好受的天。"乌苏"的义域较大,凡杂乱而脏,使人难受,都可用"乌苏"。如:"一个号头吭没剃头,头发瞎～!""搿件衣裳颜色忒～,勿好看。"

心里不舒服,又难以说出,沮丧得很,隐痛有口难言,称**"挜拉勿出"**。如:"事体侪拨我做僵,交关钞票伤脱,我真是～!"心里一团糟,杂乱无章,不舒畅,又称心里老**"懊躁"**。

烦恼、伤脑筋极了,像头也要胀起来了,就叫**"头大"**。如:"我看见侬来,就～!"很怕看见他,因为他尽带来烦恼。惹人生气、烦心、恼怒,可说**"火冒"**。如:"我一听到伊个言话,就～!"

心里烦恼之一种,是**懊恼**。表示后悔,懊悔,上海人说**"懊愣"**。如:"我老～吭没叫伊来参加。"上海人说话常常把"懊愣"先说在前头,再把原因作为原因宾语放在后面说出来。很懊恼,上海话说**"懊丧"**。

表示轻度一点的心情不好,有下面几个词可以形容:

"恢气",是闲着无聊,感到寂寞。如:"今朝我一个人辣屋里,也吭没人脱我一道讲张,～来。"

"勿焐心",是心中不愉快、不舒服的意思,也是不顺心,不称心。

表示心情难受而没有劲头,没有兴趣等,有这几个词可以表达:

"茄门",是不感兴趣,不起劲,不热心。如:"侬介欢喜看篮球比赛,我是～个。"

"茄",就是磨蹭、拖拉。如:"伊做生活茄得来,一眼也勿上劲。"一副没劲、松散或不热心的样子,称**"茄搭搭"**。如:"人家侪辣起劲做准备,只有伊一个人做随便啥侪～,像三日吭没睏醒。"

表达苦恼、伤心的词语,除了"心痛"还有"难行"。**"难行"**是心里难受、难过的意思。如:"一直拨人家点点触触,真～。"到难堪、棘手,不好受时，可说"**吃酸**"。

表示心中不满的词，有"讨厌"，还有"**触气**"，是惹人厌，使人生气；"**惹气**"，是惹人厌；"**感冒**"，是对某人某事很不满意或厌恶。说"**气得呵潽阿潽**"，是形容气愤之极到无力回应，到了连连喘气的地步。

九、形容感觉的难受

上海人形容感觉难受的词语很多，这里仅是选几种感觉来说。

难受感觉中的一种是因肮脏而形成的不舒服。对于肮脏，"**齷齪**"和"**邋遢**"是两个常用词，这两个词都是连绵词。"齷齪"有一个韵母对转的舒声词叫"**麤糟**"，意思与它相同，两者都是"不洁、污秽、肮脏"的意思，不过后者现在很少有人在用了。"**齷齪八腊**"是加了一个形容词后缀，表示脏兮兮的样子。如："伊吃饭个一双筷，呒没汏干净，～个。""**邋遢**"除了有肮脏的意思外，还兼有懒散、懒惰的义素。如："第九穷，朝朝睏到日头红，～穷。""看伊舒能介懒洋洋个～样子。"在上海唱的苏滩中有名的《**邋遢婆**》唱段，就是描写一个懒而脏的邋遢婆娘。所以，"**邋遢**"是又脏又乱，还加上不修边幅的附加义。

脏得使人恶心难受，叫"**腻心**"。如："侬舒只床弄得邋里邋遢，齷里齷齪个被头，看了老～个。""**腻心八腊**"，就是老腻心的模样。如："侬舒双手到处摸，从来勿用肥皂操操，墨黜黑，像只乌龟脚爪，真～！"与"腻心八腊"同义的词还有"**腻心刮搭**"。所以"腻心"要脏得令人作呕。还有因食物不洁或太油腻而感到恶心，也是"腻心"。如："舒块油肉介油，看见就～。"

"**腻夹夹**"或"腻搭搭"："身浪向腻搭搭个，摸下来，像一段海参。""**腻搭搭**"，不爽滑。"腻"读阳去调。还有个"**粘搭搭**"，指较粘的感觉，皮肤上出了许多汗，就会有这样的感觉。如："手搭着浆糊，～。"

"粘"读阴平调。不管是"腻搭搭"还是"粘搭搭","侪邪气难过"。

"粘支疙瘩"或**"粘支刮搭"**,是什么感觉呢？就是粘呼呼的,很难受。是一个"拟态词"。如:"衣裳浪吃得侪是年糕,～个。"另一个义项是脾气、性格不爽快。如:"侬一歇歇答应人家,一歇歇又勿答应了,勿要介勿爽气,～个。"还有个词语是**"得支捺支"**,与"粘支疙瘩"第一义项意思相同,是很粘手,粘在一起甩不掉的意思;但是没有第二个义项。

"油滋疙瘩"或**"油滋疙腻"**,也是粘糊糊的,差异在于它因"油腻"而形成,油滋滋的难受。

这里遇到**"疙瘩"**一词,"疙瘩"在上海话中有一个义项是"难弄",很难弄,是"疙疙瘩瘩"。如:"辂个人左勿好,右勿好,～。""梗勿好,糯勿好,～作勿出决定个。"在这里"疙疙瘩瘩"和"粘支疙瘩"联系得上。

"异样刮搭",指不正常的怪样使人感到难受,含义范围颇广。如:"辂只菜个味道～个。""侬讲个言话～个。"

还有个肮脏腻心的感觉是**"涕拖'**tita",严重一点,就说**"涕涕拖拖"**。"拖"在这里保留上古音("买了多只"的"多"上海话读 'da,也是保留上古音)读"'ta。如:"辂个小囡吃得来～,面孔浪侪是汤水,衣裳浪侪是菜、饭米糁、鼻涕。"面部肮脏,衣发散乱,都可以说"涕拖";不干净,不整齐,也能说。如:"灶头浪摊得～。"拖泥带水,也是"涕涕拖拖"。如:"湿鞋子勿要穿进来,～,侪是龌龊。""做事体勿要～,一眼也勿爽气。"

"赖柴 lasha",给人的感觉也不好。它的意思一是肮脏,不修边幅,一是做事马虎。还有**"乌苏"**,是杂乱而脏,乱七八糟,使人难受。

与"乱七八糟"相近的,有**"乌七八糟"**,指脏乱。如:"台面浪揢得～。"引申义有黄色下流。如:"伊拉辣看～个书。"也指男女关系混乱。如:"辂帮小流氓～乱搞。"

"乌勿三,白勿四",是不干不净的意思。如:"墙壁揢得～。"也可说色彩紊乱,不分明。如:"辂件衣裳～,真难看!"

总之，以上的一些词语都给人感觉是"难过相"。"难过相"，就是看上去不舒服。

再说人的感觉难受还有闻出来的。比如**"气味"**这个词，在上海话中读成阴平连调时还有一个意思，是气味怪，难闻的意思。如："㧸块毛巾~来，要消消毒了。"还有**"气䭆"** qizy，也是气味难闻的意思。如："㧸只橘子已经~了，勿要去吃伊了。""䭆"，《广韵》去声祭韵征例切："䭆，臭败之味。"

人身体的感受也有不少词，谈谈也颇有意思，如说胃的感受不舒服，也有两个词。**"角索** goksok**"**，因不消化而难受。如："今朝我肚皮里~来，勿适意。""**楞啒** lenghok"，吃下去的东西梗着不舒服。如："㧸点竹笋吃得我胃里~得来！"这些土语词都很有特点，声母或韵母上都有特征，很值得回顾一下。

"触气"，令人生气。如："真触气！伊又拨我吃药。"表示厌恶，可憎。如："㧸个人我越看越~。"使人讨厌的样子，叫"触气相"。如："㧸个人真~，讲言话啰苏得来！"令人不快、失望、厌恶的词还有**"肮三"**。如："介~个事体侬勿要脱我做出来！""肮三"由英语"on sale"引申而来。

十、表达厉害的词语

表示厉害，有三种情形：一种是褒义的，说明一个人的健康、坚强的素质；另一种是形容人的气势、形态过分极端，往往贬义；最后一种是品质恶劣使人感到厉害吃不消。

普通话的"厉害"，上海话常常说"结棍"，语义几近。**"结棍"**可表示身体十分强健。如："老张身体真~。"说一个人"结棍"，还能说这个人交关**"硬张"**，赞誉他硬而坚实，抽象来说就是**"硬碰硬"**，在风雨如磐的时候挺得住，**"硬出头"**，对人与事"硬得起来"不怕泰山压顶。"结棍"，除了用于人的身体"结棍"，也用于事件，是厉害、着实的意思。如："我结结棍棍拿伊骂一顿。"说一个人"**实结**""**扎墩**""**结足**",其模样都是说这人的身体长得强健严实,是"**实实结结**"的,"**实打实**"的,经得起磨难。再要进一层形容一个人结实健壮厉害,可以说"**杀博**"。如:"老王个身体真~。"做事大刀阔斧、彻底,也能说"**杀博**",就是"豁出来"干了。如:"让我杀杀博博做一趟,勿管三七廿一了。""小李做事体老~个,勇往直前!"近来还有一个词,叫"**牛势**",则是势头强猛有力。

以上的词语在语言色彩上都是褒义词和中性词。"**杀辣**"一词用于"厉害、狠毒"。如:"晚娘打起小囡来忒~了。"还用于利落,干脆,手段、办法等严厉。如:"杀杀辣辣个办法拿出来教训伊一顿。要做就要做~!"还有一个常用的单音形容词,叫"**狠**"。"**狠**"有两层意思:一是凶、硬、厉害。如:"为啥侬介~? 侬算有后台。我偏勿睬侬!"另一意思是残忍、凶恶。如:"辩个儿子真~,拿爷娘赶出屋。""伊拿言话讲死讲绝,~煞了!"强横暴戾的人,或体壮憨猛的,称"**杀胚**"。

有的人的厉害,表现为脾气强硬。一种是"**硬撑**",对着你硬干,坚持不肯妥协,态度"**僵硬**"撑下去。脾气犟,称"**骾**"。态度强硬,讲不上理,叫"**猛门**"。如:"侬再~下去,吭没人会理侬!"蛮横,脾气扭,又叫"**横'wan**"。如:"小王,碰碰就要~。"蛮横,硬把无理说成有理,称"**横绷**"。如:"侬勿要~下去,有道理好好叫讲。"不讲道理,蛮横作对,叫"**硬横**";蛮不讲理,还有一个意思,是"**弹硬**",过硬、强硬的意思。非要那样,是"**硬劲**",非得要你做,硬要你做,说"硬劲要侬做"。刚强不屈,强横不从,称"**倔**"。固执,不服劲导,称脾气"**犟**"。脾气固执,屡教不从,倔强不受拘束,就是一副"强头倔脑"的样子。脾气"**艮ghen**",着重指一意孤行,转不过弯来。

上海人形容一个人厉害,还可以从下面几个角度来刻画。

从气势上看,"**狠**",是很凶狠的样子。如:"**狠死狠煞**",就是狠到极点;"**狠三狠四**",横蛮、凶狠的样子;"**恶形恶状**",是很急迫,其样子十分难看,不堪入目;"**极里极响**",是气急败坏、迫切不可耐的样子,浊声母的"**极**",是"**猴极**",与中性的"急"不一样,是要双脚跳的样子;"**胡摇八只脚**",是手舞足蹈、劈头盖面的姿态;"**穷凶穷恶**",急迫得像拼命似的；"**恶狗拦路**"，就是像一条恶狗挡住了道路绝不放行。

从行为急迫的样子来看，有以下几个词语也是很形象的。"**火烧眉毛**""**火冒急燎**"，是像火要烧到自己头上来了；"**极形极状**"，是十分急迫、迫不及待的样子；"**穷心穷恶**"，是拼命的样子；"**狠搏搏**"，是气势汹汹模样；"**恶狗挡路**"，强调蛮横拦路；"**一戳就跳**"，就是一触即发的形象说法，往往会成个"**闯祸胚子**"。

从手段上看用词有：手段狠，叫"**辣手**"。如："伊拉对我老～，两日勿拨我吃饭。""辣手"还有"棘手"的意思。如："凡是伊碰着～个问题，侪要来寻我出主意。"弄得人家一点办法也没有。"**辣手辣脚**"，手段更加毒辣厉害。手段很厉害，或者又老又辣，叫"**老辣**"。手段过分苛刻，叫"**刹枯**"。"**恶弄松**"，是背后捣蛋害人；"**恶死做**"，做得别人走投无路，做死做绝。

从心理上看用词有："**毒心毒肺**"，是心眼恶毒；"**黑心黑肺**"，指毫无良心；"**杀掐**"，花心思损别人。"**恶掐**""**恶里恶掐**"，是恶做，出人不能，出人不料，心思恶毒得很。

从态度上看用词有："**硬拼拼**"，可指态度生硬的样子；态度生硬，还可说态度"**绷绷硬**"。"**强凶霸道**"，是凶狠霸道，蛮不讲理的意思；"**强凶极恶**"，是蛮横得很；"**吃饱生米饭**"，是不讲道理，不可理喻；"**凶得要要死**"，凶得不得了；"**酷索**"，态度粗劣不耐烦。如："侬讲出个言话，介～做啥！"

从言语上看用词有："**吆五喝六**"，神气活现地吆喊；"**横对'wande**"，对着干，蛮不讲理；"**横理十八条**"，指歪理很多，不讲道；"**猛门**"，是态度强横，蛮不讲理；"**强横**"，是更上一层，强词夺理；"**横里十八条**"，是指歪理很多，就是不讲正理。

最后说的那种厉害，体现在为人刻薄，性格卑劣上。如"**黑心**""**黑心黑肺**"，是阴险狠毒，贪得无厌；"**刁钻**""**奸刁**"，是奸狡刁滑；"**促掐cokkak**"，是挖空心思阴损别人，使人为难；"**阴刁**"，是表面和善，暗里刁滑；"**阴笃笃**"，阴阳怪气，不爽快；"**挖掐**""**挖里挖掐**"，是恶做，使人难以对付；"**落拼**"，因心地狭窄而为人处世不与人为善，不仗义而

194

作梗、拆台、损人。还有**"碰碰扳散丝 qiaksy,处处寻吼势"**,即动辄找人茬子,老是找事寻衅,特别使人防不胜防。

上海话中,描写厉害的同义近义词很多,能区别表达十分细微的差异。

十一、无 天 野 地

一个孩子,拼命地顽皮,一天到夜,不知道钻在哪里,人家就说这个孩子玩得"无天野地"了,想不到回家了。**"无天野地"**,第一个意思是"没日没夜、没天没地"。如:"辬眼野蛮小鬼一直野辣外头,～,影子也勿看见了。"第二个意思是"没有边际"。如"伊吹牛皮起来～。"第三个意思是"沉迷其中,没完没了,没有收场的时候"。如:"辬两日爷娘勿辣海,伊就～个白相。""侬辬个小鬼头啊,又辣白相游戏,白相得～了,书也勿读了,功课也勿做了。"还有个词叫**"皮拆天"**,也是指顽皮到极点。如:"辬个小囡白相起来～,浑身弄得墨黸黑,吭没家教个!"

与"无天野地"意义相近的熟语,还有**"浑天糊涂"**,就是糊涂之至。如:"伊一日到夜,～,勿晓得辣做啥!"这个熟语不一定指孩子,也用于大人。不过浑天糊涂重在头脑不清醒,成天"混淘淘"。**"混淘淘"**,可以形容水混浊,较多形容的是头脑不清醒。如:"昨日夜头开通宵,今朝一日～。"形容头脑糊涂或头昏神志不清的,还可以说脑子**"混冬冬"**或者**"昏冬冬"**。

"混克拉司",也是混日子,不求上进的意思。"克拉司"是英语 class 音译而来,可以指工作的一个"班头",也可指上课的"一节课",反正是一班一班地混下去就是。与它意思相似的,还有一个类洋泾浜的词语,是**"混腔势"**("腔势"是英语 chance 音译,找机会混,这个词的意思就是混过去算数,蒙混过关的意思)。如:"伊做工作一直拆烂污,日日辣辣～!"

比"混腔势"义更宽泛的词是"淘浆糊"。**"淘浆糊"**有做事不认真、敷衍塞责的意思。如:"舝种敷衍了事～个朋友,要紧事体勿好交拨伊做。"又有不分青红皂白、高低真假搅和一气的意思。如:"侬勿晓得情况,辣辣舝搭淘啥个浆糊啊?"又有滥竽充数、混水摸鱼、蒙混过关的意思。如:"伊尽管样样事体做勿来,也会得登辣班子里向～。"又有凑热闹、开玩笑、胡说一气、开无轨电车的意思,如:"舝个人瞎会吹,一天到夜就辣脱阿拉～。"又有行事无原则,办事圆滑,方方面面都处理好的意思。如:"张三勿得罪,李四有关系,领导面前会讨好,朋友面前笑呵呵,侬看伊会勿会～?"又有打圆场,和稀泥,调解,收拾残局的意思。如:"舝个人本事真大,勿论哪能复杂个场面,伊侪淘得好浆糊。""淘浆糊"总的来说是个"混"字,但又生发出褒义的设法摆平矛盾的含义来了。

"胡说八道" 也是一种"无天野地"的混。如:"舝个人开起无轨电车,～,也是吭没节制个。"**"神主野舞"**也是一种言行糊里糊涂,不上心,头脑不清醒的意思。如:"侬啊!一日到夜,～个,勿晓得辣辣做啥,要混到阿里一日?"

"无""胡""野",都是一种"混"。做事、说话到无天野地的地步,就是"野豁豁"。**"野豁豁"**就是言行出格,不着边际,远离正规,即"吭没规矩""吭规吭矩"。再形容得严重些,就是**"野野豁豁"**。讲讲头头是道,做做拆拆烂污,弄弄要跌跟跶,就要"豁边"。**"豁边"**是出错、出格、弄糟。如:"事体侪拨伊弄～。""伊常常言话～。"办事超出预算或越轨,也是一种"豁边"。

还有一些"野",都是出格越轨。

"野头野脑",说的是没规矩,不受管。如:"舝个小姑娘～,吭没家教出来个。"一般也是指青少年或孩子。**"野路子"**指非科班出身,非正宗。如:"伊勿懂行业规矩,是～浪来个。"近义的有**"歪路子"**,指不正规的途径,或路子不正。如:"大家勿要去学伊拉个～。"**"望野眼"**,指工作学习思想不集中,向别处张望,偷偷地张望别的东西。如:"学生活末要认认真真,勿要别人勿辣海就望～,打打瞌睏。"**"野

插花",指已婚男子找外遇。

"**野鸡**""**野牌**",都指非正规的东西。如:"挜部是野鸡车。""挜只是野鸡大学。"指档次极低。"野牌",指商品的牌子是假的,现称为**"大卡""大兴货"**。东西质差,一碰就坏,称这个东西**"野野乌"**,这个人差得很,也可说他"野野乌"。如:"挜个人个脾气～。"还有**"野野乌,皮老虎"**,也指的是一碰就坏的东西,喻为无用,或貌似强大,不堪一击。

只有一个**"野得山"**,可有褒义。其本义为做得出不正派、野蛮的举动。如:"别人做勿出个事体,伊侪～!"除此以外,还有一个闯得开的意义。如:"挜个人做事体就是野得出,勿按部就班!"此处也可以是称赞他的别出心裁和创造力。

十二、死样怪气

上海话中,对人的一些不良习气,往往用有区别的很细腻的近义词来加以描写,所以上海话中的词语也特别丰富。有人说这是市井俗习所致,其实那是上海对做人的要求标准很高,对于各种不良的风习可以细致区分,确切地予以指责和批评,如此则提高了人的素质,净化了社会风气。这种语言现象,只是说明了上海人对做人、对生活的要求严格。有些在普通话里要用一句话来表达的批评,在海派文化中只需说一个词就能概括。

上海话中,形容那种懒得很的人,十分形象,有个词,叫**"死样怪气"**。从字面上看,将死的模样,怪里怪气的、懒的表现,有气无力的行为的形态,这些便是怪异的反常的。上海人,是手勤脚俭的,特别反对那种"死样怪气"的人。

"死样怪气",有多种表现,故有多种含义。第一种是慢吞吞、不死不活的样子。如:"随便做啥事体,伊总归～个。"就是**"勿起劲"**、**"懒洋洋"**,活着没有一点生气。

第二种表现是处事待人总是爱理不理的样子。如:"我叫侬来,侬勿要～个,又像睬我,又像勿睬我!"冷淡、漠然、怠慢,不愿理会,一语概括:死样怪气。

第三种表现是做起事来,拖拖拉拉,拖泥带水。如:"请伊吃饭,伊第一个到,做起生活,洋工磨磨,～,生活勿晓得要拖到啥个日脚。""辩个小囡,白相手机,神气活现,一做功课,就～!"

"死样怪气"一词写足了一种人的一种神态;也写足了一种对人对事的态度,什么都不带劲。它是一种懒汉的做派、作风。

习惯于"死样怪气"的人对种种事情就是"勿爽气","**瘟搭搭**",像一只瘟鸡。"**摸法摸发**",不知道他成天在摸什么。人家说他"懒得来,懒出精来",没得救了。

与死样怪气类似的词,有"**死洋洋**",无精打采的样子。如:"侬看伊辩种～个样子,像饭也吃没吃饱。""死样样",在程度上还没有"死样怪气"严重。还有一个是"**怪里怪气**",则是强调该人的奇特、古怪、不正常的一面。

"**厌脱**",就是对事完全讨厌或厌恶了,连"死样怪气"的姿态都不愿摆出来了。

"吊儿郎当",这是无所事事,游荡度日,态度马虎,做啥都不起劲的做派。如:"侬一直无所事事,～,永远勿升势了!"惯于在社会上"**混腔势**""**混克拉势**"。

"**牵丝扳藤**",这是说一个人在决定一件事、表态或做一件事情时磨蹭、拖延、不爽快。如:"到底去还是勿去,侬还是～勿响,快点表态!"简称"**牵丝**"。如:"辩桩～事体勿晓得拖到啥辰光解决。"

"勿爽气",也是一种习性,甚至性格。不爽快,不干脆利落,忸忸怩怩的。

程度低一点的,还有"**茄搭搭**",做事没劲,对待各种事情采取消极态度。如:"要末索性勿接受任务,接受了末就起起劲劲做,我最恨就是～、～,三拳打勿出一只闷屁!"

"**茄门相**",是指对一件事不热心、不感兴趣模样。如:"叫我去听外国歌剧,有点～。"

"慢笃笃"，就是做事**"慢吞吞""笃悠悠"**的样子，一点不心急。

还有的人，遇事**"怠慢"**，总是比别人**"慢热"**，或者**"慢半拍"**，也是一种慢习惯，长期养成的习性。"拖辣人家后跟头"，"拖辣后头荡"，处事不积极，就是他的表现。

还有一种姿态，是**"神烊烊"**，表现为舒坦、迷迷糊糊、颇陶醉的样子。这种神态倒不一定是贬义。如："我脱小囡搔痒，伊～个适意煞。"但如果是到对人爱理不理的态度了，那也是一种"死洋洋"了。

"死样怪气"的原因，还有一种是客观的原因，由精力不足而造成的有气无力，那么，就另有一批表现精神萎靡、丧失神气的词语与之对应。

"昏头落眈"，是指头晕，**"昏头昏脑"**，晕头转向的意思。如："侬看伊整日**头重脚轻**、～个样子，像三日三夜呒没睏过。"

"昏头搭脑"，指昏头昏脑、糊里糊涂的模样。如："侬是勿是呒没睏醒，还是有寒热在身，坐辣海～个。"

如果头脑里糊里糊涂，理不清思路了，可以说对方或自己"脑子里一别浆糊"或者"脑子拨枪打过"。

还有一个常用词语是"神志无主"。**"神志无主"**，一种意思是指头脑糊涂，不清醒，事情弄得乱七八糟、乱掉了。如："昨日夜里只睏五个钟头，今朝有眼～，一张交通卡勿晓得摆辣啥地方，摸勿出了。"另一种意思是做事、说话糊涂，不记住，不上心，不加思考。如"辣个小人读书一直～，老师讲个言话侪勿辣心浪。""侬哪能～个，会跟牢仔个闯祸胚跑个？"

"神志无主"常用来反省自己。如："一部汽车辣我面前急刹车，我～红灯闯过去了。"与其近义的，还有**"神志野舞"**，多用在指责别人。如："侬啊，一日到夜～，拆天拆地辣外面白相！"**"六神无主"**，多形容因惊慌或着急而没了主意。如："同学侪反对我，老师也批评我，弄得我～。"

讲糊涂到何等地步的，还有些词语，如**"混天糊涂"**，是糊涂之至的意思。"神昏颠倒",是神志恍惚,入了迷,不能自拔。"热昏颠倒",是昏了头了,说得重一点是:"热佾大头昏!""死样怪气"的"死样",还有几种表现。一种是"**直腰懒掼**",就是无精打采,身子东斜西靠,毫无力气的样子。如:"侬坐正点,勿要～个!"人站都站不稳,东倒西歪,可说"掼东掼西"。脚踏出去东一脚西一脚,走不成步的,说走起路来"**蹁 pi 东蹁西**"。人顶不住了,要倒下了,称"**撑勿牢**"。

还有些"ABB"式的状态形容词,描写程度不是太重。如:"**昏沉沉**"是沉在神昏糊涂之中了;"**昏冬冬**"是头昏神志不清;"**疲塌塌**",是疲劳不思动弹的样子;"**软披披**",是人立不直,腰要折下来;"**倦迷迷**",是神思困倦的感觉;"**混淘淘**",是脑子不清醒。还有责问你:"侬睏醒了哦?"意思是:"别做白日梦了!"

这么多的近义词,说明上海人对此类人的弊端观察深入,对各时表现出的神态都有细致分类,十分形象,并让他们对号入座,诚意劝诫。

十三、烂糊三鲜汤

比混更差一层的,就是"烂污"!

"**烂污**",原是人的不健康的粪便。"**拆污出**",就是大便失禁;"**拆烂污**",本义是拉稀烂的粪便,往往是大便失禁时的情景,后引申为做事不负责任。如:"小王做起生活来常庄～,要别人来帮伊盖屁股。""拆烂污"这个词因其描写得形象,已为普通话吸收。上海话中还有一个"拆洋烂污",表示不负责任的意思更重一层,似到不可收拾的地步了。如:"蛮好个家生倷拨伊拆光,辬个人真会～!"

"烂污",另一来源是潮湿的泥土,上海人称之"烂污泥"。"烂污泥"也是很脏的东西,引申为很不值钱、很起码的东西。进而贬之很差的东西或人,盖称之"烂污"。

上海话中还有一个词"**烂糊**",与"烂污"几同音,所以也常常将之与"烂污"用在一起。

"**烂糊**",原本不是坏东西,如煮糊煮烂的食物,利于肠胃吸收。有一种煮成烂糊的面条,上海人称之为"**烂糊面**";经勾芡的炒肉丝,称"**烂糊肉丝**"。旧时徽菜饭馆里有一个鲜美的三鲜汤,称为"**烂糊三鲜汤**",这是一种荤素杂汤;旧时还曾喻指淫贱的女人;但后来一直引申为做事胡来,不负责任,搞得乱七八糟。如:"伊一跑来就瞎指挥,**兴令轰隆**,搞得一塌糊涂,～!"此词语还可进一步引申到东西乱放一气,放得乱作一团。如:"伊个屋里弄得杂乱无章,物事随手乱掼,一副～个样子。""烂糊三鲜汤"也有写作"烂污三鲜汤"的。

那些很差很低级的人,或者是最无地位的人,被称作"**烂污泥一匹**"。因为,在扑克牌中,"2"是最小的一张牌,常被称作"烂污泥",进而有"烂污泥一匹"。如:"我辣单位里是～,小八腊子,呒没人要听阿拉个言话个!"

"**烂污泥底牌**",指的是某人的老底很差,多指品质低劣。如:"伊再要神气活现压人,阿拉好去翻翻伊个～。""**烂污人**",是骂什么都差、无用或得过且过的人。

"**烂沰沰**",是东西软糊、酥烂。"**烂糟糟**",是形容破碎得要烂掉的样子。如:"舽封信拨我团得～了。""**烂肚肠**",一般是骂坏得很彻底的人。如:"烂心烂肺～。"

"**烂泥菩萨**",一指自身难保的人,一指没有反应的人,一指碰不起、一碰即坏的人。在小学里,一个同学拿出一个东西在别人面前献宝卖样,大家会说她:"稀奇勿煞,卖样勿煞,～,一脚踢煞!"

上海人对于一些讨厌的相关"烂污""**邋遢**"的现象,还有一些词语描绘。如:"**涕拖拉拉**",形容吃菜时吃相很难看,洒在身上桌上都是。如:"侬看侬吃线粉辰光个吃相,～,一副狼狈相。"还指鞋带、衣带等散开拖地。如:"伊一直是拖鞋皮,走起路来,～。""**涕里拖拉**",这里是"拖"保留上古音"ta"音,这是"涕拖"的扩展词,表示肮脏,散乱,不干净,不整齐得很。如:"侬看侬个身浪,～挂了介许多物事,拿脱点!""**乌里买里**",做事马虎、潦草,不讲究的意思。如:"本来外套得仔内衣要分开,淡颜色深颜色要分开汏,伊得我～、搁落三姆一道掼辣洗衣机里向,拆烂污哦?""**七勿牢牵**",指不正规,不像样,不收场,无好结果。如:"衣裳着得～!""事情做得～!""**七勿牢三**",形容不伦不类,不成体统。如:"讲言话规矩点,务要～!"还有"**勿二勿三**""**勿着勿落**"等都是一种"**烂污糟糟**"的现象。

不但上海人把"邋遢""散乱"的现象称为"烂污",还有把这方面太过分的人,都以"货"相称。如:"**邋遢货**",指脏货,也称面容、衣服等不修饰而肮脏不堪的人。"**垃圾货**",称像垃圾一样的货色,又喻指行为品质极差、无人搭理的人。"**推扳货**",指质量差的货色,比喻品质差或胆小、能力差的人。"**蹩脚货**",指劣等货,喻指劣质的人。"**笃底货**""**搭底货**",指在物篓底里的、被大家拣剩下来的货,比喻品质最差的、没地方要的人。"**乱脱货**",指无用、该扔的货,喻指被人抛弃的人。"**处理货**",指处理品,被喻指生活作风上有了污点的人。"**懒料货**",任意挥霍或无所事事的人。"**滑头货**",喻指油滑不守信用的人。"**大兴货**",是"**冒牌货**""**劣质货**""**假东西**"的意思。"**冒牌货**",又喻指假的冒充的人。如:"派个专家、老法师来,勿要豁排里个～!""**死货色**",用来骂称死人。那些人是"**一票里货色**",就是"一丘之貉"。

十四、多姿多态的形容法

上海话里的形容词,形式生动活泼,描写细腻形象。对于人物、事物,上海话中有各种可供选择的生动形容法。

许多词语与普通话不同,如"好"对"**恘**","瘦"对"**奘**","贵"对"**噢**"(便宜),"**烦难**"(难)对"**便当**"(方便)。有的词语虽与普通话意义相同,但用法有所不同,如"长"可用于人的身高,"尖"可用于耳眼灵敏,"奘"既用于人又用于动物。另外,像"**头大**""**贴肉**""**推扳**""**老鬼**""**贼腔**""**扎劲**""**吃价**"等,从构词上看都颇有特色。"**后生**"(指年轻)、"**奶油**"(形容漂亮)从名词转来,"**造反**"(形容多)、"**勾勒**"(做事精细不含糊)从动词转来。"**邋遢**""**尴尬**""**龌龊**"等词更由于含义别致,已为普通话吸收。

与普通话一样,上海话的形容词有"AABB"的生动形式,如"**行行情情**""**笃笃定定**""**造造反反**";有的有"ABAB"的生动形式,如"**煞白煞白**""**绝嫩绝嫩**"。可用"A里AB"形式扩展的词比普通话多,如"**怪里怪气**""**肮里肮三**""**疙里疙瘩**""**懵里懵懂**"。此外,还有一种"ABAC"式,如"**恶形**"可说成"**恶形恶状**","**少有**"可说成"**少有少见**"。

最丰富的是"ABB"式,由两个重叠的摹状形式类词缀加在单音形容词后形成。这两个类词缀有的有些实义,如"**胖墩墩、瘦刮刮、紧绷绷、瘪塌塌、暗洞洞、野豁豁**";有的则完全虚化,如"**嗲里里、实别别、酸尖尖、屈搭搭、木兴兴**"。叠尾也能加在名词后,如"**风落落、神烊烊、色迷迷、鬼触触**"。"**湿几几**"形容含水的样子,"**湿扎扎**"形容湿有水滴,"**湿漉漉**"形容湿得往下淌水,"**湿搭搭**"形容有些湿或因湿而粘在一起,"**湿塔塔**"则形容成片的湿润或潮湿。不同的叠尾加上去,描写的范围略有差异,外地人真是难辨个中细味。

"BBA"形式是普通话中没有的,如"**石石硬、墨墨黑、拍拍满、锃锃亮**"。上海话中的形容词形容程度可由形态标志级别,"**冷冰冰**"是像冰一样的冷,程度较低,比较级;而"**冰冰冷**"则是非常冷了。程度最高级的,多用四字表述,如用"**石**""**骨**""**铁**"来形容"**硬**",真是硬得不能再硬了。此类词还有"**滴粒滚圆**""**碧绿生青**""**刮辣松脆**""**簇刮辣新**""**热吹潽烫**"等。

因此,上海话要形容一个状态,有时可有多种形式供选择,如形容"直",有"**直挺挺**""**笔直**""**笔笔直**""**笔立直**""**笔笃势直**"。

上海话形容词的后缀很多,如"**八腊**"(腻心八腊、危险八腊)、"**头势**"(恨头势、吓头势)、"**搭煞**"(外行搭煞、寿头搭煞)、"**兮兮**"(神经兮兮、戆大兮兮)、"**式气**"(寿头式气)、"**把戏**"(跷头把戏)、"**的搭**"(戆大的搭)、"**头脑**"(花头花脑、大头大脑)等。至于像"**兴令哄隆**"(人多声势大的样子)、"**粘支疙瘩**"(粘乎乎)、"**拔瞪拔瞪**"(眼一闪一闪)等用拟声拟态的方式来形容人事更是妙乎其妙。

我国汉语各地方言历史悠久,积累了群众生活中形成的大量生动活泼的词语,对于生活中事物、动作形状的深度差异,能描写得细致入微、活龙活现。普通话过去主要来自书面语,要进一步丰富普通话在日常生活这一方面的词汇,理应从各地方言口语中汲取生动活泼的富有特色的语词。各个方言也各有某些长处,是普通话或其他方言所短,比如上海话形容词的"BBA"式,为普通话和北方方言所无。我们应该把这些特色推广到普通话中去。各取所长,在竞争中优选,语言的约定俗成就是优胜劣汰,这是生物以至人类语言发展进步的普遍规律。21世纪是一个语言文化多元化的世纪,在使用语言方面,多元博采本来是汉语的特征和天生优势,方言里生动的、有表现力的词语和语法形式,应该积极大胆地在自由使用中引入普通话中,使民族共同语更丰富多彩。那种把普通话看得完全够用、十全十美的停滞观念,把语言分成高低上下的等级观念,都是对语言发展的基本规律和我国语言的历史发展状况了解肤浅的表现。

十五、V脱、A脱

1. V脱

"脱",原来是一个动词,"脱衣裳"的"脱"是取下、除去的意思。"脱脱"通常就是普通话"脱了"的意思。原来"脱脱"两字在老上海话中读音是不同的,前边的"脱"读 toek,后边的"脱"读 tek;因为语音的合并,现在"脱脱"两个字同音,读 tektek。现在有些人跟随普通话的读音,把脱读成 tok,是不对的。

后面的"脱"是前字"脱"逐渐虚化来的,从一个有具体实义的动词不断地虚化成起语法作用的虚词,这个过程叫"语法化"。下面让我们来看看动词"脱"是怎样一步步语法化的。

第一种的"脱",与普通话的"掉"意义相同。如:**"衣裳脱～。""一只鸟飞～了。"**"V脱"是个动词+补语的结构,但是,原来普通话不是这样说的,而是说:"衣服脱了。""一只鸟飞了。"动词后加个"掉",说"有一只鸟飞掉了",是受了吴语的影响才这样说的。"脱"作动词的补语是表示结果的补语,这个结果有点实义的。如:"一只鸟飞脱"是"飞走","饭吃脱了"是"吃完"的意思,"龌龊揩脱"是"揩去"的意思,都有"离开""去除"等实义,可以说"飞勿脱""汏得脱"。下面几句也是这种用法:"捐个朋友旧年死～了。""墙壁浪个灰尘侪要掸掸～。""房门钥匙落～了。"都有句子叙述的主体消失的意思。

第二种的"脱",只是表示结果意义的助词,相似于"了"。如:**"电视我看～一歇去睏觉。""伊踢～我一脚。""衣裳小～一眼。"**这种用法就不能说"踢得脱我""小勿脱一眼"了。因为"脱"虚化到只能跟在动词后当语助词的作用,表示动作或性质变化的实现。这样的用法,又如:"走～仔两日。""养～小囡再讲。""我等～侬两个钟头。"

这种情况下,用"脱"有个特点,就是都是用在负面意义上的。如:只有"坏脱",没有"好脱";只有"臭脱",没有"香脱";只有"少脱",没有"多脱";只有"软脱",没有"硬脱";只有"熟脱",没有"生脱";只有"湿脱",没有"干脱";只有"还脱",没有"借脱""讨脱";只有"卖脱",没有"买脱"。但是既有"瘦脱几斤",又有"胖脱几斤",那是因为现在大家把"胖"也视为不好的了。

第三种的"脱",是继续虚化,成为一个结构助词,只起强调作用。如:**"侬讲～伊两声勿要紧个。""打～伊一顿。""想～五分钟再讲。"**如果说成:"侬讲伊两声勿要紧个。""打伊一顿。""想五分钟再讲。"意思也差不多。这里用的"脱"也无结果意义,而是重在强调动作的数量。

第四种的"脱",变成了体助词,在动词后表示上海话的"将来完成时态"。如:**"侬搿只大饼吃～伊!""一本书拿去还～仔。"**值得注意的是,"脱"在这里都用在将来行为上,而且行为在将来完成。如第一句里,吃那个大饼的行为都是未然的,要在以后即将来的时间里吃掉即完成。这样的句子又如:"考～试好好叫松一松,我到乡下头去住～一抢。""侬等等我,我先去脱伊一道兜～一圈。""侬帮点垃圾倒～伊!"

2. "A脱""V脱"的妙用

上海话的"脱"除了用在动词后面,还能加在形容词后面,表示一种结果,往往都是负面的结果。正如前面所说,只有说"关脱""揩脱""坏脱""少脱""臭脱""瘦脱""胖脱"等。

"脱"用在一些动词、形容词后面用得频繁了,就构成了一个固定的模式。上海话中的"脱",除了"坏脱""吃脱"等表示结果外,在有些场合,与前面的动词形成了固定的组合,有了固化的含义了,不单单表示前面的动词的结果,而是形成一种引申出来的特定含义。主要有以下这些,颇有"海派"意味。

伤脱 原来是身体受伤,多指重伤的意思。如:"我个腰屏～了。"后来变成"事情受重创,一蹶不振"的意思。如:"我30万投辣股市里向,年底从美国回来,跌脱20万,乃末一记头～!"这里的"一记头～",是"一下子一蹶不振了"的意思。"伤"的另一义是浪费的意思,所以"伤脱"又用在"过量""太多""大大过了头"上。如:"钞票末,买房子买到我～,元气彻底吭没!"

僵脱 原来是"僵硬了"的意思,如:"手冻～了。"现在用到"呆板不能活动了"场合。如:"脑子别勿转来,～了。"这里的"～了",是"不能动了"的意思。"僵脱"又引申到"不上不下,僵持难以处理,不知如何才好"的意思。如:"事体～,我脱伊关系也已经～。"即"事情不能进展,我和他的关系已经不知如何是好了"。

瘪脱 原来是凸起来的器具压扁了,凹下去了的意思。如:"帮只镬子盖头～了。"现在引申到泄气了,由皮球泄气后瘪了引申而来。如:"前几天伊还是五斤吼六斤,现在～了。"又用到"被强势压垮"的意思上。如:"伊帮人一点吓勿起,人家一逼,伊就～!"就是在一逼之后,他就没气了。"瘪脱",又可作"自知理亏,无话可说"用。如:"伊刚刚还辣辣瞎三话四,拨我一句言话就笃～!""笃～了"就是"弄得无话可说了"。

疲脱　由疲劳转向"懈怠"解。如:"新簿子刚刚发个辰光,写字认认真真,写到后来,～了,七歪八牵。"这里"～了",就是"松下来了"的意思。

酥脱　原来指食物做得松软,不用咀嚼了,后来引申到遇见开心的事情心花怒放、浑身发软。如:"听了伊个称赞,我骨头也～了!"

茹脱　原来是消解的意思。如:"辰光一长,小菜里扎个腻～了。"后来转义为兴致不高,劲头松懈,态度冷淡。如:"老起劲个事休辰光一拖大家就～了。"

戆脱　是人变傻的意思。后来形容思考发生差错。如:"介好个房子我吭没去买,错过了介好个机会,我彻底～了!"

废脱　原来是废除的意思。如:"辩个计划已经～了。"后来"废脱"专说"没指望了,无药可救了"。如:"再辩能踢下去,年轻队员侪要拨伊～了!"就是说:"在这样踢下去,年轻队员都要被他毁掉了!"

关脱　原来是关闭,锁掉的意思,现在有不谈了,闭嘴的意思。如:"侬忒饭泡粥了,讲来讲去辩桩事体,～!"这里的"～",就是叫对方"刹车,停了"。考试没通过也叫"关脱"。如:"今朝一门数学被老师～"就是"今天数学考试被老师打不及格"。

揩脱　原来是擦掉东西,如黑板揩脱。后来引申到比较抽象的"抹去"意思,如:"伊介大个污点,有本事～?"这里的"有本事～"是"有什么能耐抹去"的意思。

崩脱　原来有裂开的意思。如:"一蹲下去裤子～。"后来引申到"吹了""失败"的意思。如:"生意谈～。""女朋友谈～了。"

做脱　原指一件事、一个工作做完的意思。如:"今朝个生活～。"后用在"干掉""杀死"上。如:"一定要拿伊～!"

十六、极　　言

上海人欢喜海阔天空,表达要夸张的事情,把话说说透,说得开心一点;即使遇到不高兴的事情,也不喜欢愁眉苦脸的,不妨用宽松的心态说说笑笑,对付过去,不伤脾胃。

比如人们常常要遇到倒霉的事,20世纪50年代以前的上海人都说**"霉头触到印度国"**,50年代以后都说**"霉头触到哈尔滨"**,都是强调霉头触到很远的地方,以说明倒霉的严重程度,似乎地方不远不能说畅倒霉感受的严重。21世纪的青年人,说得更远,**"霉头触到西伯利亚"**了。还有一个说法是**"倒了一百廿四个霉"**。如说:"我今朝真是晦气,碰着出老了,~!"以此来形容自己倒霉之极。如果一个人吃赔账,赔掉了好多钱,说**"赔账吃到南天门"**,极言吃了大赔账,也是霉倒得很远。上海人叫你滚得远点,可说:**"一脚滚到十六铺!"**又可说:**"一脚踢到西伯利亚!"**

相反,极言侥幸,则说**"额角头碰着天花板"**,那是上海人认为幸运时说的,就是说这个人"额角头高"。额高,就是运气好,那么高到"碰着天花板",就是运气好到顶了!反过来说,运气差到极点,就戏说**"额角头碰着棺材板"**了。

极言变速之快,上海人说:**"眼睛一霎,老母鸡变鸭。"**极言一个人精明到顶,说**"门槛精到九十六"**;叫人彻底放心,就说**"侬放一百廿四个心"**!如果要省心别管那些烦事了,就叫他**"省个一百省""省个一百廿四个省"**!

要把话说成"极言",怎么说方便些呢?使用数字来说得厉害过分最容易,因为数字是最具开放性的。于是一些熟语里就用了很大的数字来形容,所以熟语中的数字,都是表示很多的虚义,如"六十四""七十二""一百""一百廿四",不是实数,而是指多和厉害。

形容"到处都是、乱得很",说**"一天世界"**。如:"侬屋里个书摊得一天世界。""地浪向水划得一天世界。"嘲讽一个人老是炫耀自己的东西,说他**"卖样三千"**。指责对方胡说,说他**"乱话三千"**。

本来不用花那么多时间,而形容用的时间太多了,叫**"半半六十日"**。如:"侬进去拿样物事,我等了侬~。""侬扳我错头,讲了几句末好咪,勿要讲我讲了~!"指责某人过于刻板认真,说他做事体**"板板**

六十四"。"一幢房子里,**住了七十二家房客!**"就形容一座屋子中住的人家挤得不得了。哀叹见了鬼了,说**"碰着七十二只大头鬼"**!

上海话里,有的"极言"会用"反语"修辞方法反过来说。如:恨某个人脸皮很厚,不要脸,说**"侬个胡子最硬"**!怎么会碰到你这样的人?说**"碰得着个!""我孵生孵世认得侬!"**是发怒时说的话,意思是:我算被你耍了一次,我这辈子都看透你了。"路道粗"原来是说门路广、本事大、办法多。**"碰着侬算我路道粗!"**是说我本事太大了所以碰到你这样的人,所以也是一句反语,是算我倒大霉才碰到你的意思,是对于对方的行为无计可施时说的怒言。如:"喔唷!~!乃末,我只好吃煤(霉)球唻!"上海话在说**"触霉头"**的感受时,有好多表达法,从这里说到的几种表达法来看,都有些自嘲兼豁达心境在内。

十七、"勿"字头

上海话的"勿 fhek",就是普通话的"不",不过"不"是以双唇音"b[p]"为声母,而上海话中的"勿"是由齿唇音"fh[v]"开头的。吴语的否定词发齿唇咬合音为声母,汉语的其他方言都与之相异,所以,以此为特征,可以把吴语从汉语其他方言的分布地域中划出来。上海话历史来源的路线是"嘉兴→松江→上海",所以上海话的"勿"的声母与浙江方言一样是浊辅音声母。古代注音的方法用"反切法",反切的前字用其声母,后字用其韵母和声调。"勿"字的反切是"文弗切","弗"字的反切是"分勿切"。"分"的声母是[f],"文"的声母是[v]。因此上海话的否定词音为"勿",不是"弗"。

上海话的"勿",与普通话有一个不同之处,是形成了一个"勿"字为首的惯用语群体。"惯用语",即是该词结构定型,所用的不是字面上的意思,语义有所引申。"勿"字头惯用语语义抽象,概括力较强,所概括的均是那些涉及要否定的人类典型行为。

"勿"字头惯用语有大量三字组的。

第一种,指不好的行为给人的感受。如:

勿入调 行动、说话庸俗低级,不入正调的意思。如:"箇个人,正经事体勿做,弄弄就要～,忒勿像样了!"

勿作兴 不应该,道德上说不过去的意思。如:"侬要欺侮小人,叫小人上侬当,侬个行为是～个。"

勿入眼 看上去就不舒服的意思,或指事物让人不好受、不喜欢。如:"伊箇种吊儿郎当个腔调,一眼也看～。""箇爿店里个衣裳俉～来死。"

勿生势 没出息的意思。如:"箇个人做眼事体俉是小儿科来死个,～!"

第二种,指人们在交际中不愉快心情。如:

勿识货 不会分辨好坏。如:"脱伊个人末吃啥搭头个,伊是好心当做驴肝肺,～个。"

勿识头 表达倒霉、晦气的心情。如:"一个疏忽,拨伊敲着一记竹杠,今朝真是～!"此词还有不知好歹的意思。如:"箇个人真～,我帮伊也吃没用。"还有出气的意思。如:"丈夫外面混得勿好,回来拿我～。"

勿领盆 不买账的意思。如:"伊一直拑牢我,讲我勿脱大家配合,我倒～了,侬自家就配合过我哦!"第二个意思是,对对方的压力、威胁不服,不怕。如:"伊就是要去打我个官司,叫我坐监牢,我也～个!"还有不服输的意思。如:"侬讲伊个功课比我好,我倒～辣海。"

第三种,否定某事或行为。如:

勿作数 不算数的意思。如:"我刚刚讲个言话是随便讲讲个,听得来个,～个。"

勿来三 "勿来事";是不行的意思。如:"今朝要我帮侬搬家生,～!"

勿连牵 不像样的意思。如:"侬箇眼生活也做～,侬还有啥用场?"又有不连贯的意思,讲话结结巴巴的样子。如:"侬今朝要去脱老师讲:我礼拜五要请假一日,侬讲得连牵哦?——讲得连牵个!"第三个意思是不成,没办法。如:"我拼音也学～,哪能好去打电脑?""侬毛笔也捏～,哪能写得好毛笔字?"还有不入门的意思,如:"伊做生活做～。学生意末,学～,笨得要死!"

勿着落 没有得到安定的意思。如:"我看伊辣桩事体吭没告诉伊结果,伊心里总归～。""勿收场",没个底的意思。如:"辣条马路翻啊翻个,从年头到年末,翻～了!"

勿管账 不管,不理会的意思。如:"辣点事体,让伊去歇,阿拉～!"

勿见得 这个词已经进入普通话,意为不像你所说的、所认为的。如:"真是侬讲个人人侪老幸福?～!"还有不一定的意思。如:"今朝夜里伊～会来。"

第四种,指人的真实感觉。如:

勿适意 不仅仅是不舒服的意思,还可作为身体不好、生病了的委婉语。如:"伊～进医院了。"

勿活络 一种说身体某部位功能差了。如:"我手脚侪～了。"第二个意思引申而来,是人很死板的意思。如:"伊哪能一直顶紧仔撞,一点也～,连后路也勿留?"

勿爽气 勿爽快的意思。如:"今朝天真～。"也可说人不大方。如:"辣能介勒杀吊死,拨我眼钞票真～!"

勿称心 不满意的意思。如:"侬横～竖～,侬要哪能再称心?"也有身体不好的意思。如:"今朝我右眼～。"

勿舍得 宝贝、不肯割舍的意思。如:"心肝囡囡,姆妈～侬离开屋里。"也有不愿意、不肯的意思。如:"辣眼技术,我～拿出来为别人做。"

第五种,虚化的交际礼貌用语。如:

勿碍事 没事儿的意思;

勿要紧/勿搭界 都虚化为"没关系,没事儿"的意思。如:"我撞着侬一记,对勿起!——～个!"

勿好意思　"请问"的发语词。如:"～,大世界乘几号线去?"

勿睬侬　原是实的"不来理睬你"的直接反应,但是有时候说是"勿睬侬",实是喜欢你的意思,是女孩子的情感反语。

四字"勿"字头的成语也有不少。举几个常用的例。

勿着勿落　言语举动不合适没分寸。如:"侬个人,讲言话呒大呒小个,～。"又有虎头蛇尾,未完成的意思。如:"事体交拨伊做,一向是～,实在勿放心。"还有事情到未完成的状态。如:"辫桩事体做得～,叫我哪能好离开?"

勿大勿小　有大小上正好的意思。如:"房子买得～,够住了。"又有够大了的意思。如:"今朝侬祸闯得来～。"

勿尴勿尬　有不如意、不凑巧的意思。如:"电影票买得辰光～。"还有未完成、半当中停止的意思。如:"生活做得～,人调走了。"还有不上不下、左右为难的意思。如:"走到半当中,两头勿着落,～。"

勿二勿三　有不正经的意思。如:"侬好好叫,勿要～搭上来。"还有不伦不类,不正派。如:"伊衣裳穿得～。""侬讲言话再～,当心吃耳光!"

勿三勿四　不伦不类、不正派、不规范的意思,如:"小王写字写得～。"还有不像样的意思。如:"文章改来改去,改得～了。"这里不能用"勿二勿三"。

五字以上"勿"字头的熟语也有些值得谈谈。如:

勿是好路道　道儿不正的意思。

勿打勿相识　由冲突而认识,又结成友谊。

勿是生意经　有三个意思,都已脱出"生意经"了。一是决不能办到的意思。如:"侬想溜,～!"二是简直不像话的意思。如:"拨侬弄得一团糟,真～!"三是不妙的意思。如:"快点走,立辣此地,～!"

勿管三七廿一　指不顾一切。

还有一些语句,意思就比较明白。如:

勿怕勿长,只怕勿养。勿怕笨,只怕混。勿识相要吃辣货酱。勿是冤家勿碰头。勿是垃圾勿成堆。勿看经面看佛面。勿出麸皮勿出面。勿怕凶,独怕穷。勿怕勿识货,只怕货比货。勿怕身隔千里,就怕心差毫厘。

十八、同志、师傅、先生和朋友

此篇说说上海人碰面时自然的互相称呼。

上海话中的对面称呼似乎总是个问题。称他"老王"吧,他却不老,有人听了以为尊敬他,感到舒服;也有人认为自己还年轻,听了不是味。称他"小王"吧,他又不小了,有人听了觉得小看了他。

20世纪50年代时彼此称"同志",然而现在如果称一位小职工为"同志",他会感到不是滋味,于是反问道:"我又不是离休干部!"况且"同志"现在又有同性恋的嫌疑,不如称"朋友"来得亲热。不过叫"朋友"好像又不够正经,一个"老同志"去叫一个小青年"朋友",自觉颇失身份,青年中彼此相称才比较自然。而且现在从"老朋友"发展到称呼陌生人,"朋友"成了一般招呼词,马路上常有青年上前来问:"朋友,到外滩哪能走?"青年人大概爱交友,特别是那些侠义心肠尤为重的朋友们,彼此间常说:"朋友,侬帮帮忙好哦?"有时是正意,有时是反意,有时正意兼反意。

当"同志"趋于落伍之际,旧时的"先生"随着改革开放又开始复活。新潮一点的人在信封、贺年卡上已不再写"同志"而改写"先生"了,女的称"小姐"和"女士"。"小姐"多称于未婚者,"女士"一般称年长者;但有时已婚未婚并不知,有时从姓名上男士女士也分不出。"先生"因为原来用于称教师,颇显得庄重一点。在大学里,"老师"又有回复称"先生"之势,于是"先生"又成了多义词。对某位女士说"侬先生",是称呼对方的丈夫;自称"阿拉先生"如何如何,则近年来也已很通行,只是比较正式,不如"阿拉老头子"来得自然随意而已。至于反过来称对方女方,"女士"似乎只能用于书面语,"侬女士""阿拉女士"几未听闻,口语中只好再次启用"太太"。然而,对不知是否"已婚"的人又怎么称呼呢?加上"侬小姐"可称,"阿拉小姐"不可说,可见这套称呼并不完整。近年来有些人又把"妓女"也称为"小姐",因此也就不敢称人"小姐"了。所以现在对年轻女士最难叫。对已婚者,俗一点则"阿拉老公"和"侬老婆"对称,公婆背称,不亦戆乎!

总要有个一般的通称,比如在日本不论认不认得,是男是女,是尊是卑,统称"生",写作"样",这样使用起来方便得多。但是我们在普通话里找不到统称,上海话里也没有。于是工厂里对年长者的"师傅"之称扩大蔓延开来,对任何陌面相逢者,皆称"师傅",既尊敬又亲热。不过,这在工人、职员中比较通行,但知识分子、农民兄弟听了之后,总感到有些"怪里怪气"。在知识阶层里,现在上海也盛行彼此称呼"老师",如对某编辑、某记者、某主持节目者甚至一般的人,碰到咸称"某老师"。"老师"也太多了。

不同的职业,不同的年龄,不同的文化层次,不同的文化心态,对不同的称呼的感受是不同的,这就是称呼上的民俗。"同志"政味重,"师傅"工味足,"朋友"侠味浓,现在总的来说,"先生、小姐、太太"之称已从宾馆、特区卷土重来,人们又感到比较高雅斯文,于是夺冠之势已成。

现代汉语中礼貌用语比较贫乏,缺乏规范,大家都深有感受。有些人,碰碰说"规范化",就是应该规范的地方不去规范,不该规范的地方穷喊规范。比如说无意碰着了人家,或有意要请人家让个方便,都是说"对不起",而这在英语和日语中都有区分,是分别用两个词说的。英语中前者说"I'm sorry",后者说"excuse me"。日语中前者说"gomenasai",后者说"simimasen"。而汉语不分,用着就感不方便。对"谢谢"的回应,有说"不用谢",也有说"甭谢""不谢""不要谢""别谢"的。上海人还有"勿要紧""呒没关系""勿碍个""勿搭界""应该个应该个"。"应该个"即表示自己的服务是应该做的,但外地人可能会误作"应该谢的";"勿搭界",则好像要与对方划清界线一样;"不谢"是北京话,在南方人看来,似乎是对谢的行为的否定。同义词丰富是好的,但在这方面得确定一个标准用法。有的时候却又简单得不知说什么才好。如对一个比我大一点的女子叫什么才好,在信封上对一个不知性别的人写什么称呼好呢,真是不方便!再如近来又重新启用"夫人"一词,过去用"夫人"只是一个尊称,是称呼对方的老婆,现在也拿来称自己配偶了。自己老婆到底称什么好?"屋里的",太背时;"爱人",又太哆,像"情人";"太太",又嫌台湾腔;"家主婆"又太土;那么规矩点就只能称"我的夫人"了,随便时就叫"阿拉老太婆",反之叫"阿拉老头子"。没有适宜的称呼,真是无可奈何。古代汉语里有很系统的一套礼貌用语,有段时期,我们好像不太注意礼貌,老的一套被判为封建什么的淘汰了,重新启用可也不那么容易,于是大家就直呼其名吧,或者一律平等"同志"来"同志"去的,倒也简便。现在到了21世纪,是更讲究文明的时代,也到了"健全"日常礼貌用语的时候了!

十九、特色人

上海话中,对各种有特别性格或特色行为的人,概括地取了一种"雅称",这种"雅称",十分生动形象,把一种性格特征或习惯习气浓缩在一个名词中,一说起这个名称,这种类型的人似乎活龙活现地出现在人们眼前了。

第一种是对有某种不良习惯的人取的"雅名"。如:

夜神仙 指那些晚上精神特别好、不想早睡的人。是比较客气中性的称呼。

摸夜乌龟 称的是晚上或老是在晚上工作或干杂事做得很晚的人。这个称呼戏谑味重一点。

烂屁股 指那种到别人家去闲谈,一旦坐下来以后就不愿离开的客人。有时在晚上到人家里去,主人想休息了,发出"翎子",他也不接,还是坐在沙发上兴致勃勃"茄山河",主人又不能赶他走。

王伯伯　戏称经常把事情忘记的人,也指没有责任心的人,人家托他办的事,他会忘记得精光。上海话中"王"与"忘"的文读音同音,评弹说书中多用文读音,以此形成这个常用的戏称。

泥菩萨　喻托之无效、自身难保的人。

烦老太婆　称说话不断、颠来倒去说个没完的人。原来是指那些常见的年老的老太婆,往往言多收不住,后来引申到批评话多令人厌烦的人。

缠夹二先生　讥称纠缠不清的人,时常把事情搞错还要坚持与对方纠缠,使得对方对他很讨厌。

老妖怪　讥讽年纪已老、涂脂抹粉过分、举止风骚的女人。

铁公鸡　其特征是一毛不拔,喻十分吝啬的人。

洞里老虎　比喻只会在家厉害,在外却十分无用的人。

拔脚猫　喻坐不住、站不定的人。

十三点　说话或行动轻浮痴傻的人;又意为说话、行事无分寸,不自重。

浆糊兄　指糊里糊涂,只是混混的人。

浆糊师　指遇事善于搅和蒙混的人,或指有协调各种关系能力的人。

浆糊桶　可称处事圆滑,能说会道者;也指稀里糊涂的人,做事、过日子惯于混混的人。

第二种是对有某种特殊外貌的人的"雅称"。

四眼/九梁　都戏称戴眼镜的人。前者是久有的称呼,后者是新起的称呼,用于年轻人。

长脚鹭鸶　喻称腿长高瘦者。

电线木头　也形容人瘦长。

崇明芦黍　也比喻高而瘦的人,因崇明岛上盛产长芦黍。

小萝卜头　戏称身材矮小可爱的人。

干瘪枣子　称人脸又瘦又多皱纹。

开眼乌龟　称眼睛睁得很大的家伙,旧时还指听任妻子与他人发生性关系的人。

大頼厮 体胖、个子大却干不了力气活的人。

第三种是指性格、习惯有缺陷的人。如：

缩货 称胆小遇事退缩的人。

软脚蟹 喻软弱无能的人。乖人，聪明、会看风使舵、会说话的人。

杨树头 喻人总是主意不定，东倒西歪，东风西倒，西风东倒。

半吊子 指骑墙派，忽东忽西无定见。

钝汉 称做事迟钝的人。

木头 如木头一块，什么都不会做的人。

老油条 历事多或阅世久，但做事马虎、推拨不动、不听劝诫、不理责骂的人。

吵客 指爱吵闹的人。经常发出喧哗声的人。

粗坯料子 喻素质很差的人。

烂泥菩萨 一是喻自身难保的人，一是指没有反应的人。

小乖人 会处世、不得罪人的人。

第四种是指称某种性格或爱好的人。如：

小妖怪 打扮得花枝招展的年轻女孩。

养刁囡 被父母溺爱娇惯的女儿。

桂花小姐 娇嫩脆弱、碰不得、会生病的姑娘。

小老茄 是指年纪小但要充当内行、什么都自以为懂得的人。

定头货 原是指适合于定制客人之用的货物，比普通货物价稍贵。常喻性情比常人有些异样的人物，特指那些勇猛的人、厉害的人或脾气倔强难以对付的人。

电喇叭 说话很大声的人。

活宝 一是指讨债鬼，一是指被捧得很高的人，还有一种是指搞笑的人。

第五种是称有某种不良行径或坏作派的人。如：

雌老虎 喻指蛮悍的家婆。

尖嘴活狲　指骂长嘴烂舌的人。

尖嘴姑娘　指长舌妇,说话尖刻、不肯让人的姑娘。

长舌头　指经常搬弄是非非议别人的人。

挢客　经常从中作梗、破坏他人好事的人。

茄钩　原指扑克牌中的J牌,多喻指搬弄是非,说尽坏话来达到损人利己、影响他人实现成功目的的人。

脱底棺材　称吃光用光的人,又指无论什么话都说得出、无论什么事都做得出没有底线的人。

油煎活狲　喻身材瘦小、油头滑脑的人。

轻骨头　喻卖弄风骚或不稳重的人。

贱骨头　骂为人很贱的人。

小刁码子　通常指刁钻阴险、会用心计者,又指吝啬的人。

花花公子　称不务正业、喜欢吃喝玩乐的青年男子。

阿飞　称身穿奇装异服、举止轻佻的青少年。

马浪荡　指游手好闲、不务正业的人。

黄牛　指倒卖物资或车票、门票等的人;又指说谎,不负责任,油滑或有类似行为的人。

跟屁虫　老是跟在别人后面的人,或指无自己主意、人云亦云的人。

老甲鱼　骂年老而精明过分的人,犹言"老王八"。

人精　贬义称聪明过度的人。

老刮铲　称吝啬鬼,或净占别人便宜者。

电老虫　指长期偷电者。

蜡烛　喻不知好歹、不识抬举的人。

好货色　品质不好的人。

第六种指有某种作风气派的人。如:

顶头货　指顶着干而不怕的人。

硬出头　不怕风险、敢于出头的人。

双料头货色　喻力气很大的人,特别勇猛的人,身体坚实的人。

老娘舅　起自一个大家庭里有矛盾往往去请大舅舅出面调解比

较公正易服,后扩指热心调解人。

阿德哥　对易被愚弄的人的戏称。

此外,还有一些有意思的称呼。如:

噁头　指呆子,傻瓜。

书噁头　是书呆子。

洋盘　称不内行、不识货、对事物缺乏经验的人。

出气筒　比喻无故受气的人。

柴草人　原指用稻草扎起的人形,为了赶走田里的麻雀用的;常喻指多病或一击就垮的、无用的人。

垫刀头　指替死鬼,代他人受过或承担责任的人。

老手　指内行和老资格者。

吭搭头　指不可交往、不可理喻的人。

现世报　一指会受报应的人,一指不害臊的人,一指不成材、不学好的孩子。

21世纪以来,在青年中又产生一些新词语。如:

爱神　指爱发神经的人。

小白　白痴。

小花　花痴。

小笼包　指装可爱的人。

倦人　整天不知道自己要干什么,或一天到晚无所事事的人。

奥特曼　落伍的人,落后于潮流的人,形象姿态也傻。

中外合资　指混血儿。

方便面　容易泡的女子。

第四者　指那种在男女关系上比恋人关系疏远一点,又比朋友关系密切一点的人。

劈腿　男女朋友中有一方有第三者的人。脚踏两条船,指同时与两个异性交往的人。

绝代佳人　原指旷世美人,戏称结婚后不要孩子的自由女性。

少女系男生　长得比较女性化的男生。

二手货 称谈过恋爱的人。
原始股 喻从未谈过恋爱的纯情男孩。
粢饭糕 又痴又烦又搞的年轻女孩。
本草纲目 又笨又吵又戆又木的人,这两个都是谐音戏称。

二十、挨腔挨调

现在电视里的广告声,多数是在说辞上比花巧,但是因为时间就是金钱,所以说得很快;过去我们听的弄堂广告,是用方言叫的,更像小调,都有自己的特色腔调,舒缓地吆喝,挨腔挨调,悠悠扬扬,令人入神。这种广告是做小生意的人自己吆喊出来的,那就是沿街走巷的叫卖声。我们也学会许多,有时候在下课的时候也会一起挨腔挨调地,一个个挨下来唱下去,然后哈哈大笑。

当年我们住在弄堂里,从早到夜,都常会听到弄堂里的叫卖声,这是一种特别的风情。在下午才打过瞌睡将醒未醒之际,远远地传来了一声声悦耳的叫声,慢慢地,慢慢地,伴随着阳光、绿荫,从旁边的弄堂一点点传近,像是在听轻音乐的开头,直到像是走近了,我们就会一记头跳起身来,从窗口望出去,怕声音又要走远;在宁静的夜晚,忽然传来小吃的叫卖声,我们这些馋痨坯就开始馋唾水渧渧渧,关掉了正在听的小夜曲或评弹,敦促家长"买点夜点心来吃吃吧"。

最有劲的,是小吃的广告。伴随着**"栀子花白兰花"**叫声带来的香气,**"桂花赤豆汤,白糖莲心粥"**的叫唤特别好听,那么糯的吴音,价钱却是十分低廉的,不像现在有的小吃店,一进去就面临"斩一刀",一点点小东西,就贵得倒了胃口。

早在20世纪二三十年代,各种小吃就争相呼吆,本地人卖**"擂沙圆、糖粥、熏肠肚子"**,苏州人卖**"甘草梅子、盐金花菜、小虾米豆腐干"**,广东人买**"鱼生粥、云吞面"**,宁波人买**"鸭膀鸭舌头"**,苏北人卖**"氽光嫩地栗、麻油馓子"**……当夜色笼罩春申之时,弄堂里的小吃呼卖声便在微微风毛毛雨中荡漾开来,几十年不变,一直到五六十年代还是:**"桂花赤豆汤""白糖莲心粥""五香酱牛肉""荫凉绿豆糕""香炒热白果,香时香来糯是糯"**……余音袅袅,回味无穷。白天也常来:**"臭豆腐干""豆腐花""排骨年糕""棉花糖""三北盐炒豆""甘草梅子黄连头""盐金花菜芥辣菜""檀香橄榄卖橄榄""香脆饼苔条饼""火腿粽子""猪油豆沙八宝饭""爆炒米花""卖沙角菱""包开西瓜""光明牌老牌棒冰"**,形形色色,各有各的腔调。

凡是里弄居家百姓需要的,都有服务到家。棕绷坏了,就有**"修棕绷"**的叫声;菜刀钝了,就有**"削刀磨剪刀"**的叫声;外国人也来轧一脚,他们有电动的磨刀器,自己叫着**"外国人磨剪刀"**;洋伞经常要坏,就有十分规范一致的好听的叫声:**"修洋伞"**!记得当年在上海《青年报》时,看到有一幅漫画,画着教室里一个历史老师在问一个站起来的学生:"伯夷死在哪里?"学生妄然不知,然而窗外传来"修洋伞!"的叫声,学生马上回答出来:"首阳山。"

还有**"箍桶哎""补碗啊"**,以及旧物收购的:**"旧货会""洋瓶碎玻璃调自来火""收鸡毛""收纸锭灰"**等足见上海人"扳节头过日脚"的节俭生活,不像现在钱多了,电视机、音响坏了,抬出去"一掼头"。

这些叫卖的,实在也是做点小小生意,但是他们要练就一副好脚板,尤其是一些年老的,我想他们可能"历经沧桑""风吹雨打",他们也都能凭诚实和勤劳吃饭,凭小手艺吃饭。有相当一部分人是从上海周围农村中来的,有的是江浙一带的农民。这些人来自的地方不能算国内很贫困的地方,他们是为了追寻更好的生活或发展来上海的。

在上海高速发展的年代,大批人闯入上海,不论是富至大资本家、洋行买办,还是在上海开卖开水的老虎灶的、开剃头店的、摆小书摊的、挑担卖柴爿馄饨的、串卖摆摊头的以至弄堂叫卖的穷人,虽贫富差异悬殊,但只要是有事做,做得得法,在上海都能过着比自己过去好一点的生活,而且渴望着比当前更好一点的发展前途。多数人不想放弃上海,他们对回乡都很不情愿,对大城市都很留恋。回忆起他们在上海的生活,好像都是一段黄金期,引以为自豪地与问起他的人说着,自己苦苦学生意的岁月,好像都是自己的宝贵财富。有的人指指门前的房屋,对我说,这就是她在上海做佣人赚的钱寄到家乡造的。包括1962年为解决国家困难自愿报名回家乡的"回乡职工"在内,似乎没有一个人说他在上海的那段经历比在家乡差,工作比在家乡辛苦。

是上海这个大城市或多或少地改变了他们的贫困,也给他们带来丰富的精神生活和希望,所以他们不想回去,这就是这个都市的魅力所在!

当然,20世纪80年代以后上海农村、江南农村都发生了巨大变化,生活工作都不能跟过去同日而语了。此是后话。

直到现在,我一听到偶尔有到弄堂来的挨腔挨调的叫卖声,还会很激动,还会伸出头颈去看,仍然是挨腔挨调,虽然不如以前的那么好听了。

二十一、潞潞渧

上海话中有一个既拟声又拟态的词,叫**"潞潞渧"**,它可以组合在以下的一些短语里:"穷得潞潞渧""**湿得潞潞渧**""**漏得潞潞渧**""汗出得潞潞渧""眼泪水潞潞渧"。

这些话用到解放前的杨浦区、普陀区的工厂区描写工人的生活最合适。沪剧有个《星星之火》,说乡下黄毛丫头小珍子被包工头庄老四诱骗到日本纱厂去做"包身工",受尽东洋领班和庄老四的压榨,三年不给分文,母女不准相见。高墙这一边唱:"盼星星,盼月亮,左盼右盼想亲娘。老板当我像牛马样,赶快救我出火坑。"高墙的那一边,妈妈唱:"娘想你日升东来月落西,娘想你睁开眼睛到天亮!"你想苦不苦?**"眼泪水潞潞渧"**!

苦头还在后面呢!日寇发动"一·二八",万千百姓遭灾殃。闸北区被打得是一片焦土,到处是荒凉。这个时候的上海底层工人,真是雪上加霜。

日脚怎样过?"**穷得滴滴渧**"。每趟听到厂里的仪仗队敲起鼓,迎接什么贵客嘉宾,工人们在耳里听到的声音不知为什么,总是"穷滴滴渧,穷滴滴渧,穷得滴滴渧"!工薪低得日不敷出,一家几口难以度日,小三子只好把一个孩子送给了别人家。

家里住的是芦席棚,成天见不到太阳,一到黄梅天,地上"**湿得滴滴渧**",一到台风起,大水涌进来,地上都是水,"一天世界""湿得滴滴渧"。"滴滴渧"也得过,划着大水出去,居然青菜都涨了价,只好拾点"菜瓣皮"回来,煤煤烂糊面。

夏天雷阵雨,一次大雨落下来,屋顶就"**漏得滴滴渧**",面盆、脚盆统统被拿来盛水,到半夜睡觉醒来,发觉床上又被漏水滴着,"湿得滴滴渧"。"滴滴渧"也得熬过去,只是想自己房子还没有像对面那家,被风刮坏一只角,已经属于上上大吉。

但是每天还得去厂里上班,每天做工苦得没商量,浑身的"**汗水出得滴滴渧**"。对面看过去,你也汗出得滴滴渧,他也汗出得滴滴渧,大家都是半斤八两。小三子想,自己也没特别受气,好在自己是好汉一条,小时候练就的,身体还有点本钱。不要像对面那位老兄患了肺病,还要像我一样拼命,这才叫"真生活(真够受的)"!

终于也有一天,小三子也病倒了,一病二十天,孩子大哭小叫,不做工就拿不到薪俸。这种日子,真是难过,想来想去,"**眼泪水滴滴渧**"!

好在老婆还可在外面帮人拼命洗衣服,卖废品,皇天饿不死手俭人。待到一场毛病生好,人又瘦了一壳,想想以后身体已经没有本钱再生病了,千万要注意。去见老板,老板看小三子这么瘦,说算了算了,不扣你的工钱了。到底是自己人开的工厂,小是小点,不像隔壁的鬼子厂那般野蛮。大家还是为中国的强大在做工人,我差一点"眼泪水滴滴渧"。

小三子又亲眼看到中国好汉同仇敌忾,十九路军拼死抵抗日军,这种情景,百年不得一遇,中国人到底有志气,感动得"眼泪水滴滴渧"!

后来，厂里一位好朋友一天晚上到小三子家来玩，劝他去苏北参加新四军，老婆由他们介绍进厂工作，孩子代为关心照顾。小三子就跟着去了。等到他再踏进上海，老婆已经是厂里新改选的工会妇女委员了。

小三子想，要是当时"小珍子"没有死，也许她50年代在纱厂里就是"生产组长"或是"车间主任""劳动模范"了呢。

二十二、小 儿 科

"小儿科"，原来是医院中专治小囡毛病的一个分科。上海开埠后，西医最早于上海登陆，"小儿科"这个词，是19世纪末随西医的各种科名从日本引进的一个形译词。挂小儿科的号，看的都是小孩伤风感冒、扁桃腺发炎或肚子泻等几种常发病，因为小孩一般不会生大毛病，在有些人看起来，判断病源和开出药方甚为简单方便，就有点看不起小儿科。其实，"小儿"都是祖国的蓓蕾花朵，加上如今许多"独生子女"，是推扳不起的。

大概从20世纪40年代开始，上海人脑筋一转，在"小儿"和"小儿科"上大做文章，便将"小儿科"用比喻方法引申开来，把唯小孩才做的幼稚可笑的事，都称作"小儿科"，比如说："辩种事体～来死，阿拉是勿做个！"

进而，大家再把极容易做的事，极容易办到的事，都称作"小儿科"。如："侬是老作家，写篇小特写对侬来讲，真是～啦！帮阿拉写一篇吧。"

"小儿科"一度成为在上海流传很广泛的常用习惯语。

"小儿科"常常用于对比着说事，与大的、难的事相比，一些次等的事便成了"小儿科"。网上某人写感想："最近，第100遍重读《水浒全传》，越看越有味道，岂止是名著，简直是奇书。这个施耐庵太伟大了。这个施耐庵对宇宙人生看得如此之全，如此之透，视野如此之高,偶像啊,五体投地那种。如果《水浒全传》能够读透,那什么管理啊,领导啊,销售啊,权谋啊,创业啊,作文啊,培训啊,什么的,统统都是～了!"说得也太夸张了。

连头脑里的想法和做法很幼稚或很不合流,也成了"小儿科"。如:"大家勿要怕我,我常常有一大堆～问题:蜻蜓为啥要'点水'?虾蟹为啥会变色?鱼为啥不'闭目'?寄居蟹为啥要寄居住在螺蛳壳里?……"

"路太远,天太热,大家侪勿赞成去,侬一个人硬撑要去,--哦?"

价值小的、无价值的、不起眼、不值得重视的事物和东西,也统统成了"小儿科"。如:"侬看,阿拉商场已经'起蓬头'了!买点日用小商品,对阿拉来讲,不过是～罢了。""侬老是去买一只只杯子来,又呒没啥艺术价值,～哦?""侬犯了个～的错误,算不了大事体!"

从水准上看,那些水平低的,近似幼稚的作为,也都算"小儿科"。如:"还文科大学生一个,我看侬写出来个字啊,真正～!""介大个人还要白相碰碰车,～哦?"

功能差,也是"小儿科"。如:"看看人家那个手机像素高,拍出个照片多少清晰,侬迭只,～!"

轻视它、鄙视它,也叫它"小儿科"。现在上海不少青年对"营业员""饭店服务生"等一大批行业,都不屑一顾地看不起:"挼种～个地方,我是绝对勿会去做个!""股市里挂虚单压股价,暗中吸货,～把戏!"这里已经是用于对某种行为的贬低、深恶痛绝的谴责。

"小意思"也是"小儿科"。如:"拿出挼点钞票对伊来讲是～!""今朝伊来,只送我两张CD,～!"

"小动作"也叫"小儿科"。如:"侬光明正大点好哦?勿要搞～!"

不雅不好的习惯,也可称"小儿科"。如:"介大个人,还要咬手指头,～哦!"

吝啬,也叫"小儿科"。如:"侬看,伊请客请到挼种幺二三角落头来了,～哦!现世哦!"小家子气的,被人看不上,也是小儿科。如:"过年过节个,送挼眼眼物事去,也忒～了吧!""侬有勿有发现会所个游泳池忒～?尺寸实在勿敢恭维,简直是一只泡浴缸。可以想象以后人头攒动、佘饺子个形象。忒～了，一点也呒没大家风范。"

"不上路"的事情，也成为小儿科。如："做事体第一要紧是通情达理，对人要够朋友讲义气，侬㓁种弄松人，踏辣别人头浪爬上去个行为，～哦！"

小儿科的人，就叫他"小儿科"。如："历史系里的教授，张凡～。"

"小儿科"的这些用法，因其生动性早已从上海走俏全国各地，现在"小儿科"的含义还在不断膨胀，成了一个越用越新鲜、越用越有活力的词语了。

抽象起来用，很下三滥的，比如用太低劣的手段骗人的做法，也称作一种"小儿科"；对别人不满的那些做法，斥之为"小儿科"。比如有人愤怒地披露，南方某地经济电台节目，主持人出了一条连小学生都很容易猜出来的谜语，进行有奖竞猜，然后找一群托儿不停地回答错误答案累积奖金，主持人不停地怂恿听众拨打手机，2元一次，打电话去抢奖金。你不停地拨打只是不停地被骗走更多的话费！"千万别相信回答对一题小学生都能答出来的题目就会有高额的奖金！也请咱们的经济电台不要再播这种'～'的节目了！"

鄙视他，恨他不上路，做事不上台面，也称"小儿科"。如："阿拉商量好个，先订计划，然后分头行动。事体还呒没开始，侬一个人跑得无影无踪，临走还勿告大家讲一声。大家一道凑起来个钞票，合作办事体，要有章法，互相照应。侬讲侬'～'哦？""以后注意，以后注意。"

太没劲了，太引不起刺激冲动的小话题，也是"小儿科"。如："初吻？太～了，我们谈谈初夜吧。嘻嘻……"

"很简单"，干脆说是"小儿科"。如："我出几道'～'自然题，大家来做做。注意，都是在上海出现的现象！为什么'春东风，雨太公'？为什么'久晴大雾必阴，久雨大雾必晴'？为什么'日出一点红，不落雨便刮风'？为什么'早霞雨淋淋，晚霞晒煞人'？……"

世界事物错综复杂，对于有人来说是"小儿科"的问题，对另外一些人来说可能是"大儿科"。比如说，某人很谦虚，把难题说成小儿科,不耻下问求解。如:"我问的都是～的问题,但我实在是不明白。"如此"小儿科"有时看起来是一个貌似可爱的词语,所以虽然是一个贬义词,也常常被用来形容自己。

弄到后来,只要脑子一时疏忽、一闪念稍不注意,便成了"小儿科"!

母亲见女儿一回家,就拿出她刚才给她买到的一套"法国兰蔻"来显宝,女儿打开盒子,一看瓶下印的字母有个掉了色,就一口咬定是"大卡"。母亲只好把在"某某百货"旁边街上的小摊位上买到了这套来路不明的便宜货的事告诉了女儿。当时包里钱不够,那人还非常热情一口说定可以送货上门。女儿想想,啊呀呀妈妈又上了当!她对母亲说:"这种涂在脸上皮肤上的化妆品,你不到正规的商店里去买,而去小摊头上揭便宜买冒牌货,辩个事体做得～哦?几千元一套的'兰蔻'伊只卖 400 元,侬不想一想,也不打开盖子来看看真假,侬～哦?让人上门来送货,陌陌生生的人来侬去开门,人家拔出刀来侬怎么办?侬～哦?"女儿连珠炮的"小儿科"使母亲大为扫兴,不过再想想女儿的话说得也在理,统统吃进。后来再想了一想,又对女儿说:"把瓶子在台子上平平彭彭乱丢乱掼,面孔末涨得通通红,哗啦哗啦叫得邻舍隔壁都听见,侬～哦?"

世界上的复杂难题也实在太多,对比下来"小儿科"也就太多了,况且有的人眼光也贼高明贼尖锐,所以看起来到处都是"小儿科"!

二十三、煞　　根

想到"煞根",就是痛快淋漓!**"煞"**这个词,就有"干脆、厉害"之义,"煞"是程度极高,高到了"底"。**"煞辣""煞煞辣辣"**,就是"泼辣、利落、干脆","煞"可以到**"煞死"**的地步。如:"侬勿要～个吃酒,要吃坏脱咪!"那就是"没个完"了,比如"做煞死"就是"做个没完",一个劲儿地去做;"恨煞死",就是一味地"恨到极点"。所以"煞"跟极点有关。"**煞痒**"就是"过瘾",即"煞"到极点,就把"痒"煞光了,舒服了。"**煞馋**"就是把馋也解了。"**煞口**"呢,"竭尽全力,拼死地"。如:"今朝我海鲜～吃。""煞"到最后一口,也是"煞口":"老酒吃饱要吃眼饭煞～"。"**煞脚跟头**",就是临到最后时刻或地点。如:"早点勿来,～要来寻我了。"轮到"煞根"这词,就是一直"煞"到"根"了。一样东西追索到"根",总是追到了底。所以"煞"在头上、中部,都不够过瘾,"煞"到根底,就不是一般的适意、好过和满意,而是"彻底痛快""彻底刺激""最大满足""厉害到底",太好了,太尽兴了。

一夜天,看十集连续电视剧,"煞根"!一个下午连看两部"大片","煞根"!再如:"一天坐格子间,坐 10 个钟头下来,还要两天一次去充电补课,夜里觉也睏勿～!""耷把浴汰得～哦?""勿～,要到浴室大汤里去泡再～!""今朝耷只游泳池大,水清爽,侬游得终～唻?""喔——哼,有啥好?要到海滩浪去游泳真正～!""耷趑侬孵辣空调间里天天看奥运,看得终～了?""啊——呀,要到北京鸟巢里去看末再～!"

上海曾被人称为"花花世界",就是说,样样东西都可以看"煞根"。1868 年英国传教士艾约瑟著的《上海方言口语语法》中,就有一句例句,说:"人住勒拉花花世界,大有福气拉!"在家庭影院室里看碟片煞根,到电影院去看大片煞根,各人都可以找到自己感到的"煞根"的地方去"煞根"。

欲问我在上海看什么最煞根,我毫不犹豫地对他说:看上海的各色"洋房"最煞根!也许世界建筑史上的房屋在 20 世纪上半叶最精彩最精雕细刻,恰恰这段时期的万国建筑风格都在上海留下了永久的实迹。仿古典式的,欧洲乡村别墅式的,西班牙式的,美国殖民式的,现代式的,混合式的,样样式式,都是历史风情画卷。

小学四年级时有幸到上海市少年宫去,那是原来的"**嘉道理住宅**",这么精神的一座"大理石大厦",内部装饰都仿照 18 世纪欧洲皇宫的式样,底层有可容纳 800 人的跳舞大厅,我们就在里面跳集体舞,墙面金箔装贴,抬头望去,房顶饰以花纹各异的石膏图案,当时就迷住了我,让我眼界大开,就想今后我的房顶上也要装上这种石膏图案。

后来去了长宁区少年宫,就是**"王伯群住宅"**,一幢英国哥特复兴式花园住宅,局部立面带有西班牙式特色,厅里还有彩绘和壁画,当时当然都不知道底细,只感到像是我童话书上看到的最美丽的城堡,在楼梯上我转上转下兴奋不已。

1962年高中时有一个好机会,共青团上海市委约我去写一个长篇报道,走进了那神话般的**"马勒公寓"**。到了这座典型的挪威建筑风格的花园洋房门口,我仿佛到了外国,眼前的房子就像安徒生笔下白雪公主住的房子,尤其是房顶上的高低不同的高尖陡直的屋顶,有精细的雕塑装饰物,佩服佩服。走楼梯一直上去,眼睛应接不暇的是精雕的美丽图案,彩色玻璃。连那天在工作人员饭厅吃饭,都是看得入神,令人留恋,不知吃了些什么。

后来读大学时有个机会去了上海市作协所在的**"爱神花园"**,那是1930年刘吉生兄弟建造的花园洋房,花园里喷水池上当年从意大利运来的美女雕塑,优雅柔美,幸好到现在都保留完整。还有华丽的大型水晶吊灯,气势宏伟的罗马圆柱,到现在历经90年的沧桑,依然不失旧时的风采。

现在百姓眼福好了,有的时候,上海洋房开放给游客参观,我仿佛赶去看西洋镜看花花世界一般,每次都有一些新的发现,感到眼前一亮。这次看了"东平路9号"这座法式花园洋房,就是蒋介石十分喜欢的宋美龄的结婚用房**"爱庐"**,一座主楼两座副楼,洋洋大观,菱形平板瓦坡屋顶,墙壁是水刷细卵石,自然别致,现在是上海音乐学院附中用地。

更使我震惊的是1997年揭开面纱的封存了43年、建造至今85年的原**"汇丰银行"**大厅的马赛克八角厅,那四周"世纪壁画"里八大城市的当年风貌,和源自《周易》八卦的面向世界的构思,八角穹顶上的"黄道十二宫",使我看到了什么是大气,什么是设计构思的精致巧妙以及真正的中西合璧。

这些建筑,把我看**"煞根"**了!

二十四、丰富的单音动词

上海话中,表示动作的常用动词,区分动作清晰细腻,不同的动作用不同的单音动词表达。比如普通话的"挑"表示"挑担子"和"挑东西"两个意思,而上海话中分别用两个动词表示:"挑担""拣物事";上海话用动词"穿"表示"穿马路",用"着 zak"表示"着衣裳",而普通话中两种意思只用"穿"一个词表示;"找人"上海话说"寻人","找"是在"找零钱"的动作中用;上海话里"靠"用于"挨近"的意思,如"船靠岸""靠墙壁走",而"靠到某个东西上去"是用"隑 ghe"的,如"隑沙发""隑牌头";上海话中"削甘蔗""削铅笔"用"削",那是用力直削下去,而转圈式地削除苹果皮,叫"榘'qi 苹果皮",又如"榘地栗";还有"放在桌上"称"摆辣台子浪","放生""放出去"中的"放",是解除约束的意思;上海话中"领"用于"领大家走","领"的是人,而"带"用于"带好证件","带"的是动物或东西,而普通话都用"带"说;上海话"更换"称"换",如"换衣裳","对换、替换"称"调",如"调位置""调房子",普通话中两个用法都用"换"这一个动词;"鸟""狗"用"叫","人"用"喊";"气"用"吸","水"用"嗍 sok";"离地移动"用"搬","不离地移动"用"捅 tong"。这些都是语义细分的地方。不过,由于受普通话和北方话的影响,上海话有的词现在有时候也能用普通话的形式说了。

牛奶煮沸后的溢出,称"潽'pu 出来",而阴沟水没了洄溢,称"瀩 dhoe 出来",是"溢"出的形式不同,一是液体向杯子的四周喷洒,一是水转圈地满出,普通话都说"溢",怎样方式的满溢,很难用短语表达。"捱到夜里"用"捱 nga","拖地板"用"拖","依挨到后面去"用"挨'a",普通话把"捱"作为"挨"的异体字取消了,但是在古汉语和吴语里,这两个字读音不同,吴语现今用法也不同。如"捱"是拖延时间的意思:"今朝个事体～到明朝做。""挨"是轮到的意思:"排队排到现在,～到我买票了。"普通话的"挤"就是上海话说的"轧 ghak",但"轧"得很上海,像马多的地方,各种马都有个名词那般,上海话中表达"挤"含义的词分得较细,笼统的一般的"挤"称"轧";如果是要碰到、擦别人挤进去,是说"掆 ghan 进去";如果要硬插进去,是说"扎 gha 进去"。如:"前面轧得勿得了,我是硬劲扎进去看着个。"还有从小洞中挤出来,如"挤奶""挤牙膏"的"挤",上海话说"梭 'zen":"牙膏～勿出来了。"

古汉语、近代汉语中曾经用过的许多单音动词,在普通话、北方话过去用过,记在古汉语的辞书里,现今失传不用了,在上海话中还在使用,我们可以把上海话的音义与古汉语的音义完全对应,而从宋朝编的《广韵》《集韵》等书中找出正确写法的汉字,这在方言学上叫做"考本字",下面一些词都是考出的本字。

囥 kang　藏。见于《集韵》去声宕韵口浪切:"囥,藏也。"

汏 dha　洗。见于《玉篇》卷第十九水部徒益切:"汏,洗也。"

隑 ghe　靠。见于《集韵》去声代韵巨代切:"隑,《博雅》:陭也。"

皵 qiak　皮肤、指甲、木头等裂开,翘起一丝,见于《广韵》入声药韵七雀切:"皵,皮皵,《尔雅》云:皵,谓木皮甲错。"

掆 be　脚被"绊住"而摔跤。此字见于《集韵》去声谏韵博幻切:"绊也"。

𠁡 pak　分开、叉开:拿只西瓜～开来|两只脚～开。此字见于《广韵》入声麦韵博厄切:"分𠁡"。

剓 'pi　割去一层:～脱一层草。此字见于《广韵》平声齐韵匹迷切:"剓斫"。

迸 ban　裂开:迸坼。此字见于《广韵》去声去声诤韵比诤切:"散也"。

䀣 'pi　用刀平切剖肉。见于《广韵》平声支韵敷羁切:"开肉"。

鐴 bhi　把刀在缸沿、皮布上略磨:～自来火。此字见于《集韵》去声霁韵蒲计切:"治刀使利"。

潎 pik　用勺子舀去浮在液面的东西。此字见于《广韵》薛韵芳灭切："漂潎"。

迗 bhoe　躲藏。此字见于《集韵》换韵薄半切："去也""去，藏也"。

渳 'mi　小口少量喝酒。此字见于《广韵》纸韵绵婢切："说文，饮也"。

寐 'mi　小睡。此字见于《广韵》纸韵文彼切："熟寐也"。

渧 di　液体滴下。此字见于《广韵》去声霁韵都计切："埤苍云，渧，漉也。"

濎 din　沉淀（濎脚）。此字见于《集韵》上声迥韵都挺切："濎泞水貌。"

涿 dok　在雨中淋：大雨～了我一身。此字见于《集韵》入声屋韵都木切："流下滴"。

敨 tou　表示展开，抖搂（开报纸）。见于《集韵》上声有韵他口切："展也"。

搨 tak　涂、抹（墙壁上乱搨）。此字见于《集韵》入声合韵诧合切："冒也，一曰摹也"。

搏 dhoe　揉：搏纸头。此字见于《广韵》平声桓韵度官切："说文，圜也"。

溧 li　让带水物自行滴干。此字见于《集韵》入声术韵劣戌切："去滓汁曰"。

眼 lang　晾。见于《集韵》去声宕韵郎宕切："暴也"。

嗍 sok　吮吸：～螺蛳肉。～汽水。见于《集韵》入声觉韵色角切："说文吮也"。

稵 shou　积聚：～水｜～钞票。见于《集韵》上声有韵士久切："聚也"。

䩉 'qi　削皮：～生梨皮｜～脚。见于《广韵》平声盐韵七廉切："削皮"。

揵 jhi　手举起。见于《集韵》平声仙韵渠焉切："举"。

皷 kok　东西干后中间凸起：墙壁石灰～起来。见于《广韵》入声觉韵苦角切:"皮干"。

搚 kak　卡住:~头颈。见于《广韵》陌韵苦格切:"手把著也。"

闄 yao　从中间折下隔开:纸头一~两。|起来以后被头要~~好。见于《广韵》上声小韵於小切:"隔也"。

掗 'o　强加或善意强予:~拨侬。见于《字汇》衣驾切:"强与人物也"。

殟 wek　心里不舒服、痛苦:天气忒闷,人老~寒。见于《广韵》入声没韵乌没切:"心闷"。

趵 bao　油锅里个水~起来了。(以下不符见于古辞书)

扳 'be　拿块石头~起来。

鎃 bin　两个人~了一段辰光,啥人也胜勿了啥人。◇俗写作"屏"。

滗 bik　药汁~干,药渣倒脱。

澕 'pu　牛奶~出来了。

閝 pan　出去要拿门~上。

齙 bho　牙齿勿齐~进~出。

潜 dak　哭得眼泪~~渧。

乼 dok　勿要个物事侪~脱算了。

盪 dhang　茶杯要用点水再~一~。

擼 'lu　拿台子浪个芝麻~拢来。

醪 liao　伊一点血色也勿好,面孔白~~。

捋 lek　拿袖子管~起来。

儱 cong　乘车子,头勿要~垃窗外头。

蹱 cong　脚步勿稳,~来~去。

皵 cak　冷天皮肤要豁~。

煠 shak　蟹要摆垃锅子里~熟。

戳 shok　拿筷子~~一个洞。

缲 'qiao　袖子管~~起来。

掮 jhi　~起箱子就走。

挢 jhiao　～开一只阴井盖头。
挶 niok　～面粉｜～衣裳。
赅 'ge　啥人晓得伊～几化钞票。
掴 guak　顺手～伊一记耳光。
剥 kok　墙壁浪油漆～起来一大块。
掼 ghue　～炸弹｜～家生。
轧 ghak　～朋友｜～进去看看。
擘 bak　两脚～开。｜嘴巴随便哪能～伊勿开。
脗 min　～起仔嘴巴笑。
蹾 dden　～脱鸡卵子。
毅 dek/战 'di　～～份量。
掇 dek　拿碗汤～进来。｜～凳子。
毣 dok　～麦芽糖｜～开门。
褶 dok　做衣裳料作勿够～一只角。
扚 dik　～痧｜～牢一块肉。
煺 toe　杀鸡～毛。
搋 ti　剔灯心叫～灯心｜蘸墨叫～墨。
捅 tong　拿台子朝前～一～。
蹬 bhe　乌龟～门槛｜勿要垃床浪～来～去。
剺 'lou　用手～一只洞。
繗 lin　～好衣裳～被头。
誏 'lang　勿满意也勿要～里～声多讲！
捩 lik　拿根棒头～断脱。
津 lik　淘米水～干。
疰 'zy　大热天要～夏。
坼 cak　天干燥,木头开～。
趿 shak　我到马路浪～一跤。
警 shok　冷勿防～来一句。
扦 'qi　春天杨柳最容易～活。

扇 xia　从扶梯浪～下去。
鱹 guan　手高头～开一条伤口。
眍 'kou　伊瘦得连眼睛都～下去了。
齾 ngak　饭碗浪有一个～口；～脱两铆勿要紧。
殻 kok　～出一口痰。
㾱 yi　蛇吃鳗鲤～长短。
勩 yhi　发条用得～脱了。
㪲 hhao　侬～一～缸里个米有几化？

这些字都在《广韵》《集韵》《玉篇》中有。写这些词时，应该用大家公认的本字。

二十五、重叠动词中的助词

重叠助词，都是嵌在两个重叠的实词之间或跟在重叠动词后面的助词。它们附着在重复的动词上，一起构成上海话中许多生动表现形式，表示动作的各种连续反复方式。

首先讲一讲上海话中动词重叠表示什么意思。

动词重复，在上海话中表示反复体，所谓反复体，就是表示事件的反复进行。当动词的对象是不定指或无指的事物时，动词重叠表示动作行为的长时持续进行或经常性行为反复。如："我退休下来，院子打扫打扫，脱儿子新妇烧烧饭，公园里去末坐坐。"这句话的三个动作经常性反复。又如："我每日早晨起来，揩揩面，梳梳头，扫扫地，揩揩台子。"四个动作是持续在做的。再如："到之夜里伊拉领我去东走走咾西看看。""走"和"看"的动作也是长时间的。

当动词的对象是定指的事物时，动词重叠表示动作行为的短时反复。如："老师摸摸我个头，叫我勿要怕得个。"短时反复，实际是"V一V"的省去"一"的省略式。"我个头"是定指的对象，所以这句话，是"摸一下我的头"的意思。又如："辂本书侬去读读。"这句话里

"辣本书"是定指对象,这句话就是说:"这本书你要去读一下。"虽然读这本书可能实际也要有点时间,但说话时的主观含义是短时的"读一下",与"侬要去读读书"是不一样的。

说清了动词重叠表示的总体是反复语义,下面就来看上海话中的重叠助词分别怎样来表达重叠的附加意义的。

个 ghek

用在重叠动词中,表示动作短时内反复进行。如:

伊拿晒好个被头拍～拍,再收到屋里去。
牛肉一定要笃～笃酥,再盛出来。

"V 个 V"与"VV"或"V 一 V"不同,后者是"V 一下"的意思。如:"我拿只皮球拍一拍,就晓得伊气足勿足。""拍一拍"的说法在普通话里也说的,就是"拍一下"的意思,动词时间很短;而前者"V 个 V"则有个短时持续或者"V 个几下"的意思,如"拿被头拍个拍",可以"拍"较长时间,是"拍了又拍"的意思。

咾 lao

用于重叠动词中,表示动作一下一下连续进行。如:

"不倒翁"摇～摇,老好白相个。
侬勿要脚翘～翘,派头一落!

"V 咾 V"可以连读,也可以分读为"V 咾"和"V",分两个语音词读时动作更为缓慢,同时语义也有点舒缓,有点"悠哉悠哉"的味道。

记 ji

分别用于两个重叠动词后,表示动作一下一下连续进行。如:

侬作啥要轧～轧～,难过勿啦!
坐要坐好,勿要一歇勿停动～动～。

"V 记 V 记"可以连读,也可以分为"V 记"和"V 记"两个语音词读,分读时动作较为缓慢。

发 fak

(1)"V 发 V 发":动词不及物,表示动作长时缓慢持续。如:

一个人无所事事,辣马路浪荡发荡发消磨辰光。
好好叫服服帖帖,勿要瞿发瞿发!

"V 发"和"V 发"分读时动作更缓慢些。

(2)"V 发 V 发 V":动词不及物或所带对象是定指的,表示较长的持续动作。如:

掰只洋钉,敲发敲发敲进去了。
画发画发,画好了一幅画。
物事忒多,理发理发理勿光。

一 yik

(1)"V 一 V":表示动作短时进行,是"V 一下"的意思。如:

掰点苹果先摆一摆此地,我去一去就来。
介许多麻烦个事体,让我想一想。

上海话原来没有"V 一下"的说法,只有"V 一 V"。

(2)"一 V 一 V":表示动作缓慢地、间隔较长地一下一下连续。如:

侬看,掰只乌龟个头,一伸一伸个,真好白相!
鼻涕一缩一缩,像瘪三样子!

"一 V 一 V"可连读,也可"一 V"和"一 V"分读,分读时动作更为缓慢。

了 lek/仔 zy

用在两个重叠动词之间,动作对象是定指的,表示动作在短时中完成。如:

伊敲了敲门走了。
掰张报表,伊看仔看就放下来走了。

后来上海话渐渐用"了"取代"仔"。

两 lian
用在两个重叠动词之间,表示动作仅几下。如:

白果只要炒～炒就熟个。
㑚预备好了,只要侬辣上面勾～勾。

几 ji
用在两个重叠动词之间,表示动作仅几下。如:

药水先要摇～摇,再吃。
只看见伊辣纸头浪划仔～划,啥一张画就算画好了?

啊 a
用在两个重叠动词之间,表示动作长久持续。如:

我辣外头等～等,等仔半半六十日刚刚出来!
伊拉牛皮吹～吹,整整一夜天勿睏。

"V啊"和"V"总是分读的。

二十六、上海话中的文读白读音

上海话中的文读音认识一下是很有必要的。在说上海话时,常常遇到有的字词读文读音,不关注了解一下就会觉得很搞。

自宋室南渡到杭州(当时称临安)建立南宋以后,宋王朝南迁的大批人马带来了正宗的中原雅音开封话,覆盖了原来的杭州吴语,使杭州话成为至今还是与杭州郊区吴语存在很大差别的杭州官话,这种杭州官话就是北方官话在杭州地区的一个变种。

由于南宋时代临安强大的政治经济文化对江南地区的辐射作用,宋元时代以杭州为中心的文化十分发达,这些从北方迁徙来的"中原雅音",当时对周边地区的吴语也产生了重大的影响,形成了松江话、上海话中文人在读书时采用的大量的"文读音"。文人要读北方话写成的书,所以这种文读音主要用于读书,但是后来也渐渐影响到一些口语中的来自书面语的词语。直至如今,上海话中有些字音,有两种读法,有原来的口语中的本土读音,称为白读音,如:"大"读"dhu";有在杭州话的影响下产生的文读音:"大"读作"dha[dᴀ]"。上海口语读成如"杜 dhu[du]"的音,但是"大家"中的"大"就读成文读音,读如"汏(洗)衣裳"的"汏 dha[dᴀ]"音;"大家"中的"家 ga[kᴀ]",是读白读音的,如"咖喱"的"咖 ga[kᴀ]"音,但是在说"家庭""专家"这些后起的书面语来源的词语时,就是文读音"家 jia[tɕiᴀ]",读如"佳 jia[tɕiᴀ]"的音。

明清以后由于政府和知识阶层中一直看重北方官话中保留中古音较多的以南京音为主的官话"南音",并将其视为汉语的标准音,因此更加巩固了文读音在吴语中的地位,传流至今。"南音"本来就是南京地区北方话对中原语言的继承,很多读音与杭州音的发音相同,但是有些吴语北部地区和较发达的地区,如苏州、吴江、嘉定、嘉兴,有的文读音已改用了"南音",像"学、觉"韵母的文读音都读了靠近"南音"的 iaok[iɔʔ]或 iok[ioʔ],但语音发展较滞后的松江、上海话中依然保留着杭州音的 iak[iᴀʔ],这是上海话文读音来自杭州话的证据。

下面列举一些上海话的声母或韵母,白读(口语)音在横杠前,文读(读书)音在后,再各举几个例字。[　]内注的是国际音标,[　]前注的是上海话拼音。

(1) 白读音声母为 g[k]系,文读音声母读为 j[tɕ]系。如:

ga[kᴀ]—jia[tɕiᴀ]:家、加、嘉、街、假、架、嫁、价、解,ge[kɛ]—ji[tɕi]:监、间、拣、奸,ng[ŋɛ]—yi[i]:雁,gang[kã]—jian[tɕiã]:江、降、讲,gok[koʔ]—jiok[tɕioʔ]:觉,ga[kᴀʔ]—jiak[tɕiᴀʔ]:甲、夹,nga[ŋᴀ]—yay[ɦiʏ]:衙,ak[ᴀʔ]—yak[iᴀʔ]:押、压,hhok[ɦoʔ]—yhak[ɦiᴀʔ]:学。

(2) 白读音声母为 bh[b]、m[m],文读音声母读为 fh[v]或 whu[ɦu]。如:

mi[mi]—fhi[vi]：味、尾，me[mE]—fhe[vE]/whe[ɦuE]：万、晚，mang[mɑ̃]—whang[ɦuɑ̃]：亡、忘、妄、望、网，mek[mə?]—fhek[və?]：物，bhi[bi]—fhi[vi]：肥，bhang[bɑ̃]—fhang[vɑ̃]：防，bhok[bo?]—fhok[vo?]：缚。

（3）白读音声母为 n[nʑ]，文读音声母为 sh[z]。如：

niao[nʑiɔ]—shao[zɔ]：饶、绕、扰，nin[nʑin]—shen[zən]：人、仁、仍、忍、认、韧、闰，ni[nʑi]—hoe[zø]：染，niong[nʑioŋ]—shong[zoŋ]：茸，niok[nʑio?]—shok[zo?]：褥，nik[nʑiɪ?]—shek[zə?]：日。

（4）白读音声母为 j[tɕ] 系、韵母为 yu[y] 韵，文读音声母读为 g[k] 系、韵母为 ue[uE] 韵。如：

ju[tɕy]—gue[kuE]：鬼、贵、龟、鳜，qu[tɕʰy]—kue[kʰuE]：亏，jhu[dʑy]—ghue[guE]：跪、柜，yu[?y]—we[?uE]：煨、餵，yhu[ɦy]—whe[ɦuE]：围、纬。

（5）白读韵母为 a[A]、ua[uA]，文读音读为 e[E]、ue[uE]。如：

da[tA]—de[tE]：戴、带，ta[tʰA]—te[tʰE]：太、汰，la[lA]—le[lE]：赖，gua[kuA]—gue[kuE]：乖、怪、拐，kua[kʰuA]—kue[kʰuE]：筷、快，sha[zA]—she[zE]：豺，wha[ɦuA]—whe[ɦuE]：怀、槐。

（6）白读音韵母为 an[ɑ̃] 的，文读音读为 en[ən]、in[in]。如：

ban[pɑ̃]—ben[pən]：迸、崩，man[mɑ̃]—men[mən]：猛，lan[lɑ̃]—len[lən]：冷，zan[tsɑ̃]—zen[tsən]：争、睁，san[sɑ̃]—sen[sən]：生、省、声，shan[zɑ̃]—shen[zən]：剩，gan[kɑ̃]—gen[kən]：更、庚、耿，kan[kʰɑ̃]—ken[kʰən]：坑，han[hɑ̃]—hen[hən]：亨，an[?ɑ̃]—yin[?iɛn]：鹦樱，hhan[ɦɑ̃]—yhin[ɦin]：杏、行。

（7）白读音韵母为 o[o] 的，文读音读为 a[A] 或 ia[iA]、ua[uA]。如：

bo[po]—ba[pA]：巴、芭、疤、霸，po[pʰo]—pa[pʰA]：怕，bho[bo]—bha[bA]：爬，mo[mo]—ma[mA]：骂、麻、马，no[no]—na[nA]：拿、挪，co[tsʰo]—ca[tsʰA]：钗、差，so[so]—sa[sA]：沙、纱、

晒,ho[ho]—hua[huA]：花、化,o[ʔo]—ya[ʔiA]：桠、丫、哑、鸦；o[ʔo]—wa[ʔua]：蛙、窪,hho[ɦo]—wha[ɦuA]：华、画、话,hho[ɦo]—xa[ɕiA]：下、厦。

（8）白读音韵母为ng[ŋ̍]的,文读音读为u[u]、yu[y]。如：ng[ŋ̍]—whu[ɦu]：吴午（端午）五,ng[ŋ̍]—yhu[ɦy]：鱼。

（9）白读音为ni[n̩i]的,文读音为oel[əl]。如：ni[n̩i]—oel[əl]：儿、二、耳、饵。

还有些字,上海话口语也有文白异读。如：
dhu[du]—dha[dA]：大,yhang[ɦiã]—whang[ɦuã]：旺。

下面举一点例子：

上海话文白异读举例

白　读	文　读
（1）味道 midhan,尾巴 mibo/nibo,一万（麻将牌）yikme,晚稻 medhao,晚娘 menian,关亡（一种巫术）'guemang,忘记 mangji,妄想 mangxian,看望 koemang,网袋 mangdhe,物事 mekshy;	美味 mefhi,结尾 jikfhi,万物 fhefhek,晚上 whehang,亡国 whanggok,妄图 whangdhu,愿望 nuoewhang,动物 dhonfhek。
（2）饶人 niaonin,绕线 niaoxi,干扰 goeniao,人家 ninga,杏仁 hhannin,仍旧 ninjhiu,忍受 ninshou,认真 ninzen,回韧 whenin,日脚 nikjiak,闰月 ninyhuik,染布 nibu,土壤 tunian,茸毛 niongmao,褥子 niokzy;	干扰 'goeshao,人民 shenmin,仁兄 shenxiong,残忍 sheshen,韧带 shenda,日本 shekben,传染 shoeshoe,土壤 tushan,鹿茸 lokshong,褥疮 shokcang(有的字没有文读,如"绕""认")。
（3）儿子 nizy,初二 'cuni,耳朵 nidu,鱼饵 ngni ("儿"的更早白读为 ng,如"囝儿 noe ng");	儿童 erdhong,二郎腿 erlangte,木耳 moker,鱼饵 yhuer。
（4）家生 'gasan,加法 'gafak,嘉定 'gadin,假期 gajhi,花架 'hoga,出嫁 cekga,价钿 jiadhi,衙门 ngamen,下班 hhobe,解毒 gadhok,街道 gedhao,监牢 'gelao,兵舰 'binke,马甲 mogak,夹道 gakdhao,房间 fhangge,挑拣 'tioage,强奸 jhiange,长江 shangang,下降 hhogang,讲课 gangku,同学 dhonghhok,睏觉 'kungao,杏花 hhanho,银行 ninhhang;	家乡 'gajhu,嘉奖 'jiajian,假使 jiasy,劝架 quoejia,驾驶 jiasy,嫁妆 jiazang,评价 bhinjia,官衙 'guoeyha,当下 'dangxia,解放 jiafang,监狱 'jieyhuik,军舰 junjie,甲等 jiakden,时间 shyji,奸细 'jixi,江山 'jianse,降落 jianlok,讲堂 jiandhang,哲学 zekyhiak,睡觉 shoejiao,杏花 yhinho,行动 yhindhong。

续 表

白 读	文 读
(5) 桠杈 'oco,丫头 'odhou,哑子 ozy,老鸦 laoo,押宝 akbao,压迫 akpak,樱桃 'andhao,鹦哥 'angu;	树桠 shyya,丫头 'yadhou,哑巴 yaba,乌鸦 'wuya,押金 yakjin,加压 'jiayak,樱花 'yinho,鹦鹉 'inwhu。
(6) 挪用 noyhong,嘴巴 zybo,芭蕉 'bojiao,疮疤 'cangbo,恶霸 okbo,怕人 ponin,爬山 bhose,骂人 monin,麻皮 mobhi,马屁 mopi,拿来 'nele,诧异 'coyhi,沙漠 'somok,梅花 meho,中华 'zonghho,青蛙 'qin o,窟田 'odhi;	挪用 nayhong,巴黎 'bali,芭蕉 'bajiao,伤疤 'sangba,霸王 bawhang,可怕 kupa,爬行 bhayhin,漫骂 mema,芝麻 'zyma,马虎 'mahu,拿人 nanin,诧异 'cayhi,冰沙 'binsa,花苞 'huabao,中华 'zongwha,牛蛙 niuwa。
(7) 吃亏 qikqu,跪好 jhihao,乌龟 'wuju,柜台 jhudhe,归去 'juqi,老鬼 laoju,忒贵 tekju,围巾 yhujin,纬纱 yhuso,喂奶 yuna,煨辣海 'yulakhe;	吃亏 qikkue,下跪 xiaghue,龟甲 'guejiak,柜台 ghuedhe,归去 'guequ,鬼神 kueshen,贵族 gueshok,包围 'baowhe,纬度 whedhu,喂食 weshek,煨辣海 'welakhe。

以上这些文读音大致都是杭州语音给上海话带来的。

在文读音方面,随着现代普通话对上海话的影响深入,上海话一些字的文读音已经放弃了杭州音而改读了准普通话音,如:饶、绕、扰、入、儒、染。这六个字的白读音声母是 n,文读音由原来的杭州音的 sh 向 l 或 r 转变。年轻人中许多字的文读音也不再读了,如"文学、学院"中的"学",不再读 yhiak,而读 hhok 白读音;"男生女生"中的"生",不再读 sen,而读 san。

杭州话对上海话的影响年代久远,但其影响流传至今,主要是在上海话形成一套文读音。在过去没有推行国语(决定全国推行"国语"是在 1913 年民国初年起)之时,在书塾、学堂读书,都是采用文读的,当时也是很注重正音的。1900 年时,西方基督教传教士、研究上海话的专家 Davis 和 Silaby 编写了《汉英上海方言字典》,该书共有 7 779 个汉字,在当年上海的语文学家的帮助下,每个字都标注了上海方言的读音,还有简单释义。这本字典中每个字的上海话记音,排在前面的都是文读音,后面才是口语白读音,可见当年对文读音的重视。

二十七、迎送问候、应事表达

这里我们一起来学说上海话中彼此初次相见时需要掌握的初步的"迎送问候、情感表达"语句。

1. 迎送问候

礼貌词语：

谢谢侬 xhiaxhianong　拜托侬 batoknong　麻烦侬 mofhenong　请侬 qinnong　请问 qing men　勿好意思 fhakhaoyisy　添麻烦 timofhe　打搅侬 dangjiaonong　抱歉 bhaoqi　对勿起 defhakqi　请原谅 qinnuoelian　勿要紧 vekyaojin（没关系）　呒没关系 mmakguexi　勿搭界个 fhakdakgaghak（没关系）　勿碍啥 fhakngesa（没关系）　无所谓 whusuwhe　勿要客气 fhekyao kakqi　想侬 xiangnong　牵记侬 qijinong（想念你）　慢走慢走 mezou mezou　走好走好 zouhao zouhao　再会 zewhe　明朝会 minzaowhe（明天见）　晏歇会 exikwhe（待会儿见）　改日会 genikwhe（再见）　拜哎 bhae

◆ 见面致礼

（1）张先生，侬早！
　　 Zangxisan, nong zao!
　　 张先生，您早！

（2）是小林啊，侬好！
　　 Shy xiaolina, nong hao!
　　 是小林啊，你好！

（3）长远勿见，我老想念侬个！
　　 Shanyuoefhekji, ngu lao xianninongghek!
　　 好久不见，我常念着您呢！

(4) 我也常常想来望望侬。
　　Ngu hha shanshan xian le mangmangnong.
　　我也常想来看您。

(5) 我今朝碰到侬交关开心。
　　Ngu 'jinzao bhandaonong 'jiaogue 'kexin.
　　我今天碰上你很高兴。

(6) 侬艑抢身体好哦?
　　Nong ghekqian 'senti haofha?
　　你近来身体好吗?

(7) 身体蛮好。
　　Senti 'mehao.
　　身体挺好的。

(8) 侬最近忙哦?
　　Nong zoejhin mangfha?
　　你最近忙不忙?

(9) 还好,勿大忙。侬呢?
　　Hhehao, fhekda mang. nongnek?
　　还可以,不太忙。你呢?

(10) 艑抢里我老忙个!
　　 Ghekqianli ngu lao mangghek!
　　 这一阵我忙得很!

◆ 迎接客人

(11) 王阿姨,是我来了。
　　 Whangayhi, shy ngu lelek.
　　 王阿姨,是我来了。

(12) 请进,请进来!
　　 Qin jin, qin jinle!
　　 请进,请进来!

(13) 来，来，坐啊，请坐。
　　　Le, le, shua, qin shu.
　　　来啊，请坐。

(14) 呒没啥好招待个。
　　　Mmek sa hao zaodheghek.
　　　没什么好招待你的。

(15) 侬要吃茶呢吃咖啡啊？
　　　Nong yao qik shoni qik kafia?
　　　你想喝茶还是喝咖啡？

(16) 阿姨勿要客气，倒杯白开水吃吃好咪。
　　　'Ayhi fhekyao kakqi, daobe bhakkesy qikqikhaole.
　　　阿姨，您别客气，喝杯开水就行。

(17) 妹妹，今朝侬上门来，有眼啥个事体啊？
　　　Meme, 'jinzao nong shangmen le, yhounge saghek shytia.
　　　姑娘，今天你上门来，有些什么事啊？

(18) 我有点小事体想请侬帮帮忙。
　　　Ngu yhoudi xiaoshyti xian qinnong bangbang mang.
　　　我有点儿小事情想请你帮忙。

◆ 送人出门

(19) 辰光勿早，我要回去了。
　　　Shenguang fhekzao, ngu yao wheqilek.
　　　时间不早了，我要回去了。

(20) 再坐一歇好咪。
　　　Ze shuyikxikhaole.
　　　再坐一会儿吧。

(21) 勿坐了，我还有眼事体辣海。
　　　Vekshulek ngu eyhounge shytilakhe.
　　　不坐了，我还有点事儿呢。

245

(22) 葛末我来送送侬。

　　　Gekmek ngu le songsongnong.

　　　那么我来送你。

(23) 勿要送得个,我自家走。

　　　Fhekyao songdekghek, ngu shyka zou.

　　　不用了,我自己走。

(24) 勿要紧个,送侬到电梯口。

　　　Vekyaojinghek, songnongdao dhitikou.

　　　没关系,送你到电梯口。

(25) 谢谢。

　　　Xhiaxhia.

　　　谢谢。

(26) 走好,走好,㐌搭盏灯开一开。

　　　Zouhao, zouhao, ghekdak ze 'den 'keyikke.

　　　慢走,这儿有盏灯开一下。

(27) 留步,留步,勿要送了。

　　　Liubhu, liubhu, fhekyao songlek.

　　　请留步,别送了。

(28) 再会!有空多来白相相!

　　　'Zewhe, yhou kong 'dule bhekxianxian!

　　　再见!有空多来玩儿!

◆ 代劳致谢

(29) 麻烦侬了。

　　　Mofhenonglek.

　　　麻烦你啦。

(30) 乃弄得侬今朝吃力煞了!

　　　Ne 'nongdeknong 'jinzao qikliksaklek.

　　　这下搞得你今天累死了!

(31) 勿搭界个!
Fhekdak gaghek!
没关系!

(32) 侬还有啥个要我帮忙哦?
Nong 'eyhou saghek yao ngu bang mangfhek?
你还有什么要我帮忙吗?

(33) 呒没啥了。
Mmeksalek.
没了。

(34) 我老勿好意思个。
Ngu lao vakhaoyisyghek.
我太不好意思啦。

(35) 谢谢侬噢!
Xhiaxhianongao!
谢谢你!

(36) 谢啥!勿要谢,呒没关系个。
Xhia sa! Fhakyao xhia, mmekguexighek.
还谢什么呀!甭谢,没关系的。

◆ 请让时和碰撞后

(37) 谢谢侬让一让我好哦?
Xhiaxhianong nianyiknianngu haofha?
请你让我一下好吗?

(38) 噢,掰搭侬好走哦?
Ao, ghekdak nong hao zoufha?
哦,这儿你能走吗?

(39) 喔唷,撞着侬了,对勿起!
'Oyo, shangshaknonglek, devekqi!
哎哟,撞到你了,对不起!

(40) 勿要紧个。

　　　Vekyaojinghek.

　　　没事儿。

2. 情感表达

词语：

唱歌 cang gu　好哦 haofha（好吗）　啥 sa（什么）　推扳 'tebe（差，差劲）　阿里 hhali（哪，那儿）　舩个 ghekghek（这个）　物事 mekshi（东西）　事体 shyti（事情）　哪能 nanen（怎么）　咾 lao（因为……所以）　欢喜 'huoexi（喜欢）　吃侬 qiknong（佩服你）　高头 'gaodhou（上）　高兴 'gaoxin（喜欢，愿意）　清爽 'qinsang（清楚）　阿是 akshy（是不是）　作兴 zokxin（也许）　介 'ga（这么）　言话 hhehho（话。俗写作：闲话）　舩牌人 ghekbha nin（这种人）　搭浆 dakjian（潦草，马虎）　汏 dha（洗）　木笃笃 mokdokdok（反映迟钝）　慢慢叫 memejiao（慢一点）　喏 'nao（给你，拿去）　一眼 yiknge（一点儿）　辰光 shenguang（时间）　瞎讲 hakgang（胡说）

◆ **互相交流**

(41) 唱只歌拨大家听听好哦？

　　　Cang zak 'gu bek dhaga 'tintin haofha?

　　　给大家唱个歌吧？

(42) 好个。唱只啥？

　　　Haoghe. Cang zak sa?

　　　行。唱个什么？

(43) 我只歌唱得好勿好？

　　　Ngu zak gu cangdek haofhekhao?

　　　我这个歌唱得好不好？

(44) 蛮好，勿推扳。

　　　'Mehao, vektebe.

挺好的，不差。

(45) 侬看两张照片里阿里张好？
Nong koe lianzan zaopili hhalizan hao?
你看这两张照片哪张好？

(46) 我想是辫张好。
Ngu xian shy ghekzan hao.
我想是这张好。

(47) 辫个物事侬个是哦？
Ghekghek mekshy nongghek shyfha?
这个东西是你的吗？

(48) 是我个，勿是伊个。
Shy ngughek, fhekshy yhighek.
是我的，不是他的。

(49) 辫桩事体侬晓得哦？
Ghekzang shyti nong xiaodekfha?
你知道这件事吗？

(50) 哪能勿晓得呢？
Nanen vekxiaodeknek?
怎么不知道呢？

(51) 我为啥一定要晓得呢？
Ngu whesa yikdhinyao xiaodeknek?
我为什么一定要知道呢？

(52) 侬勿关心咾勿晓得。
Nong vekguexinlao vekxiaodek.
你不关心，所以不知道。

(53) 我老欢喜侬个。
Ngu lao 'huoexinongghek.
我很爱你。

(54) 我就吃侬。

Ngu xhiu qik nong.
我就是佩服你。

◆ **赞成反对**

(55) 伊做个事体侬赞成哦?
Yhi zughek shyti nong zeshenfha?
他做的事情你赞成的吧?

(56) 我当然同意个。
Ngu dangshoe dhongyighek.
我当然同意的。

(57) 侬答应勿啦?
Nong dakyinfhekla?
你到底答应吗?

(58) 勿答应,我从来吪没答应过。
Vekdakyin, ngu shongle mmek dakyingu.
不答应,我从来没有答应过。

(59) 海滩高头侬晓得伊高兴去哦?
Hetegaodhou nong xiaodek yhi 'gaoxin qifha?
海滩上你知道他愿意去吗?

(60) 我勿大清爽。
Ngu fhekdha 'qinsang.
我不太清楚。

(61) 侬哪能动也勿动?
Nong nanen dhonghha fhekdhong?
你怎么连动也不动?

(62) 要我做重生活,我勿情愿做。
Yao ngu zu shongsanhhuek, ngu fhekxhinnuoe zu.
要我做重活,我不愿意做。

(63) 侬勿预备去,阿是?

  Nong fhekyhubhe qi, akshy?

  你不准备去,是吗?

(64) 我作兴勿会反对伊去。

  Ngu zokxin fhekwhe fedeyhi qi.

  我也许不会反对他去。

(65) 啥人睬伊！我睬也勿要睬伊！

  Sanin ceyhi! Ngu cehha fhekyao ceyhi.

  谁理他！我理也不要理他！

◆ **责备道歉**

(66) 快一点好哦！

  Kuayikdi haofha!

  快一点好吧！

(67) 急啥啦急！

  Jik sala jik!

  急什么！

(68) 侬哪能搿能要紧啦！

  Nong nanen gheknen yaojinla!

  你怎么这么要紧哪！

(69) 侬哪能介慢个啦！

  Nong nanen 'ga meghekla!

  你怎么这么慢！

(70) 为啥勿听我个言话？

  Whesa fhektin nughek hhehho?

  为什么不听我的话？

(71) 侬啥事体要骂人家？

  Nong sa shyti yao mo ninga?

  你为什么要骂人家？

(72) 啥体勿早点讲！

Sati fhek zaodi gang!

为啥不早点讲!

(73) 叫侬去为啥咾勿去?

Jiaonong qi whesalao fhekqi?

叫你去为什么不去?

(74) 为来为去侪为了侬咾勿去!

Whelewheqi she whelek nong lao fhekqi!

一切都是为了你,所以不去!

(75) 侬箇牌人推扳勿啦!

Nong ghekbha nin 'tebefhekla!

你这种人差劲吗!

(76) 侬素质高一点好哦!

Nong suzek gaoyikdi haofha!

你讲一点素质行吗!

(77) 我真真勿好意思!

Ngu 'zenzen vekhaoyisy!

我真是不好意思!

(78) 我吪没听见咾。

Ngu mmek 'tinjilao.

因为我没听到。

(79) 我做得实在忒搭浆。

Ngu zudek shakshe tek dakjian.

我做得实在太潦草。

(80) 实在是抱歉,真对侬勿起!

Shekshe shy bhaoqi, zen denongfhekqi!

实在抱歉,真对不起你!

◆ 祈使命令

(81) 门开一开!

Men 'keyikke!
把门开开!

(82) 舝条阴沟通好伊!
Ghekdhiao 'yingou tonghaoyhi.
把这条阴沟通好!

(83) 一封信脱我寄脱伊!
Yikfong xin takngu jitekyhi!
替我寄了那封信!

(84) 龌龊衣裳去汏汏伊!
Okcokyishang qi dhadhayhi!
把脏衣服拿去洗一洗!

(85) 侬去叫伊来。
Nong qi jiaoyhi le.
你去叫他来。

(86) 我带㑚去。
Ngu da na qi.
我带你们去。

(87) 跟我来!
'Genngu le!
跟我来!

(88) 快点去!慢吞吞、木笃笃做啥!
Kuadi qi! Metenten、mokdokdok zusa!
快点去!干什么慢腾腾、呆头呆脑的!

(89) 等等我,慢慢叫!
Dendenngu, memejiao!
等我一下,待一会儿!

(90) 喏,拨侬!
'Nao, beknong!
拿去,给你!

(91) 请朝前一步。
　　　Qin shao xhi yikbhu.
　　　请向前一步。

(92) 走过去一眼!
　　　Zouguqiyiknge!
　　　走过去一点!

(93) 走呀!大家走起来!
　　　Zouya! Dhaga zouqile!
　　　走啊!大家可以开始走了!

(94) 轻轻叫摆!
　　　'Qinqinjiao ba!
　　　轻一点儿放!

(95) 静一点好哦!
　　　Xhinyikdi haofha!
　　　请安静一点!

(96) 我辰光也来勿及唻,侬快点好勿啦!
　　　Ngu shenguanghha lefhekjhikle, nong kuadi haofhekla!
　　　我时间来不及啦,你快一点呀!

(97) 排好队,勿要插队!
　　　Bhahao dhe, fhekyao cak dhe!
　　　排好队,不要插队!

(98) 勿好去瞎碰个!
　　　Fhekhao qi hakbhanghek!
　　　不能去乱碰的!

(99) 侬勿要来捣蛋好勿啦!
　　　Nong fhekyao le daode haofhekla!
　　　你别来捣蛋行吧!

(100) 侬勿要瞎讲!
　　　　Nong fhekyao hakgang!
　　　　你别胡说!

第十讲
学好上海话海派文化词句

一、海派熟语中的奇思遐想

上海人,在"海纳百川、有容乃大"的海派文化熏陶下,思维空前活跃,锐意求变,领异标新,追求卓越,在造词上表现出了生龙活虎、拥有海派特色的奇思遐想。

上海人创造词语时往往利用思维的跳跃、形象的通感,巧妙幽默地表现生活。一些新词语,比如称下命令指示或发话曰"发调头",上当曰"吃药",故意为难作梗曰"落挢",还有"电车路""空心汤团"等,因形似等得名,表现出上海人说话的趣味性。

上海话中用比喻义、借代义构成的词语比比皆是。如:

珍珠米　荷包蛋　鸡毛菜　粽子糖　瓦爿饼　橡皮泥　田螺眼　兰花节头　黄鱼脑子　黄牛肩胛(卸肩不负责)　芋艿头　和尚头　板刷头　蜡烛包　海瓜子　烫山芋(棘手的事)　叫哥哥(蝈蝈)　那摩温(蝌蚪)　牛踏扁(一种大而扁的菜豆)　薄脆(一种饼)　面包车　模子(身材)　照会(面貌)　大肚皮(怀孕)　吃萝卜干(手指关节扭伤)　二进宫(二次进公安局)　八〇八(手铐)　引线(针)　礼拜鞋(穿几天就坏的鞋)　天吃星(很会吃的人)　跷跷板(摆不平)　橡皮饭碗(不会失业的职业)　空心汤团(不能兑现的许诺)　磨光石卵子(圆滑)　老爷(质差,碰不得)　奶油(可爱,讨人喜欢)　鸳鸯(东西不相同而配成一对)　贴肉(十分亲热)

上海开埠以后,大批新鲜活泼的词语从民间不断产生出来。如:额上个皱纹,叫"电车路";步行,叫乘"十一路电车";说话离题漫无边际,叫"开无轨电车";光头,叫"电灯泡"。还有"咬耳朵(凑近耳边说秘密)、吃萝卜干(手指关节被击扭伤)、拆烂污(做事不负责任)、放白鸽(失约)、隔枪篱(夹在中间受挫)、打电报(眉目传情)、翻门槛(变换各种窍门)、眭扁头(异想天开)、热大头昏(想入非非)、轧扁头(被搞得焦头烂额)、新开豆腐店(新开张)"等。在租界时代,曾经产生过大量俗语,称用拳头殴人曰"吃背皮榔头";张开手指打耳光曰"送侬只五分头";被洋人足踢戏称"吃外国火腿";用冷水浇头曰"吃大菜";喝倒彩曰"开荷兰水";眉目传情曰"打无线电";偷汉曰"吃野食";嫖娼曰"打野鸡";以伪劣品求高价或骗没头脑者曰"卖野人头";装腔作势、炫耀曰"卖样三千";拆穿秘密曰"踏穿镬盖";露馅曰"拆穿西洋镜"。不乏造词者的丰富的想象力。

现在上海人比喻人的行为的海派语词更是五花八门。如:砌墙头(搓麻将)、拆天(贪玩)、吃大饼(跳水不慎胸部受击)、放白鸽(失约)、咬耳朵(凑近耳朵说悄悄话)、拆烂污、翻门槛(变换各种窍门)、搭架子、碰鼻头转弯(碰钉子回头)、揿头割耳朵(硬逼着)、一脚踢到十六铺(踢得老远)、调频道(换话题)、行情看涨(恋爱关系有进展)、冒充金刚钻(不懂装懂)、全懂大学毕业(讽刺不懂装懂)等;有能力,朋友多,好办事叫"兜得转""搞得定""吃得开"。这些惯用俗语,对生活的方方面面有很大的概括力。

利用谐音或和韵也能使语言生动活泼。如:

故意用反话触人个霉头,称"丑煤球";嘲讽健忘者,称他"王伯伯";讨厌人话多,讲他"烦得像饭泡粥";不喜欢对方胡搅蛮缠,就讲:"侬来搅啥个百叶结!"讥刺喜欢炫耀的人,用顺口溜来唱:"希奇勿煞,卖样勿煞,烂泥菩萨,一脚踢杀!"

对于各种人,上海人喜欢用形象的称呼。如:称高瘦者为"眼衣裳竹"或"长脚鹭鸶";称吃光用光的人,又指无论什么话都说得出、无论什么事都做得出没有底线的人为"脱底棺材";称那些晚上精神特别好、不想早睡的人为"夜神仙";称那种到别人家去闲谈,一旦坐下来以后就不愿离开的客人为"烂屁股";称游民临时翻译为"露天通事";称未婚女婿为"毛脚";称门卫或警察为"黑猫";称家庭妇女为"买汰烧";称男的操家务者为"家庭妇男"。这些称呼中都潜藏着民众的睿智。

夸张起来,也是无边无际。譬如:形容感觉上时间很长,说等侬等仔"半半六十日"。形容遥遥无期,讲"开年礼拜九"。形容人多手杂,说"七手八只脚"。形容一个人做事死板,说"板板六十四"。说一个人手舞足蹈地胡闹,为"胡摇八只脚"。一个人被别人弄得昏天黑地时讲:"我现在已经拨侬搞得五荤六素、七丁八倒、七支八搭、搞七廿三。""弄得投五投六、六神无主、半死半活、死蟹一只"啦!

海派文化显著的特点,是"海纳百川、有容乃大"。海派人有现代的眼光,所以这种文化具有旺盛的生命力,是活跃的、流动性最强的先锋文化。上海人在开放社会和自由生活中积累了特别多的口头成语和熟语,大量熟语中折射出异常活跃的思维和海派的奇思遐想,使上海话中产生了大量有海派风味的熟语。如:

出风头(显耀自己,有光彩) 牵头皮(提起或数落人家一个旧过失或把柄) 收骨头(对人严加管束,不得松松垮垮) 戳壁脚(背后挑拨,说人坏话) 敲竹杠(敲诈) 淘浆糊(敷衍塞责 混) 望野眼(眼望别处有趣的看) 咬耳朵(凑近耳边说秘密) 拆烂污(做事不负责任) 吃鸭蛋(得零分) 敲木鱼(再三告诫) 吃汤团(舞女一夜无客) 吃豆腐(挑逗 猥亵) 起花头(耍花招,另出新点子) 轧苗头(见机行事) 搭讪头(为与生人接近而找话茬) 避风头(避过人为灾祸或其最激烈的阶段) 装榫头(硬加把柄) 煞风景(妨碍兴致,使人扫兴) 吃白食(不掏钱吃喝,欺诈财物) 轧一脚(插一手) 捞外快(捞取以外的好处) 搭手脚(插进来增添麻烦) 调枪花(善于玩弄言词变换手法) 顶山头(碰钉子,被顶住) 摆噱头(耍花招,逗引人) 翻门槛(变换各种窍门) 吃牌头(挨批) 买面子(讲情面) 绷场面(勉强支撑场面) 装门面(摆阔装样子) 瞎和调(乱附和） 寻开心（闹着玩，挑逗） 隑牌头（凭借靠山，依仗金钱） 三脚猫（会而不精通某事或这样的人） 百有份（对任何事情都有份 爱打听 去拉关系 插一手的人） 软脚蟹（喻胆小 意志薄弱的人） 软耳朵（没主见听别人话即改主意者） 脚碰脚（差不离） 搞七廿三（乱搞一气，胡缠） 勒杀吊死（吝啬） 牵丝扳藤（拖拖拉拉） 一手一脚（一人包下，善始善终，中途不停） 一点一划（认真不越轨） 有心有想（有耐心） 熟门熟路（得心应手，门路很熟） 落门落槛（内行，恰到好处） 缩头乌龟（喻遇事退缩在后 无能的人） 卖样三千（装腔作势，炫耀） 烧夹生饭（事情做得不上不下，搞糟了） 炒冷饭头（重复） 做揩台布（为人包容） 新开豆腐店（新开张） 像煞有介事（装作真有其事，摆足架子） 小鬼跌金刚（弱者战胜强者） 开年礼拜九（遥遥无期） 悬空八只脚（离得很远） 吃空心汤团（被不能兑现的允诺所骗） 老虎头上拍苍蝇（胆大包天） 勿识相要吃辣货酱（警告对方如不知好歹，就要给颜色看）……

字数六字以上，通常又称作谚语。有些习惯用语，如偏于古文的成语"莫可言宣"，普通话里没有相对应的语词，但在上海话中可以说，就是："呒没言话讲个。"这些从生活中积累的经验出发而创造的固定短语，抓住特征的描写惟妙惟肖，传达的信息言简意赅，它们在海派文化的开放的思想中形成，上海话因此成为一个对都市文化非常有表现力的方言。学会说这些熟语，你的上海话一定会说得十分灵光！

像"戳壁脚、淘浆糊、敲木鱼、轧苗头、搭讪头、避风头、调枪花、隑牌头、百有份、软脚蟹、勒杀吊死、熟门熟路、一天世界、瞎三话四、七荤八素、死蟹一只、混克拉司、黄牛肩胛、吃空心汤团、开年礼拜九、悬空八只脚、狮子大开口"等，表现生活时具有极强的概括力。上海话中有的惯用语仅一个就包涵着相当多的社会信息。笔者在《上海话大词典》（第2版）中收集的仅四字组的成语就有850多个，这些成语都是活跃在上海人的口语中的，希望学说上海话的朋友多多关注。从某种意义上来说，你掌握的这类词语越多，你说的上海话海派风味越浓。

下面是一大批海派色彩较重且比较流行的俗语。如：

窍槛（窍门） 路角（门路，旁道儿） 路道（原因，门路，办法） 当势（时机） 头子（交际能力） 上路（够交情，合情理） 大路（做事大方） 落拚（故意为难作梗） 轧头（碴儿） 吃相（争怒时的脸色和架势） 落场势（下场，下台） 领盆（折服） 台型（面子，时髦） 花头（花样，不正当的苗头） 花巧（花招，不正当关系的苗头） 噱头（滑稽，引人发笑的话头、样子） 挖儿司（办法，窍门，名堂，噱头） 肮三（令人失望，弄僵，不正派） 吃价（有名望，过硬） 着底（最差） 乐开（说话做事在理上，公正大方豁达） 杀搏（健壮，厉害） 厥倒（吃惊于意外之事） 吃酸（棘手，搞僵而难堪、懊恼） 揩油（占便宜） 老交（深交） 买账（认输，看在情分上） 候进（正可得逞） 外快（意外或份外所得，意料外的成功） 豁边（搞坏，露馅；出格，越轨） 放一码（网开一面，放宽） 野豁豁（说话做事没有分寸、不着边际，距离远）

海派的传统在上海是根深蒂固的，因此那些表现海派特色的语词生命力强，不易传失。

上海话中的大批的惯用语，在开放的社会里由各阶层人人参与创造和传播，使得有上海特色的思想和行为取得了语言形式上的习用性和定型性，人们通过这些语词可以窥见当时快速成长中的上海的社会风貌和良莠不齐、雅俗并举的风土人情。上海人生活之丰富之富有色彩，也表现在积累和通用大量的成语惯用语上。这些语词，表现出生活享受的细腻性，思维发散的灵动性；从上海人造词的活跃思路、宽宏气度、轻松作派和无所顾忌，可窥见呼风化雨游刃有余的海派本色。

二、外来词五彩斑斓

一种语言要发展，就必须创造新词。语言是一个开放性的集合，发展新词，一条渠道是从百姓在交际中产生的新词新语中来，特别是从方言活语中来；另一个渠道是吸收外来词。上海社会走向近代、现代化，新事物新观念通过新词语不断引进，主要从英语和日语中吸收了大量音译借词，涉及各个领域。

开埠后上海是真正的世界化的城市，世界各地的人都可以来沪，甚至逃亡者也能定居于上海，反而纽约、伦敦等大都市缺少中国人、东方人。中西融合、海纳百川的城市品格，使得上海本地人和移民在多样化的社会形态里以宽阔的胸怀，充满创新的精神，掀起了汉语历史上积极吸收外来词的第三次高潮。

我们从开埠以后上海话造词的开放和包容的派头中完全看得出来。对源源不断的新事物，一时不想新创词语的，干脆冠以"洋"字来称呼，如"洋货、洋钿、洋布、洋琴、洋油（煤油）、洋灰（水泥）、洋袜、洋装、洋红、洋伞、洋刀、洋钉、洋火（火柴）、洋房、洋线团、洋风炉（煤油炉）、洋铁碗、洋囡囡、洋泡泡（气球）"等，这些词语中有不少一直用到今天。

日本明治维新后，一方面用假名直接拼写引进了大量音译词，一方面用汉字形成了许多新词语，上海的报纸杂志在晚清首先向日语借来新词，主要通过近代上海报刊如《申报》《时务报》《民报》等，用照抄汉字的方式引进，并不涉及语音。这里有三种情况。① 古汉语里原有的词，日语在近代使用它表达了新概念，现在把它们再借回。如：想象、乐观、主义、社会、文明、思想、意识、具体、演绎。② 日语用汉字新造的词语。如：谈判、方针、政策、自治、反应、科学、物理、资料、哲学、客观、集团、原理、特权、体操。③ 日语中固有的词，原用汉字书写，我们直接引进。如：场合、手续、服务、话题。借自日语的词，除了极少数词如"味之素（味の素）"外，都已进入普通话。

"华洋杂居"的各种交际场合的需要，使得大量的英语借词进入上海话，在说话话语句当中夹杂英语词语也是不足为奇的。欧美借词主要来自英语，少数来自俄语、法语和德语。对于应接不暇的外来事物，直用其音称呼最为方便，也不易因意译而引起事物与称名走样。西洋近代文明在工艺、建筑、交通、衣饰、饮食、教育、医学、音乐、体育、娱乐、文化和生活用语等各个领域都有英语或德语、法语的音译词造出来。如：

引擎(engine) 马达(motor) 凡尔(valve) 围丝(waste) 腊克(lacquer) 克罗米(chromium) 泡立水(polish) 马赛克(mosaic) 水门汀(cement) 水汀(steam) 行(hong) 卡车(car) 摩托车(motorcycle) 派力司(palace) 开司米(cashmere) 卡其(khaki) 凡立丁(valitin) 咖啡(coffee) 可可(cocoa) 柠檬(lemon) 色拉(salad) 土司(toast) 布丁(budding) 三明治(sandwich) 白脱(butter) 咖喱(curry) 白兰地(brandy) 课程(course) 戳子(chop) 麦克风(microphone) 派司(pass) 阿司匹林(aspirin) 维他命(vitamin) 来苏儿(lysol) 凡士林(vaseline) 苏打(soda) 披耶那(piano) 梵哑铃(violin) 萨克斯风(saxophone) 倍司(bass) 派对(party) 沙蟹(show hand) 阿隁(again) 隁脱(get out) 派头(pattern) 维纳斯(venus) 安琪儿(angel) 圣(saint) 德谟克拉西(democracy) 罗曼蒂克(romantic) 沙发(sofa) 戤司(gas) 朴落(plug) 司答脱(start) 司的克(stick) 德律风(telephone) 台头(title)

还有计量单位。如：

克拉(carat) 磅(pound) 打(dozen) 听(tin) 加仑(gallon)

地名。如：

加拿大(Canada) 丹麦(Denmark) 伦敦(London) 纽约(New York) 秘鲁(Peru)

为了提示词义所属类别或凑足双音节，许多借词采用音译加上汉语语素的形式。如：

卡片(card) 啤酒(beer) 酒吧(bar) 沙丁鱼(sardine) 雪茄烟(cigar) 雪纺绸(chiffon) 乔其纱(georgette) 卡宾枪(cabine) 米达尺(meter) 法兰盘(flan) 杏利蛋(omelet) 司必灵锁(spring) 道林纸(Dowling) 拍纸簿(pad) 高尔夫球(golf) 华

尔兹舞(waltz) 卡通片(cartoon) 茄克衫(jacket) 吉普车(jeep) 车胎(tire) 老虎窗(roof)

有的纯音译的借词也会再与汉语的词或语素合成新词。如："咖喱"+"粉"→"咖喱粉"。这样的词又如：色拉油、可可粉、番茄沙司(sause)、苏打(soda)饼干、求是(juice)糖、插朴(plug)、派克(parka)大衣、派司(pass)照、罗宋(russion)帽、沙发椅,等等。还有缩写词,如：普罗(prole tarian)、C.C(cubic centimeter),等等。

中西合璧、音译和意译结合的词也不少。一种是音译加意译。如："冰淇淋(ice cream)","冰"是意译,"淇淋"是音译。此类借词还有如：苏打水(soda water)、霓虹灯(neon light)、弹性女儿(dancing girl)等。另一种是用音义双关的造词法。如：俱乐部(club)、维他命(vitamin)、引擎(engine)、法兰绒(flannel)、幽默(humor)、乌托邦(utopia),这些词读起来是音译的,看起来又是意译的。

我们从一些外来词发音中就可以知道它们都是用上海话的语音翻译的。如：

沙发(sofa) 马达(motor) 马赛克(mosaic) 啤酒(beer) 加拿大(Canada) 丹麦(Denmark) 伦敦(London)

当年广州也和上海同时开埠,粤语中也产生了一些外来词。如："沙律(色拉)、朱古力(巧克力)、车呔(车胎)、摩打(马达)、迪士高(迪斯科)、忌廉(冰淇淋)"。不过后来进入普通话的借词多是上海话的用字。

上海有些人以带有洋派情调为荣,或者身处中外人士交流之中,他们的上海话中也就习惯常常夹带一些洋人词语。如：先生称"密司脱(mister)",第一称"拿摩温(No.1)",钞票称"大拉斯(dollars)",脸蛋称"番斯(face)",有钱有势的大人物称"大亨(hundred)",对分称"哈夫(half)",再会用"拜哎拜哎(bye)",英语词语拿来就用。一众海上少年,头上戴副"托力克",嘴上衔支"茄立克",手里拿根"司的克",出门乘部"别尔克"（名牌眼镜、烟、拐杖、轿车）,引以时髦。在20世纪20年代,已有前面说到的三"克"者,被称为"三克党"(严独鹤主编的《红杂志》1922年第3期刊登饭牛写的《海上打油诗》记下当时的时尚:"海上少年盛行目上戴托力克镜,手中携司的克棒,嘴里衔茄立克香烟,谓为'三克党'。")新词传达的是新思潮、新生活的直接反映,"洋里洋气"和"洋泾浜"的结果,就是从中也接受了中外优势的杂交,从而快速带来上海的繁荣。

借词也有借来后在上海转义的,即在上海实际所指的事物和外国的事物并不完全相同。如:"卡车"在英语中指一般的"车子"和"汽车",而在上海话里成了"载货汽车";"拿摩温(number one)"在上海话里后来词义缩小到仅指"蝌蚪"和"工头";"大班(banker)"由大银行家引申为大老板、富豪,后又用到厂主称"老闆(板)"上,"老板"最初写作"老班";"司答脱(start)"仅用于日光灯的继电器;"拉斯卡(last car)"后来从"末班车"扩指"最后一次"或"最后一个"的意思了。

在上海早期一条名叫"洋泾浜"的两岸,北边是英租界,南边当时是上海县城,两边有许多贸易,彼此需要交际,一度就产生了一种夹杂上海话词语和语法的简装英语,很成气候,称为"洋泾浜语",这种语言是"洋泾浜英语"。它并不是借入上海话中的英语"外来词"。但是在与外国人交流中产生的那些零星的洋泾浜色彩浓郁即不太准的俗语,在群众口语中保留了下来,一直流传到今天,也成为比较有特色的一类音译词。这类词因有些色彩和特色,在现今的上海话里,使用还颇活跃。

比如"混腔势"这个词,源于英语"one chance",原义是"一个机会",这种机会是"混"出来的,现在此词语在上海话里意思是"找机会混"的意思。直到扩义为"混日子""蒙混"。比如说:"伊拉侪是眼~个朋友。"就是说他们都是一些寻找机会混日子,混到哪里就哪里的人。要能一直混下去,自然还会采用"蒙混,骗人"的伎俩,比如说,某人对某项学问一窍不通,或只知一点皮毛,他想长期混在大家的队伍里,不懂装懂挨过去,靠蒙骗别人,以求混荡过关,这就是"混腔势"。其意思,就像上海话另一个俗语"淘浆糊",然而"混腔势"往往要比

"淘浆糊"混的程度更厉害。"淘浆糊"一词多数用于对付一件事"马虎、敷衍",而"混腔势"多数用于找机会,尽量利用可能、运气和缝隙,蒙混得利。所以,有人就会对该人说:"侬辩能长年累月混腔势下去,哪能混得过?"在这句话里,就不便用"淘浆糊"来替代"混腔势"来说,因为要长年累月地"混",非得有一个个机会有一个个空档被他找到钻进,才能把日子混过去。由于这类词有一定特殊和概括的含义,了解了这些词的具体含义和用法,在与人交际中才能使用自如。

类似这样的带有"洋泾浜"味道的俗语在上海开埠后中西交汇中形成不少,用到现在。它们的共同特点是:在英语词语发音的基础上,带上了上海话的发音特点、语法组合,词义也会有点游移。如上海人口语中,把"办法、窍门"说成"挖而势",是从英语"ways"一词借来的:"辩个人挖而势真足,别人想勿到,伊总归会想出对付办法来。"又把"倾向、模样"说成"吞头势",来自"tendency":"侬有话好好叫讲,勿要摆出辩种吞头势来!"又把"全部、统统"说成"搁落三姆(gross sum)";把钞票多说成"麦克麦克(mark mark)";把身无分文说成"瘪的生司(empty cents)";把扑克中的一种玩法称"沙蟹(show hand)";把"拥挤"说成"轧沙丁鱼(sardine)",借用了英国人的比喻;把比"一点点"小的说成"一微微(a minimum)"。

民间长久流传着很多洋泾浜色彩的外来词。如:

番斯(face)　回丝(waste)　退招势(juice)　道勃儿(double)　扼隑(again)　拉斯卡(last car)　派(pass)　捎(shoot)　搞尔(goal)　司到扑(stop)　脱趋跑(touch ball)

有些人际称谓,"洋泾浜"味也很重,如:把"丈夫"称"黑漆板凳(husband)";"管门人"叫"抛脱(porter)";把"服务生"叫"仆欧(boy)";把未婚妻称为"飞洋伞(法语 fiancée)";把"傻瓜、呆鹅、糊涂虫",称为"戆大(gander)";把"蠢人"叫"阿木林(a moron)",这个"阿木林"在"木林"的用字上又巧加上义素,因为江浙沪民俗中,农民算命如"五行缺木",相信在取名字时用"木"或"木字偏旁";又把一文不值者称为"瘟生(one cent)",后来又转义为"冤大头"或骂人如得瘟病者;把"乞丐、叫化子"叫作"瘪三(begsir)",乞丐先生又引申称难民、叫花子、拾荒或哄抢者等,直到成为泛骂用词;把涉外的低等妓女称为"咸水妹(handsome maiden)";"大班(banker)"又写作"大板",由大银行家引申称呼大老板、富商,后来又引申出"老板"一词来;"模子"或写作"码子",来自"moulds",用作"寿头码子""小刁码子"等词的后缀。

形容词也产生不少。如"嗲(dear)",由亲爱的、可爱的引申为娇柔的、媚态万千的;"克拉(colour)",由色彩引申为时髦的、衣着光鲜的;"邋遢(litter)",由四下杂乱的废物、东西,引申为杂乱、凌乱和不修边幅;"大兴(dashy)",由浮华的、外表漂亮的,引申为实际劣质的、冒牌的;"肮三(on sale)",由大减价贱卖,引申为垃圾货和人品上的低劣,以致抽象为差、不正路、不正派;"呴(hurt)"表示由于伤心、痛心、自尊心受伤等带来的很不高兴和怀怒。"门槛精",则由聪明灵活的"活狲精 monkey"引出,表示"精明"的意思。

这种灵动性在底层民众中也很活跃。随着上海人英语学习水平的提高,上海的洋泾浜语在20世纪20年代以后消失。但是在说洋泾浜英语影响下吸收的一些英语借词依然流传在下层群众中,这些中西合璧具有海派民俗特色的词语还有:"轧朋友"的"轧(get)",是得到搞到的意思,用于"轧朋友",原为搞到女人、结交异性,后来泛指交朋友。把"接吻"说成"打开司(打 kiss)"。"退招水(退 juice)",本为流氓退还敲诈得来的油水,引申为丢脸、失面子;"翎子(leads)"原有"提示、暗示"的意思,"接翎子"便是接提示或接暗示;"台型(dashing)",由穿着很漂亮加上"扎"便引申为出风头、自我炫耀;由于上海的洋泾浜语把"Never mind"说成"Marskee","笃定马思开"一语就从此而来,意思是"笃笃定定,踏实放心,无任何问题"。上海话还把"突然"说成"着生头里(suddenly)",又如称"寿头码子""小刁码子"的"码子"来自"moulds"。这些词语一直流传于群众的口中,有的长期未形成书面词,所以后来各人以读音写下来时往往没有共同约定的写法。

外来词五彩斑斓,说明我们生活在一个世界文明的环境里,语词的充满扩散性,说明上海人的思维活跃,敞开宽阔胸怀。海派文化是一种自由、开放、民主的文化。上海话就浸润在这样的海派文化的天地里,它与上海这个城市一样,敞开着宽阔的胸怀,对国内国外的各种文化和语言,都用"拿来主义"的精神对待。兼用、借用、杂交的结果,中西融合、海纳百川的城市品格,使得上海的本地人和移民在多元的社会形态里进行多样化的选择,创新精神活跃,这从开埠以后上海话造词的开放与包容的派头中完全看得出来。它使上海话取得了充满生长点的优势,成为一种蓬勃活跃、前卫创新、具有强大生命力的方言。

"洋泾浜语"不但对上海话的用词习惯发生影响,而且也有英语词语在上海洋泾浜语中诞生。据《宝山县志》等记载,"筷",是船民因忌讳而造出的词,原来上海地区的人将"筷"称作"箸"的,沿用古汉语词,上海至今还有人把插筷的器具称"筷箸笼"或"筷箸筒",就是因为"箸"的含义后来渐渐淡忘了,加上一个"筷"字形成"筷箸"的同义重叠。"箸"和"滞"在上海话里因后来语音的合并而变得同音了。开船人忌讳"滞"船而希望"快",于是反其意称"快",又加上形旁"竹",写作"筷"。本来,英语里没有"筷子"这个词,现在的读法,也是在清末民初的上海洋泾浜语基础上形成的。英语此词的构词法也与中文"筷"的造字法大致相同。"chop chop"和"豪燥豪燥"是上海洋泾浜语中两个表示"快"的说法,"stick"是"棒",因为筷有两根,故加了"s",形成了"chopsticks"这个英语新词。

现今,年轻人中尤其是文化层次较高的白领阶层里,偶尔在上海话对话中夹带一两个英语词语,如说"请侬拿报表 Fax 出去""去 copy 两份""到 W.C 去趟就来""去叫 office 小姐""借我 see see""侬哪能介 fashion 啦(你怎么这么时髦)"。这样用法也已常见,在上海城隍庙等处的小商品市场的交际中,也时常听到中国语法的蹩脚英语。当今在上海,说方言时夹国语词,说普通话时夹英语词,似已见怪不怪了。如"开 party""打 kiss""摆 pose""小 case",使用多了,有些语词也许会像过去的"拉斯卡"那样留在上海话中成为外来借词。"开司米"现又作为英语 kiss me 的音译,意为"吻我"。"打开水"是"打 kiss"的音译,意为"接吻"。还有些是用上海词语语法排列说的英语,与"洋泾浜语"更为接近,如:"让我 see see""Old three old four(老三老四)""give you colour to see see(给你点颜色看看)""我 call 侬""long time no see(长远勿见,这个汉化英文已经被英语吸收)""Good good study, day day up(好好学习,天天向上)"。还有"Down 脱了"是"学分被关,考试不及格"的意思,"University"谐音"由你玩四年"。进而用阿拉伯数字的也有,如:"419(一夜情)",用的是"for one night"的英语谐音读法"four one nine"。现在的上海年轻人英语水平很高,说上面举例的那些准"洋泾浜话",多少带有俏皮的游戏情结。

从上海人当年造词的活跃思路、宽宏气度、轻松作派,可以窥见他们呼风唤雨游刃有余的海派本色。毕竟沟通才是语言的主要功能,不但是吸收外来词,上海话还吸收不少外来方言词,不以新事物为惧,不为窠臼所囿,如水中之鱼,优游自在,顺时而动,其中可识得上海人的灵动,从此就无往而不利了。

三、花露水

上海人追求高品质的生活,许多人家都是喜欢养花赏花的。海派的思维,土洋结合,江南的文化加上西洋文化的汇聚和交织杂交,在"花"的层面上形成了"花言花语"的一大词族。

"花露水",本是一种日用化学制品,属香水类化妆品,用稀酒精加进一些香料蒸馏制成。过去我们常用来涂在有痱子或是被蚊子叮了的皮肤上,它有祛痱止痒、去除异味的功用。它用起来像香水一样的,只要用一点儿就可。现在上海人常用"花露水"比喻一种吸引人尤其是吸引女性的"花头"。比如说:"小方真有～,女朋友拨伊花得团团转!"本事大的小方,洒出的"花露水"也只需一点点一滴滴,但是苗头十足,极有成效。

关键还是开头的一个"花"字。上海人也许家里插花插多了,看花看出各种名堂来了,因此将"花文化"也开发了出来,开出了系列花朵。

其根源盖出于一个"花"字。众所周知,"花"是植物的繁殖器官,与性有关,由此各种花又是形形色色,五花八门,开放得十分好看。上海1929年群众评选市花,最终以**"棉花"**夺魁。棉花开的时候会变色的,结果后成为棉铃,又二度绽开棉花,朵朵棉花一片雪白耀眼。上海人很实惠,常熟田有稻文明,松江田长期以来突出棉文明,上海人一贯就干脆称"棉花"为"花","花好稻好(丰收)就样样好"(生活各方面)了,"花"还在**"花好稻好样样好"**这条上海话熟语中列在稻前。二三十年代上海近代工业蓬勃兴起,开出了大量的纺织厂,用本地出产的大量棉花纺织出来的花布,随即步入"洋布"很高的等级,于是上海人也被红颜绿色的花布包装起来,眼里看到的尽是花,而且某人穿得越"花",人也越"花",好像是成正比的。

上海人喜欢种花插花赏花,于是冒出了许多"花族"名词。如:**花头、花样、花招、花俏、花巧、花功、花斑、花头经、花架子、老花头、花腔花调、花边新闻。**以至还有:**花瓶、花样美男、花边女友、花花公子、花花肚肠、花咪花眼、外插花、花痴、花花**……

何况"花"还是个形容词。有:**花妙、花花绿绿、花头花脑、花里花绿、花里八腊、花三花四、花七花八、花天花地、花样百出、花红柳绿、花天酒地、花搭搭、花拆拆。"花花绿绿"**,皆是五彩缤纷、品种繁多的意思;**"花里八腊"**,是颜色图案很花;**"花头花脑"**,是善于想出各种诱惑人的主意;**"花样百出"**,是办法、主意层出不穷;**"花里花绿"**,是花里胡哨的意思。

"花花肚肠",是善于想出许多新奇点子;**"花腔花调"**,指唱唱歌唱唱戏,腔调变化多。**"花搭搭"**,就不太正经。

这里的"花",大都与异性有关,况且"花"又是个上好佳的动词,动词"花"也变成一个与异性相关的词了。一旦谁出来"花花伊"的话,对方许多人会"吃"的。

从感情等方面去逗引人家,就是"花"。如:"侬又要去～侬女朋友了是哦?"以致引诱人家或假心假意地给予,都谓"花"。如:"侬勿要来～我了,我勿吃侬挦个一套!""**花头**"呢,从花的花苞引申到不正当的男女关系。如:"侬看,伊拉两个人当中有点～了。"狡猾弄术也是"花头"。如:"伊挦个人～真透!　会儿玩这个,一会儿玩那个。"新奇的主意和办法,也叫"花头"。如:"小徐～多,常常辣翻新花样。"如果一个人的心思主意用在多个女人身上,就说这个人很"花心"。**"花心"**本来是指"花蕊",上海人转为"对异性尤指对女性爱情不专心"。如:"小王别个地方倒蛮好,就是太'花心'。""花"也带有不稳定因素,"花"还可带有变换花样善于骗人吸引人的分子。如:"侬看呀,伊又辣辣～人了,跑开点,勿要上伊当!""**花拆拆**",则是男方喜欢与异性调情的模样,一副轻浮的腔调。**"花倒侬"** 就是要把你迷倒的宣言了。

一包"花"词之中,有些意思表达比较微妙。如:**"花俏"**,就是说话花里胡哨,会献殷勤讨好人,也包括衣着鲜艳时髦。**"花妙"**,就是甜言蜜语,很巧妙。如:"伊讲得～,女朋友一糊涂,就当是伊真个水平高。""**花巧**",可以形容很有一套。如:"伊讲个言话老～个,我还有点勿懂。""花巧"又是名词,是一种**"花头经"**。**"花头"**,直接来自一朵一朵花,过去女人们结绒线衫,一会儿结这种"花头",一会儿又结新的"花头",叫**"花头透"**,也叫"会换花样""**花样经透**"。所以"花头经",也就是新异的窍门,也是一种**"花招"**,包括不正当男女关系的苗头。如:"伊拉一眼飘过来,一眼传过去,当中肯定有花巧。""挦个男人就是花样劲透!"名堂奥妙,会**"出花头"**,有"才情",有噱头,这时这个人的**"花样"**,又成了别人很眼红羡慕的东西了。因此,这时候当一个女性在说"挦个男人老'花'个"的时候,也许她还是很欣赏他的也说不定! 至于说到这个小伙子**"老有花功""花功道地"**之时,就是说他聪明伶俐,富有感情,表扬他对女朋友善于细心伺候,温柔入化,够标准的!真想自己也能碰上这样的男朋友,最好自己老公也对自己多来点花功!

这种男子,就叫**"花露水足"**!"足"到像真的巴黎香水了,他一靠近,女孩感到香气阵阵,灵感都被他激发出来了,心情好时会主动去和他搭讪,十分"焐心"!当然如果他**"花七花八"**,已经"花"到**"花花公子""花痴**('花花'是对'花痴'的雅称)"的地步,则又当别论。

由于**"花露水"**比较便宜,在不富裕的年代,普通百姓都比较喜欢花露水。后来就把凡是可吸引人的"花头",都叫"花露水"。如某个人新奇的主意多,就说这个人"花露水足"。别人想不到或做不到的事情他就行,就说这个人"就是有花露水"。"花瓶",她被公司供着,就是因为她对公司有不时洒出点"花露水"来之用处,红花得要绿叶来陪衬,何况大家觉得她的存在让大家也挺开心。某个单位,人气上涨,大家夸它"这个公司就是有花露水"!他们的老板"花露水勿少","有噱头"!总之"有噱头"的人,便藏有"花露水",随时随地会洒点出来。三四岁的小孩很聪明很懂事的样子,说话常常会意外给人以惊喜,一说出这样的话,朋友就称赞这个孩子"真有花露水"!杂技节目偶尔做出惊险动作,有玄机,或变化多端,可以说:哦,这个节目**"花露水浓"**!这个人有本事,有噱头,有名堂,这个地方有变化,有生机,有吸引力,都是**"花露水足"**!上海这个地方,就是有花露水,连听听上海话,也觉得蛮有花露水,所以很多人不想离开。

现在的上海,轮到美眉也来洒花露水了!

你看那,在众目睽睽的地铁里,女孩子搂着男友搂得很有水准,只要咔嚓一声,随时可以拍出一张地道的艺术照。你看那,在人流熙熙攘攘的马路上,女孩子抱着男孩的头颈在他脸上轻吻。这些优美的花露水动作,有点蹿升到法国香水的浓度了,而那些男孩,则漠然地站着一动也不动,心里当然是甜滋滋的,有说不出的焐心。

上海人的"花头经"是透!最终都落实在上海话众多的词汇上,

再读读这些"花"的词语吧：

花头　花心　花色　花瓶　花盆　花样经　花痴　花拆拆　花里八腊　花头花脑　花功道地　花好稻好　花三花四　花七花八　花样百出　花开花落　花花绿绿　花红柳绿　花腔花调　花花脑脑　花花肠子　吃花生米　花天花地　花来花去　花八拉几　花花肚肠　花花公子　花天酒地　花边新闻　花眉花眼　花头十足　花里花绿　花功十足　花嘴花脸　花边女友　花迷活眼　交桃花运　外插花　花头经　花花侬　花倒侬　花架子　摆花斑　花纸头　花点子　花蝴蝶　花兮兮　花搭搭　老花头　花老头　花和尚　花功　花巧　花腔　花俏　花妙　花招　花萁　花样　花呢　花斑　花屏风　花被头　花裙子

四、嗲妹妹

上海最令人心动和愉悦的，是"嗲妹妹"形象。

"嗲"这个词，是一个海派词汇，产生在上海，至少已经流行一个甲子以上了。它原来的意思，有人说是"故作忸怩之态，娇滴滴"；也有人说是"形容撒娇时的声音或姿态"。如："伊讲起言话来嗲声嗲气。"有的妹妹不撒娇也有天生的"嗲劲"的。是褒是贬，随你看了，而且不同的时代看出来也会不一样。20世纪60年代不少人对之嗤之以鼻，认为这至少是一种小资产阶级的情调，须批判的；到80年代以后，虽仍有坚持上述看法不变的人，然却有不少青年女子是欲求嗲而不得了，不少青年男子是唯恐谈上个妹妹不嗲。

据说"嗲"是天生的，它就像明朝李渔在《闲情偶寄》里描写的女人的"态"。李渔说："女子一有媚态，三四分姿色，便可抵过六七分；试以六七分姿色而无媚态之妇人，与三四分姿色而有媚态之妇人同立一处，则人止爱三四分而不爱六七分，是态度之于颜色，犹不止一倍当两倍也。"他说：那种态，"犹火之有焰，灯之有光，珠贝金银之有宝色","且能使老者少而孀者妍,无情之事变为有情"。也许有很多人都深有感受,看到一个天性"嗲"的女子,虽年老者而童心撩人,谈及和对待世上诸事,都有情脉脉,何况一个"嗲妹妹"。

有人说,"嗲"是上海人对女性魅力的一种综合形容和评价,它包含了女性的娇媚、温柔、姿色、情趣、谈吐、出身、学历、技艺等复杂的内容,有先天的也有后天的。先天的大概就是李渔所说的"态"了,"服天地生人之巧,鬼神体物之工",学也学不来;后天的据说出生在淮海路陕西路的与生在"下只角"的,是否重点中学出来的,气质就是不一样。"嗲"反映了上海一些女子的追求目标和男子的兴趣指向。上海姑娘的"嗲"包含着的"可爱、俏丽、伶俐、素养、台型、时髦、摩登、浪漫、迷人、小资"种种元素,从说话的声音、站立的姿态、交际的灵动都会散发出来,令人心动。

后来,"嗲"字从相貌性情娇媚引申到做事漂亮、上佳精彩,表示"好、精彩、够味"。如:"伊两个字写得嗲是嗲得来!"

"嗲"这个词到底从何而来呢?它是从上海上岸登陆的,有人认为"嗲"来自洋泾浜英语"dear",因为它本来就有"亲爱、可爱"的意思,后经上海人的改造,已经成为"的的刮刮"的上海话。"嗲"这个音节在老上海话以至普通话中原都是没有音韵地位的,原来"dia"在上海话里只有"爹爹(称父亲)"的阴平声调,后单为它造一个字,多了一类"阴去 dia"的音节(普通话读"嗲"则仿上海话"嗲"的韵母读音和声调实际调值,造了一个上声 dia 的音节)。它是伴随市民社会形成市民意识情趣兴起而娩出。上海人说食物的味道有个"鲜"音节,这也是市民阶层中追求享乐细腻化而在吴语中产生作常用词流行的,原来在普通话里也没有相应的词。上海人惯于安富尊荣,乐惠和谐,不喜欢横冲直撞,粗头粗脑,于是喜欢"发嗲"的人也就多了,人们也喜欢看女子在各种场合的"发嗲",进而把"嗲"字的"娇"引申到赞扬,引申到"好"字上去,这是"嗲"字的民间立场。

遇到男孩子开玩笑的"过火"言行,淑女们会反弹地说一句温柔的话:"侬好好较!"再轻一点就说:"好好较好哦?"如果男孩继续与她

"打朋",或者说一句:"侬今朝打扮得老夸张个末!"那女孩会对她瞧上一眼,眼火里是有焰的,回应他一句:"侬去死——""侬好去死了——"听到她这么说,语调一定是很嗲的,新上海人可能误会她要与你绝交了,而熟悉上海民俗的男孩自然明白:彼此的恋爱或交情又上了一个新台阶!

这也是上海女孩的一种"嗲"法。

我们只要看看上海人和浙江人唱的"女子越剧",就可以深切体会"嗲妹妹"们的"腔调"了。越剧的表演集中展现了江南文化中柔和嗲的一面,责之者称它"软绵绵",但是,它既典雅舒婉又妩媚传情,那一举手一投足一甩水袖,那曲曲弯弯如清溪细水的拖腔中,透出来的就是那种出自天然的秀美,那种"嗲"。"嗲妹妹"人人喜欢,所以越剧唱到全国去了,成为中国第二大戏剧。越剧最适合演曲折的爱情戏,它表达出来的感情比许多戏剧更细腻更动人,它的人物有"服天地生人之巧"的"态",它的情节再现了"旧曾谙"的江南好风景。王文娟唱:"这诗稿,不想玉堂金马登高第;只望它,高山流水遇知音。"一句甩腔,无限哀怨地表达出黛玉发自内心的对真情的渴望呼唤和对人生的无奈悲怆。孟莉英唱"那鹦哥,叫着姑娘学着姑娘生前的话呀!"多么顺其自然的平常话,在那种情景那种腔调里,竟是一腔悲愤失望锥心泣血九曲回肠。毕春芳唱:"那玉堂春可算得义重恩也深!""深"字拖腔之一语三转,使感激之情表现得无限痛彻深沉。……从这些越剧的唱腔里,我们仿佛听到了天籁之声。

"嗲文化"是江南灵山秀水养成的,故与"土"和"巴"完全相对。"发嗲"又有多种发法,如有"发糯米嗲",可没有"发狮子嗲"的。"发嗲"又是一种柔美娇媚的阴性风景,所以一旦男性也来"发嗲"起来,便成了贬义,成了"搭臭架子"、故意摆姿态,装模作样、装腔作势的意思。如当他要推脱某件事时,便对他说:"侬勿要发嗲了好哦!"对自我感觉太好的人挖苦一下,说:"'嗲勿煞'咪!侬买根线粉吊杀算了!"

五、垃 圾 股

过去有一个小品,四个姑娘一起表演说唱《说嫂嫂》;现在证券公司里坐着一帮老太,一起来轧闹猛,每天来想赚点小菜铜钿,一边看翻红翻绿,一边信口闲谈。谈发谈发,就从评股票评论到自己的"老公"来了。于是一位年纪看上去还勿到 50 岁的张家妈妈开了腔,一讲就没完没了讲下去。

讲起阿拉个老公,真是只的的刮刮货真价实个"垃圾股"!

老实末老实得过份,吭用末吭用来出奇!

我也勿晓得啥地方搭错一根神经,年轻辰光拨伊花得去,现在拨伊套牢!我想想我卖相也勿错,长啊长得蛮适意相,人也蛮走得出去,对哦?(听者齐声:咳,是呀!)

阿拉个"老头子",过去辣辣厂里,叫回到屋里,像少爷,饭也勿烧,菜也勿买,落得我做了一个全职"买汏烧"。伊啥个也勿管,还讲"我只管负责赚钞票"。

其实从前辣国家厂里做生活,脑筋勿要动得个,只消听听车间里个广播喇叭绍兴戏,茄茄山河,一日实足只做四个钟头,流水线上靠上去,靠辣国家身上,结果脑筋越靠越笨。

现在是样样侪做勿来。勿要讲电脑打勿来,录像机弄勿来,连电灯暗脱也修勿来!

"下岗"回来后,人家侪去动脑筋想办法,做做小生意,摆个小摊头,赚点小铜钿,伊是,一家头伏辣屋里,算有了只电视机,一日开到夜,看末勿看关末勿关,只会浪费电!

有一趟,伊叫拿仔一点铜钿,跟朋友一道到外地,去了几天,两手空空回转来,一眼花露水也吭没,像出去旅游兜一圈,啥个工作也做勿成,只好闷声勿响屋里向坐了几日天。

从此以后,伊再也吭没勇气出去找发展寻铜钿,侬讲伊推扳哦?

连上海小男人都勿像,是个上海小小男人!

人家介伊去做高层住宅个门卫,伊去做做看,叫嫌比钞票赚得少,责任重,辰光长,厌气煞,收发报纸搞勿清,做了一个月,回来唻!勿肯再去。

总算老早勒紧裤带,积了点钞票,便宜辰光,我去买了一间房子,现在租出去,一个月也好赚个四千五租金。(听者齐声:哦!)

伊末,小菜场浪,托人弄着一只摊位,租拨拉外地人,辣能介赚赚铜钿。

伊自家,只会得,老酒吃吃,麻将搓搓,两桩事体。死辣外面,搓到半夜三更,一只电话打转来,讲勿来睏觉了!

侬讲辣只老头子,阿有出息?

自家吭没出息,伊讲自家弄勿好了,指望"小出老"有点出息。

所以伊盯牢仔个儿子折磨。伊讲,我已经拨侬看煞,是"垃圾股",我一定要叫儿子成龙,成为"绩优股""潜力股"!乃末勿得了!天天盯牢伊读书读书再读书,考证考证再考证。测验考试勿好勿及格,勿及格就要吃耳光打屁股。后来啥个前几名咾后几名,一勿来三就要骂煞快!再穷也要买教辅请家教,千叮万嘱勿许谈恋爱,脱我好好叫读书,第一步只许做个"原始股(未谈过恋爱的纯情男孩)",勿准搞七廿三!一定要读大学读研究生考到外国去,讨个漂亮标致个新妇回来,振振家声。赛过自家读勿着书,要儿子一道代伊统统读进去,真是"作"煞!

要儿子去做"绩优股",自家末,还是麻将搓搓,嘻嘻哈哈,甘做"垃圾股"!

垃圾股归垃圾股,着生头里啊,出了一桩事体。

张家姆妈一趟汏浴辰光一摸肚皮发现有一个硬块。第二天,她就叫了老公一道去医院做了种种检查。一查下来讲作兴恶性要马上开刀,辣个叫真急坏了她个老公!乃末伊发动了伊脑子里个全部神经细胞,找到所有伊能找到个亲戚朋友,去借钱凑款,拣佛烧香,请好了名医开刀。肿瘤邪气大,开到一半,失血过多,需要马上输血,但是医院血源紧张,后接鲜血要稍等时刻。伊立刻床上一躺,要求抽血拨老婆,再多也尽管抽;又叫儿子考试也勿要考了,限时限刻即使坐飞机也要来报到,上床验血型。儿子个血型正好对上,救了姆妈一命。结果诚情感动菩萨,化验下来是为良性,阿弥陀佛,上上大吉,他再睡得着觉。以后他又不相信护工,亲自每日天辣医院病房里陪老婆陪啊陪啊,勿晓得陪到阿里一日!

从此,辩位张妈妈再也勿叫她个老公为"垃圾股"!

六、淘 浆 糊

"淘浆糊"这个熟语在上海话中经常用到,用得也交关出色。

"淘浆糊"一词的含义现在包含着较宽泛的信息。从字面上看,像是有一个人拿了一根棍子在一个浆糊桶里把粘稠的浆糊搅啊搅的,搅得一塌糊涂。用来比喻和形容那种不认真的态度,形象而传神。

"我今朝淘了一日天个浆糊!"这是指做事马马虎虎、敷衍塞责,混了一天。

"侬认真来死做啥?我看侬只要淘～就可以对付过去了。"这是说遇事只求蒙混过关。

"侬回答勿出,～会哦?"这是叫人不分青红皂白、不懂装懂、搅和一气应付正事。

"伊末,只会～,侬可以相信伊个言话个啊?"这是指有的人只会胡说一气、插科打诨,靠不住的。

"大家侪辣排练,我也轧辣当中淘～。"这是指凑热闹、滥竽充数。

你看,"淘浆糊"一下可以包囊替代"敷衍塞责、蒙混过关、插科打诨、滥竽充数"四个成语。

表义宽泛是许多流行语的特点。"淘浆糊"一词,有人说相当于北方话的"和稀泥",但这只能说是对应其一义;有人说,"淘浆糊"好比南方话的"拆烂污",可是淘浆糊的人要比"拆烂污"的人有能耐,更有花样经,而且倒也不是存心要去"拆烂污"那么拆得厉害。

行事无原则,办事圆滑,方方面面都处理好,也是一种"淘浆糊"。如:"张三勿得罪,李四有关系,领导面前会讨好,朋友之间笑呵呵,侬看伊会得～哦?"

开开玩笑,胡说乱扯,打岔,也是淘浆糊。如:"阿拉跟伊一本正经讲道理,伊只晓得～,讲到阿里是阿里,侬讲有劲哦?"

开无轨电车,摆龙门阵,夸夸其谈,也是口上的淘浆糊。如:"今朝伊一开课伊就～了,一节课上下来,勿晓得吹到阿里搭去了!"

客气的时候表示谦虚、出力不多,也可说:"我是弄勿来个,只不过是淘～个呀。"

问人在何处高就,也可说:"侬辣啥地方～啊?"

大家在很高兴要去做某事时,就开口一句说:"～去!"一哄而去,似乎很潇洒从容的样子。

如要表示宽容随意,劝人从事,就对人说:"侬就去做好了,淘～也可以个,勿必忒认真。"

"伊浆糊淘得好,路路通!"则是对善于处事处理人际关系的人的褒词了。

更有一种"淘浆糊",是在双方中求同存异。如:"今朝订货会上,要看侬淘得来浆糊哦了!""绷得再僵硬,我会～,淘出新水平!""淘浆糊"居然还是个本事,现代社会需要一种妥协合作,协调关系,才能前进。

像有些英文词语并不明确褒义和贬义那样,"淘浆糊"也不仅仅用于贬义,有时还可用作褒义和中性义,如沟通关系、调和矛盾也是一种"淘浆糊"。可以说:"我辣伊拉两家头当中～,摆平了两人之间个矛盾。"如果发生争议的公司谈生意时双方要闹翻了,正需要有个秘书在其间"淘浆糊",重新拉合关系,以促成一笔大生意。所以说他在"和稀泥"吧,倒也不是那么消极。"和稀泥"是个贬义词,而"淘浆糊"却是在"淘来淘去"中扭转乾坤,变败运返成功。"打圆场"也好,

"调解"也好,"淘浆糊"又变成了个"褒义词",贬义褒义只差一步。所以,"淘浆糊"的一义,可以转到"摆平"。

当这个人行事会统领全局,善于收拾残局,人情练达时,有人就这样说他:"辩个人本事真大,勿论哪能复杂个场面,伊侪淘得好浆糊!"

其实,在一个开放宽松的气氛里,事物本不是非好即坏的。社会生活的多元化,使有的常用词语也在一个基本意义上繁衍出多项巧妙的引申意义。在上海的民间社会里,有些词语本可以褒贬一体。比如"避风头"一词,用作贬义句、褒义句两可更是常见。如:"我辩记风头避得好了!"用于句义上的褒义。"警察就要上门,伊还想避得过风头?"这里多数是用在贬义的句义上。

在社会上使用词语活跃的岁月,往往会环绕一个有底气的词的周围自然衍生出一些新词语。这种现象在上海这个有海派文化、富于奇思遐想的大都市里,在青年人思维活跃的地方尤其容易发生。如上海人把股市市场中产生的"垃圾股"比喻作"不理想的恋爱对象",后又延伸到"蹩脚的丈夫或妻子",跟随着"潜力股"(有发展希望的恋爱对象)、"绩优股"(理想的谈恋爱的男性)、"原始股"(未谈过恋爱的男小青年)的语义也有了相应的延伸。从淘浆糊一词出发,如今又派生出一些新的词语来。"浆糊桶",指那些处世圆滑、能说会道的人。如:"老张是只~,侬帮伊讲啥伊侪讲对个对个有道理个。"又指稀里糊涂的人,做事过日子惯于混混的人。如:"碰着辩只~,侬倒一百辈子霉了!"还指会把气氛搞得热闹又混乱的人。如:"还勿是来了辩只~,瞎讲一通,拿大家个心侪搞乱了。"还有"浆糊兄"一词,戏称糊里糊涂、只会混的老兄和糊涂虫。如:"喔哟,我托着个王伯伯,侬原来是个~啊?"更有"尊称"为"浆糊师"的,既指遇事善于搅和蒙混的人。如:"辩种事体,有啥争勿清爽个,请~来撸撸平算了!"又指有协调各种关系能力的人。如:"人家摆勿平个事体,只有伊去淘浆糊,大家侪叫伊~了!""浆糊"一词又可代称糊涂和糊涂虫。如:"张老师绝对一个~哦,居然自家也搞勿清爽啥辰光考试个。"

"淘浆糊"一语,可以说是20世纪90年代后在上海又流行起来的词。80年代及以前不听得说起。由于人之常情古已有之,1935年汪仲贤写《上海俗语图说》时,在第108篇"一塌糊涂"中就提到了那个年代也有"浆糊"在"淘"。他说:"我们的一塌糊涂太多了,就是请了会计师公会里的全体会员来清理,也算不清这千万票的糊涂账,那时只得想个变通办法,把盈千累万淘过的'浆糊竹罐',一齐埋藏在坟墓里,这也有一句俗语,就叫做'烂屙'。"可见"淘浆糊"至少在20世纪30年代就流行于商业社会中。因为人们一直是用北方话通用语写作,不是真正"我手写我口",尤其在除北方方言区以外的各大方言区,当一个方言词语偶尔漏出来写到书面语上去的时候,其实在口中已经不知用了多少年。汪仲贤在小报上刊载《上海俗语图说》,当然文中带有很多上海话俗语,只是别人写书面语时,不用方言词而已。所以有人想起在什么小报上首次看到这词语在使用,使用在什么场合,这并不等于是该词的最初出典、最初用法和最初用的场合。有的人当初刚听到群众中在流行"淘浆糊"等词语时,由于不见于载北方话的词典,带着相对保守的心态,就批评自己不用的词语为不规范,或为了讨厌它,就举一个他在某个认为坏的地方听到或看到(如不洁游乐场,如使用方言较多的、语言较活泼的小报)的例子,往这个词语身上抹黑,其实是毫无道理的。一个词语的合格与否,要看人民群众是不是使用它,语言是群众约定俗成的,大家常用才流传出来的,不以某人的意志为转移。口语具有深厚的草根性,不像有的书面语成语的确可能有出典。

七、打　朋

所谓"打朋"者,朋友之间开玩笑也。"打打白相相",这个"打",并非是真的"打相打",而是一种"寻开心",因为是要好的朋友或老同学"出窠兄弟"等,亲密无间,大家惹惹扯扯,手足之随意反而显得交情之深。我们常常见到刚出校门的中学生走在一起,你打一下,我擂一记,一天的紧张随之消除,所以"打朋"还有放松神经的功效。

"打朋"还有"打棚""打字"等写法。对于方言词语,一般是不宜到书面语里面去求索"书证"的。因为古代留下的书大都是用北方话"通语"写的,编的辞书中也很少方言词。方言长期流传于一地群众的口语中,待到有人在某文中偶然夹进一个方言词,表示某情景中的某意,只能说是一个方言词有了一个出现的机会。作家不是语言学家,辞书上又没有依据,随便写个同音字也是常见之事。所以不能说书面语上初见到的一定是正确的写法,不能说文章上面的那种用法一定是最早的用法、最原始的本义或原始的出典。在口语中用了一百年才在书面上出现一次也是可能的事。所以硬要考据方言词的来历,往往会信假为真;许多有关方言词语的故事,都是后来的附会。不过,有的书写的"本字"是有一定可信度的,比如《嘉定县续志》的"方言"篇上"打朋"记作"打字",注:"俗谓调弄人以自取乐也。字,俗读如彭。"因为嘉定县的续志编写是有当地语言学家参与其中的。过去有的书将"白相"也写作"字相",因为在老上海话中"字"的口语音是"白相"的"白"的准确读音。然而,"白"在上海地区的文读音也与"字"同音,所以"字相"也不妨写作"白相"。"打字"的"字"为什么读如"彭"呢?我想,"字"也像北京话的"玩"一样,"玩"可以读成儿化词"玩儿",上海"字"也能儿化,但是吴语的"儿化"与北方话不同,儿化的"儿"读成"鱼、五(ng)"的音(宁波话"儿子"至今还说如"鱼子"),"五ng"音粘在"字"后"化"上去,"字"就鼻化读成"彭、朋"音了。与"麻雀jiak"说成"麻将jian"一样原理。

所以,**"打朋"**的意思确是**"打白相"**了。"打朋"是一种戏谑,所以会越打越开心,一波掀一波,感觉十分轻松快意,像吃了兴奋剂,结果打朋常常就会打"豁边"了。朋友打朋是有度的,玩笑越开越大,"调弄人"太过分,未免会触犯底线。你要"以自取乐",只是"寻"了自己的"开心",却搞得人家不开心了。把朋友灌醉,又拔了他脚踏车胎上的"气门芯",这样"打朋"叫人家怎么回去?四个朋友一起边吃酒和膨化食品,一边嘻嘻哈哈打牌劲头十足,其中一位老弟老是输,刮鼻子、夹耳朵等罚的方式都已使尽,怎么办?乘着酒兴有人突发奇想,去剥了他的短裤**罚罚透**,虽然这位老弟红了红脸也不甚计较,大家早已是一同出入浴场的"老交"朋友,但是这样做破坏了人的尊严,越出了底线,太过分了。"打朋"之"度","**寻开心**"寻到什么地步,全由你们自己相处中的可容忍度决定,超出一点点,还没关系。各群朋友,上下尺寸大不相同。

打朋要识相,但也有**"勿打勿相识"**,打了反成了朋友的。如在一个酒吧的桌面上,各人带来自己的朋友,聚在一起,吹吹牛皮打打朋,这也成了现在年轻人颇有新鲜感的找乐子的一种常见形式。大家吃得高兴时,就要开始打朋了!打到后来,一个大叫:"你有什么稀奇!侬辩种小儿科的题目我勿晓得碰到几趟了!"另一个也不服气地大喊:"侬勿要老茄三千(好卖老)!侬爷叔加入IT时,侬还辣拖鼻涕赤屁股唻!"于是开玩笑开得真叫**"勿大勿小"**,变成**"吵相骂"**(吵架)了。不过"多云转晴",过了半个月,骂对方"小儿科"的"朋友"在自己公司里碰上了一个难题,大伤脑筋急得**团团转**,转而一想,那个自称为是我爷叔的"朋友"不妨可问问他吗?到后来,不但这个难题化难为易,而且两个不打不相识的朋友还一起合作搞起了两个项目。所以说,"打朋"有时也是一个润滑剂,或是一种催化剂,会打出好朋友,打出灵感来的。

反之,打朋也有把朋友打成冤家的。不想做的事,尝试去做做,也叫**"打打朋,弄弄看"**。四月一日愚人节,大家无法无天打打朋仿佛无所谓。但是切记,打朋失控或失算,会酿成大错。一位朋友为了给人一个"惊喜",躲在壁角落里,待朋友走近,她从暗处冲出大叫一声打个朋,结果她的朋友吓得心脏病突发,马上抢救送进医院,即使赔上了许多医药费,但是从此**"吃伊勿消"**,两人就不再来往了。一位朋友为了打朋,藏了对方的一个皮夹子,其中有许多现金,急得对方找得满头是汗,她还要逗逗对方,胃口吊了一天不拿出来。待到第二天好想要还她,不巧皮夹没放好被一个小贼偷去。于是有口难辩,连善意恶意都搞不清了,两人就此结了冤家。

"打朋"还有各种打法。拔气门芯是有点**"豁边"**,比它更大的"朋"多了。**"捣蛋"**也是一种"打朋"。如:"我刚刚做出一点头绪,侬又要来搞了,勿要打朋了,我谢谢侬拜拜侬快点走吧!"从中作梗使人谋事受障,也是"打朋"。如:"我打伊一记朋,拆脱伊一只螺丝钉,叫伊勿要再**神气活现**!"他是忌妒人家,结果要了人家的好看。**"戳壁脚"**,也说是**"打打朋"**的呀;闯祸,也借"打朋"而行;大打出手,也轻描淡写地说:"我只不过跟你打打朋!"打大朋可以使人大触霉头大受损失。因此有次有人故意要与我作乱为难,我意欲挽回,只好对他说:"朋友帮帮忙,侬勿要跟我打朋了! 我明朝请侬去吃西菜!"

八、帮 帮 忙

抽水马桶坏脱,不好抽水了,打个电话到舅舅家,请他来"帮帮忙",给我修一修。

"我明朝正式搬场,侬八点钟就来帮帮忙好哦?"哦,搬家还有"正式、非正式",要死,生活一定交关重。说"帮忙"就是了,"帮帮忙",不是太轻松了吗?

"我来帮侬一记忙哦?""喔唷,谢谢了,伊来帮忙,要越帮越忙!"

上海人做事,非是必要,喜欢自力更生完成的。马桶修不好了,就只好请邻居亲戚来帮忙。对于没必要的来**"轧一脚"**,马上会意识到其效果也许适得其反,**"越帮越忙"**,所以不太喜欢哥儿们一起赶来凑热闹。对于喜欢"轧一脚"的,则会对他说:"朋友帮帮忙! 我今朝邪气忙噢!"告诉他我无空来与你闲扯或"搞七廿三"了。

还有一种"帮帮忙"也是叫你离得远远的。他挑了两桶开水匆匆而来,一边大声地喊:**"哎,~,~,开水来啦!"**这样说的"帮帮忙"是"请你让一让"的意思了。离开,就是帮他一下忙。这里的意思和上面有点像,不是叫人家快来,而是叫人家避开,这两种都是帮忙。

另有一种场合,也需要人家"帮帮忙"。如:**"我谢谢侬～,脱我一盏灯关关脱,我想睏觉了。"**这是集体宿舍里的常用句。有时是拜托,有时是不耐烦了,因为灯在眼前亮得睡不着觉了,连说"谢谢侬"也实质是"讨厌侬"。这时,上海话说话会从语音调门来表示出意思相反的差别,只消把"谢谢侬"特别是第一个"谢"说得重一点拖长一点,"谢谢侬"在此就释义为"讨厌侬"了,连"帮帮忙"三个字省了也可。

所以,听到"帮帮忙"和听到"谢谢侬"一样,尤其是听到似乎还要客气一点的"朋友帮帮忙"时,你得留个意。如:

"～,侬勿要来打朋了,让我莳点事体快点做做好好哦?"这是要他"行行好",有点像一个乞丐拿着一个饭碗对你说:"～,给我一口吧。"要命!"帮帮忙"这么个上好佳、有品有派的词,怎么暴跌,弄得个"行行好"讨饭的"落场势"了?是这样啊,是需要求求他呀,否则他真的打起"朋"来,小的是阻碍了你的重要工作进程,大的可能要大到你实在吃勿消,要被他"拆起台脚来",捣蛋得吃不了兜着走的地步。

所以当要表达"帮我个忙吧,别为难我了,别添麻烦了"时,就说:"朋友,帮帮忙!"就恰到其好了,可以有顾全双方的面子的效应。

听到**"朋友帮帮忙"**,就是**"勿要拆我台脚了"**,就是"多多关照,给我点面子吧";对你说"朋友帮帮忙",就是叫你省点力气不要去帮忙。这里的"帮忙",就是**添乱**。

到最后,"帮帮忙"也把"朋友"甩掉了,"帮帮忙"就成了"谢谢侬"了,当然不是表示对你很感谢的意思咯,是"算了哦!""谁信你!"或者"对不起了"的意思。如:"～,侬再去学伊几年,稍微懂点再来跟我讲!"叫对方"勿要瞎说",也说"帮帮忙",可以是对对方很不满了,以至表示否认,提出异议。如:**"～噢,侬勿要当仔我有交关钞票!""可笑吗?"**也是"帮帮忙"。如:**"～噢,'小儿科'个物事侬好拿来骗骗我个啊?"**

所以,人家在对你说"帮帮忙"时,你一定要听听清楚他表达的究竟是什么意思。

上海话里,"帮帮忙"类的词语还真有点儿。较常见的就有"谢谢"。如:"喔哟,**侬送来介好个野山参,谢谢侬噢**!"感激之情溢于言表,接受朋友馈赠当然连声感谢。但是另一位朋友同样送来一样份量的野山人参,"**喔,谢谢,谢谢了。**"辞不受也。因为辣位朋友来送礼,是为了行贿,送的是"炸药包""定时炸弹",他是要我批给他项目,别弄得我吃吃人参吃得吃不了兜着走。都是"谢谢了",口气不一样,就大相异趣!"**小王夜里请侬吃饭,去哦?**"回答:"**哦,~!**"拒绝回头脱也。到底是去哦?这时你须得辨别一下,对方是真心感谢小王,还是很不满意的回绝。上海人各种各样的商业活动频繁,"谢谢"的机会也就特多,有各种各样意趣迥异的谢法。连表示不同意,劝人别上当,都可说"谢谢"。如:"~,侬勿要吃伊个药!"(吃的药不是上面说的人参,而是不上他的当的意思)非常讨厌地回绝,埋怨以至很厌恶,还可以一直谢到他家里,叫"**谢谢一家门**"!如:"喔唷,介大个明虾,拨侬统统炒焦脱,谢谢侬一家门!""辣桩事体勿是脱侬办得蛮好个嘛?"事情办得不伦不类,人头却都给他得罪完了,还有脸面来表功,真是不知人间还有羞耻!只好回答他:"**咳,是要谢侬,谢谢伲一家门!**"

前面说到有一种"谢谢",就是不客气地"回头"拒绝。何谓"回头"?上海人"回头"也有多种"回"法。走也走过去了,不料"回头一看",有时也成了"回眸一笑",结果就一见钟情了。介绍人过两天打来电话说:"**昨日我去问过了,回头下来讲,再约个辰光哦。**"这句话里的"回头",头是不用回转过来的,但是信息还是"回票"打出来了,以后就还有两看三看的辰光。这里的"回头"是"回答、告诉"的意思。不过,上海话里的"回头"还有头也不回的、应也不答,一口拒绝的意思。如:"我打了一个微信过去,讲以后打电话多谈谈。"而实际上是回头他了。

上海话中"回头"或"头也不回"还可以用"**拜哎拜哎**"来代用一下。比如说:"我已经脱伊~了。"就是"**我已经回头伊了**"。"拜哎"原来是"再见"的意思,"再见"就是说至少要"再一次见面"的,"拜哎拜哎"重复一下则更见亲热,再见两次也说不定;但是"拜哎拜哎"得不好，有时就是“从此勿再见了，再也勿理睬他了”，好像：**“第一集伊一看勿好看，就跟搿只电视剧～了！”**“‘觅知音’活动结束后，除了一、二对青年约好再见面外，大多数人则～了！”

“有趣哦，上海言话？”

“帮帮忙噢，我脑子里一别浆糊（一片糊涂）**！”**

“葛侬还讲侬已经通过了上海话八级考？帮帮忙噢！”

九、派　　头

“派头”，是一种“气派”，上海人讲究“派头”（来自英语的 pattern，语义有所延伸）。从前，说这家人家有派头，这个人有派头，许多人会放出羡慕的眼光，希望自己今后在什么时候，也财大气粗，也**掼得出派头**。“派头”是看出来的，也是掼出来的。

20 世纪五六十年代，大家一律低工资，什么东西都拉拉平。谁掼得出派头，一定家里有老底，周围人用鄙夷藐视的眼光，一言以蔽之：资产阶级！一旦被人指斥为“资产阶级一套”，你派头再大，是“香风臭气”，也总抬不起头来。

唯有上海的那些近代老建筑，好像是独苗，视为例外，并不嫌它“半殖民地派头”，外宾来时，会带他们到外滩南京路兜一转，看看上海派头。当时曾经也有人说要把这些建筑推倒，以示“革命”的彻底，但是上海人还是有自己的头脑、自己的派头，容得下，保护了这些派头，以至用石灰将建筑里的马赛克壁画艺术覆盖好，好像预见到了过 50 多个年头它会重见天日，让人们再啧啧欣赏昔日的派头。

到了“文革”十年，有派头，就附带有恐怖感，违之不及。**“侬搿种派头，像啥？”**连骂的人都不敢说出具体内容，听的人已经噤若寒蝉。

奇怪的是，即使钱都抄光，跑出来的人连走路的样子，还是老有派头！

染上了派头毛病的人，在一片红或是一片绿的时候，还是要在围巾上或钮扣上,弄出点什么花露水,掼出来一点点派头!

骂归骂,伊㾿家人家派头大得来,以前出去坐坐包车,出出风头白相相,几化适意,多么自在! 见到他时,还是感到有点"眼痒"兮兮。

人们还是喜欢派头,人们还是喜欢有派头的人。

派头高贵。你但看那些华丽的旗袍,有龙倚翠竹,有粉莲点水,俏丽灿烂,韵味悠长,海派工艺,流行时尚,穿在身上,就是抢眼和风光,表现出高雅身份,派头实在是大。

派头典雅。你听那些从"远东第一乐府"上海老百乐门中传出的优雅而慵懒的爵士音乐,与一泻千里的柔美月色曼妙融合,由原人马郑德仁老先生领奏,自由不羁,放纵随意,炉火纯青,派头瞎大!

派头大气。派头既是穿着打扮、名牌音乐,派头又是神韵和气派。邬达克1934年的杰作"国际饭店"以深褐色面砖和竖线条处理,层层收进的顶部造型,从深处反映出美国艺术装饰主义摩天楼的特征,落成后83.8米,雄踞上海建筑最高纪录49年之久,保持着它俯瞰上海、东亚的派头。直到现今,在高出它几倍的好多高层的包围之中,依然不失它神采奕奕的派头。法国出生的建筑大师赉安1930年设计造就的"培恩公寓"(今著名的妇女用品商店所在),具有装饰艺术的风格,雄立在今淮海中路重庆南路口。1955年建成的"中苏友好大厦",是典型的俄罗斯古典主义建筑风格,室内精美雄伟的巴洛克柱子,华丽细腻的雕刻、浑厚凝重的穹顶、金壁辉煌的宫廷式吊灯,派头真大。保留原石库门建筑贴近人情,又加入现代元素的、中西合璧的新天地广场,还有上海博物馆、上海大剧院、金茂大厦、东方艺术中心、上海中心,底气一个比一个足,现代化水准一个比一个高,派头一个比一个大。

派头与时尚实力有关。那名牌凤凰、永久牌自行车,飞入全国城乡寻常百姓家,谁骑上去在外转一圈,派头就大;"红牡丹""红中华",谁扔出几支桌面上一发,谁的派头就大。

派头与中气经历有关。你看那些风流倜傥、魅力独特的"老克拉",开过眼界、出过大场面,过往的流金岁月,都深藏在他们的眼睛里,看得懂的上海地图在他们的心中,即使是敞开钮子的风衣在他们拾级而下时,也飘得又酷又阳刚,派头十分大。

过去"小开"掼派头,源自于他有实力的爸爸,一甩可以千金,但是人家享受了他的"派头",回到家还在笑他看他或担心他风光还有几多长。当然"小开"中也有不少由于得到较优越条件培养而成为颇有成就的人,不过败类也有一些。今天有的"小开"想想考不取名牌大学,与其进二三流大学,不如"曲线救国"出钱到外国去读书吧,因为他有个有底气的爸爸,有的年纪小,还可由妈妈去陪读,看看派头也是蛮大,是否如愿,走着瞧吧。

有派头才能掼派头。掼派头者自己要有底气,如果你自己是个"空心模子",你把派头掼出来,反被人家笑话。因为你的派头,横看竖看,怎么也有点不大像!

十、识　　相

识相,就是**安分**、**知趣**,相机行事,不随便冒犯对方的意思。

上海人的风俗中讲究一个"**相**"字,父母常常对子女说:"**坐有坐相,立有立相**",做人要有姿态的文明。吃饭也要讲"**吃相**",不能哇啦哇啦高谈阔论,不能张牙舞爪、坐不安宁、旁若无人。"吃相"还引申到一个人在讲话、争论时的形象,"吃相难看"就是讲话没风度,面色、架势太不像样。着急的时候,露出一副迫不及待或"极里极吼"的"**极相**"来的话,大家看了一定感到不舒服。

集邮的人,讲究邮票的"**品相**";吃茶买茶叶,也要看清茶叶的"**色相**",所以过去识相的茶叶店里在不制茶或生意不旺的日子里,往往成天在柜台选选茶,将茶叶中的茶梗、混入的茶果拣出来,使茶叶更有"**卖相**"。商品之多,各有各的"卖相"。卖东西,首先是要拿东西出来给人看的,所以"卖相"第一重要。上海是个商业竞争社会,卖东西都要讲究商品的"卖相",包装也要像样,这是一种精致生活的要求。

后来"卖相"还引申到讲人的"表面样子""外观"。如:"轧朋友不能只看他的～,而要看他人是不是老实。"

买来的好东西要炫耀给人看,称**"卖样"**。如:"伊一直穿一件花格子裙子,着出来～。"忌妒的人就攻击伊**"卖样三千""卖样勿煞"**。人在公共场合也要站出来给别人看的,所以就引申到人的"表面样子"。由于人的"卖相"主要是看面孔,其他部位都被衣服遮盖着,所以"卖相"主要是指"面相"了。但是**"看卖相"**又不能说"看面孔",那是因为在上海话中"看面孔"另有其义,是"看面子办事"和**"看神色"**的意思。

所以,在上海,懂得识别人和物的"相"很重要,上海人的精致生活情趣,养就了普通市民的**"识相"**之道。

上海人的"识相",由精致的生活而扩展到**"知趣"**,于是他们就在一切的应酬中深得"知趣""识相"之道,讲究识时务,即十分明白自己所处的地位,给自己选择和寻到一个最适宜的位置,讲适宜的话,做适宜的事。即使自己充分施展才华,又注意知趣不过分,就像衣衫要穿得时尚标致,但也不能大红大绿、弹眼落睛。上海人常常敬告别人不要**"勿识相"**,**"勿识相要吃辣货酱"**。如果对方不知好歹,就叫他受不住,就会给他颜色瞧瞧了,新的说法是:"侬再头颈硬,拨侬一盒水彩笔!"

"识相"是上海人的一种基本生活态度。比如说,在有限的时间里,我约了两个朋友一起去逛城隍庙商场,另有一位也踊跃想来"轧闹猛"。结伴的人一多,在很挤的地方就往往会顾此失彼,花费时间来等人找人,大家已经勉强答应她也来参与,她就应该要"识相"一点,谁知她来的时候,又带来了两个"陌生人",三个人变成了六个人,这样她就叫**"勿识相"**了! 又比如我在谋一件事或写一本书,他偏要来详细打听细节,不管他有无节外生枝的目的,总归是问得"勿识相";我有一个关系较好的异性老同学,他要来盘问或背后到处打听要好到何等细节,这就干涉了人家的隐私,再好奇下去就要勿识相**"拨伊吃辣货酱"**了。

过去弄堂里有种"长舌妇",欢喜**"戳壁脚"**,张家长,李家短,翻老底,搬是非,讲坏人家,人们对她避而远之,背后则对她"**一泔馋唾**(很鄙夷,不屑一顾)";还有一种"**百有份**"的人,大家称之为"**百搭**",件件事情都想来**扎一脚**(介入、插一手),往往成事不足,败事有余,或者就是热心过了头。这样的人,就是"不识相",大家会鄙视她!

"勿识相"还有一个说法是"**勿识头**",反正"相"也大致等于"头",这种人是不识"人头"的。不过,"勿识头"的用法有点两样。在议论他人的时候大致就是"勿识相"。如:"辩个人勿识头来死,帮伊也呒没用的。"但是在谈到自己的时候,"勿识头",就是碰到倒霉晦气事了的意思。如:"今朝我~,被伊骂了一顿。"是呀,你对人家勿识相,结果会弄得自己勿识头!

"**贪心吃白粥**",就是一种勿识相后的勿识头,因为他太贪心,结果没好下场。上海人的识相之一,是做事不能过分,过犹不及,做人不可太贪心,尽占别人便宜。有的人利用职权贪污了成千上万,吃得花天酒地,结果呢,因贪心只好到监狱里去"吃白粥"了。

上海人在处事中都要做"识相朋友",像郑板桥"难得糊涂"一般,"乐得识相",临事追求"适宜",连穿衣服也"伊看上去老适意(舒服)个",这就是得到最满意的评价了,既不花,又不素;既不"**武腔**",又不"**文腔**",卖相瞎嗲。

正因为为人做事要做得"识相""适宜",尺寸"**候分候数**"(衡量精确),所以上海人处事待人自制力强,既能办出大事,蛋糕越做越大,又不张扬,是"一点一划"(循规蹈矩,一丝不苟)在办事,不是"**清铃咣吟**"去瞎碰,去招摇,响得"**一天世界**"。即使在非常时期,也能看出上海人的"稳定性"。平时一时性急,骂起山门,高声大喊:"**当心吃耳光嗒!**""**阿要吃生活!**"然"生活"总是"吃"不下来! 上海人明白,为小事一桩打起架来,大家不合算。上海人常常有这个自制力,明白不识相,是要"吃辣货酱"的。

所以"识相"还有不要去影响他人的含义,是一种都市社会中的文明,是上海人的一种基本生活态度。

小辰光,上海幼儿园里就有一首儿歌,教育小孩公共场合讲话要轻:"走路轻,说话轻,放下物事也要轻,勿要老师告诉我,自家也会轻。""轻"也是一种教养,一种识相。对于公交车上哗啦哗啦打手机的,就要皱眉头了,不要以为你是老板或亲信,就神气活现,真正的大公司总经理就静静地在你旁边看报,他从小就懂得文明。

"识相"是碰着事体的一种文明态度,**"上路"**是处理事情通情达理,按公认的规则办事。"识相"的人有自知之明,自己主动去适应环境,谨慎行事,矜持不张扬,不越轨。这是一种文明社会中养成的与人交往的素质。"上路"常常是别人对某人的一种事后的评价,说他"勿上路"是对这个人不满,认为对方自私,不顾众人的利益,违反游戏规则。所以越是懂得文明的人,越在做事中识相;只有他"识相"了,而后做出来的事情才会"上路"。

十一、饭 碗 头

人生什么事情最要紧?吃饭最要紧。如果不吃饭,你还能生存吗?不能生存,你还能做什么事情?一切都是痴心梦想了,当然"绝食抗议"是例外。比如富家妹妹坚持要嫁穷学生,母亲坚持不给她嫁,她就绝食,也是一种做事情,但是你能一直绝几天?所以,谈理想,谈自由,谈恋爱,首先要吃饭。

现在吃饭,大家一般都用饭碗盛饭,饭碗就是最重要的吃饭工具,哪怕讨饭,也要有一只饭碗去讨。所以人生要达到种种目的,进行种种自我实现,第一要紧的,是先有一只"饭碗",上海人又称一只"饭碗头"。

上海人在上海要吃饭,先要寻个**"饭碗头"**,这个"饭碗头"或"饭碗",文雅抽象点说,就是找个"工作"。"工作",上海人通俗地叫它"做生活"。外来者来上海谋生,首先要寻"生活"做,弄着一只"饭碗头"。于是上海人为上海的普通生活词语,赋予了商业活动的意义,把商业范围中的职业称作"饭碗头"。

"饭碗"找得有好有坏,干粗活的,就叫有只**"粗饭碗"**;只能勉强聊以为生的，叫**"起码饭碗"**。"起码饭碗"都把不稳的，就容易**"敲脱饭碗"**，或说"敲碎饭碗"，即失去了职业，"失业"了，"卷铺盖"滚蛋，就要挨饿了。但是还有一类饭碗，看得人眼红，都想挤进去，那是稳定职业，上海人叫他**"铁饭碗"**。新中国成立前，往往指的是在"自来水厂""发电厂""邮局""大银行"等单位里谋职，哪怕打仗了，城市里的人还是要用电用水用邮，所以是铁打的饭碗，或称**"橡皮饭碗"**，是甚为稳固的职业。你来敲饭碗好了，这里是敲来敲去敲不碎的，保险得很。也许那种**"牌头"**很硬的饭碗，后台老板是在外国的，或是上海滩上的**"大亨"**，这种饭碗也不易敲碎。

家长对儿女最关心的一件事，就是帮助他读书，找职业，积累更多的**"本钿"**，争取他们有个好饭碗。至于**"敲碎饭碗"**，决不是好玩的，他可能就什么前途都没有了。所以有的人家在家里吃饭的时候，总叫下辈要把饭碗头托托牢，不要太轻率。孩子一不留心，把饭碗打碎了，或者在洗碗时，将饭碗打碎了，就阿弥陀佛起来，觉得非常不吉利，因而是十分忌讳的事。

饭有各种吃法，经商就是**"吃生意饭"**，在银行谋事就是**"吃银行饭"**，做木材生意的就叫**"吃木行饭"**。这些称呼一般都是较重大的职业，如**"吃教师饭""吃律师饭""吃医院饭"**。但是一些小店小商，就不用"吃……饭"了。比如开油酱店，不说"吃酱园饭"；开烟纸店，不说"吃烟纸饭"。"吃……饭"带有一点固定熟语性，比如说"吃长工饭"，但一般不说"吃短工饭"。

饭有各种吃法，即干活有各种干法。吃饭总是要第一步跨出的，拜师傅学生意的，包括那种只给吃住不给薪俸要满几年才出头的，要为师傅生煤炉倒夜壶的，都叫**"吃学生意饭"**。打杂工的，做跑龙套的，做最重最脏的事，尽干起码活的，过苦日子，叫**"吃萝卜干饭"**。与其相反的，那些没有正当职业，靠敲诈拐骗等过日，专门**"吃白食"**的"白相人"，他们就是**"吃白相饭"**。靠富婆养着的情人，或靠妓女生活的"小白脸"，叫他们是在**"吃软饭"**。作男妓，叫**"吃女饭"**。女子利用青春时期的貌美、能干等素质去赚钱，如做公关小姐、女秘书、女招待等,叫"**吃青春饭**"。如果去坐牢,现在叫"**吃盒头饭**"或"**吃格子饭**"。吃饱了没事干,专门去做无聊的事情,叫他"**吃饱清水白米饭**"。没有经济收入来源的,就只好在家"**吃死饭**"。旧时生活无着,去投靠亲友,自己不干活,而吃人家的饭,叫"**吃隑饭**"。凡不工作了,只有花费没有收入,靠老早积留下的钱生活的,也叫"**吃老米饭**"。有的人辞退了工作或退休了,官不做了,生活不做了,回老家了,只在家吃饭,谦虚说一句,我现在在家"吃老米饭"了。

既然"饭碗"是一种吃饭的用具,"家具"南方又叫"家私""家什",上海话在"私"字上加个儿化,就读成和"生"一样的音。"**家生**"就是人们生活的用具。上海人又把"谋生"吃饭的用具,即"饭碗",称为"**吃饭家生**"。各种职业,各有自己的"吃饭家生",用它来工作挣钱的。木匠的斧头、锯子、刨子,泥水匠的瓦刀、泥水桶,裁缝的竹尺、皮尺、划粉、熨斗、缝纫机,都是他们各自的"吃饭家生",对他们来说,少一样都不行。其他方面的,如拍电影的,"吃饭家生"就是摄影机;摄影记者,"吃家生饭"就是照相机。像我,"吃家生饭"就是一支笔,现在加上一只电脑,似乎比较简单。当然,人的脑袋,也是"吃饭家生",这是"软件",上面说的都是"硬件"。

上海职业至多,三百六十行,行行出状元,每一行当,都要吃饭,都要拥有吃饭家生。上海人常常说:"有饭大家吃",就是气量很大,提倡生意大家一起做,各人做大上海的"**大蛋糕**"的一部分,有福同享。当然我们大家都要实实在在硬碰硬地"**吃硬饭**"!

十二、商务语词的生活化

近现代以来,上海从农业文化、手工业文化为主的城市转变为一个商业化、工业化的都市。这些变化迅速反映在上海话语汇上。如大批商业词语在上海话中产生,用得普遍了,还会自然蔓延到上海人的日常生活中去,使我们的日常生活用语带有商务气息。

先讲讲日常用语商务化。上海人最先把商业范围中的职业、工作称作**"饭碗头"**,**"吃饭家生"**就是指饭碗、筷、盛菜的碟子等,后来"吃饭家生"又扩指为工作中的用具,如笔和电脑就是我的**"吃饭家生"**。上海人又把没有经济收入叫作**"吃死饭"**,因为只有在工作中,大家才好活跃起来。**"有饭大家吃"**,引申为提倡生意一起做,有福同享。**"吃进"**用于不合算的交易上。**"饭碗敲碎"**,就是失去了职业。还有一种是**"橡皮饭碗"**,敲来敲去敲不碎的,指的是那种甚为稳定的职业,如过去指邮政、银行、自来水厂等稳定职业,也有叫**"铁饭碗"**的。上海人把不少习惯用语用于商业行为,如:**"伏豆芽"**指无工作或不参加工作呆在家中,坐待时机。用**"卷铺盖滚蛋"**表示被辞退而离职的意思。**"开眼乌龟"**喻见钱或见物眼开的家伙,"钱"就叫它**"孔方乌龟"**。**"塞狗洞"**喻把钱花到无用之处。**"卷地皮"**是席卷财物而光。**"敲竹杠"**指借端要索,或故意抬高物价。用**"拿摩温(No.1)"**指工头,**"烧香"**喻指行贿,**"斩一刀"**指敲一个竹杠。**"大鱼吃小鱼,小鱼吃虾米"**,描绘商场上竞争兼并的你死我活景象。**"一拳来,一脚去"**,形容利益争夺的白热化。**"吃空心汤团"**,指得到不能兑现的允诺。

再说说商业词语生活化,成为大众生活中的常用语。如:**"卖相"**原来指商品的外表,现在主要用来称人的外形,狭义又指"脸袋";"卖样"则引申到把东西炫耀出示给人看。用"吃价"称赞人的有能耐、与众不同,用**"勿值铜钿个"**比喻人差劲无价值。如果很看不起某个人,就说他**"一钿勿值"**。给人情通融说**"买面子"**或**"卖人情"**。会做而故意不做不说以要挟,说书说到紧要处不说称**"卖关子"**。行贿叫"买关节"。**"买账"**,用指承认对方的长处表示服从。**"卖力"**是尽心使劲,拼命干叫**"卖命"**。用"拼血本"指不顾性命拼着命去干。以娇媚诱惑人称**"卖俏"**。摆老资格叫**"卖老"**。装作精通,实际弄假骗人,叫**"卖野人头"**。**"卖狗皮膏药"**指自我吹嘘,弄虚作假。

"货物"也用到指人品上去。如:用**"好货"**讥讽品质不好的人。用**"宿货"**(因滞销而积存的货物)讥讽或詈骂胆怯易屈服的人。用

"**大路货**"喻很普通的人。用"**推扳货**"称品质差或胆小、能力低的人。用"**蹩脚货**"喻品质差、能力差的人。用"**次货**""**次品**""**处理品**"称等次低下不合格或淘汰下来的人,有时还指生活上有过污点的女人。上海人还常直接把对人品的特征用到类词缀"货"上去。如:骂"浪荡子"为"**浪荡货**"。骂"粗鲁的人"为"**粗货**"。称"不涂脂抹粉的妇女"为"**清水货**"。用"**一票里货色**"称一丘之貉。把"不懂""搞不清"或"没眼光"称作"**勿识货**"。某人思想不合时尚,就说他是"**勿领市面**"。

"**做生意**"的词语也蔓延到生活上去。如:把"**不折本**"这个商业行为用于讲礼貌会有好处,说"**叫人勿折本,舌头打个滚**"。把看不入眼不像话的行为都斥责为"**勿是生意经**";表达坚决不答应或不妙了的意思,也叫"勿是生意经"。抢事干,也叫"**抢生意**",如:"让人家去写,侬去抢啥个生意!"推介,叫"**兜生意**"。足见"生意"在上海人心目中的重要地位。在江湖上用"**放生意**"指设圈套。用"**放伊一码**"(一码是尺寸)表示饶他这一遭。"打折扣"打到对方的耳朵上去了,用"耳朵打八折"怪罪对方没听清自己的话;用"**闷声勿响大发财**"比喻因沉默而得利。

以生意买卖作话题的,还有许多商务词语演变成惯用语。如:"**买空包**"指受骗上当。"**掂斤两**"指试探估计对方人或事的力量或重要作用。"**讲斤头**"是从买卖中的一斤一斤死扣,移用作日常生活中的各不相让地谈条件。"有还价"原指可以买东西还价钱,现指有商量余地或有条件需议。"**肮三**"(源自英语 on sale)原是大减价的意思,现在用作令人失望不快或不正派。"**勿管三七廿一**",其词源出自赌场,骰子六面共 21 点,与孤注一掷是同出一源的,现在指不顾一切的意思。"**拨侬一只五分头**"更是用形象作比喻,实是"打你一个耳光"的意思。

许多做生意中的商业行为都被赋予生活常用意义。如:"**开码头**"指出门去外地闯荡。"**闯市面**"指闯荡打开局面。"**上台面**"指要体面,谈吐举止落落大方。"**现开销**"指当场以言语直率对付、不留情。"**照牌头**"喻依靠别人的力量作靠山办事。"**揞便宜**"原指弄到便宜货,后扩义为讨便宜或占便宜,还有指轻佻地打人或抚摸女人敏感部位的侮辱行为。**"摆摊头"**原是小贩设摊卖货,现常指东放一些,西放一些。以钱财为对象的,如**"捞外快"**,本义指捞取额外的收入,引申用作捞到意外的好处。**"讲价钿"**,原指做买卖时的讨价还价,后来扩指为接受任务时提出要求的条件和报酬。凡一事要新开张,上海人称**"新开豆腐店"**。商店**"装门面"**,变成因底子太差而假装出像样的样子。

"票据"乃商业交易之单据,也引申到生活中去。如:**"打回票"**,原用于商务票据,现用于一般的人或东西被退回的意思。"打包票"原指写下保证成功的单据,现泛指一种保证,包在自己身上的意思。**"空头支票""远期支票"**都可指不能兑现的虚空允诺。女子出嫁,一切依赖男方,即把此男子称为"长期饭票"。**"地方粮票"**是在特殊年代使用的一种证券,上海知识界把它引申到享受限于某范围中承认的职称及其有关的受益中去。

"算账"也翻新扩用到日常生活上去。如:**"出账""进账"**用于广义的支出和收获,**"倒扳账"**用来指事情结束后又重新翻出来,**"翻老账"**是把过去的事情抖搂出来,**"勿关账"**就是不管的意思。对人与事不服或不给面子,常说:"勿买伊个账!"把事情做糟了,理不清头绪,称**"一笔糊涂账"**。还有说一段时间做了些什么,叫**"报报流水账"**;骂人时骂得很重的真像是对方不会算账,骂真是**"混账王八蛋"**。一事当头,就要讲究"合算勿合算",算账的意识人人皆备。有的人是"一分洋钿拗两半",说它节约;有的人是**"戆进勿戆出"**,说它"门槛精"。

连**"算盘"**也作引申。如:打算盘的加法口诀**"三下五去二"**,成为作事干脆利索的意思;除法口诀**"三一三十一"**用作一分作三的意思。**"打小算盘"**是专为个人利益着想斤斤计较。某人非常会为自己利益着想,说他**"算盘珠拨了勿要忒响噢""算盘珠打得滴笃响"**。"洋盘"一词在一百年前诞生于上海商场上,从指商品行情的"盘子"开始引申而来,且看"算盘"又是如何慢慢引申开来的:**"盘子"**来自计算价钱的"算盘",早上一开店门,老板就拿出算盘来摇上几摇曰**"开盘"**,

打烊就**"收盘"**,清理存货就说**"盘点"**,**"盘一盘"**一天的收支。平时对客边人即外地人利用他的人生地不熟而开大价,老板只消对伙计高喊一声**"客盘"**,伙计就会变价销售。"洋人"走来,就叫声**"洋盘"**,当然会用"洋人加倍"的价钱开价了。有人不知其诈,于是有"洋盘末切勿要去买个"(1941年出版的法国传教士蒲氏《上海方言语法》91页)之类的忠告。上当的人多了,不仅是外国人,那些花冤枉钱的人便皆冠之以"洋盘"的称呼。现在变成一个形容词了,形容不内行、不识货、对事物缺乏经验。

从"算盘"到"洋盘"的词义发展,我们可以看出在商业行为发达的都市上海,市民思路的开阔,造词不拘一格的灵活性。那么多的商业词语延伸到百姓生活中使用,这些都是从上海人海派的发散性思维扩展创造产生的,这种灵活性,都是上海人个性中极具创造性的部分。不以新事物为惧,不为窠臼所囿,如水中鱼,悠游自在,顺势而动,其中可识得上海人的海派灵动。

十三、耳朵打八折

上海话中,有不少俗语用人的器官来说。如:

毛脚　就是尚未结婚而上岳家或婆家之门者。

烂屁股　就是指一旦坐下后就不愿离开的人。

咬耳朵　是凑近着说悄悄话的意思;

刮皮　是刮小利和吝啬的意思。

牵头皮　提起或数落人家一个旧过失或把柄。

收骨头　对人严加管束,不得松松垮垮。

脚碰脚　是差不离的意思。

碰鼻头转弯　是指碰钉子回头。

撅头割耳朵　就是硬逼。

热大头昏　指想入非非。

嚼舌头根　就是搬弄是非，说三道四。
掐小辫子　就是略胜一筹。
豆腐肩胛　是承担不起，一压就跨。
粉皮耳朵　是容易相信别人的话，按人家意见做。
冷粥面孔　是绷住没有笑容，十分冷淡。
毛手毛脚　是做事不仔细，令人担忧。
三脚两步　是迅速地。
一脚落手　是一口气不停歇。
脑子进水　是傻得没救的意思。

以上这些俗语，生动形象，都涉及人身体的某一部分。

"耳朵打八折" 也是这样的一个上海话俗语。如："侬㑚人哪能搞个？我蛮好讲得仔仔细细，侬总归耳朵打八折！"责怪对方不好好听自己的话，没有听清自己的话，对自己很不尊重，到事情真要做起来，他就不会做了。所以人家在教你做生活，教你学知识时，千万不能"耳朵打八折"。有时是对方正在思想开小差，根本没有听见你的话，便可以对他说："叫了侬半半六十日，勿睬我，阿是耳朵打八折了啊？"还有一种情况是对方存心不听，知道了对方不想听我的话，不想睬我，实在是听不进话的情形，便对对方说："我每天总归叫侬好好叫好好叫，侬老是耳朵打八折！"

从本义上来看，就是听人家的话时，只听了80％的话，还有20％话根本没进耳朵。这还算是好的。一堂课上下来，老师讲的内容有80％听进去了，可以算好学生了。为什么要用"打八折"来责怪人家没听光自己的话呢？

"打八折"是个商务词语，在商务活动频繁的上海，大量商务内容的词语蔓延到日常生活中来，"耳朵打八折"就是其中之一。

甚至"生意经"都引申到百姓的生活中来了，比如**"勿是生意经"**这个俗语。

"勿是生意经"这个俗语有三个意思。其一是"简直不像话"的意思："侬听我个报告，老是耳朵打八折，真～！"其二是"决不能办到"的意思:"侬烂污拆足,现在想滑脚溜走,～!"其三是"不妙"的意思:"**走哎,侬对伊讲个话老是耳朵打八折,伊恨侬已经恨得要命,侬再辣辣此地,就～啦!**"

如果不走到"勿是生意经"的地步,我想,许多场合,不妨"耳朵打八折"。

听坏话的时候,还是"耳朵打八折"好,否则要气死。听好话的时候,还是"耳朵打八折"好,不要听得轻飘飘。

不管人家指责我吹捧我,反正我姑妄听之,岿然不动。不以物喜,不以己悲。"泰山崩于前而色不变,炸弹落于侧而身不移!"

听妈妈的话,"耳朵打八折",可以填补两代人的代沟;听儿女的话,"耳朵打八折",以便过滤他们的幼稚。

听老师的话,"耳朵打八折",用以保持自己的特色个性;听学生的话,"耳朵打八折",原谅他们的偏激。

我们看别人过去的文章时,也需抱"耳朵打八折"的精神,看到时代背景的局限;我们听别人评自己的文章时,也抱着"耳朵打八折"的精神,有则改之,无则加勉。

所以,在多数场合下,听别人的话,最好是"耳朵打八折",认认真真地听他八十,还留下二十来自己独立思考。

这样才能不脱离现实,才有宽阔的胸襟,才有独立精神、自由思想。所以,我赞成为人处世的"耳朵打八折"。

十四、隑 牌 头

"隑",译成普通话,就是"靠"。但是,在普通话中,用"靠"字的,在上海话中分两种情形。一种是"挨近"的靠,如"船挨近岸",上海话和普通话都叫"靠":"**船靠岸**",上海话不能说"船隑岸";"**靠墙壁一路走**",不能说"隑墙壁走"。另一种是靠着实了,也就是靠上去了,普通话也叫"靠",然上海话称"隑",如"**隑沙发**""**隑扫帚**""**隑辣我身浪**

做啥"。

上海人上海话之**"牌头"**者,一块牌子也。"头"和"子",都是一个构词的"后缀",上海话过去有一些词原来是以"头"为后缀的,现在渐渐随普通话变为"子"。如:**"篮头→篮子""搭头→搭子""盒头→盒子""牌头→牌子"**;**"摊头"**有的上海人也开始说"摊子"了,然**"鼻头"**还没有换成"鼻子","**额角头**"也没变。

牌子有多种,一种是**门牌**,一般的人家只有一个号码,只标了一个**"门牌号头"**,但是过去有的有点地位的人或"大人家",门牌就有挂着"张宅""李宅"的,甚至主人家或名人的全名一起挂上去的,这种做法现在在日本还很普遍。现在有些名人故居,地方上的人巴不得把他的名字挂得越大越醒目越好,因为可以"隑"他的**"牌头"**赚钱。还有一种,就是商行牌子,开店必有正上方一块堂堂正正的商店招牌,往往请了名人或书法家,写上漂漂亮亮的店名,如"邵萬生""童涵春"。不过,牌子好不好,不是看牌子是木板做的还是金子做的,不是看商号的字是哪个书法家写的,牌子有**"蹩脚"**的,也有**"硬黄"**的,是要看隑得起隑不起的,就是他卖的商品厉害不厉害,中用不中用。隑得起的,称为**"硬招牌"**,**"石刮挺硬"**,**"乓乓响"**,卖的都是上层一流货,人们进门就放一百廿四个心。还有那种**"碗砂牌子"**,一敲就碎,那种**烂泥牌子**,**一塌糊涂**,尽卖"大卡水货",当然被人家**"一沰馋唾"**!能够隑得上去的牌子,当然一定先被人家考虑到不是一隑上去就要倒塌的烂牌子,而是可隑得着着实实,你也想去隑,他也想去隑,一定是一块**"硬绷绷、乓乓响"**的金字招牌,挂出来至少是绷得了场面的,硬得来有十廿万"游击队"作后盾的也可能。

一个人、一股势力,要去隑人家的**"牌头"**,总是自己太软,没有力量,或自己的"牌子"不硬,要靠靠别人。隑人家的硬牌头,也是要有点去隑的本事的,或者要花点代价的。有哪些好的牌头好隑呢?在旧社会里,妓女要卖身,燕子窠要开出来,变非法为合法,就要去隑黑社会的牌头,不去隑此牌头,有得要吃苦。商业社会里,要平平安安做点小买卖,往往也要隑牌头,比如说首先要去**"同乡会"**会馆,还有

"同业公会",登记一下,你以后碰到什么麻烦,他们会出场给你安排"吃讲茶",撸掉矛盾,打倒对方,免得在竞争中跌得鼻青眼肿,小鱼被大鱼吃掉。还有的是自己主动要去隑的牌头,为了图发展,拣硬扎的牌头去隑,靠着一座大山,自己也可以走走捷径,或无法无天。

现在也有许多"牌头"好隑,比如说隑上一个"局级"以上的官,或者自己的爷老头子就是一个大老板,这种"硬得勿要试硬"的招牌当然胜于**金字招牌**。记得 80 年代沙叶新有一个话剧剧本《假如我是真的》,就写了红字招牌的横行无阻。不过他一不留心,就会批个条子给你,你就发大财,以后就时刻准备着一起去坐牢监。好爸爸当然也是"**好牌头**","我的爸爸开宝马""我的爸爸开奥迪",连幼儿园的孩子都在别苗头,似乎以后读重点小学找乐惠工作都可以靠在爷老头子的身上。这种情形,上海话又另立一行,叫"**照牌头**"。"照牌头"不消"找牌头",牌头自在身边,隑上去舒舒服服,牌头便像红外线照上来,笔笔直,一点不转弯,照着一个饭东,不付饭票一直吃下去。从前有的"**小开**"就是这样,风头很健,酒肉朋友很多,照牌头吃,直吃得山穷水尽,三代而亡。现在在此种人群范围已有扩展,没资格做"小开"的也要轧一脚,"族谱"里已给他们挂上了号,称"啃老族"。

隑名牌大学牌头,隑名牌教授牌头,隑哈佛就吃价,隑清华就弹硬,全世界隑牌头!

美国远亲、香港近属也是可隑的牌头,在 20 世纪 60 年代"三年困难时期",寄点钱来可谓雪中送炭。曾几何时隑侨亲特别吃香,成为拥有"**海陆空**"(海外关系、落实政策的资产、空房子)的一分子,许多黄花"**美眉**"都要去争先高攀。早些年美国货、香港货也是硬招牌,拿出几样来在朋友面前称赞几句仿佛自己脸上也沾光。美元、兑换券这些纸头也曾是牌头,一帮"**黄牛**""**嗡**"在华侨商店门前的马路上"**稀奇勿煞**",引来不少人靠上去。

牌头隑得"勿识相",即没有按照既定规则去隑,别出自己的心裁,拎勿清搞勿煞,须知你是软的一方,那持硬牌头者,就要请你"**吃牌头**",涮你一顿!轻者得到一阵训斥便罢,重者是你已不同深浅得罪了"牌头",因此要给你"吃辣货酱"了,吃不了兜着走。不过,一旦你隁的牌头也有一天落难,过气了,那也无情得很,他就不能耀武扬威,即便是硬到是块"牌坊"之硬石,过期便作废,也许转瞬做了厕所的撑石也算对得起它。所以有的人"吸取教训",时不再来,叫有地位时"用足输赢,过期作废"。

有牌头可供隁,也有人要去"**隁牌头**",这个当势,就有些人专门出来"**拉牌头**",于是出来一个"拉牌头"行当。"黄牛"是一种,那是底档之中最低者,旧时"拉皮条"的,也可算一种拉牌头专业户,从引介中捞点横档。正规一点的,号称"**荐头**",从介绍做瘪三、做佣人到做外国洋行里的跑街,十六铺上来的人,都可去找"**荐头店**",比如在瘪三成堆的"郑家木桥"就有,好的荐头店四马路也有。现在"荐头"变"**猎头**",你在某公司做得好,"猎头公司"里走出人来,提出更高的年薪,更亨的职位,更大的公司来,拉你去到世界五百强驻上海的公司里去怎么样?照道理照条文照规矩可以去隁隁的。

一般的小百姓,可没有如此"福星高照",没有那种找上门来的牌头,没有牌头可"照"或飞来"隁"的,自叹生来没生个好爸爸、没生个好地方,于是就要寻寻觅觅自己去"**寻牌头**",又曰"**找牌头**",有的人为了一个理想中的美好目标就要使出浑身解数。有的牌头近在眼前,那就携着"**手榴弹**""**炸药包**"等"秘密武器"上门求见,以期"提携"拉老弟一把;远的只好频频发出"伊妹儿"送上个人精美履历,为了找到"**硬绷绷**"的牌头帮帮忙。帮什么忙?要从"**么二角落**"的僻地闯进大上海、大北京!

十五、吃　　价

上海人很会吃,不但什么都会吃,而且什么都要"吃"。小菜、零食尽情吃,连香烟老酒纯净水咳嗽药水,放到口里口边都是"吃",反正都**吃得消**,吃得白白胖胖只担心肥胖病。而且还要"吃"到别的地方去,不是吃到巴黎或者圣彼得堡,而是买房子注重住到好地段去叫**"吃地段"**,看重结构好的住房,叫**"吃房型"**;开出车子,碰上红灯,叫**"吃红灯"**。要吃就吃到**"硬档(好的等级)"**上去,叫**"吃硬档"**;对人也能"吃","**吃煞脱侬**"就是被吸引得五体投地为止!

"吃"字被上海人引申扩散到生活的各方面去。上海本是一个商业化程度极高的城市,上海人讲究奇思遐想,讲究"拿来主义",于是脑子一转,要吃"买卖"了,就此一个**"吃价"**诞生,也足见上海人用词的灵动之处。

做生意,就有**"价格"**,一个东西卖多少钱,吃上去看看啥个味道,味道不对,不行就是不行。所以一样东西受不受大众欢迎,就是吃在这个价钱上,值钱不值钱。比如每天一清早,**马大嫂(买汏烧)**们先要跨出第一步,小菜场上去买小菜,**"时鲜货"**最吃价,现在是绿色食品、有机食品最吃价。过去,一旦什么东西买不到,什么东西就吃价了,明虾买不到,明虾就吃价,**大煤蟹**买不到,大煤蟹就吃价。现在是大家都想补身体,一会儿深海鱼油吃价,一会野山人参吃价,这两年是冬虫夏草吃价了。"港台歌星演唱会"票子买不到,这张票子就**吃价得海威**。要盯住你的口袋,吃价的东西便多了,不要说五克拉的钻戒吃价得不得了,就是一张百代公司老唱片周璇唱的《夜上海》也吃价,网上价一万元一张。2008年已做成CD出版了,原版唱片还会这么吃价么?还有更吃价的名人字画,吃到一千万元的拍卖天价,哪怕是赝品,也吃价。看不懂了,曾几何时还在大批判中踏在脚下、无处藏身的东东,今天吃起价来照样竟那么翻天覆地!

我们在小学里读书,班上一个同学就是跑得最快,谁也比不上他。玩**"官兵捉强盗"**游戏时,他连连抓住别人;与并行班比赛长跑,他又得名第一。于是班上一批玩手,公认他全班最"吃价",把他奉作"大王",样样听他的话。

读初中了,班上有名同学,再难的"因式分解"题目他很快就能做出,最复杂的"平面几何"求解分析,他都能做出来。自修课上,大家都要到他那儿去对答数,而且他的答数标准到小数点后两位都准确,同学干脆给他取了个雅号,叫"标准答案",你说他吃价勿吃价?

在四川汶川地震中,一个小学的一个小班长林浩,这么小的小朋友,临危不惧,浩气冲天,自己爬出来不算,还一连救出两个小朋友而受了伤,他说:"同学都死了,我还做什么班长?"你看他的所行所言,"吃价"不"吃价"? 换了你做得到吗?

吃价无处不大。如:"阿拉朋友～哦?今年买了东方曼哈顿的四房两厅。""哦,是东方曼哈顿,不是西方曼哈顿!""阿拉老总～哦?清华大学毕业!""哦,我晓得个,是清华大学函授班毕业!""吃价"的朋友,连他的朋友来介绍他,也会摆出点**"魁劲"**。

大有大的"吃价",小有小的"吃价",都"吃价"! 如:**"侬看,阿拉丫丫～哦? 一只包一拎,笃笃笃走过去,派头瞎好**,像去乘汽车上班了。""几岁啦?""3岁半。""侬看,韩寒、郭敬明～哦,今年被权威调查数据评上最有影响的十大作家之第四第五名,排在金庸、鲁迅、贾平凹的后面啦,了不起!"

"了勿起"就是对"吃价"的最简明的注解。"吃价"包括"有能耐、有地位、有派头、有实力",连"高贵、大气、坚固、神气、来三",都是"吃价"。"这件事,侬勿来三,我来三。"我就是"吃价";别人不硬,你却**硬得出**,就是"吃价";人家缩在后头,你挺身而出,就是"吃价";不怕天,不怕地,不怕打倒,不怕老婆离婚,不怕坐牢,把牢底坐穿,就是"吃价"。被人打痛了,就叫**"阿唷哇"**,就是**"勿吃价""勿弹硬"**。

"乖乖弄底冬",了不得! 一个人、一样东西,不但可价格飙升鹊起,而且还可香飘万里。所以上海话里除了"吃价",还出了一个**"吃香"**。"吃价"往往就"吃香"。

什么东西"吃香",什么人"吃香"? 受人欢迎的,最入时的,就"吃香"。吃香的物,吃香的人,具有时间性,昨天《冬天里的一把火》吃香,今天《秋天不再来》吃香。

受人重视、受人尊敬、受人羡慕,就是**"吃香"**。有人认为现在做房地产开发商最吃香,有人认为成为公务员最吃香。这似乎有点像股市里大家看好哪只股,颇有点主观猜测性和客观游移性。现在什么技术最吃香？有人说电脑维修技术,有人说助理医师最吃香。文科什么最吃香,有人说金融管理最吃香,有人说对外汉语最吃香。长久的吃香,也是有的,比如美国的职业律师和医生最吃香。兰州的拉面最吃香,重庆的麻辣烫最吃香。

"吃价"吃得**结棍**的人,往往特别吃香,像李宇春,像易中天,人还没到,香早传来,**排排坐**等在那儿要见他们签名的粉丝一大片。你再批评他,再小看他,吃价还是吃价,吃香还是吃香。你去跟牢他批,你不会吃价,也不会吃香。

十六、上　　路

发达的商业文明,培养起上海人跟朋友交往、合作成事的素质:大路。**"大路"**,就是做事大方,气量宽宏。在此基础上,民间约定俗成一条交往共事的底线,就是**"上路"**,上这条大路。

自备车从弄堂里开出,右转弯开到马路上的机动车道路面行驶,上了轨道,就是"上路"了。人的说话、办事也要中规中矩,走上大家公认的约定轨道,这就是上海人在处世上的"上路"。

"上路",是上海下层百姓在朋友交际往来中形成的一个词语,看一个人,值得不值得与他交往,先要看他平时的言行上不上路,够不够朋友,讲不讲义气。

"上路"引申到办事总在理上,容得下人,说话做事通情达理,使人服帖。上海现在环卫所里的环卫工人,多数是外来民工。在炎热的夏天,环卫所的领导对他们的身体甚为关心,防暑降温工作很到位,每天供应绿豆汤、盐汽水,多发毛巾,休息都在空调房里,中午保证有午睡休息处。所以这些环卫工人工作安心,100%出勤,没有人想跳槽。这就叫领导上路,大家安心,保证了街道清洁。

言语**"脱头落襻"**,做事**"自说自话"**,是谓"不上路"。待人不真诚,**玩花巧**,影响他人利益,就是不上路。如:"小芋头啊,多年不见,大庭广众,见面就喊我'**大骗子**',你未免太不上路了吧!""阿拉商量好的,先订计划,然后分头行动。事情还没开始,你就跑得无影无踪,临走还不和大家讲一声。大家一起凑起来的钱,办事要有章法,互相照应。你讲你自说自话吗?上路吗?""以后注意,以后注意。"

行事"**野豁豁**",不可靠,说得好听来"海威",转瞬没有下文;或带欺骗,或给人家**吃药**(上当);或要别人来给他收拾残局,这种都是不上路。"冬虫夏草",一克卖到300多元,你看是否"野豁豁"? 一次次电话打到你家来,把老年人骗去量血压,做身体检查,一查就叫老人买他那种药,一问价钱,"**狮子大开口**",一千元一盒,有的人以为真是救星来了赶快买,上了他们的当,你说他们的行为上路不上路?

老是**搞轧**,与人心意不合,上下摆不平,也是不上路。大家一起合作干事,贵在拧成一股绳。如果一位老兄,老是与他人矛盾不断,行为常常"**脱线**",又是斤斤计较,又是**疑心**病重,不全心出力,或者尽走"**歪路子**",这些与"上路"相差十万八千里。

最不上路的行为,是"**落拋**"。心地狭窄,不要说不仗义,其为人处事都不与人为善,相反常常**作梗**,**拆台**,与人为难,推人下水,损人利己。如:"合作的事情还刚刚开张,伊就自说自话先进自己的账,你看,他这种行为,落拋吗?"

上海人常常挂在嘴上一句话,是侬勿要"**勿上路**"。这就是反对不按常例出牌,认为"勿上路"而得到便宜的人实在很卑鄙,"上路"是日常行为的道德底线。对不上路的人,是不能合作的,大家就要与他"**对勿起**""**拜哎拜哎**"了。

十七、拎 得 清

上海人评价起一个人的素质来,常常要看这人的脑子是不是"**拎得清**"。

所谓"拎得清",首先就是"明辨事理,对常规了解得清清楚楚"。

一个人处世理事,只有对周围环境的种种因素看得清,对于需要共同遵守的规则和契约心领神会,对于自己在其中的利害是非理解得很地道,才会从中摆正自己最恰当的位置。

接下来,就要看这个人在理事的素质上,脑子是不是清晰。审时图事,判断力要优异,要领会快,反应灵敏。"人家的**翎子豁过来,侬要接得快**"。

"拎"的过程,既是思维,也是个操作过程。"拎得清"的人在应对复杂的场面时,说话上台面,稳健在理,处理问题得心应手,娴熟。

上海人的才华首先体现在天生的**"接翎子"**(领会对方的暗示付之行动)上,察言观色,很快领会对方的暗示,立即做出反应。只有拎得清,才能接翎子。

拎得清表现为对利益和规则心领神会,善审时度势,不麻烦别人。

拎得清是日积月累的,是信誉,又是效率,是上海人对人的理性的最集中描绘。

无论一个人的来历、身份怎样,"拎得清"是条公平线,是对人的生存质量的一种高度评价,是对一个人处世精明的赞赏。"拎得清"的人是老**"着乖"**(会鉴貌辨色)的,遵守公共规矩,甚至对潜规则也一清二楚,遇事"打开天窗说亮话",为人诚信坦和,懂得包容、平衡,包括不麻烦别人使人家讨厌,为人办事可靠不出差错。

在商业社会中交往造就了拎得清的人,同样在生活当中也需要拎得清的人。比如,介绍朋友,男女双方已经谈起来了,介绍人还不主动离开,就叫"拎勿清",你在当中是多余的人了,上海人称之**"电灯泡"**。假如男女刚刚进入角色轧起朋友来,被你看见了,你把他们的关系在同事中大鸣大放传播开来,这个又叫**"拎勿清"**了。诸如此类犯得多,你对恋爱潜规则是一窍不通,人家就要笑侬**"阿木林""洋盘"**了!

"拎勿清"的人,生就个**"黄鱼脑子"**,做起事来,**"七里缠辣八里"**(这个搞到那个上去),**"丁三倒四"**(次序混乱),**"前脚脱后脚"**(连不上去);讲起话来,no two no three,还常常**"勿识好怵 qiu"**(不知好歹),像**"脑子拔枪打过了"**(神经有病,傻了,呆了)、**"脑子进水"**;"出洋相"时,被人鄙视,讥为**"蜡烛"**(不知好歹)、**"戆大""缺钙"**。上海人用"拎勿清"来形容一个人,就是对他的素质全面否定,在大家个心目中,他等于是被"揩脱"(擦掉)了。

用"拎得清"和"拎勿清"来观察或者褒贬一个人,已经成为上海人的一种集体无意识,已经融化在上海人在血液中,落实在基因里。一个人,无论他什么"出身",生活在**"上只角"**还是**"下只角"**,做高级白领还是做蓝领民工,做**"头头"**还是做**"脚脚"**,**"拎勿拎得清"**是一条公平线。说他"拎得清",即是对他个体生存质量的高度评价,是对他的精明非常欣赏;说他老是"拎不清",就是对他的素质彻底否定。

"拎得清"这个上海话语词,就是蕴涵着如此丰富的海派生活集聚。

十八、有 腔 调

21世纪初,上海话中又冒出了一个惯用语,叫**"有腔调"**。这个词语为什么会在上海发生,其实也是有其深刻背景的。上海城原是个**"腔调"**十分发达的地方。有沪剧、滑稽、上海说唱、浦东说书、评弹、越剧、甬剧、锡剧、淮剧等10多种江南江北的地方戏曲,从19世纪末开始在上海草创、汇聚、改造,到20世纪40年代成熟直到60年代初达到成熟顶峰,所以上海人耳濡目染的演戏腔调和演出姿态层出不穷。所以30年代就有一个惯用说法,把"看你这种鬼样(包括姿势)""看你这种态度"称作"侬啥个腔调";含有"真难看"的意思,有时直说"侬个腔调真难看",含说话的样子、身体的姿势在内,均可指。从中也可见上海人说的腔调和姿态总是在一起的。

新生的"有腔调",指的是人的行为举止时髦、潇洒、有个性,**风度翩翩**,**有型**,有内涵、有气质。如:**"跟~个男小囡辣辣一道,真是一种**

享受!"(跟有内涵有气质的男孩子在一起,真是一种享受!)又指事情做得有章法,像样,样子好。如:**"侬做个事体老～。"**(你做的事情真像样。)引申出来这个人**"腔调老足"**,就是说此人很有个性,或指他架子十足。如:**"王生～,与众勿同。"**(王生很有个性,与众不同。)于是各种人都有自己的"腔调",或曰"风度"。记者有记者腔调,教授有教授腔调,英雄腔调、大佬腔调、学者腔调、情圣腔调、小人物腔调,各有腔调。

"腔调"如不足,就努力靠**"拗造型"**来拗出来。

从大量的这类词语的使用中,我们可以看到上海话的勃勃生机,新词语传播流动极快,群众勇于创新,快速翻新,使一个词语的信息量大而生动简洁。

20世纪末21世纪初,年轻人的思维空前活跃,本来他们就有创新和从众两大优势,加上社会思潮的多样化,新生的惯用语又营造出来并很快被大家说开去。如:

寻方向　找恋爱的对象,找去玩或做事的地方。

调频道　换话题。

发调头　发指示,发命令,发话。

抢跑道　强把别人的事揽去,打麻将时抢各种可能争取和牌赢钱,先取得向电脑配对系统输入股票交易行情的申报通道。

吃弹弓　要求被人拒绝,尤指示爱或求爱未被接受。

摆POSE　摆个架势,做出让人觉得很特别的姿势,装模样,发傻。

拗造型　摆人体姿势,摆造型,塑造个人,打扮。

吃冰淇淋　让别人白欢喜一场。

做功课　对某项数据变化进行记录、研究。

吃救济粮　考试没考好,低于平均分数。

搭节目　设计、安排内容。

有花头　有看头,有戏;有婚外恋;有本事。

有立升　实力雄厚,有本事。

吃下脚 偷窃露天仓库或路边所堆的货物。

吃上风 运气好。

发电 发出求爱的信息。

放电 男女之间感情迸发四溢,眉目传情;放出自己的魅力去吸引人。

关脱 不谈了,断了;闭嘴!没通过,特指考试没通过。这个词与英语 shut up 有关,它的本义"关闭、锁掉"和引申义"不谈了、住口"与英语对应,而"考试没通过"则是上海大学生们发明的新义。

十九、"蟹"字的开放性延伸

对于上海话词语中表现出的上海人的海派的宽阔思维和奇思遐想,我们再可以举几个例子来看一看。

"秋风起,蟹脚痒。"金秋季节,上海人欢喜持螯赏菊闻桂香,大家开始摩拳擦掌觅**奘蟹**。从海派的奇思遐想里,一串和"蟹"字相关的佳词妙语应"蟹"而出。

比如,秋天去买上市不久的蟹,先要**"捏捏蟹脚硬勿硬"**。后来这句话就引申到"掂量掂量对方有多少能耐"的意思。碰到**"撑脚蟹"**,就是脚伸直肏拉着的,快要死的蟹。"伊是一只撑脚蟹了",是说"他现在已情况勿妙,支撑不下去了,要防他出意外"。或者是身体不佳,或者是他办的企业要倒闭了。

称一个人**"软脚蟹"**,是骂他软弱无能,遇事只会退缩或受屈辱,硬不起来。**"蟹手蟹脚"**,是说手脚不灵活,像蟹脚有伸有缩一样,动作配合不协调,样子难看。**"蟹爬"**,是指样子歪斜难看。如:"侬两个字写得像~!""蟹脚",则引申为"喽啰",是"下级帮凶";拿他的**"蟹脚""侪拗脱"**,他就成一个"光杆司令",就是**"吭脚蟹"**,只剩下来一只**"蟹陀陀"**,即一个"蟹身体",动弹勿得,只差一口气,比喻自助无力,成了孤家寡人,没有帮助他的人。

上海人对"蟹"的发散性的引申都十分传神。当人自己已不能动弹,就变成**"死蟹一只"**。"死蟹一只",是个很生动的熟语,有四层含义:一是身体疲惫不堪,不能动弹或失去自由。如:"做了一日重生活,到黄昏床浪一倒,～!"二是事情办糟搞僵,不可挽回。如:"事体已经做到蛎个地步,～了。"三是无路可走,无可奈何。如:"我跑到山区末,路也摸勿着,真是～。"四是一切都没指望,束手无策。如:"数学一考坏,乃末～!"也可以省去"一只"两字,简称"乃末'死蟹'"!

　　"死蟹",只有叫花子才吃的,有个歇后语叫**"叫花子吃死蟹——只只好"**,常比喻一个人要求很低,样样都能接受。上海话里还有两个歇后语,一个叫**"大煠(闸)蟹穿淮海路——横行霸道"**;另一个是**"飞机浪吊大煠蟹——悬空八只脚"**,就是说做事情没有分寸,离开事实太远,或者是牛皮吹得野豁豁,事情完全做不到,做出来连**"蟹也会笑"**!"蟹也会笑"是事情完全没可能的意思。如:"伊英语考过六级,～!"还有**"蟹也会得飞"**,是事情完全不可能发生的意思。上海还有一个气象谚语,说**"蟹爬高,发大水"**。**"老蟹打洞,小蟹受用"**,就是讲儿孙辈坐享父辈所造个福。不过,没有志气的子孙,就是**"一蟹勿如一蟹"**,一个勿如一个,一个比一个差劲,坐吃山空,三代而亡。相反,有本事的孩子,**"虾有虾路,蟹有蟹路"**,一个个都各自有各自的法道或者门路,到后来各显春秋。不过在自由竞争中,也常会发生**"一蟹吃一蟹"**,就是 A 制服了 B,自有 C 制服了 A。

　　如果说"乌龟是十三块六角"的话,那么"蟹是**一块两角八**":一块蟹陀,两只蟹螯,八只脚。

　　蟹壳有一种特殊的青颜色,上海人称一种像蟹壳一样的颜色叫**"蟹壳青"**或者**"蟹青"**;上海人也把一种表面状似蟹壳的饼,叫做**"蟹壳黄"**,还因为它上面一层皮的颜色如烧熟的蟹壳颜色。还有一种像蝴蝶酥那样的甜点,叫它**"蟹派"**,"派"是 pie 个英译词。

　　还有三种好看的花,与蟹的模样有关,一种叫**"蟹爪兰"**,指它的花开的花瓣样子像"兰花";还有一种叫**"蟹爪水仙"**,指将漳州水仙切割做成叶子呈蟹爪状;另一种**"蟹爪菊"**,盛开的菊花花瓣卷曲成蟹爪的模样。还有个打牌时带有洋泾浜色彩的外来语"沙蟹"(show hand)。

近来还有两个新个蟹名字,就是将外面捉到的蟹放到阳澄湖的水里去浸个N天,于是摇身一变改变籍贯,大家叫他们为**"汰浴蟹、留学蟹"**。

问崇明人"作啥"语音就和**"捉蟹"**相同。崇明话"啥 sa"读"蟹 ha"音,所以"作啥"和"捉蟹"同音。其实上海不只是崇明方言这样说,奉贤、松江"蟹、啥"两字也同音读 ha。大概崇明产蟹太多,太有名气,所以大家碰碰就欢喜说**"崇明蟹,蟹崇明"**:"到崇明去'作啥'?""去'捉蟹'!"

由于上海人思想的开放,造词的活跃,一个"蟹"字派生出那么多生动活泼的词语来,这就是来自上海话骨子里灵动的"海派文化"。

二十、上海人对颜色词的独特创造

据说,世界各地的人对于颜色的看法各有千秋,对颜色的归类也是不一样的。因为太阳光照出来的颜色是连续的,天空中的彩虹,我们可以看到各种颜色,从红颜色一直到紫颜色,且颜色之间是没有边界线的,截取边界到哪里,是人为的,便各不相同。各地的人,由于使用的语言不同,也会导致分出颜色的种类不一样,对某种颜色的认识不一样。于是,上海人的眼光里看出来的颜色,也就用上海话的词语定下来了。

我们小时候有个童谣,叫**"红黄蓝白黑,橘子柠檬咖啡色"**。除了"红黄蓝"三原色与"白、黑"色以外,后面一句都是用吃的东西定颜色名的,非常具体生动。上海人从来不说"赭石色",而称**"咖啡颜色"**,这个是因为上海人很早就对咖啡十分熟悉的缘故。

上海人的海派眼光,是比较厉害个,会深度分析颜色,形容起来也很出色,比喻用得挺有情趣。如连"**铁锈**"的颜色也用来命名,有一种色彩叫"**铁锈红**"。这种颜色,真是用其他词语形容不出,一种比较淡的咖啡色中带有红色,中老年妇女很欢喜穿这种颜色的衣裳。

像"**胭脂红**""**皮蛋青**""**象牙白**""**蟹壳青**""**血牙红**""**玫瑰红**""**生姜红**""**西洋红**""**豆青**""**杏黄**""**姜黄**""**米红**""**月白**""**奶白**""**花青**""**青莲**",还有"**豆沙色**"、"**古铜色**"、"**米色**"等,都是有具体的东西放在词里旁衬,这个颜色词表达出来的颜色也就更明白更形象化生活化了。而且分得特别细,如"皮蛋青"就是跟"蟹壳青"青得不一样。

上海男人在20世纪60年代困难时期穿藏青色和灰色的裤子,虽然穷,也要翻点花头出来,连最不显眼的"灰"色,也会有种种的分类:除了"**铁灰**""**银灰**""**中灰**"等,还有一种灰叫"**香烟灰**",就像香烟缸里个香烟灰那样的颜色,具体形象。

对绿颜色,上海人最喜欢了,区分也就特别精细。除了"**草绿**""**墨绿**""**碧绿**"等,有一种叫"**咸菜绿**",是像咸菜上的那种绿颜色;还有一种叫"**鹦哥绿**",是鹦鹉身上的很鲜艳的翠绿色;还有"**秋香绿**",是秋天成熟后开始发黄的稻秆上的绿色。另外,"**鸭头绿**""**黄胖绿**""**橄榄绿**""**苹果绿**""**葱绿**""**湖绿**""**水绿**"……绿颜色分得这么细,由此看来,上海真是一个绿得可爱生气蓬勃的城市。

上海话中,能用"ABB"形式来形容颜色的状态。如:

红通通:"小王个面孔~个,血色真好。"**黄亨亨**:"搿块墙壁刷得~个,勿好看。"**绿油油**:"一到春天,菜园里个蔬菜一片~。"**青奇奇**:"搿块白布,哪能有眼~个?"**蓝荧荧**:"天有点~个,开始转好了。"绿颜色可以形容到"**碧碧绿**""**碧绿生青**"的地步。

表示状态的两个叠字不同,颜色表现的情状也就不同。如:

"**灰扑扑**"形容在风尘上:"今朝从矿浪向回来,浑身~个。""**灰托托**"用在形容布色的灰暗上:"侬搿件罩衫哪能是~个?""**灰蒙蒙**"用在描写天空。再如同样是形容"黑"颜色,上海人开出的"黑区"就是形形色色的。"**黑黜黜**"是指一个场所比较暗,但不是一点地方也没光亮。而"**黑洞洞**"是更暗,指一个地方尤其像山洞,一路很深的暗。"**墨墨黑**"的:"搿幢房子,一走上楼梯,~个,电灯开关也摸勿着。"还有"**黑魆魆**"是黑暗得使人害怕:"一个山洞里向～个,当心碰着鬼!""**黑黸黸**"用在皮肤形容有点儿黑。反之,"**白呼呼**"指物体表面的一层白色粉末:"柿饼浪～有一层霜。""**白哈哈**"是淡淡的白:"一块～个玉。"而"**白塔塔**"形容一色的东西发白了:"侬黑板吭没揩清爽,～个,字也写勿清爽。""**白蘸蘸**"则指人的面色:"老王面色～,看上去身体勿是最好。"

像如此细腻地替颜色取名字,用法又各有差异,上海话又是"**一只顶**"了。不过那些色彩名称,还都从"橘子柠檬咖啡色"的思路发散出来的。上海人取起颜色的名字来,是很轻松的,只消拿一样事物放上去就可以了,看起来随意,实是真实深刻。连"**拨侬点颜色(厉害)看看**"那样的硬话,上海人也会轻松幽默地甩出一句:"**拨侬一盒彩色笔!**"

二十一、"吃"出海派来

上海人思维的发散性表现在拿来就用、很快从众传开,这也是海派文化的特色。下面我们来看一下上海人在"吃"字上的发散性组合的惯用语。

上海从来就是个"吃"的世界,汇聚着世界上各种吃货,吃出各种享受来,"吃"的乐趣使上海人把"吃"这个词的含义到处引申。

除了"吃饭"以外,一些用嘴的动作,上海话都干脆说"吃"。如:液体一类都用"吃":"～开水、～茶、～西瓜汁、～饮料、～汤、～酒水"。抽烟,上海人也用"吃":"～香烟、～雪茄烟"。有一个上海谜语,谜面是"一头烧,一头吃",谜底就是"吃香烟"。当然,就说用嘴吃液体,上海人各种吃法分得很细,如:小口品味称"**湎** 'mi":"～老酒";嘴唇轻轻地沾一下喝称"**抿** min":"～口鲜汤";带吸的说"**嗍** sok":"～奶、～汽水、～螺蛳";但统称都可说"吃"。

"**吃口**"是吃到嘴里的感觉;吃的能耐。"**吃相**",则是吃喝的样子,引申到表示争吵、发怒时的脸色和架势。

"吃"还用于表示在某一出售食物的地方吃,如:**"吃食堂""吃排挡""吃黑暗料理"**。依靠某种事物或职业来生活,也叫"吃",如:**"吃木行饭""吃银行饭""吃老本"**。液体吸收,如:**"吃墨""吃水**(船体吃水深)**""油腻吃进去了"**。

以下的用法就离嘴吃东西较远了。如耗费:**"吃劲、吃油"**;受、挨:**"吃一拳、吃批评"**;按上:**"吃错排挡"**;碰到、遇上:**"吃硬档、吃着辩只档子"**;钻、嵌:**"吃一只螺丝进去,吃进去深"**;吞没:**"吃没"**;拉扯住、咬住:**"吃牢伊勿放"**;侵占:"黑吃黑、吃脱一块地盘";得到,收进:**"吃60分及格分数""吃进废牌"**;接受无异议:"辩两张牌我吃进"。

更有甚者,上海人把惹、欺负、占便宜说成是**"吃吃侬"**;相反把敬佩、羡慕一个人也说是**"吃伊"**,如:**"吃伊漂亮""吃伊唱得好"**;如果喜欢一个人喜欢到极点,忍耐不住了,会说:**"我吃煞脱侬"**(我爱死你了)!

"吃"毕竟是人的最重要享受,上海人的发散性的灵动思维,使"吃"字处处开花,创造了大量的惯用语,显现了上海方言的奇特魅力。下面举些例子。

吃萝卜干饭　学生意。

吃生米饭　态度很恶劣。

吃老米饭　只有花费而无收入,用以前的积蓄。

吃白相饭　无正当职业,专靠敲诈拐骗为生。

吃格子饭　坐班房。

吃粉笔灰　从事教书生涯,上课。

吃空心汤团　得到不能兑现的许诺。

吃竹笋拷肉　挨一顿重打。过去是用竹尺揪打。

吃烂污三鲜汤　不负责任、乱七八糟地烂吃乱混。

吃隑饭　衣着无着,投亲靠友白吃人家的饭过日子。

吃空心饭　没吃到饭。

吃女饭　男妓卖淫。

吃干饭　只吃饭不干事或不会干事。

吃下脚　吃别人吃剩下的；偷露天仓库或路边堆放的东西。

吃白饭　只吃饭不吃菜。

吃宵夜　吃夜点心。

吃工夫　要花很多时间和心血。

吃饱生米饭　指责人态度生硬恶劣。

另有一些吃，"吃"到了商业行为上去。如：

吃生意饭　经商。

吃红笔　生意不景气，不好做。

吃白板　店铺整天没做成生意。

吃赔账　自己赔钱。账上的事，又引申到生活上去，如"**吃轧账**"：处于其间，两面不讨好。

吃排账　因过失而受惩罚、挨批评。

吃牌头　挨骂，挨指责。

吃盒头饭　坐牢。

吃回单　拿人好处费，得回扣。

吃死棋　因对方下了一个棋子而使己方成了死局，也喻商业行为做成死局。

人处如何地位，常用"吃"在某处来表示。如：

吃软档　可上可下的安排。

吃硬档　一定如此，毫无异议由组织分配安排。

吃轧头/吃搁头　受挫。

吃轧档/吃夹档　两头受气。

各种"打"法，都用"吃"开头。如：

吃生活　挨打。

吃家生　用棍棒尺打。

吃头塔　头顶挨打。

吃屁股　屁股挨打。

吃耳光　脸上挨打。

吃皮榔头　挨拳头打。

吃五支雪茄　挨手掌掴。

吃火腿　受足踢。

吃外国火腿　被外国人脚踢。

吃屁股　受打屁股。

吃馄饨　被拧人肉。

还有许多食物，"吃"起来，都比喻了别的行为。如：

吃白食　不出钱去白吃，未替别人做事而白吃别人饭。

吃豆腐　挑逗，侮辱。

吃鸭蛋　得零分。

吃汤团　舞女整晚无舞伴；考试得零分。

吃馄饨　被人拧肉，责罚的一种。

吃野食　野外的、非正当的性行为。

吃大菜　以冷水浇身以示罚。

吃死饭　无职业，靠家里人养活。

吃板茶　每天必上茶馆坐饮茶水。

吃讲茶　旧时，同去茶肆以喝茶方式私下仲裁，请公众或有势力者来评判是非。

吃血　受贿。

吃素　软弱可欺。

吃嫩豆腐　欺惹最软弱者。

吃番斯　喜欢漂亮的脸。

吃卖相　恋爱时看中对方的漂亮。

吃醋　产生嫉妒情绪。

吃皇粮　政府机构、事业单位工作的人由政府发工资。

吃小灶　给别人特殊的待遇。

吃冰淇淋　让别人白欢喜一场。

吃药　上当。

吃错药　失常，神经不正常。

吃大饼　跳水时胸膛被水击打。

吃螺蛳　说话、唱歌时出现失误性小停顿。

吃咖啡　因有错误言行被请到有关部门去谈话。

吃辣货酱　给厉害尝。

吃麻栗子　用曲指节击头。

吃麻兰头　用曲指节弹脑袋。

吃萝卜干　打球时被球触痛手指关节。

吃花生米　枪决。

吃定心丸　心中有数而安心。

吃救济粮　考试没考好,低于平均分。

吃西北风　受冷,挨饿。

吃独食　单独吃食不与人分享。

吃勿识头　吃苦头。

吃死蟹　欺凌懦弱势单的人。

吃嫩头　老年男子和年轻姑娘结合。

吃回扣　采购者或代买主招揽生意者向卖主索要一份交易所得。

吃回头草　重又回到做过去放弃的事情或工作。

吃现成饭/吃呆饭　只吃饭不干活。

吃开口饭　演员、教师等靠一张口工作的职业。

还有些吃的熟语,离"吃"的行为更远,但也都是在"吃"的一些引申义项中发展出来的。如:

吃官司　坐牢。

吃弹皮弓/吃弹弓　要求被拒绝。

吃两头　民事调解,或利用优势两头施压,从两头取得好处。

吃上风　碰上好运气。

吃老公　公家吃喝,用公家的钱。

吃功夫　耗精力,用功力技巧。

吃体力　用重体力,很累。

吃灰尘 接受扑面而来的灰尘。

吃火车 受火车开过的阻挡停止开车。

吃红灯 遇上红灯,只得停车。

吃地段 看重好的生活地域。

吃房型 看重好房型。

吃环境 买房注重周边环境舒适。

行为能不能顺利展开,就像能不能吃到。如:

吃得开 路路通,受欢迎。

吃得准 有把握。

吃得光 统统包揽下来。

吃勿落 受不住,接受不了,活儿、商品不能全部拿下。

吃勿消 受不了,支撑不住。

吃准 认定,盯住。

吃软 愿意接受委婉、柔顺的方式。

吃硬 接受直接不拐弯、强硬的方式。

吃痛 受得住痛。

吃勿识头 吃苦头。

吃倒彩 得到故意叫好或报以不满的怪叫声。

吃没 吞没。

吃劲 费力。

吃正 确认,认定。

吃性 吃的欲望。

吃牢 认定,盯住。

还有一些"吃"的俗语,变成了别致的有较大概括力的形容词了。如:

吃瘪 被强势压倒压垮;理亏而无言相对。

吃醋 妒忌。

吃价 了不起,看不出;值钱。

吃香 受欢迎、入时。

吃重 费力。

吃酸 棘手,难堪,懊恼。

吃老酸 无可奈何,没话说了。

以上这126个"吃……",都是上海人从"吃"发散开去的海派"吃文化"吧。从中也看到上海海派方言生活用词的丰富性、随意性和生动性!

沪语的魅力是独特的,鲜明的。海派的沪语形象渗透在上海人海派生活的方方面面。

二十二、从习惯用语看上海城市精神

方言有人性中的神,是人际交往中的亲和力,是重要的情感纽带,潜藏着精致深切的乡愁。上海话是上海人从自己心底灵魂中发出来的独特的声音。上海话中包含有上海人凝聚的价值观、素养、灵动、创意等可以调动的灵性数据、神秘的共同意识。

上海人的文化素质、文明习性、精神面貌都深刻地概括在上海话的词语中。

1."实打实""明打明"

上海是移民城市,多数人是**"脚碰脚"**(一起乘小船进上海,一起睡在阁楼上学生意)开始来闯世界的,在平等的机会中积极谋生,练就了做事扎实顶真的**硬碰硬**和光明正大、不拆烂污的作风。上海产品的纷繁高质一直誉满全国。

2."门槛精""活络"

自由竞争的商业社会中磨砺了上海人精明、**"懂经"**和讲究技巧,养成了**"头子活、路道粗、花露水浓、兜得转"**的能力。**"戆"**和**"木"**是上海人最忌讳的。

3."桥归桥、路归路"立"单据"的契约精神

上海人奉行"各人头上一片天"的原则,自管自,各人管好自己的事,"**脱侬浑身勿搭界**";也不占人便宜,别人有什么嗜好,"**关侬啥事体**",反对"**轧一脚**";崇尚"产权分明",合作办事要签张"**单据**"("单据"也是产自上海话的"正偏式"名词),**关门落闩**,十分讨厌"**放空炮**""**开大兴**""**放白鸽**"。

4."勿领盆""拼死吃河豚"

有了契约规则,创新就频出。上海人十分崇尚进取开拓,觉得没有"**花头**"就"**勿适意**""**勿太平**",喜欢"**碰碰额角头**""**出风头**","**一篷风**"勇往直行,不怕"**老虎头上拍苍蝇**",因此上海就成了"冒险家的乐园"。

实打实 一点不虚假,实实在在。如:"伊拨侬个辬眼份量是～个。"

明打明 公开,正大光明。如:"大家做出来个事体侪是～个。"

活络 灵活。如:"伊辬人头子～,兜得转。"

懂经 精通;时髦。如:"侬看辬个人领会起来真～。""伊对新潮最～了。"

头子活 办事或处理人际关系头脑灵活。如:"侬～,朋友道理兜得转。"

路道粗 门路多,善于打通关节。如:"做各种能的事体,就要请伊想办法,伊～呀!"

花露水浓 花样、花招、噱头多。

兜得转 善于处理好各种关系,路路通。

桥归桥,路归路 自管自,互不关联,界限清楚;有联系的事,各归各地算清楚。

脱侬浑身勿搭界 和你一点关系也没有。

关门落闩 定下算数,把话说死;言行严谨。

开大兴 吹牛,说大话;蒙骗,戏弄;说话不算数。

放白鸽 说空话,应诺而不为。一种诈骗术。

二十三、从习惯用语中看市俗民风

我们还可以从上海话常用词语中看市俗民风。

1."派头大"

来自英语 pattern 的延伸。上海人讲究派头大,举止行为及做出的事情哪怕造出的高楼,都要有格调,讲体面,风范高雅,**"掼得出"**,**"上台面"**。

2."做人家"

"做人家",在沪语中用"1+2"形式分读,是"支撑一家人家"的意思;合起来三字连读,便成"节俭"的意思了,就是上海人说**"算算吃吃,吃吃算算""扳节头,过日脚"**。**"小乐惠"**是移民客居、创家立业的上海人的本色。

3."识相"

上海人生活情趣追求精致,处理人际关系时,讲究识时务,深得"识相"之道,矜持不张扬。遇事要**"轧苗头"**,**"安份,知趣"**,做事要**"候分掐数"**。

4."大路"

作为与朋友合作处事交往养成的基本素质,做事大方,气量宽宏,处事底线就是**"上路"**。反对做事**"自说自话"**,行为**"脱线""落拆"**(作梗、拆台、损人)。

5."拎得清"

"接翎子"快且准,处事**"贴心贴肉"**,深懂游戏规则。不论什么来历、身份,拎勿拎得清是一条公平线。

6."有腔调"

这是新青年创造的惯用语。讲究为人有个性,有型,有气质,有内涵,时髦潇洒,风度翩翩。包括办事做得漂亮。腔调不足,就**"拗造型"**拗出来。

这些上海人的作派都深深融入在上海人充满自信的海派文化的生活中。大家要充分了解上海话的丰富词语,并灵活使用好这些词语。

上海方言的乡音语汇及其文化积累中,蕴含着上海这个城市发展成长的历史,浸透了江南水土孕育出的上海市俗民风,闪烁着上海人五方杂处、中西融合中形成的宽阔胸怀和睿智,深藏着多元博采的海派文化基因和密码。上海方言的全部发展历程,充分体现出上海人民创造生活的辉煌,也证明了开放创新、海纳百川对优化语言的重要作用。

上海话既充满现代性,又是社会层次丰富的方言。新上海话的高速发展,使古代形式、近代形式、最现代的形式,农业手工业社会、工业社会、商业社会的各种词语,同时浓缩和积累在几代人的口语中,这使上海话的日常用语成为一种时代层次十分丰富的语言。上海话在这前后100多年间从一个小县城的发音一跃而成为我国三大方言(北京话、广州话、上海话)之一。

上海话从来就有着"海纳百川、有容乃大"的海派文化的襟怀,上海话的强势和对江南吴语的深远影响一直维持到20世纪80年代。前半段的"80后"在当年网络初始开放的岁月里,思想异常活跃,也曾创造传播了上海话中的大量新流行语。在2006年他们正在读大学时,我收集过他们2500条充满生气、幽默风趣兼有童趣的上海话新流行语,如:**"有腔调""拗造型""黑暗料理""少年系男生""粢饭糕"**(又痴又烦又搞的女生)、**"有 face""有型""垃圾股""套牢""PMPMP"**(拼命拍马屁)、**"3.72平方"**(十三点不三不四)、**"419"**(for one night,

一夜情)、"一脚踢侬到十六铺""掼侬三四条横马路""去买根线粉吊杀""侬是前公(功)尽弃,祝侬再结再离(厉)"……出版过一本《新世纪上海话新流行语2500条》,可惜不久上海话就急剧衰落,这批新词语所存无几,现在除了中老年人外,"80后"是最积极呼吁保护上海方言的一代。

派头大　气派大,有格调。
做人家　节俭。
扳节头,过日脚　节俭度日。
小乐惠　舒适,小小的满足。
轧苗头　见机行事,看情况灵活办事。
候分候数　不多不少,衡量精确。
大路　做事大方,不计较。
上路　做事通情达理,够朋友,讲义气。
自说自话　未经他人统一自作主张。
脱线　不正常,脑子出问题。
落拓　因心地狭窄而为人处世不与人为善,不仗义而作梗、拆台、损人。
接翎子　领会对方的暗示。又作"接领子"。
贴心贴肉　很贴心。
有腔调　人的行为举止时髦潇洒、有个性;事情做得有章法,样子好。
拗造型　有意塑造自己的形象。
黑暗料理　晚上设在路边的食摊。
少女系男生　戏称斯文小白脸或带有女性化的男生。
有 face　有面子。
有型　长相、身材很吸引人;有派头。
套牢　被长期牵制、束缚住。
一脚踢侬到十六铺　把你一脚踢得很远;一脚把你踢回老家。(十六铺:坐小船到上海来谋生的港口)

掼侬三四条横马路 甩得很远。褒义或受挫后的自嘲或揶揄。

去买根线粉吊杀 形容人软弱无能,不如死了吧。多用于遇到不顺利的事,受气或受挫后的自嘲或揶揄。

二十四、上海话教我们怎么做人

我从小到老生活在上海方言和海派文化氛围的熏陶中。

记得还在母亲的双腿上,母亲常常用节奏有致的乡音,唱着那些十分温馨的童谣"摇啊摇,摇到外婆桥,外婆叫我好宝宝。……";还有《十二月花名》:"正月正,家家人家点红灯;二月二,花芥落苏侪落地……"似懂非懂地体会着那含义若明若暗的韵文。晚上望着月亮逛街,母亲携着我的小手,又诵着"月亮亮,家家小囡出来白相相,……";想睡觉时,又听得母亲在唱上海话的儿歌"弟弟疲倦了,眼睛小,眼睛小,要睏觉,妈妈坐辣摇篮边,把摇篮摇。盎盎我个好宝宝,安安稳稳睏一觉。今朝睏得好,明朝起得早,花园里去采葡萄。"留声机里播放着上海百代公司的唱片,电影明星陈玉梅唱的《催眠曲》:"摇一摇,我的好宝宝,宝贝要睡觉……"和谐悠远的音调,爱生命爱自然的情怀,融会贯通,意味隽永,萦绕陪伴着宝宝。进了幼儿园后,大厅中的钢琴声就常入于耳,课本上又有上海的儿歌:"小老虫,上灯台,偷油吃,下不来,骨落骨落滚下来。"老师又教我们:"走路轻,讲话轻,放下物事也要轻,勿要老师告诉我,自家会得轻。"都市文明在公共空间里不要影响别人的空间这种"识相"素质教养,就这样渗透在这些轻松荡漾的儿歌里带来潜移默化的影响。下课玩着许多集体游戏,如"阿拉要拣一个人……",回家一路喊着:"赖学精,白相精,书报掼辣屋头顶,看见先生难为情,……"弄堂里又玩着中外融合的上海游戏"马玲打""stop""逃界山"等。

母亲口头常常会溜出许多上海的**"老古言话"**,我们都十分喜欢听。小学回家做作业的时候,听到她说的上海话口头谚语就更多了。

如:"一寸光阴一寸金,寸金难买寸光阴。"从那时候起,就开始接受上海话里的做人道理,是那些代代传承下来的人生哲理。"珍惜光阴"的道理深刻地落在我们的记忆里。加上后来听到老师说的明代松江人作的诗:"明日复明日,明日何其多。我生待明日,万事成蹉跎。……"于是我养成了每天早晨起来会想一想今天要完成的事是什么,尽量不留到明天去做的习惯。我母亲还会拿着铅笔盒子里的一把尺子对我说:"只要功夫深,铁尺磨成针!""滴水石穿,绳锯木断。""功夫勿亏人""有始有终,万事成功;有始无终,样样落空。"在我童年脑子里还没有装下多少知识的时候,这些上海人的老古言话便泅进了我的脑海,形成了我"有始有终""**做事体要有恒心**"的人生素养,后来成为我一生中的做事作风和座右铭。

同学一起吃水果糖、收集糖纸头时,唱着顺口溜"**红黄蓝白黑,橘子柠檬咖啡色**",也就开始认识那五彩缤纷的世界,融入五彩缤纷的海派文化中。在弄堂里,听到许多以上海话为基础的沪剧、滑稽、说唱等唱词,学到了许多做人的道理。如沪剧唱词中有:"**真是砻糠搓绳起头难……**"教我们遇事开始不要见难而退,成事总要从难开始的道理。"**天浪呒没饿杀鸟,地浪呒没饿杀人。**"教我们勤奋,下决心培养忍耐精神,顶住风浪打开局面。从家中留下的上海老唱片,自幼听到了评弹《珍珠塔》中方卿在百般患难中有"**要效学那,磨穿铁砚桑维翰,我名不惊人心不灰**"唱词,甚为感动,它激起了我在做学问中的雄心壮志,比我读到杜甫"**语不惊人死不休**"诗句早得多。在步入青春期之时,在上海越剧电影《追鱼》《红楼梦》里,看到剧情高潮时有:"**万两黄金容易得,人间知己最难求**"(上海谚语中,后句又说为"知心一个也难求")唱词,总是感动万分,决心要在患难中寻觅到一辈子相亲相爱的好伴侣,还寻寻觅觅,以深沉的友情,与中学同学交无话不谈的知心好友;以后又在师生交流之际建立了深情厚谊。上海话的谚语里,还有一句:"**天有好生之德,人有互助之情。**"这句话我们记在心头,一道求学中,"**同室忘年交,赤诚悟真情**"。在为同学做服务工作时,"**心要热,头要冷**"。

我们生活在上海这个有着中西融合的优良民风的环境里,那些**"老克拉""老法师"**都是我们的榜样。上海人是讲究**"派头"**的,格调优雅大气,不管怎样,为人处事**"大大方方"**,**中气实力足**,派头掼得出,就是穿着和建筑,都讲究**"高贵""典雅"**和**"大气"**,做事体要**"上台面"**,出场要**"有台型"**,举止要**"有风度"**,待人要**"坦坦和和""爽爽荡荡"**,整个社会崇尚**"坦气""宽容"**。父母常对我们教育,说做人办事不能畏畏缩缩、猥猥琐琐,要**"爽爽快快"**,不能拖拖拉拉,**"牵丝扳藤"**,叫人家等**"半半六十日"**,**"急煞人"**;还有话要**"讲出算数"**,不要第二天就变卦**"赖脱"**和忘记**"乱辣半边"**。知道了这些,我就努力去关心自己的"气度"修养,注意用气派和魅力来处事律己,与**"大气谦和"**的城市格调相适应。

上海话中"识相"一词就是处理人际关系的一种中庸法则,在应酬中要**"知趣"**、把自己放在适当的地位,这也是一种精致的生活情趣,讲究识时务,做适宜的事,讲适宜的话,**"尺寸候分候数"**,不张扬,尽量不**"踵撞"**人家,处事待人自制力要强。因为太贪心就要**"贪心吃白粥"**;不知好歹,于是**"勿识相要吃辣货酱"**;人家受不住,就要**"拨侬一盒水彩笔"**即"拨侬点颜色看看"了,立足社会要**"扎乖"**,才能活络自如。

上海人在长期的商业社会中养成的**"实打实、明打明""乌龟掼石板——硬碰硬"**的风气也深深感染了我们,使我们从小懂得要**"讲老实话,做老实事"**,做事要**"着实"**,**"落落大方"**,不**"吹辣前头"**,**"讲言话勿要勿着勿落"**,不要**"飞机浪吊大闸蟹——悬空八只脚"**。长辈常对我们说:要**"做规矩人"**,**"满口饭好吃,满口话难讲"**,**"想想周全,再答应人家"**,不要做**"黄牛"**,不做**"王伯伯"**,不**"开大兴"**,不**"放空头炮"**,不**"开空头支票"**,**"拨人家吃药""吃空心汤团"**。做人不但要有**"坐有坐相,立有立相,吃有吃相,睏有睏相"**的好家风,还要**"着着实实"**,**"立得正,坐得稳"**,**"平生勿做亏心事,半夜敲门心勿惊"**。

上海话中叫人认真的语词十分细腻,我们受益匪浅。上海话教育我们学习要做到**"有心有想""一门心思""勿怕难学,就怕勿学""文**

到穷时自有神,书到疑处反成悟"。从写字到办事都要"一点一划""笔工笔正",认真勿越轨;"一头一脑""一手一脚",善始善终;"一脚落手"不停歇,早日完成。对一门学问和技巧的掌握,要求"落门落槛""熟门熟路";下定决心钻下去,"千日生活,一日见功",这就是上海人的"顶真"和"勾勒"。学习也好,做事也好,还强调自力更生,"自靠自","天上落雨地下滑,各自跌倒各自爬""前人跌,后人看"。成事之难,须积累经验,坚持不懈努力。上海话里,强调"吃辛吃苦",崇尚"快手快脚","只要自家努力,哪怕人家看轻""道路靠人走出来,办法随人想出来"。相信基础打实,功夫到家,终有一旦会豁然开朗:"人到山前必有路,船到桥头自会直。""长线放远鹞,机会一到接得牢。"贵在坚持:"矮子爬扶梯"——一步高一步。"苦难总有期,长夜总有头。"

上海话教我们,做个上海人,在商业社会里,做事要学会"门槛精到","懂经在行",深钻下去;还要"活络灵光";上海社会崇尚精明能干和技巧,"头子活、路道粗、上路快,花露水浓,有法道",一定不做"洋盘、阿木林",做事也决不能"马虎、搭浆、野豁豁、拆烂污、混腔势、淘浆糊"。

上海话教我们,胸有浩气天地宽,"舍得攒铜钿银子""小钿勿去,大钿勿来""旧个勿去,新个勿来",学会做成大蛋糕。"山再高,人能爬上去,浪再大,船能闯过去。""野得出","硬张杀搏",底气十足,要敢于"闯市面","开船要开顶风船","小鬼跌金刚,拼死吃河豚。""勿管三七廿一",敢于"老虎头浪拍苍蝇",对陈规束缚"就是勿领盆",做个冒险家,勇于创造新业绩,"从头做起"。在学术上创新,敢于开头炮,不做"软脚蟹""缩头乌龟""黄牛肩胛""黄鱼脑子""缩货"。

上海话教我们与人交际,要懂规矩、讲究游戏规则。"君子坦荡荡,有话当面讲""当面讲斤头,背后勿弄松""与人方便,自己方便""受人一口,报人一斗""帮人要帮心,帮心要知心"。上海话还讲:"虾有虾路,蟹有蟹路","各人自有各门路,各人头上一爿天",完全可以各显神通。互相之间,**桥归桥,路归路**。别人行事,**"勿关我啥事体" "非请莫入"**,人家不求之事,不去**"越帮越忙"**,互不干涉。如要合作,**"签张单据"**,遵守契约。发达的商业文明,养成上海人和朋友交往、合作成事的素质:大路。"大路"就是**做事大方,气量宽宏**。要原谅别人的差错,因为**"好人勿生肚脐眼"**。交往处事个底线就是**"上路"**。朋友道里,重在"上路",别人事情,**"勿去轧一脚。"**一起合作,遇事**"打开天窗说亮话"**。言语**"脱头落襻"**、做事**"自说自话"**,就是**"勿上路"**。要是行为**"野豁豁""脱线"**,走**"歪路子"**,甚至做出作梗、拆台、"落拧"的事体来,就要和他**"对勿起""拜哎拜哎"**。交际之间,学会**"看三四" "接翎子"**,最要紧的一点,就是**"拎得清"**。"拎得清"的人,稳健在理,**头势清爽**,处世精明;**"拎勿清"**的人,**"七里缠辣八里"**,**"勿识好恘"**。遇事"拎勿清"的人,就叫他**"洋盘""阿木林"**了。

上海话教我们:要**"做人家"**,**"巴巴结结日脚过,永生永世勿吃苦""辛苦赚钱快活用""吃勿穷,着勿穷,算计勿动一世穷"**。上海人还教会了我们"小乐惠"的生活追求。

上海话教我们:要懂知足,**"知足常乐,必有余福"**。懂**"安份"**,**"爬得高,跌得重""牛吃稻柴鸭吃谷,各人自有各人福。"**懂**"忍让"**,**"宁可人负我,切莫我负人"**。待人有度量,**"让人一寸,得理一尺"**。

上海话教我们:要立志,**"勿怕路远,只怕志短"**。要有胆识,做事**"千难万难,胆大勿难"**。有决心,**"一勿做,二勿休,勿达目的勿罢休"**。还要有韧劲,**"勿经磨难勿成佛""稳坐冷板凳,下定横狠心""人生呒没直路,十磨九难出能人""只有今日苦,再有明朝甜"**等。

上海话教我们:做人要严于律己,**"心眼摆得准,脚跟立得稳"**。要诚实,**"老实跌勿倒""真人面前勿说假,假人面前勿说真""牙齿像笔架,讲出话勿赖"**。待人还要诚信,**"送佛送到西天,造塔造到塔尖,摆渡摆到江边"**。上海话还教我要慎独,**"家眼勿见野眼见,野眼勿见天看见"**。做人还要谨慎,**"疏忽一时,痛苦一世""聪明一世,懵懂一时""只有大意吃亏,呒没小心上当"**。并且要重信誉,**"黄金买勿到好名誉"**。

上海话教我们：做人要做"**有腔调**"的人。这个是生活在21世纪的上海人对自身修养的又一个高标准。当代人的格调气派是什么呢？人要现代化，行为举止就要时髦、潇洒、风度翩翩，有个性、有型、有内涵、有气质。一时"勿来三"的话，就要通过"**拗造型**"来拗出来。

在激励我们奋发上进，"**困龙也有上天时，勤人总有出头日，鸡毛也能飞上天**"的同时，上海话也教会我们爱天然、爱人生、爱生命，融入自然，享受人生。阅天地："**白云恋蓝天，碧水恋青山。**"阅家乡："**美在家乡水，亲在家乡人。**"净心灵："**心宽家宽，心美人美。**"悦人生："**气量大，常愉快。**""**夫妻和，万事乐。**"亲自然："**花树优美，身心轻松。**""**家有百花，快乐无涯。**""**一生花为友，活到九十九。**"

对待爱情的态度，上海话中的俗语都十分阳光。如："**天浪星星对星星，地浪情人对情人。**""**爱情是生命个火花。**""**有缘千里来相逢**""**干柴烈火勿用吹，有心结伴勿用媒。**""**早晨个花最香，初恋个景最美。**""**天仙勿算美，爱人再算美。**""**爱情越久，越勿生锈。**"

上海话里渗透着生活娱乐精神，崇尚生活的愉快。如："**娱乐长精神，快活长寿命。**""**好茶一杯透心凉，好花一朵满园香。**""**糖甜一口，心甜一生。**""**一笑解千愁，神佛勿用求。**""**淡茶一杯，无是无非。**""**花里莲心苦，根底藕丝长。**""**勿怕千人嫌，只要一个爱。**""**三两黄金买勿到，四两茶叶定终身。**""**千条锦被勿如郎，阿姐经郎活少年。**""**兴趣来时，日夜不放。爱好去做，千难变易。**"人生享受之一，就是自己喜欢的东西，样样要去学一点，自甘做个"**三脚猫**"。

人一生的兴趣爱好，大多源自童年，一是本性使然，一是生活环境作用的结果。从小出生和成长在上海这个大都市里是我的幸运，深受上海话和以上海话为基础的海派文化的熏陶。上海本是个奇异的城市，近现代创造了极其辉煌的文明。我们爱上海，爱上海的语言和文化。我们要翻开尘土像深挖宝藏那样记录上海的每一个词语，开发海派文化的种种信息，像拨数珍珠一般用现代眼光细细品味，都有责任和义务为这个多姿多态的城市传承和发扬优秀传统做点贡献，为这个城市的灵魂讴歌。我们应有这个毅力，去寻找发现和弘扬上海这个伟大城市的光华,寻觅的过程也是自己成长成熟的过程。而且在人生的旅途上不断研究和发扬自己的兴趣爱好,我们会很快乐地度过一生。世上只有一种成功,那就是以自己喜欢的方式过一生。

第十一讲
开口说上海话各种语段

一、绕 口 令 选

龙华塔

上海有座龙华塔,麻雀飞过擦一擦。阿甲问阿达:"是雀擦塔,还是塔擦雀?"阿达答阿甲:"迭个是雀擦塔,勿是塔擦雀。"

吃橘子

吃橘子,剥橘壳,橘壳氹辣壁角落。到底是橘壳氹壁角,还是壁角氹橘壳?

猫

庙里有只猫,庙外有只猫。庙里猫要咬庙外猫,庙外猫要咬庙里猫。到底是庙里猫咬了庙外猫,还是庙外猫咬了庙里猫。

嗲妹戴嗲表

嗲妹戴嗲表,嗲妹背嗲包。到底是嗲妹戴嗲表,还是嗲妹背嗲包?

一个老伯伯

一个老伯伯,脚浪着双白袜,到田里向去拔麦。为仔拔麦,弄龌龊脚浪双白袜。拍一拍脚浪双白袜,掮起田里向拔个麦,到了房间里向,肩胛浪放下拔个麦,脚浪脱下弄龌龊个白袜,马上汏白袜。又要汏白袜,又要摆拔麦,又要晒拔麦;又要汏白袜,又要晒白袜。为来为去到田里去拔麦,弄龌龊脚浪向辫双白袜!

331

二、故 事 选

黄鱼脑子

黄鱼全身鳞片金光闪闪,辣海里向尾巴豁豁,游来游去,活络来勿得了。伊得意洋洋,认为自家勿但生得好看,外加辣海里比别个鱼侪游了快,葛咾常常吹牛皮:"辣辣海里向,要算我生得顶顶好看,游得顶顶快!"

鲨鱼听见了,邪气勿服气,心里向想:"我尾鳍发达,推水有力气,要讲游水,啥个鱼好游得过我?"所以,提出来要脱黄鱼比一比,到底啥人游得快。

黄鱼一口答应,约好明朝比赛。

第二日,黄鱼告鲨鱼并排停好,大家喊:"一、二、三,出发!"讲到游水,黄鱼确实比鲨鱼游得快,因为伊身体又是小又是轻,交关灵活。鲨鱼身体又是大又是重,虽然尾巴豁水有力道,但是游了一段路就慢下来了。

黄鱼回转头来一看,鲨鱼远远叫落辣后头,蛮得意,心里想:"我勿是吹,就是闭了眼睛游,笃定要比侬快。"伊真个眼睛闭好,气力用足,拼命朝前头游,游得邪气快。阿里晓得前头有一块大礁石,黄鱼只顾闭了眼睛游,就一头撞到礁石浪去,拿头撞伤了,流了交关血,而且脑子也撞坏脱了,弄得昏头落蹱,东南西北方向也分勿清爽,结果鲨鱼倒游到前头去了。

自从辣趟比赛以后,黄鱼个脑子受了重伤,以后有啥个事体,前想后忘记。

后来大家就拿办事体呒头呒脑、记性推扳个人,叫做"黄鱼脑子"。

(此篇故事20世纪80年代采集于上海市北京东路街道。这是先有上海话民间流传的"黄鱼脑子"词语,后编出了这个故事在故事会上讲的,故事不是该词语的出典。)

三、对 话 选

谈恋爱

A. 我　晓得　侬　会　来个。
　　Ngu xiaodek nong whe legghek.
　　我知道你会来的。

B. 我　勿来末　啥人　来啊?
　　Ngu fheklemek sanik lea?
　　我不来那谁来呀?

A. 侬　真　介　好唻!
　　Nong zen ga haole!
　　你真是那么好吗!

B. 我　对　别人　侪　勿好,因为　侬　发　调头
　　Ngu de biknin she fhekhao, yinwhe nong fek dhiaodhou
　　叫　我　来　讲讲　言话咾。
　　jiao ngu le ganggang hhehholao.
　　我对别人都不好,因为你发指示叫我来谈谈话的啊。

A. 葛末　侬　频道　隔脱伊好唻!
　　Gekmek nong bhindhao gektekyhilaole!
　　那么你把频道换掉也行啊!

A. 我　单吊　日脚　过得　厌脱唻!
　　Ngu dediao nikjik gudek yitekle!
　　我单身的日子过厌啦!

B. 我　倒　觉着　蛮好。
　　Ngu dao gokshek mehao.
　　我倒是觉得挺好的。

A. 我　会　后悔　一辈子个呀　对哦!
　　Ngu whe hhouhue yikbezyghekya defha!
　　我会后悔一辈子的啊,对吗!

B. 勿谈了！阿拉　到　周庄　去　白相　好哦？
　　Fhekdhelek! Eklek dao zouzang qi bhekxian haofha?
　　不谈了！我们去周庄玩怎么样？

（此篇对话选自钱乃荣著《新上海人学说上海话》第12课"走亲会友"中一段，上海大学出版社2013年版）

四、散 文 选

1. 杨乐郎：《天文台》

在20世纪40年代，报刊上用通俗的上海方言写随笔的人不少，如杨乐郎1948年出版的《洋泾浜猎奇录》第一集中的海派小杂文《天文台》中有这样一段：

抗战胜利之后，从内地出来的一批仁兄大人，捐了抗战八年野人头，到上海住现成洋房的固然不少，可是在内地住了好几年白鸽笼，回到上海寻勿着房子而借干铺的照样也有，打样鬼赵夹里，拨大世界门口一只炸弹一响，就此吓得卷铺盖，二夫妻游码头游到内地，结果比你我勿动身朋友，苦头吃得说勿出话勿出之深，一份人家全部铲光，险介乎在内地讨饭。胜利后直到今年春天，刚刚别着盘川回到上海，到了上海没有登身之处，二夫妻在备褚家桥小客栈里，又孵了一个多月抽斗，后来大家朋友看勿过，写公份替他在自来火街顶着一间楼外楼，此乃一间在晒台外面搭出来的一只阁楼也。一间房间小得实头像只自来火壳子，一只三尺半铁床摆进，面积已经占去三分之二，赵夹里几年来苦头吃得套裤深，有迭能一间安身，心满意足，夜里睏在床上，天窗里望出去，一轮明月满天星俱在眼前，赛过睏在天文台上一样也。近来天气渐热，子码二夫妻每日汏浴发生问题，因房间小得连一只脚桶亦放勿落，子码到底是打样师，一想横里无法扩充，就朝空中发展，所以请一个木匠，将四只床脚接高三尺，利用床底下余地,<u>摆只大脚桶进去</u>,作为浴室,<u>家主婆</u><u>汏</u>起浴来,只要将被单<u>朝</u>下一拉,<u>赛过</u>浴室门帘也。(下加横线的都是上海方言词语)

2. 程乃珊:《海派文化个"小"》

勿晓得从啥辰光开始,"上海"前头总归拨人家加了一个"大"字,"大上海"长,"大上海"短。其实,上海言话里头有交关"小"字头,比方讲"小洋房""小花园""小悠悠"……还有"搓搓小麻将""渳渳小老酒""小乐惠""小弄弄"……假使讲,侬拿辩点"小"仅仅理解为物理意义浪个体积个大小,葛说明侬个上海言话还勿够灵光。再打个比方,"小悠悠"除脱应理解为除了体积浪个大小外,更加有一种小巧玲珑、精致适宜个意思辣当中。

上海言话"螺蛳壳里做道场",活脱脱个点出上海人个善用空间得物质资源个本事。上海人形容出手大方个为人处世为"海派"或者"世海"。同样个,一个"小"字,也现出海派跟世海个魅力。北方有句俚语:包子个口味搭包子个褶纹多少吤没关系。偏偏上海南翔小笼包,就是规定每只包子只能有十八个褶子,多一褶或者少一褶就是勿正宗个南翔小笼包。可见,上海人对一个"小"字也一点勿马虎。

上海开埠 170 年,传奇辈出,勿少传奇起步就辣一个"小"字。比如著名个国际饭店,因为地基占地面积老小,却要造一幢远东第一摩天楼,交关设计师侪勿敢接辩只生活,但邬达克就辣辣迭块迷你个土地浪创造了"远东第一高楼"个奇迹;还有著名个天厨味精厂,1923年是从南市个一幢两开间石库门里向诞生个;此外,陪了阿拉几代上海人个老字号品牌,像 414 毛巾、白象牌电池、奶油花生牛轧糖咾啥,侪是从弄堂小厂出来,名扬全国。

上海人海派,勿管大生意小生意,一样认认真真做。信勿信由侬。上海有家百年老字号腌腊店"北万有全",火腿一两就可以起售。按行规,一两火腿要切成薄薄个廿八片,辩个绝对考验师傅个刀功,然后拿火腿片像鱼鳞一样整齐个铺排辣油纸浪,包好后再老当心个套辣牛皮纸袋袋里,双手恭敬个递拨客人。伙计勿会因为侬只买一两火腿而对侬翻白眼。

上海言话里个"小",里向有辣海大道理。倒勿是真个数量个大小,而是一种大个警示,大上海五光十色个,引诱老大,生活指数高,稍微勿当心,破产、坐牢监个事体的有可能发生,难板放松放松是可以个,不过凡事勿好过分,点到为止;三五知己朋友小老酒淜淜是可以个,不过吃得酒水糊涂,酒后驾车就讨厌了;同样个,买彩票搓麻将,小弄弄寻点小刺激是可以个,千万勿要扑上全副身价。勿了解个人讲上海人小气,其实上海人只是小心翼翼个过自家个小日脚。

所以讲,阿拉辣辣赞扬海派文化个高度跟深度个同时,请勿要忘记伊个"小"——精度。

(原刊于2012年11月21日《新民晚报》"上海闲话"专版)

3. 程乃珊:《老上海咖啡馆风情》

咖啡,勿单单是公认个一种饮料,外加还是仅仅次于石油、可以辣辣世界市场浪合法买卖个期货。因为历史个原因,欧美辣阿拉国民心目中一直为时髦发达个标志,所以当咖啡一进入上海滩,再加上本身成本高昂,价钿自然勿菲。要论咖啡辣中国最普及个城市我想应该是上海。上海人向来欢喜赶时髦、别苗头、扎台型,所以吃咖啡与其讲是一种口舌享受,勿如讲是一种生活方式搭市场个标志,并逐步发展成一种优雅时尚城市生活个符号,咖啡馆也因此拨拉广泛应用到城市硬件建筑之中,可以提升整条马路个时尚指数搭文化氛围。旧上海个霞飞路(现淮海路)和静安寺路(现南京西路)之所以辣辣上海地图浪风景这边独好,就搭咖啡馆个密集有相当关系。光想想易拉罐名字——Hot Chocolate(沙利文)、DDS(甜甜丝)、Rosemary、Mars(东海)、Jimmy(吉美)、Rhiladelphia(飞达)、老大昌、凯司令、康生咔啥,好比夜空中闪闪繁星装饰了一个喧闹多彩个城市。

咖啡馆派生出一道最绚丽个文化色彩,就是具有异国风情温馨浪漫。但是要辣辣老上海站住脚,哪怕最时尚、最摩登个咖啡馆也要根据勿同个服务对象搭环境打趋同个牌。老上海咖啡馆一般分两类,一类是商务行政型个,像位于大马路(南京东路)个Mars(东海)、德大,因四周洋行银行密集,所以店堂个布置侧重敞亮方正,比较硬气,有利于公司搭客户个接待。中央商场个Jimmy(吉美)辣笔者印象里向,面积勿大,但原木白坯个卡座,用碱水刷得雪白洁净。咖啡杯是一种白底蓝边个粗瓷,同时还供应三明治、热狗之类个简餐,完全为了方便周边工作个白领午餐。吉美一直开到"文化大革命",伊拉个草莓冰淇淋至今令我齿舌留香……

而到了称为上海时尚地标个静安寺路,电影院、夜总会、舞厅遍布四周,是情侣搭时髦人最中意个地方。㧯搭咖啡馆当然要极力营造一种温馨浪漫个氛围,幸亏还来得及看到伊拉远远逝去个背影。

海派文化个精髓就在于以最低成本推出最有精髓最有特点个精致。咖啡馆个本意辣辣国外就是单售咖啡、茶以及简单个点心。不过到了上海,或许出于店铺个昂贵,当然还有消费者个需要,一般老上海咖啡馆侪搭西餐合二为一,集门市外卖,包括糖果、饼干、曲奇糕点。为了竞争,除了咖啡外,还形成了每家咖啡馆各自个拳头产品,像老大昌个拿破仑蛋糕、凯司令个栗子蛋糕、沙利文个牛茶鸡茶、天鹅阁个奶油鸡丝焗面、东海个柠檬派、吉美个草莓冰淇淋、飞达个鸡卷、起士林颗粒饱满又浓又香个浓味咖啡糖……相比之下,虽然今朝上海咖啡馆遍布各处,但除了红宝石个奶油小方之外,侬还能想起㧯些咖啡馆有阿里些特色个小吃呢?讲穿了仔勿过是星巴克个翻版,而勿是Made in Shanghai 个风味。

(原刊于2013年2月27日《新民晚报》"上海闲话"专栏)

4. 钱乃荣:《吃瘪》

一个人,老得势个辰光,老成功个地步,就交关"弹硬",老坚强,勿懦弱,叫得响,也邪气"吃硬",伊敢于碰硬;但是一旦"吃勿开"个辰光,到遭冷遇个地步,常常会"吃瘪"。"吃瘪",就是拨对方压倒,只好屈服。

拨对方压倒,一种是对方势力强,人众势大,呒没办法对付,只好低头屈服。1840年以后,殖民主义者用洋枪洋炮逼迫清朝政府一趟趟"吃瘪",慈禧勿自量力,妄想重用"刀枪勿入"个"义和团"来对抗八国联军,结果"吃瘪"吃得只好逃到西安去。

另一种是自家理亏,无言相对。狐狸老兄忒狡猾了,辣童话里拨人家一趟又一趟安排上当,一趟又一趟个"吃瘪",乌鸦大姐叫伊吃瘪,大鹭先生叫伊吃瘪……富家女黄慧如勿情愿服从伊个阿哥逼伊嫁拨颜料大王大少爷,以死抗争,拨男佣人陆荣根解救。慧如见荣根忠厚善良,萌发爱慕之情。爱情受家庭重压,结果慧如勿重金银只重情,一门心思跟了荣根私奔到吴县乡下长住成婚。黄兄用拐骗罪来告发荣根,律师据理力争,社会舆论支持,辣法庭尚未判决之前,沪剧《黄慧如与陆根荣》就已判陆无罪,后来法庭终于当庭释放陆荣根,黄家一家理亏,最终"吃瘪"。

勿一定是大吃小,也可以小吃大。乌龟摆一记噱头,让小兔子辣树荫下头糊里糊涂睏了一觉,结果拿长跑比赛个奖杯抢了去,小兔子只好"吃瘪"。有一对兄弟,假意求租门面房开商铺做生意,使得多名房东心甘情愿拿出房产证告身证,辣两个人私下复印了证件,再到银行申请办理了几张信用卡,以后用透支个办法敛财8万多元。到了案发,可怜几个房东原来当仔寻到了一个大客户,偏偏勿晓得拨拉别人悄无声息个"吃"了"瘪"。

勿一定是自家理亏,碰到强势力,或者碰到制度,也会吃瘪。有人回忆美国总统罗斯福"吃瘪"起来也呒没言话好讲,一时真有点走投无路。美国立国以来,一直实行自由放任个资本主义制度,正是辣种自由制度拿美国从一个农业国转变为世界浪最发达个工业国。但是,辣取得了巨大成果个同时,发展也发生了新问题,辣30年代碰着了一次重大危机。当时要求政府出来拯救社会个呼声越来越高。不过,这种呼声并呒没打动最高法院个辣点老头子,伊拉通过常规手段,否定了罗斯福制定个《公正劳动标准法》《工业复兴法》咾啥几个新法律,而且认为伊违反宪法,严重阻挠了罗斯福为了解决经济大萧条而推行个"新政",罗斯福辣辩点大法官面前"吃瘪"了。社会辣面临重大问题个抉择辰光,人们辣制度个基础浪谋求妥协是经常要碰着个。

吃瘪以后,接受对方个条件,只好"吃进",辩种情况常常会发生。小辰光有常时拗勿过大同学,又拨伊抱牢逃勿走,实在无奈,只好叫伊一声"爷叔"以后伊松开手歇。清政府打一次败仗,就被迫"吃进"一个勿平等条约,赔款割地。

吃瘪以后,长期勿受欢迎,"尴里勿尴尬",也是常常有个情况。野鸭妈妈孵蛋,孵出一只又高又大个丑小鸭。丑小鸭到池塘里游泳,青蛙说:呱呱!我勿欢喜侬,快点走开!丑小鸭觉着交关尴尬,正好离开池塘朝森林走过去,碰到了小狗,狗又讲:汪汪,我勿欢喜侬!两趟吃瘪以后,山浪碰到只猪猡,再吃瘪,伊拨人家冷落得走投无路,尴尬得哭了。一个小姑娘拿伊接到屋里去了。过了一个冷天,丑小鸭长大了,伊变成了一只美丽个白天鹅。辩个故事是讲:要经得起吃瘪,人脱物事侪会变个。

吃瘪以后,"校路子",转败为胜。总统 VS 最高法院,辣 1937 年为仔"新政"斗了起来,乃末,罗斯福提出了"填塞法院"计划,拿 9 名法官增加到 15 名,增加了脱伊观点一致个法官,却引起轩然大波。辩点老头子邪气勿满,交关议员侪拨伊拉动员起来,投入到激烈个辩论脱繁复个听证之中,参议员司法委员会拒绝了辩项计划。罗斯福第二次吃瘪。但是伊输了哦?罗斯福输脱了"填塞法院"辩一仗,但是伊还是达到了目的,大家脑子侪拎得清一点了,最高法院一点点个改变了反对新政个立场,辩点大法官辣总统个强硬态度下面也让步了。

有辰光,是一趟吃瘪了,想想"君子报仇,十年勿晚",先是"吃进",等待时机,以后拉起队伍,脱对方下趟再别苗头。越王勾践"卧薪尝胆",到最后打败吴王个故事就是榜样。不过勾践毕竟勿简单,历史浪多数个"吃瘪"事体最后难以扳回,伊拉个发奋努力也哓没辣历史上留下痕迹。

及时捉牢相制之机,善于智斗,出其不意,可以以小制大。所以并非都是"弱肉强食"。蒲松龄个《聊斋志异》里有"螳螂捕蛇"个记载,清代薛福成个《庸庵笔记》中记有蜘蛛告蛇相斗个见闻:大蛇昂首欲吞蜘蛛,蜘蛛一趟又一趟悬丝垂身半空,使得蛇由怒转疲,后来乘蛇勿备,奋身飙下,踞蛇之首,抵死勿动,注毒吸其脑,果腹而去。要想用智"吃瘪"对方,"得其机"是至关紧要个。

"贪心吃白粥",转胜为败,吃瘪吃得最彻底。渔夫放走了一条金鱼,小金鱼要报答伊,讲:谢谢老公公,侬想要啥,就来寻我。可是渔夫个太太忒贪心,先是要汏衣裳个新木盆,小金鱼变拨了伊,后来伊变本加厉,要渔夫去问金鱼要一座城堡,有了城堡又要住皇宫,结果下来是完全吃瘪,一切侪恢复到从前。阿拉现在一些贪官,眼看伊起朱楼,眼看伊宴宾客,眼看伊楼坍了,伊拉一个个落马,侪像辫个渔夫个太太,勿,比渔夫太太个下场还要勿如,老太太还能回到自家个破屋里向去,而辫眼贪官是彻底吃瘪吃到四面是壁里向去了。

当然,辣吃瘪以后,硬了头皮顶下去,横势横个也有。大家可以等辣海看伊个结果。

以上侪是讲吃瘪规则脱仔吃瘪攻略。

看"人气吃瘪",辫个是一场粉丝多呢少个PK。辣流行歌坛浪,阿拉从粉丝手里高举个牌子,就好初步看到歌手风头个健弱,交关人问上去侪勿清爽伊个近来表现,就是有点走气了。人气足个明星总归是珍惜自家个今朝,因为伊拉侪晓得,自家总归有过气个辰光。

看中学里校花校草吃瘪,就像情圣吃瘪一般,辫个是一场勿是东风压倒西风,就是西风压倒东风个吃瘪情景。小雨天,虽然离考大学还有半年,却早就拨班浪大家推举为"少女系男生"了,因为大家吃伊个聪明,伊个可爱,生就个老cool个白脸,勿要忒"奶油"噢!公认伊为"校草",将来伊会去考个,一定是重点大学个"少女系"。最近又因为扣了两只漂亮个篮板球,迎来了一片颂扬声,校草个两张篮板球照片拨拉小粉丝挂辣教室里,又正好临近圣诞节,伊收到了女同学一堆"圣诞卡",台型扎足。伊先要拿挤点贺卡捧到同组女生小丸子搭去献宝,小丸子看了感觉有点酸溜溜,心里想下面一定至少要告他扳个平手,但等接下来个考试,伊一声勿响拼命温功课。同学当中侪公认小丸子是伊拉个"校花",伊要比雨天还要掼得出还要 Q,一泼女生等辣海看伊拉下一轮"别苗头"。待到考试总成绩公布,小雨天大船翻到阴沟里,数学分数比小丸子少了五分,各科成绩总分少伊六分,屈居第二。当小丸子大把大把个收到男女同学个拜年片辰光,也就一道捧到雨天眼门前,雨天大呼:"吃瘪吃瘪!"几个男生好事者辣一旁嘲叽叽个帮校草辣喊:"揩鐾揩鐾!吭没输赢!大家勿吃瘪!""再看下一场!"

注释:

弹硬 dhengan 坚强,不懦弱　一门心思 yikmenxinsy 一个心眼　摆噱头 ba xuoedhou 逗引人,骗人　当仔 dangzy 以为　吃进 qikjin 被迫忍受下来　有常时 yhoushanshy/有辰光 yhousherguang 有时候　尴里勿尴尬 'gelifhekgega 不如意,处境很窘困　冷天 lanti 冬天　物事 mekshy 东西,事物　校路子 gao luzy 纠正、开导、调教他人为人处世的思路、言行　拎得清 'lindekqin 很能领会,很灵敏　一点点个 yikdidighek 慢慢　别苗头 bhik miaodhou 竞高低　贪心吃白粥 'toexin qik bhakzok 讽刺贪心而一无所得　横竖横 whansywhan 横下一条心　少女系男生 saonyuyhi noesen 有点女性化的男生　勿要忒"奶油"噢 vekyao tek nayhouao 太可爱啦　校草 yhaosao 戏言学校里的美男　台型扎足 dheyhin zakzok 很出风头,很有面子和光彩　掼得出 ghuedekcek 甩得出　一泼 yikpek 一拨　大船翻到阴沟里 dhushoe 'fedao 'yingouli 不小心遭遇意想不到的失败　眼门前 ngemenxhi 眼前　嘲叽叽 shaojiji 嘲笑起哄　揩鐾 tabhi 两相抵消

（原刊于钱乃荣上海话散文集《上海话的岁月寻踪》,上海书店出版社 2017 年版）

5. 钱乃荣:《荡马路》

上海人欢喜荡马路。因为上海交关马路浪吸引人个商店开得一家紧挨一家,接连勿断;因为从上海个弄堂一走出来就是马路,出脚邪气便当;因为马路浪向各种衣着、姿态个人,新鲜、时尚个物事,勿断变换,吸引眼球;因为马路是心情放松、游乐休闲、时尚领略、新潮追逐、知识增长、靓物发现、看到仔就可马上自然买个、坐下来就能吃喝歇息个好地方;观看来来往往个各色人群,欣赏千变万化个街景,了解降价促销个商品,甚至体验高科技带来个新鲜场面,即时即地会得到意外快意,辣些侪是荡马路个收获。所以,欢喜多元博采、热爱五彩缤纷、享受多样性生活乐趣、崇尚发散性思维、热衷发现新生事物、捕捉开心一瞬间个人,特别欢喜荡马路。

荡马路可以是随心所欲,漫无目的。有辰光我走出门去,任凭自家个脚走到阿里就阿里,几化自由自在!荡马路个轻松逍遥、适意爽快,是我调节心情个最佳选择,辣紧张工作之余,是舒缓精神个顶好办法。

荡马路可以辣饭后茶余,朋友结伴上街,陪同伴游览市容,欣赏上海个近代建筑脱海派风情。荡马路也可以是有目的个购物,货比三家。有辰光兼及其他商品,无意之中会买着更加称心满意个物事。姐妹道里一道去荡马路,过去哪怕选丝线也会得选个半日,拣布料也板要东挑西拣,现今荡名牌店一家出一家进,像参观展览会,一条马路看过来,作兴一件衣服都呒没买。夫妻俩荡马路常常重复去彼此熟悉个马路告商店,重新辣实惠个或者有情调个商店,看看今朝有眼啥个便宜新物事。情侣间荡马路,穿了时尚潇洒个服装,一出去就春心荡漾,尤其是女青年,引领女装潮流,着了露脐装迷你裙,套了象鼻袜复古鞋,搀了男朋友指鹿指马瞎七搭八,哆得呒没言话讲,带来无穷个回头率,辣个本身就是一出炫丽个街景。荡马路是谈恋爱脱仔增进朋友友谊个最适宜个形式。

夜里向辣苏州河边马路浪漫步,好看万家灯火。两岸个高楼辣灯光个点缀下面,格外壮观、明亮。横跨个大桥各有特色,勿时有船从桥下穿过。就辣河边个长椅浪坐一歇哦,辩能样子个马路荡得也实在舒心。著名音乐家陈歌辛个一首《苏州河边》名曲唱个就是这种心情。

节日里一道去荡马路是轧闹猛。从中学开始,每年国庆节,我总归会得约要好同学一起去人民广场,再沿了南京路走到外滩轧闹猛,看节日个灯景告焰火。当年漂亮个灯景勿像现在,是一串串电灯泡拉起来个,别有风味,只有国庆节辣个夜里有,因此也就特别激动期待。讲讲看看,嘻嘻哈哈,放眼欢乐个人群,真是快乐无限。有常时到第二天清早四点钟辣外滩乘刚刚出厂个第一班有轨电车叮叮当当回屋里。国庆看灯看焰火辩个习惯一直延续到带我囡儿,再到带我外孙女去看,立辣屋里晒台浪看烟火,比隔靴搔痒还难过,一定要一头轧闹猛一头看街景一头看焰火,再到商店里弯弯,葛末叫煞根!

曾几何时,上海经历过一市三治,建筑多元、人口多元、管辖多元、人种多元、宗教多元、语言多元、教学多元、报刊多元、饮食多元、服装多元、文化习俗多元、娱乐方式多元个环境,辩能介个氛围必然产生杂交优势,创新告标新立异也就勿足为奇。上海人见多识广,选择爱好也多种多样,白相得来有声有色,有滋有味。当年个风情,绵绵延续至今,洗刷勿尽个铅华,还是辩种上海味道,大家还是欢喜走到各自欢喜个地方去欣赏去休闲。

走过淮海中路西面个华亭路、东面个柳林路,就自然联想起改革开放初始之年个闹猛情景,我曾经好多趟来探寻服饰品味新潮,辩个是辣辣快速流动个异常活跃个市民文化。走过成都南路,我会想起辣50年代后期辩个勤俭度日修修补补勿得勿做人家个岁月,辩面特地设立了一条修理街,分布了20多家小店,洋伞、面盆、铅桶、衣物、无线电啥啥,各种生活用品,侪有修补个地方,商店倡导为人民服务,店主老师傅充满耐心。走过城隍庙闹市个边缘,我常常欢喜踱入一条小路,望望一条细细个弄巷,看进去辩纵横交错个竹竿浪,挂辣色彩斑斓个"万国旗";沿街个大太阳下,一根根绳子浪,晒辣海一条条勿同色彩个被头,旁边个老太太坐辣竹椅子浪辣晒太阳讲张。进进出出个"马大嫂"拎着小菜篮头辣讲老派上海言话,窗口里还传出收音机里滑稽戏个南腔北调。

老年人、青年人欢喜荡岳阳路、汾阳路、东平路、桃江路、湖南路咾啥,辫个几条宁静温馨个路,最适宜独步。老年人怀了闲适个心情,勿时抬头望望一幢幢风格各异个洋式建筑,如数家珍辣回访昔时留下个各种街景,一面慢走一面怀旧,往事如烟飘零就是伊拉个谈资;年轻人独步到辫搭,是满怀个小资情调,最好是辣细雨蒙蒙个季春,着了单薄一点个宽衣,辣辫里向个绿荫下洋房边,寻觅波西米亚个心绪,再到转弯角个咖啡屋去坐坐,从落地玻璃窗望出去看外面个风景,再辣小笔记本电脑浪向拿文章写下去,实现极品生活风情告幽雅心灵个满足。情侣们走辣雅逸、静谧个东平路上,聆听到屋里传来个钢琴声,平添愉悦个心怀,别有情致。再穿出去,便到百岁法国梧桐笼盖下头个"酒吧一条街"衡山路去坐坐,好欣赏欧式建筑告世外桃源个格调。

思南路也是一条僻静幽雅个小路,有成排个深深个庭院,布满了花园洋房。我小学里同桌个同学就住辣"息庐"3号里,我去过伊屋里向,所以老小个辰光就欢喜到思南路去白相。初中一,我有两个同学就住辣复兴中路口个思南路75号到95号个弄堂里个花园洋房里。辫个辰光,学堂分两部制阿拉读上午班,下半日我就常到81号个刘国光同学家里向去做功课。记得辣伊屋里个大草地上背"文学"课个《从百草园到三味书屋》,"高大的皂荚树,紫红的桑葚……",我抬头仰望头顶浪向高大个桑树,斑驳个天空,暗暗出神;又辣伊拉屋里个客厅里辣课本浪做"汉语"课划主谓宾、定状补个作业。作业做完,功课复习好,就一道种月季花,用气枪去打从草丛里钻出来个癞蛤蟆。辫一些经历侪对我个一生有明显个影响。辫个辰光,一些显赫一时个大人物大多从辫条马路离去,洋房里住个倒多数是家道好个百姓。我每日侪是荡发荡发,从刘国光个屋里,走过半条思南路,认识各种树木花草,欣赏从51号到95号法国式、英国式、西班牙式个花园洋房姿态，当年采集个交关花瓣、树叶，至今还睏辣我个植物学课本里，已有59年了，过了近一个甲子，再来看看辣点东东，勿禁叹息人生之短促了。"文革"开场，伊搬走了，但是我还会常常跑到思南路，昔日个声音、笑貌、携手拥抱时个童心，侪徘徊辣我个心底。今朝我当年走个这辣条路线个房子，又开放打造成为一个新个"新天地"——"思南公馆区"了，八种风格个洋房修饰得更加精神，就是各自吮没富有想象力告活力个草地了，显得有点单调。位于重庆南路248—252号个辩幢老宅，辣保持原来风貌个基础浪改装，变得华丽起来，可辩搭曾经有好几个我小学里个同学居住辣海，平民百姓，勿晓得搬迁到啥个地方去了！

"外地人欢喜荡南京路，上海人欢喜荡淮海路。"辩个是上海人个一句口头语。实际浪向，是讲了辣能样子个一个长期存在个现实。南京路紧连了外滩，过去又叫"大马路"，辣大家心目当中，一直占有"拿摩温"个地位，一路浪向高楼最多，又连到俯视中国告东亚49年之久个24层楼个"国际饭店"。南京路拥有四大百货商场高楼，当年出售个货物齐全，拨行情行事外地来个人琳琅满目一饱眼福个感受。现在也是一条上海个名牌店聚集个马路，自有伊个上海派头。当年交关外来者，侪要来采购上海出产个乒乓响个轻工业产品，还有各种优质商品，侪要到中百一店、第一食品商店咾啥名店去，所以上海南京路就名扬四海，即使是辣70年代吮没开放个辰光，南京路浪也走辣海勿少外地出差来个人。淮海路就有点勿同，伊原来是法租界个最繁华个路，当年个遗风一直"阴魂勿散"。法式个食品、服饰，尤其是伊个艺术文化氛围，遗传延续下来，勿断闪光。淮海路好像巴黎个香榭丽舍大街，小资又洋派，细微处见大方，中西融合个新时尚往往会辣淮海路浪老快老新个流行起来。即使辣"文革"时代，一些小资先锋，侪会拿当时有限个阿尔巴尼亚、南斯拉夫、朝鲜影片中男女穿戴个服饰，自家辣缝纫机浪做出来，大胆穿戴到淮海路上去出风头，勿过一歇歇，自有年轻人马上跟上去。辣别个路浪向走勿配个，辣淮海路浪就穿得出，还会蔚然成风。所以，淮海路是平民自动化个时装发布场所,青年人,辩点热衷引入时尚、学习时尚个人,侪要到淮海路去,市面领领,西餐吃吃,电影看看,不亦乐乎。我小辰光读小学四年级辰光第一次爱娣带我去荡马路,是从重庆南路走到淮海中路思南路勿到桃源坊隔壁个博览书局为止,眼界打开,从此哦没关过,跟上去了,后来就脱淮海路有了勿解之缘。尤其是我年轻辣奉贤做教师辰光,每周周末回家,第二天星期天,就夫妻两人去淮海路荡一个上半日个马路;有了女儿之后,就三个人一起荡,辩个辰光是70年代,唯有淮海路好像还有点活气,新个衣饰时髦打扮依然辣淮海路浪向先流行。阿拉走个路线,就是勿断重复我小辰光第一趟荡马路个路线,到了思南路口,就辣对面的"庆丰熟食店"里买一点熟牛肉,回屋里去放点卷心菜、洋山芋脱番茄烧罗宋汤吃。80年代太太调进向明中学教书,中浪向我每天送伊去上班,回来个路浪就一路走辩段淮海路,看看新华书店、上海书店脱报刊门市部,总有一些新鲜个内容可读,有空个话,从雁荡路进复兴公园走走,坐下来看脱《中国语文》浪向个一篇论文,再从复兴中路个门出去回到屋里,两点钟光景,就开始写稿。

文人依然欢喜福州路,辩条老上海个四马路。辩里曾经是书局报馆出版业滥觞之地,酒楼茶肆梨园舞台,五湖四海食文化,万国药品,30年代20万文人曾麋集于此。现今依然是文化大道,最有书香气。辩条马路是我除淮海路外去得最多个马路。早辣读高中辰光,礼拜日,我常乘5路有轨电车到浙江中路下车,就步行走到福州路个上海旧书店告古籍书店去看书买书,还从小马路穿到南京东路的"朵云轩"去买宣纸、扇面和旧碑帖,觉着老有味道。有时还附带辣福州路个名店"稻香村"里买一只刚出炉个鸭肫干,三角洋钿,当时还觉着贵,但是辣60年代初辰光吃,鲜味无穷。后来1962年进大学以后,周六回家,常常要弯到福州路去看看,我当时个文房用品几乎侪是辣荡福州路辰光买来个。现在还是常去个地方,上海书城去买书买唱片,到古籍书店、艺术书店东走西走,辣辩搭地方还闻得到书香味。

情人们欢喜荡鲁迅公园旁边个甜爱路,辣法国梧桐密密个绿叶个覆盖下,一双双情侣卿卿我我。整修过个粉墙上写辣海爱情格言,见证伊拉个爱情。走过甜爱路再弯到同心路走下去,伊拉两个人个恋爱作兴上了一个台阶。

外国人欢喜田子坊、新天地、仙霞路、城隍庙、朱家角。辩些地方有上海个传统,又有最新个洋派情调。田子坊是曲曲弯弯连成一片个下只角小弄堂,过去是轧来死个平民居住区,又有交关老厂房,现在改造成既有住户,又有老多不同风格个小店铺个共享空间。辩搭,有创意灵感,有奇思妙想,有艺术设计个工艺品、画廊、古玩商铺,有吃咖啡聊天个后院凉棚,有工业文明个沧桑感,有创意新产业个集聚风光,有阳光屋顶,有小板凳眼衣裳竹竿。新天地有上海历史文化个轮廓脱仔内部空间个现代化,有中西合璧个石库门,有21世纪个生活方式搭节奏,是上海个历史辉煌脱新时代个情感世界个,吸引了外国人流连忘返。

大上海个马路多元而深长,最具有大都市个气场,荡马路顶好看个是上海人荡马路辰光个各种陶醉模样!

注释:

荡马路 dhang molu 逛街　出脚 cekjiak 走出去　有辰光 yhoushenguang 有时候　几化 jiho 多么　有常时 yhoushanshy 有时候　瞎七搭八 hakqikdakbak 随便乱说　一歇 yikxik 一会儿　要好 yaohao 关系密切,感情融洽　煞根 sakgr 过瘾,彻底痛快　做人家 zuninga 节俭　无线电 whuxidhi 收音机　万国旗 fhegokjhi 晾着的衣服　被头 bhidhou 被子　马大嫂 madhasao 谐音"买、汏、烧",勤劳的家庭妇女的谑称　荡发荡发 dhangfakdhangfak 逛呀逛的　户荡 whudhang 地方　拿摩温 namowen 第一名　行情行市 hhangxhinhhangshy 许许多多　乓乓响 'panpanxian 非常好,响当当　作兴 zokxin 也许　下只角 hhozakgok 上海城里居住条件较差、生活水平较低、文化素质较差的地段　轧来死 ghaklexi 挤得很　眼衣裳竹竿 langyishang zokgoe 晾竿

(原刊于钱乃荣主编《上海记忆·上海话朗读》,上海大学出版社2018年版,书内收有48篇上海话朗读,全书各篇全部用上海话文字书写,附有音频二维码,是学习上海话的通俗又生动的语料。)

五、小 说 片 段

2011年胡宝谈出版了上海话小说《弄堂》,2022年又重版;2014年金宇澄出版了长篇小说《繁花》,还有《上海民谣》(钱乃荣主编)和何东等创编的《童年辰光——少儿沪语歌曲》等一些"上海话童谣"书籍的出版。

1. 胡宝谈:《弄堂》(一)

熬勿牢·脚踏车券

车间里分着一张脚踏车券。小黑板浪,写了清清爽爽。

大家是,头像臭虫介,嗡辣海,七生八嘴,啥人也勿谦虚。最后,工会小组长提出来,摸彩。

张谊辣群众当中撬边,摸彩是机会主义尾巴,社会主义搞摸彩是开历史个倒车!伊肚皮里头,自家有数,车间里一百零一个人,摸彩,摸得着伊个啊,调成功别样形式个说话末,譬如讲,评比啥人是车间文艺积极分子,伊倒还有点苗头。

挦个一日天,张谊调休。隔日上班,听人家讲摸彩摸过了。张谊肝火旺啊,哪能熬得牢,奔过去,一把头揪牢小黑皮,挦个摸彩积极分子,几几乎拿人家假领头,拔老卜介拔出来。

"戳哪!啥人叫㑚自说自话倒车个?啊!"

"啥倒车?我铲车也开勿来个噢!"

"侬现在告我装碎玻璃啊!啥车子咪?脚踏车呀!"

"脚踏车又勿是小轿车,告倒车搭啥界啦?"

"瘪三,侬装戆装到底咾?蛮好,我讲个是摸彩!啥人叫㑚摸彩个啊!我勿认账!勿认账!"

"是侬讲个哦!"小黑皮拿张谊倒过来一推,眼乌珠一弹。"侬勿认账是哦?"

"就是我讲个!哪能?我讲言话,侬外头打听打听去,一刮两响!我吓啥人啊,帮帮忙噢!"

三十秒钟后头,张谊只面孔一块白一块青,再有一块一块花印子,赛过拨倒车个轮盘压过了。昨日仔,摸彩,一个一个侪踏空,最后,挺剩下来一只纸团团,就算张谊个。

箇只纸团团末,当然写仔"自行车券"四个字。

乃张谊要翻案,一百个吭没摸着个朋友阿会得答应?张谊眼泪一把,鼻涕一把,老师傅咾,老阿哥咾,叫了老半日,也吭没个人睬伊。再摸过,一个叫矮脚青菜个小青工额角头高进,高兴了一跳八丈高,真个要碰着天花板了。伊看相开行车个长脚鹭鸶长长远远了,一脚吭没机会搭上去,乃好味,脚踏车券做糖衣炮弹,箇个一层糖衣,厚是厚得来,甜是甜得来。

又隔仔一日,张谊辣锅炉房里寻着告人家开彩票个矮脚。矮脚一看人头,只面孔冷冰冰,僵辣海。

张谊有言话叫伊出来讲,香烟塞根过去,矮脚勿接。"矮脚,箇张脚踏车券,侬看清爽了哦?"

"看啥看?脚踏车券呀。"

"我帮侬讲,箇个一张是永久28寸载重型。箇种脚踏车是,赛过拖拉机,阿是?侬自家想呀,扁铁双撑咾,四腿衣架咾,钢盔挡泥板咾,乡下头踏踏,倒蛮好,好挂两只老猪猡咪,阿乡叫伊勿吃草个毛驴,哈哈,嚎头哦?上海滩浪,踏末,一眼勿登样。侬是聪明人,侬自家讲,踏到外滩南京路像腔哦?人家当侬十六铺摆渡上来个咪。我现在有路道,钞票稍许贴眼,好调两张凤凰24寸女式脚踏车券。箇种脚踏车末,再叫脚踏车,一出门,赛过外宾小汽车,阿是,出风头个呀,钞票末,伲两家头好商量个,凤凰券末,伲一人一张。哪能话头?"

矮脚有数,张谊勿入调,啥也吭没讲,跑开了。不过,熬勿牢,想想,贩永久个人多来,好几个小青工辣厂门口候好了长脚下班,荡伊转去。我介矮,再踏了永久28寸,乖乖!真是乖乖叫,转去韭菜炒大葱哦。要是有部凤凰24寸末,索介借拨长脚日逐日踏了上班,是真永久。

下班前头,矮脚辣汏浴间个水蒸气里钻进钻出,拨人家"戆棺材当此地女浴室啊"横骂竖骂,总算拿张谊摸出来了,答应好了,调个,不过,一手交永久,一手交凤凰。

"讲言话勿算数,出门拨车子轧煞脱!"张谊胸口拍了乓乓响,水灒辣矮脚眼睛里,弄了伊眼泪汪汪罪过相。

张谊呢,也看相长脚。伊听见矮脚漏出来个口风,想想勿妙,人家手里有花头,伊手里一样吭啥啥。乃调成功两张券呢,伊手里也有唻。事体老清爽,两张券一样生,伊帮矮脚肯定是两样生,长脚会得拣啥人呢?秃头头浪个老白虱——明摆煞。

矮脚熬勿牢,凤凰券个事体,又拨伊热空气放出来了。天晓得,小黑皮也看相长脚。辣个又是一个熬勿得朋友。伊头脑简单,花头吭没张谊介透,横竖横,抄两样工具,拿矮脚只更衣箱拆脱了。

矮脚也是,脚踏车券放辣屋里蛮好,伊还勿放心两个弟弟妹妹,怕伊拉熬勿牢,偏要囥辣只香烟硬壳子里,日日带了上班,看见辣张券,赛过看见长脚鹭鸶个小照。

小黑皮券是贼到手,又勿敢拿转去,到底是拆窃,捉牢作兴要开除脱个。伊趁吃中饭人少,拿张券,塞辣工会小组长工具箱个抽斗夹层里先,想等风头过脱了再讲。

工会小组长绰号国字脸,平常蛮正派一个人,坏就坏辣辣个一日天"爱国卫生日"。一卫生,卫生出一张脚踏车券。辣张券是,名头响了刮辣辣,啥人勿认得,伊当场就要广播室去,车间里叫声矮脚。

喇叭吭没开开来,熬勿牢撸进去了。伊自家帮自家讲道理:辣个又勿是我偷出来个,我也勿晓得啥个地方来个,再讲,券浪,又吭没写名字。辣桩事体又帮长脚鹭鸶搭界,不过,伊勿是看相长脚,长脚是伊表阿妹。小组长关心个是人家侪升上去了,就伊还是小组长。工会主席拉小儿子,看相长脚鹭鸶。长脚要伊拿出张脚踏车券,表表阿是真心。小儿子拿勿出,伊到底勿是啥高干。伊拉爷工会主席急绷绷基层干部,外加,为了大公无私,为了做好人,顶要紧,为了勿拨人家牵头皮,熬勿牢也要硬劲熬牢,有券侪发到车间里,半张也勿会得自家揩油揩进去。长脚跟辣伊屁股后头个人多来死,有个体户叫黄胖,伊辣黑市浪,买了张脚踏车券,比部脚踏车价钿还要翻只跟斗,近枪,帮长脚走了蛮近个。拨伊螺丝搣上去,小组长追求进步个梦麭碎粉粉啊。

脚踏车券拨贼骨头偷去哝。矮脚作死作活,头一只看出来个贼骨头面孔末,就是张谊。张谊横冷横冷叫冤枉,伊是有勿辣现场个证据。乃贼骨头面孔更加多哝,车间里,九十八个人是辨只面孔。当然,矮脚还拎得清,车间主任只面孔原旧是领导面孔,勿然介,青菜要变咸菜了。

排发排发排下来,小黑皮像结石一样,苦恼几几,排出来了。小黑皮交代:券塞辣小组长……

马上有眼睛雪亮个群众接口:"怪勿得,我昨日辣自行车三厂门市部过去眼个上街沿转弯角子浪,碰着只瘪三个,伊看见我,只面孔来煞勿及别过去,我耳朵里刮着一句,好像伊要帮人家黄牛调凤凰24寸。"

车间主任是,一向帮工会小组长辣加班浪勿适意,老早熬勿得对方。伊手节头末,玻璃台板浪戳发戳发:"小黑皮啊,侬犯个错误蛮严重个,看侬平常表现还算好,人本质勿坏,阿拉研究下来,阿是有人噱发噱发,噱侬去个?侬好好叫,想想清爽咾讲,机会勿会得再有了噢。"

小黑皮当场改口:"我是小组长噱得去个。"

新上任个小组长提议大家重新摸过。不过,矮脚咾,张谊咾,小黑皮咾,吭没资格再摸。小黑皮吭没意见,吭没拨厂里严肃处理,蛮好哝。矮脚告张谊熬勿牢吵煞。新上任个小组长再考虑一记:张谊是文艺积极分子,花功道地,长脚一勿留心,老可能拨伊花进,乃我单吊哝!矮脚倒吭啥竞争力,长脚勿是白求恩,勿会得勿远千里帮伊改良品种去个。

决定了,矮脚参加摸彩,张谊还是勿来三。张谊熬勿牢又熬勿得,一口气写了十几封匿名群众来信,市委书记搭也写过。

党委书记咾,厂长咾,工会主席咾,团委书记咾一帮子人,老重视个,一个号头里头,辣局下头招待所,开了九大内部会议,定下来两个字:再议。

再议一脚议到开年,预备到普陀山边疗养边开会个通知刚刚要下来,中央来了新精神:脚踏车券取消脱了。

2. 胡宝谈:《弄堂》(二)

奶油雪糕

"宝宝!侬看呀!"

咦,哪能一歇歇,小扁头中气介足了啦?我捷转身一看,伊手里张申报纸揵了高来。

嚎,伊小门槛也有眼个。喏,头版头条,某某某见义勇为,奖金末,洋钿一千块。

"宝宝,又好做好事体,又好拿钞票,我也要去!"伊笑了开心来。我对伊望望,侬去啥去啊?

旧年仔喏,小花园里新装了只跷跷板,乃末,伊妗夹夹白相去了噢。弄堂里王家阿娘,九十四岁人咪,会得陪伊一道坐跷跷板。大家看见了,夠吓一吓个啊,要紧奔上来,阿娘挡挡牢,万一跌下来,闯穷祸咪。

小扁头呢,大家蛮笃定,小朋友活络个呀。啥人晓得过,阿娘上上落落,神气得来,小扁头倒一跷,跷出去咪,水门汀浪,咣堂一跤,掼了右手骨裂。是阿娘两只小脚一蓬风,小弄堂里兜出来,喊差头,送伊曙光医院去个。

䏚讲讲看,伊见义勇为去,哈哈,我喊伊爷叔咪。为了伊好噢,我干咳嗽一声,算了算了,大家邻舍隔壁,金乡邻,银亲眷,讲只我个故事,拨伊长长知识哦。

礼拜六,夜头八点钟,我踏到四川路桥快,远远叫,看见邮电总局门口头,苗头勿大里对。

踏近了一看,两个喇叭裤小阿飞一头推仔脚踏车,一头翲牢仔一个标致女小囡,勿二勿三,要请客吃奶油雪糕。

我先勿响,只当勿看见……"宝宝!"小扁头两只眼睛睁了老大。"侬见义勇为勿去啊?"

"去啥?"我讲两个,侬真当是两个啊,阿拉讲"两个",勿是实际数目"二",是"几",阿晓得? 就算正正好两个,我也打阿飞勿过,我又勿是少林寺小和尚咾。慢叫,阿飞打我倒有份咾,肋棚骨打断脱倒也算咾,打了我大小便失禁,寻啥人去啊?

"宝宝,"伊眼睛一白,嘴巴一披。"葛末,侬滑脚了咾?"

讲侬戆,侬是戆。我滑脚了末,今朝仔,会得讲出来拨侬听个啊。"我是踏过去眼咾再讲,蛮好,下街沿正好有两块碎砖头辣海……"

"侬是寻家生,砖头飞过去!"小扁头两只手一拍,"下趟见义勇为,我也飞砖头!"

"戆大,砖头好瞎飞八飞个啊?"阿飞也是中国公民,也是中国法律保护对象,侬飞了人家罡头开花,屋里赔两钿倒也算咾,飞了人家翘辫子,侬就要吃官司。

"宝宝,侬勿飞,砖头拾伊做啥啦?"

"嘿嘿,我末,四川路桥踏上去眼咾再讲。踏到桥当中,脚踏车末,撑脚架一撑,人跑下去两步,飞砖头去了呀。"

小扁头是,眼睛拨瞪拨瞪。"侬哪能又去飞了啦?"

"好咾,我飞砖头,勿是飞人,是飞水门汀。阿飞看见砖头飞下来了末,屏得牢个啊,一个一个脚踏车跳上来,追我来了呀。嘿嘿,侬想想看呀,我刚刚脚踏车停辣啥个地方啊?"

"桥当中呀?"

"阿飞是吃吃力力上桥,我是写写意意,惯性借好仔冲下来,眼睛一刹,老早北京路过去咾。"

"伊拉追上来哪能办?"

"我老早算好咾,真个追着末,也要到南京路快咾。南京路,啥个地方啊,全中国马路里头,南京路顶顶闹猛,人是顶顶多,阿飞啥有胆子瞎来来啊?"

"女小囡人呢?"

"迭个末,我也吃勿准,不过,一点吃准足个,女小囡门槛比侬精末,老早跑脱咪,脱侬一样末,倒蛮难讲个。所以,小扁头啊,见义勇为前头,侬门槛顶好学学精噢。"

注释:

咣堂 ghuan dhan 大声关门的声音;金属或者玻璃掉下或打破,发出的使人感到突然的响声　下街沿 hhogayhi 马路车行道的两边　瞎来来 haklele 盲干,乱来

注:胡宝谈的长篇小说《弄堂》全文都用上海方言写作,并对不易看懂的上海话词语分段注释语义和读音,便于阅读。《弄堂》2011年上海书店出版社出版;修订版《弄堂》由上海大学出版社 2022 年出版。

3. 金宇澄:《繁花》片段一

阿宝十岁,邻居蓓蒂六岁。两个人从假三层爬上屋顶,瓦片温热,眼里是半个卢湾区,前面香山路,东面复兴公园,东面偏北,看见祖父独幢洋房一角,西面后方,皋兰路尼古拉斯东正教堂,三十年代俄侨建立,据说是纪念苏维埃处决的沙皇,尼古拉二世,打雷闪电阶段,阴森可惧,太阳底下,比较养眼。蓓蒂拉紧阿宝,小身体靠紧,头发飞舞。东南风一劲,听见黄浦江船鸣,圆号宽广的嗡嗡声,抚慰少年人胸怀。阿宝对蓓蒂说,乖囡,下去吧,绍兴阿婆讲了,不许爬屋顶。蓓蒂拉紧阿宝说,让我再看看呀,绍兴阿婆最坏。阿宝说,嗯。蓓蒂说,我乖吧。阿宝摸摸蓓蒂的头说,下去吧,去弹琴。蓓蒂说,晓得了。这一段对话,是阿宝永远的记忆。

注:金宇澄《繁花》(上海文艺出版社 2014 年版)一书的特点:全书的叙事用现上海话的说话语序,语段自然以上海话语法和语段分句排列,因此全书如用上海话去读觉得十分顺畅。全书都用口语般的短句子,连接处很少用书面语的连接词;字面上能明白大致意思的词往往用上海话习惯词语,如:"靠紧,一劲"。还有像此小说中常用

的"不响"不用"没说话",用"朝西面移动",不用"往西移",用"不许逃"不写"不准逃",用"女人不响,用手捂紧头发"不写"女子不发声,把手摁住头发",写"摸钞票做的"不用"掏钱做的"等,表现了上海的说话特色。

"片段一"中,用普通话词语的,只有"说—讲,吧—哦,不—勿,的—个"。像"晓得、乖囡"等词都是说普通话者能看懂的。语气助词"呀"表现了上海话的语气特征,在上海话中"呀"有比"啊"重一点的即"重申"的语气。

只有一处,作者用了普通话表达:"绍兴阿婆讲了,不许爬屋顶。""了"在此等于老上海话中的"哉",在上海话对话中是现在时态。上海话这里要用"个",才表达过去时,而"绍兴阿婆讲了",应是过去时态,不是现在在屋顶上时讲的;如用了"了",那阿婆一定就在屋顶旁边。而普通话中"了"已没有"现在""过去"说的差别。

4. 金宇澄:《繁花》片段二

这天一早,小毛去了叶家宅。拳头师父做了夜班回来,仍旧有精神。苏州河边,建国清除一块地方,摆两副石锁,一副石担。师父说,拳头硬点了吧。小毛说,还可以。师父介绍说,牛瘦不瘦,这是荣根,这是小毛。荣根点点头,指石锁说,赞。小毛说,啥地方弄来的。师父说,厂里做了模子,此地浇水泥,分量平均就可以了,石担,两百斤多一点,石锁,一副三十斤,一副四十二斤。荣根说,练得顺了,拳头上可以立人,肩胛上可以跑马。小毛一拎石锁。师父说,不会弄,容易伤手筋。荣根说,师父掼一次,让我徒弟看看。拳头师父吐了烟屁股,脚底一踏,拿起一对小石锁,马步开裆,锁由胯下朝上,用力一抡,超过头顶,手腕一转,十指一松,一放,一对小石锁,各自腾空旋转,坠落阶段,双手随势接住,再抡,再是一松,手腕不转,松了手,一对小石锁。平面上升,齐齐腾空,乘了落势,两手一搭,拎紧,落地放平。拳头师父说,年纪大了,长远不弄,手生了。建国说,赞。荣根说,我来一记。荣根是单手锁式,单只小石锁腾空,自由落下之时,抬起臂膊来接,贴了锁,顺势落下来,锁像是落于臂膊之上,有半秒停顿,手腕一翻,敏捷握紧锁柄,再抛,再转,再接,再掼,煞是好看。师父说,好,我记得当时,只教了一次,车间还扣我奖金,想不到,荣根记得牢。荣根说,师父带进门,练功靠自身,我弄了一年半了。师父说,建国听到吧,样样要自觉,要上心。建国说,嗯,我看了看,小毛比较硬扎,可以先练。师父对荣根说,我这两个小朋友,年纪小,力道不小,想不到学堂里,天天让别人欺负。荣根说,欺负我的师弟,现在的形势,简直是翻天了。小毛不响。荣根说,以后,让我来摆平,班级里有啥事体,全部告诉我。小毛说,谢谢师兄。师徒四人边谈边练。旁边是河堤,苏州河到此,折转了几个河湾,往来驳船鸣笛,此起彼伏,南风里,隐约是长寿路一带的喇叭广播,普通话教唱歌,大家现在一起唱。预备,起,⋯⋯⋯⋯

注:

这一段里,句子叙述顺序,完全是上海话的语序,用词也基本上是上海话词语和说法,仅有几个常用词"这、吧、不、说、的、次、由、不"用了普通话词。

语言中比复句更高一个层次的结构就是句群。句群中的句子排列的次序,各种方言都有自己不同的特点。上海话和普通话、南方话和北方话并不一样。要仔细体会上海话句群组成的语段,可以参看长篇小说《繁花》。

六、诗　　词

钱乃荣:《水调歌头·中秋》(用上海话译宋代苏轼词)

锃锃亮个月亮,啥辰光会得有?我一面老酒嗒嗒,一面问声老天爷。啥人晓得天浪向个花花世界,今朝半夜三更是两零几几年?我真想乘神舟十号回转去望望天老爷,只不过常怕天高头实在冷煞快,一家头辣城堡皇宫里向豁一转有眼吓咥咥。哦!阿拉还是蓬拆拆跳起来哦!连我个影子也辣摇发摇发,像煞天浪向还勿及地下世界好白相!

辣金茂大厦顶浪兜来兜去,偷迷仔眽眽石库门里个阿狗阿猫,一看哪能大家侪睏勿着?有啥郁闷殟塞头!侬只月亮啥讲究介拎勿清总归要辣人家分别辰光瞎圆瞎亮!人生常常要开心得双脚跳调转头来哭出乌拉,一歇歇轧朋友一歇歇离来远七长八;月亮也来轧闹猛一歇暗黜黜一歇亮堂堂,刚刚圆了圆隔手又齾脱一块介勿识相。牾桩事体真真叫天生呒没办法!但愿个个人亨八冷打搁落三姆侪长生勿老哦,各到各处一道望到月亮浪个高维修美眉交关嗲!

苏轼原词:

明月几时有?把酒问青天。不知天上宫阙,今夕是何年?我欲乘风归去,又恐琼楼玉宇,高处不胜寒。起舞弄清影,何似在人间。

转朱阁,低绮户,照无眠。不应有恨,何事长向别时圆?人有悲欢离合,月有阴晴圆缺,此事古难全。但愿人长久,千里共婵娟。

注释:

锃锃亮 shanshan lian 非常光亮　蓬—拆拆 bhong-cakcak 跳交谊舞的姿态和乐曲声　偷迷仔'toubhoezy 偷偷地　隔手 gaksou 转眼　齾脱 ngaktek 缺掉　高维修美眉'gaofhixiu meme 注重外形,时尚,对社会、自己要求均高的姑娘

(原刊于2012年10月14日《新民晚报》"上海闲话"专版)

七、民间常用俗语(一)

轧闹猛 ghaknaomang　凑热闹。
搭讪头 daksedhou　为与生人接近而找话说;与人随便拉话。
扎劲 zakjin　很带劲。
老鬼 laoju　经验丰富,资格老;精明。
戆搭搭 ghangdakdak　傻乎乎。

一只顶 yikzak din　　最优秀的。

一帖药 yiktik yhik　　甘心顺从、佩服。

买面子 ma mizy　　讲情面。

做人家 zuninga　　节俭。

轧朋友 ghakbhangyhou　　交朋友。

(1) 今朝我屋里人真多,侬也来轧闹猛?
　　'Jinzao ngu okli nin 'zen 'du, nong hha le ghak naoman?
　　今天我家里人真多,你也来凑热闹吗?

(2) 伊欢喜东走西走脱人家搭讪头。
　　Yhi huoexi dongzou xizou tek ninga daksedhou.
　　他喜欢走东走西跟人家拉话。

(3) 今朝个游戏扎劲哦?
　　'Jinzaohhek yhouxi zakjinfha?
　　今天的游戏够带劲吗?

(4) 要讲淘好书,我比伊老鬼多了。
　　Yao gang dhao haosy, ngu bi yhi laoju 'dulek.
　　要说搜找好的书,我比他资格老多了。

(5) 侬看搿个小伙子,戆搭搭个。
　　Nong koe ghekhhek xiaohuzy, ghangdakdakhhek.
　　你看这个小伙子,傻乎乎的。

(6) 伊唱起歌来,一只顶!
　　Yhi cangqi 'gule, yikzak din!
　　他唱起歌来,盖帽了!

(7) 我看伊对伊老公是一帖药!
　　Ngu koe yhi de yhi laogong shy yiktik yhak.
　　我看她对她老公佩服到家了!

(8) 伊勿买我面子,哪能会答应代我去?
　　Yhi fhekma ngu mizy, nanengwhe dakyin dhenguqi?
　　他不看在我的情份上,怎么会答应代我去?

(9) 侬样样勿肯买,忒做人家咪!
　　Nong yhanyan fhekken ma, tek zuningale!
　　你什么都不肯买,太节约啦!
(10) 小囡已经大了,是要轧朋友了。
　　Xiaonoe yijin dhulak, shy yao ghakbhanyhoulek.
　　小孩已经大了,是要谈朋友了。

八、民间常用俗语(二)

讲言话 gang hhehho　　讲话。俗写作"讲闲话"。
打相打 danxiandan　　打人。
骂山门 mosemen　　骂人。
搭架子 dakgazy　　摆架子。
寻开心 xhinkexin　　开玩笑;逗着玩。
出风头 cekfongdhou　　显耀自己;有光彩,很神气。
重墩墩 shongdenden　　形容量重。
轻悠悠 'qinyouyou　　形容重量轻或轻手轻脚做事、轻声说话。
瞎三话四 haksehhosy　　瞎说,胡诌。
七支八搭 qikzybakdak　　乱搭腔,胡扯。

(1) 上课勿要讲言话。
　　Shangku fhekyao gang hhehho.
　　上课不要讲话。
(2) 有言话好好叫讲,勿要拔出手来打相打!
　　Yhou hhehho haohaojiao gang, fhekyao ghakcek soule danxiandan!
　　有话好好说,不要伸出手来打架!
(3) 伊碰碰要骂山门,待人应该和气。
　　Yhi bhanbhan yao mosemen, dhenin yinge whuqi.

他一碰就要骂人,待人应该和气。
(4) 好答应我了,勿要搭架子!
    Hao dakyinngulek, fhekyao dakgazy.
    可以答应我了,别摆架子!
(5) 正经点,勿要寻我开心!
    Zenjindi, fhekyao xinngu kexin!
    正经点,别跟我开玩笑!
(6) 伊欢喜出风头,勿欢喜做实事。
    Yhi huoexi cekfongdhou, vekhuoexi zu shekshy.
    他喜欢显耀自己,不喜欢做实事。
(7) 箇个小囡抱起来重墩墩个。
    Ghekhhek xiaonoe bhaoqile shongdendenhhek.
    这个小孩抱的时候重重的。
(8) 箇个人修养好,讲言话轻悠悠个。
    Ghekhheknin xiuyhan hao, gang hhehho 'qinyouyouhhek.
    这个人内涵好,说话轻轻的。
(9) 讲言话要着实,勿好瞎三话四!
    Gang hhehho yao shakshek, fhekhao haksehhosy!
    讲话要实在,不能乱说一气!
(10) 勿要相信伊,伊专门七支八搭瞎讲!
    Fhekyao xianxinyhi, yhi 'zoemen qikzybakdak hakgang!
    别相信他,他一贯东拉西扯乱讲!

第十二讲

如何分割语音词

所谓一个语音词,就是这个词说的时候用一个连读变调,词中间没有小停顿。这一讲看起来比较难,所以放在全书最后,但是如果一旦上海话学到了一定程度后,看起来就十分易懂。也只有你基本掌握了这些规律后,你的上海话才能说得更准更流利。

语音用本书所用的《上海话拼音方案》老派音注音。

一、双音节、三音节组合中的情况

(1) 双音节"定+名"形式的偏正结构,不论是一个语法词还是两个语法词,都是一个语音词。如:

黑板 $hek_3 be_{44}$　黑人 $hek_3 nin_{44}$　黑布 $hek_3 bu_{44}$　黑组 $hek_3 zu_{44}$　薪水 $xin_{55} sy_{21}$　冷水 $lan_{33} sy_{44}$　海水 $he_{33} sy_{44}$　汞水 $gong_{33} sy_{44}$

(2) 三音节"定+名"形式的偏正结构,通常都是一个语音词。有的"2+1"形式的偏正结构偶尔或被老年人读成"2+1"形式的两个语音词。这时在说话者方面往往是把着重点放在末字上,或带有"XX 的 X"的意思。如:

阳声调(1+2) $yhan_{22} sen_{55} dhiao_{21}$　新马路(1+2) $xin_{55} mo_{33} lu_{21}$
录音机(2+1) $lok_1 yin_{22} ji_{23}$　前后字(2+1) $xhi_{22} hhou_{55} shy_{21}$　排骨汤(2+1) $bha_{22} guek_5 tang_{21}$/$bha_{22} guek_4 tang_{52}$　石板路(2+1) $shak_1 be_{23} lu_{23}$

(3) 双音节的数量结构虽是一个两个语法词,但是一个语音词。

三音节(2+1)的数量结构通常是一个语音词,有时也可以把数词和量词分为两个语音词。如:

两只 $lian_{22}\,zak_4$　　五班 $hhn_{22}\,be_{44}$　　七尺 $qik_3\,cak_4$　　三趟 $se_{55}\,tang_{21}$　　一千元 $yik_3\,qi_{55}\,kue_{21}$　　廿二条 $nie_{22}\,ni_{55}\,dhiao_{21}$　　四十斤 $sy_{33}\,sek_5\,jin_{21}$

(4) 双音节数词连读是一个语音词,三音节数词连读用"2+1"形式两个语音词读。如:

十三 $shek_1\,se_{23}$　　廿六 $nie_{22}\,lok_4$　　三十 $se_{55}\,sek_{21}$　　一百 $yik_3\,bak_4$　　三十二 $se_{55}\,shek_{21}\,ni_{23}$　　五十五 $hhn_{22}\,shek_{44}\,hhn_{23}$　　四百廿 $sy_{33}\,bak_5\,nie_{23}$

只有是与量词连说时,可以合为一个语音词或分为两个语音词。如:

三十二只 $se_5\,shek_3\,ni_{33}\,zak_1 / se_{55}\,shek_{21}\,lian_{22}\,zak_4$　　五十八斤 $hhn_{22}\,shek_5\,bak_{33}\,jin_1 / hhn_{22}\,shek_5\,bak_1\,jin_{52} / hhn_{22}\,shek_{44}\,bak_3\,jin_4$

(5) 带序数的数词,双音节可以连读也可以分读,三音节一定分为"1+2"方式读。如:

初一 $cu_{55}\,yik_1$　　第一 $dhi_{22}\,yik_4$　　第十五 $dhi_{23}\,shek_3\,hhn_{44}$　　第三十 $dhi_{22}\,se_{55}\,sek_1$　　第廿(例外)$dhi_{23}\,nie_{23}$

(6) 称呼姓名时,单姓单名用一个语音词,双姓单名用"2+1"形式的两个语音词,单姓双名用"2+1"形式的两个语音词,即使双名是一个有意义的词也是如此。只有在称呼名人是姓名三字常读一个语音词。如:

王兴 $whang_{22}\,xin_{44}$　　汪平 $wang_{55}\,dhin_{21}$　　欧阳天 $ou_{55}\,yhan_{21}\,ti_{52}$　　李建章 $li_{22}\,ji_{44}\,zang_{52}$　　张胜利 $zan_{55}\,sen_{21}\,li_{23}$　　王建国 $whang_{22}\,ji_{44}\,gok_5$　　白居易 $bak_1\,ju_{22}\,yhi_{23}$　　苏东坡 $su_{55}\,dong_{33}\,pu_{21}$　　孙中山 $sen_{33}\,zong_{55}\,se_{21}$　　宋庆龄 $song_{33}\,qin_{55}\,lin_{21} / song_{33}\,qin_{44}\,lin_{23}$

(7) 双音节联合结构,在结构紧密(往往成词)时用一个语音词,结构松弛(往往成短语即词组)时可用两个语音词,多数也可以用一个语音词读(这时可以看做一个语法词,只有那些实在不能看做一个语法词的临时结构才只用两个语音词)。如：

语言 nyu$_{22}$ yhi$_{44}$　买卖 ma$_{22}$ ma$_{44}$　勤俭 qin$_{22}$ jhi$_{44}$　自从 shy$_{22}$ shong$_{44}$　风雨 fong$_{52}$ yhu$_{23}$/fong$_{55}$ yhu$_{21}$　敲打 kao$_{52}$ dan$_{34}$/kao$_{55}$ dan$_{21}$　深淡 sen$_{52}$ dhe$_{23}$/sen$_{55}$ dhe$_{21}$　走跑 zou$_{34}$ bhao$_{23}$　树草 shy$_{23}$ cao$_{34}$

三音节联合结构联系紧密时，读作一个语音词或"2＋1"形式的两个语音词；联系松弛时，读作三个语音词或两个语音词。如：

德智体 dek$_3$ zy$_{55}$ ti$_{21}$/dek$_3$ zy$_{44}$ ti$_{34}$/dek$_5$ zy$_{52}$ ti$_{34}$　左中右 zu$_{34}$ zong$_{52}$ yhou$_{23}$/zu$_{33}$ zong$_{44}$ yhou$_{23}$　红黄蓝 hhong$_{23}$ whang$_{23}$ le$_{23}$/hhong$_{22}$ whang$_{44}$ le$_{23}$　天地人 ti$_{52}$ dhi$_{23}$ nin$_{23}$/ti$_{55}$ dhi$_{21}$ nin$_{23}$

(8) 双音节主谓结构，结构紧密(往往成词)时用一个语音词，结构松弛(往往成词组)时用两个语音词。如：

冬至 dong$_{55}$ zy$_{21}$　海啸 he$_{33}$ xiao$_{44}$　年轻 ni$_{22}$ qin$_{44}$　风凉 fing$_{55}$ lian$_{21}$　头痛 dhou$_{22}$ tong$_{44}$/dhou$_{23}$ tong$_{34}$　天好 ti$_{55}$ hao$_{21}$/ti$_{52}$ hao$_{34}$　心善 xin$_{52}$ shoe$_{23}$　风大 fong$_{52}$ dhu$_{23}$　头胀 dhou$_{23}$ zan$_{34}$

三音节主谓结构在联系紧密或成词时，读一个语音词；在联系松弛或成词组时，读两个 语音词。一部分介于之间的，可以两读。如：

天晓得 ti$_{55}$ xiao$_{33}$ dek$_{21}$　眼泪出 nge$_{22}$ li$_{55}$ cek$_1$　背背驮 be$_{33}$ be$_{55}$ dhu$_{21}$　鬼画策 ju$_{33}$ hho$_{55}$ cak$_{21}$　两起生 lian$_{22}$ qi$_{55}$ san$_{21}$　脚抽筋 jiak$_3$ cou$_{55}$ jin$_{21}$/jian$_5$ cou$_{55}$ jin$_{21}$　肚皮痛 dhu$_{22}$ bhi$_{55}$ tong$_{21}$/dhu$_{22}$ bhi$_{44}$ tong$_{34}$　路路通 lu$_{22}$ lu$_{55}$ tong$_{21}$/ lu$_{22}$ lu$_{44}$ tong$_{52}$　人来疯 nin$_{22}$ le$_{55}$ fong$_{21}$/ni$_{22}$ le$_{44}$ fong$_{52}$　块头大 kue$_{33}$ dhou$_{44}$ dhu$_{23}$　身体好 sen$_{55}$ ti$_{21}$ hao$_{34}$　苗头足 miao$_{22}$ dhou$_{44}$ zok$_5$

(9) 双音节"状＋谓"形式的偏正结构和"谓＋补"形式的谓补结构，在结构紧密(往往成词)时用一个语音词，在结构松弛(往往成词组)时用两个语音词。如：

回顾 whe$_{22}$ gu$_{44}$　零买 lin$_{22}$ ma$_{44}$　硬撑 ngan$_{22}$ can$_{44}$　热昏 nik$_1$ hun$_{23}$　传真 shoe$_{22}$ zen$_{44}$　镇定 zen$_{33}$ dhin$_{44}$　饿煞 ngu$_{22}$ sak$_4$　除开 shy$_{22}$ ke$_{44}$　蜡黄 lak$_1$ whang$_{23}$/lak$_{12}$ whang$_{23}$　好做 hao$_{33}$ zu$_{44}$/hao$_{34}$ zu$_{34}$　翻光 fe$_{55}$ guang$_{21}$/fe$_{52}$ guang$_{52}$　揿紧 qin$_{33}$ jin$_{44}$/qin$_{34}$ jin$_{34}$

耐看 ne$_{23}$ koe$_{34}$　　煞清 sak$_5$ qin$_{52}$　　涂红 dhu$_{23}$ hhong$_{23}$　　戳深 tok$_3$ sen$_{52}$

三音节的"状＋谓"形式的偏正结构和"谓＋补"形式的谓补结构，在结构紧密时读一个语音词，在结构松弛时读两个语音词。如：

远转弯 yhuoe$_{22}$ zoe$_{55}$ we$_{21}$　　囫囵吞 whek$_1$ len$_{22}$ ten$_{23}$　　弯弯绕 we$_{55}$ we$_{33}$ niao$_{21}$　　讲清爽 gang$_{33}$ qin$_{55}$ sang$_{21}$　　浪费光 lang$_{22}$ fi$_{55}$ guang$_{21}$　　忘记完 mang$_{22}$ ji$_{55}$ whuoe$_{21}$　　顶开心 din$_{33}$ ke$_{55}$ xin$_{21}$／din$_{334}$ ke$_{55}$ xin$_{21}$　　溚溚渧 dak$_3$ dak$_5$ di$_{21}$／dak$_3$ dak$_4$ di$_{34}$　　出清爽 cek$_3$ qin$_{55}$ sang$_{21}$／cek$_5$ qin$_{55}$ sang$_{21}$　　难过煞 ne$_{22}$ qu$_{55}$ sak$_1$／ne$_2$ qu$_{44}$ sak$_5$　　笔笃直 bik$_3$ dok$_4$ shek$_{12}$　　血血红 xuik$_3$ xuik$_4$ hhong$_{23}$　　高一尺 gao$_{53}$ yik$_3$ cak$_4$　　讲详细 gang$_{34}$ xhian$_{22}$ xi$_{44}$

（10）双音节的动宾结构，在结构紧密（往往成词）时用一个语音词，在结构松弛（往往是词组）时用两个语音词。如：

隔壁 gak$_3$ bik$_4$　　出版 cek$_3$ be$_{44}$　　露骨 lu$_{22}$ kuek$_{44}$　　尽量 xhen$_{22}$ lian$_{44}$　　唱歌 cang$_{33}$ gu$_{44}$／cang$_{34}$ gu$_{52}$　　碰壁 bhan$_{22}$ bik$_4$／bhan$_{23}$ bik$_5$　　看戏 koe$_{34}$ xi$_{34}$　　种树 zong$_{34}$ shy$_{23}$　　吃饼 qik$_5$ bin$_{34}$

三音节动宾结构，在结构联系紧密（往往是常常用的或意义有所引申的惯用语）时读一个语音词，在结构松弛时读两个语音词。如：

出说话 cek$_3$ sek$_5$ hho$_{21}$　　讨惹厌 tao$_{33}$ sha$_{55}$ yi$_{31}$　　寻开心 xhin$_{22}$ ke$_{55}$ xin$_{21}$　　轧闹猛 ghak$_1$ nao$_{22}$ man$_{23}$／ghak$_{12}$ nao$_{22}$ man$_{44}$　　拆烂污 cak$_{33}$ le$_{55}$ wu$_{21}$／cak$_5$ le$_{22}$ wu$_{44}$　　发横财 fak$_5$ whan$_{22}$ she$_{44}$　　翻老账 fe$_{52}$ lao$_{22}$ zan$_{44}$　　看白戏 koe$_{34}$ bhak$_1$ xi$_{23}$

许多结构中，老派倾向连读，新派偏向分读。

（11）双音节叠音、附缀、联动、见于、正偏、名补结构都是一个语音词。如：

袋袋 dhe$_{22}$ dhe$_{44}$　　看看 koe$_{33}$ koe$_{44}$　　往往 wang$_{33}$ wang$_{44}$　　阿弟 a$_{55}$ dhi$_{21}$　　老王 lao$_{22}$ whang$_{44}$　　台子 dhe$_{22}$ zy$_{44}$　　苦头 ku$_{33}$ dhou$_{44}$　　查办 sho$_{22}$ bhe$_{44}$　　承包 shen$_{22}$ bao$_{44}$　　报考 bao$_{33}$ kao$_{44}$　　请教 qin$_{33}$ jiao$_{44}$　　逼供 bik$_3$ gong$_{44}$　　召见 zao$_{55}$ ji$_{21}$　　人客 nin$_{22}$ kak$_{44}$　　肉松 niok$_1$ song$_{23}$

菜干 ce$_{33}$ goe$_{44}$　书本 sy$_{55}$ ben$_{21}$　船只 shoe$_{22}$ zak$_4$　车辆 co$_{55}$ lian$_{21}$

"一＋动"结构、"动＋量"结构可用一个语音词连读，也可用两个语音词分读。如：

一窜 yik$_3$ coe$_{44}$/yik$_5$ coe$_{52}$　一吓 yik$_3$ hak$_4$/yik$_5$ hak$_5$　有只 yhou$_{22}$ zak$_4$/yhou$_{23}$ zak$_5$　有面 yhou$_{22}$ mi$_{44}$/yhou$_{23}$ mi$_{23}$　是个 shy$_{22}$ ghek$_4$/shy$_{23}$ ghek$_{12}$　是块 shy$_{22}$ kue$_{44}$/shy$_{23}$ kue$_{34}$（是块饼干）

三音节的其他结构使用情况如下：

附缀结构时用一个语音词连读。如：

老底子 lao$_{22}$ di$_{55}$ zy$_{21}$　老实头 lao$_{22}$ shek$_5$ dhou$_{21}$　买票机 ma$_{22}$ piao$_{55}$ ji$_{21}$　小脑子 xiao$_{33}$ nai$_{55}$ zy$_{21}$　老糊涂 lao$_{22}$ whu$_{55}$ du$_{21}$　小皮匠 xiao$_{33}$ bhi$_{55}$ xian$_{21}$

后叠结构紧密的连读，前叠结构用"2＋1"方式分读。如：

白塔塔 bhak$_3$ tak$_5$ tak$_1$　混淘淘 when$_{22}$ dhao$_{55}$ dhao$_{21}$　花拆拆 ho$_{55}$ cak$_3$ cak$_1$　笔笔挺 bik$_3$ bik$_4$ tin$_{34}$　雪雪白 xik$_3$ xik$_5$ bhak$_{12}$　达达滚 dhak$_1$ dhak$_3$ gun$_{34}$

中缀结构紧密的连读，结构较松的、末字独立性较强的可连读，也可"2＋1"方式分读。如：

吃得消 qik$_3$ dek$_5$ xiao$_{21}$　看勿出 koe$_3$ fhek$_5$ cek$_{21}$　吃得开 qik$_3$ dek$_5$ ke$_{21}$　想勿通 xian$_{33}$ fhek$_{55}$ tong$_{21}$/xian$_{33}$ fhek$_4$ tong$_{52}$　吃得准 qik$_3$ dek$_5$ zen$_1$/qik$_3$ dek$_4$ zen$_{34}$

主动宾结构可连读，也可分读，通常是用"2＋1"方式分读，强调主语时可用"1＋1＋1"方式分读。如：

脚碰脚 jiak$_3$ bhan$_5$ jiak$_1$/jiak$_3$ bhan$_{44}$ jiak$_5$/jiak$_3$ bhan$_{34}$ jiak$_5$　面对面 mi$_{22}$ de$_{55}$ mi$_{21}$/mi$_{22}$ de$_{44}$ mi$_{23}$/mi$_{23}$ de$_{34}$ mi$_{23}$　实打实 shek$_1$ dan$_{22}$ shek$_3$/shek$_1$ dan$_{23}$ shek$_{12}$/shek$_{12}$ dan$_{34}$ shek$_{12}$　黑吃黑 hek$_3$ qik$_5$ hek$_1$/hek$_3$ qik$_4$ hek$_5$/hek$_5$ qik$_5$ hek$_5$　横势横 whan$_{22}$ sy$_{55}$ whan$_{21}$/whan$_{22}$ sy$_{44}$ whan$_{23}$/whan$_{23}$ sy$_{52}$ whan$_{23}$　三缺一 se$_{55}$ quek$_3$ yik$_1$/se$_{55}$ quek$_3$ yik$_5$/se$_{52}$ quek$_5$ yik$_5$　百有份 bak$_3$ yhou$_{55}$ fhen$_{21}$/bak$_3$ yhou$_{44}$ fhen$_{23}$　穷开心 jhiong$_{22}$ ke$_{55}$ xin$_1$/jhiong$_{23}$ ke$_{55}$ xin$_{21}$

状动宾结构常用"2＋1"方式分读,有的不是惯用性的也可读成"1＋1＋1",结构紧密的也可连读。状动补结构常用"2＋1"或"1＋2"方式分读,有的也可连读。如：

白嚼蛆 $bhak_1 xhiak_2 qi_{23}$ / $bhak_1 xhiak_{23} qi_{52}$　硬出头 $ngan_{22} cek_5 dhou_{21}$ / $ngan_{22} cek_4 dhou_{23}$　活作孽 $whek_1 zok_3 nik_{12}$ / $whek_1 zok_2 nik_3$　瞎和调 $hak_3 whu_{55} dhiao_{21}$ / $hak_3 whu_{44} dhiao_{23}$　新入学 $xin_{55} shek_3 hhok_1$ / $xin_{55} shek_1 hhok_{12}$ / $xin_{52} shek_{12} hhok_{12}$　重开门 $shong_{22} ke_{55} men_{21}$ / $shong_{22} ke_{44} men_{23}$ / $shong_{23} ke_{52} men_{23}$　侪吃光 $she_{22} qik_{55} guang_{21}$ / $she_{23} qik_3 guang_{44}$ / $she_{23} qik_5 guang_{52}$　快看完 $kua_{33} koe_{44} whoe_{23}$ / $kua_{34} koe_{34} whoe_{23}$

连动、兼语结构常用"2＋1"方式分读,强调中字时,可用"1＋1＋1"方式读。如：

来吃饭 $le_{22} qik_4 fhe_{23}$ / $le_{23} qik_5 fhe_{23}$　借书看 $jia_{33} sy_{44} koe_{34}$ / $jia_{34} sy_{52} koe_{34}$　派侬去 $pa_{33} nong_{44} qi_{34}$ / $pa_{34} nong_{23} qi_{34}$　请伊来 $qin_{33} yhi_{44} le_{34}$ / $qin_{34} yhi_{23} le_{23}$

"勿"字开头的结构、动词重叠的结构用一个语音词读。如：

勿作兴 $vek_{33} zok_5 xin_{21}$　　勿入调 $vek_3 shek_5 diao_{21}$　　勿出汤 $vek_3 cek_5 tang_{21}$　　好吃吃 $hao_3 qik_5 qik_1$　　瞎来来 $hak_3 le_{55} le_{21}$

（12）年、月、日、星期、点钟的使用情况：

三音节、四音节的年份连读或"2＋1""3＋1"方式分读,五音节的年份用"2＋3"或"2＋2＋1"方式读。如：

三七年 $se_{55} qik_3 ni_{21}$ / $se_{55} qik_1 ni_{23}$　八三四年 $bak_3 se_{55} sy_{33} ni_{21}$ / $bak_3 se_{55} sy_{21} ni_{23}$　一九八九年 $yik_3 jiu_{44} bak_3 jiu_{55} ni_{21}$ / $yik_3 jiu_{55} bak_{33} jiu_{44} ni_{23}$　二零二二年 $lian_{22} lin_{44} lian_{22} lian_{55} ni_{21}$ / $lian_{22} lin_{55} lian_{33} lian_1 ni_{23}$

月份和日期都连读。如：

二月 $lian_{22} yhuik_4$　十二月 $sek_1 ni_{22} yhuik_3$　五号 $hhn_{22} hhao_{44}$　廿二号 $nie_{22} ni_{55} hhao_{21}$　三十一号 $se_{55} shek_3 yik_3 hhao_{21}$

星期用"2＋1"方式读。如：

礼拜二 li$_{22}$ba$_{44}$ni$_{23}$　　星期四 xin$_{55}$jhi$_{21}$sy$_{34}$

点钟连读，点分秒分别连读。如：

二点钟 lian$_{22}$di$_{55}$zong$_{21}$　　十一点钟 shek$_1$yik$_2$di$_{22}$zong$_{23}$　　三点一刻 se$_{55}$di$_{21}$　yik$_3$kek$_4$　　四点半 sy$_{33}$di$_{44}$boe$_{34}$　　十一点廿五分 shek$_1$yik$_2$di$_{23}$nie$_{22}$hhn$_{55}$fen$_{21}$　　十二点四十六分三十秒 shek$_1$ni$_{22}$di$_{23}$sy$_{33}$shek$_5$lok$_3$fen$_{21}$se$_{55}$shek$_3$miao$_{21}$

二、四音节、五音节组合中的情况

结构紧密的四音节熟语（成语、惯用语等）用一个语音词。如：

痴头怪脑 cy$_{55}$dhou$_{33}$gua$_{33}$nao$_{21}$　　汗毛凛凛 hhoe$_{22}$mao$_{55}$lin$_{33}$lin$_{21}$　　放伊一码 fang$_{33}$yhi$_{55}$yik$_3$mo$_{21}$　　重手重脚 shong$_{22}$sou$_{55}$shong$_{33}$jiak$_{21}$　　要紧勿煞 yao$_{33}$jin$_{55}$fhek$_3$sak$_1$　　瞎七搭八 hak$_3$qik$_5$dak$_3$bak$_1$

结构松弛的四音节熟语或临时组合的词组用两个或三个、四个语音词。如：

前世一劫 xhi$_{22}$sy$_{44}$yik$_3$jik$_4$　　蓬头散发 bhong$_{22}$dhou$_{55}$se$_{33}$fak$_1$/bhong$_{22}$dhou$_{44}$se$_{33}$fak$_4$　　教学相长 jiao$_{33}$yhak$_4$xian$_{52}$zan$_{34}$　　的粒滚圆 tik$_3$lik$_5$guen$_{31}$yhuoe$_{23}$/tik$_3$lik$_4$guen$_{34}$yhuoe$_{23}$　　闷声勿响 men$_{55}$sen$_3$fhek$_1$xian$_{34}$　　活脱势像 whek$_2$tek$_5$sy$_1$xhian$_{23}$　　作天作地 zok$_3$ti$_5$zok$_3$dhi$_1$/zok$_5$ti$_{52}$zok$_5$dhi$_{23}$　　风花雪月 fong$_{55}$ho$_{21}$xik$_5$yhuik$_{12}$/fong$_{52}$ho$_{52}$xik$_5$yhuik$_{12}$　　热大头昏 nik$_5$dhu$_{22}$dhou$_{55}$hun$_{21}$　　卖野人头 ma$_{23}$yha$_2$nin$_{35}$dhou$_{21}$

许多结构可连可分。如：

起早落夜 qi$_{33}$zao$_{55}$lok$_3$yha$_{21}$/qi$_{33}$zao$_{44}$lok$_{12}$yha$_{23}$/qi$_{33}$zao$_{55}$lok$_{21}$yha$_{23}$　　一式一样 yik$_3$sek$_5$yik$_3$yhan$_{21}$/yik$_3$sek$_5$yik$_{21}$yhan$_{23}$　　没不通风 mek$_1$bek$_5$tong$_{33}$fong$_{52}$/mek$_2$bek$_5$tong$_{33}$fong$_{21}$/mek$_1$bek$_{23}$tong$_{52}$fong$_{52}$

"定＋名"形式的四字结构、双音节动词重叠许多拟声词都用一个语音词读。如：

烧饭家生 sao$_{55}$ fhe$_{33}$ ka$_{33}$ san$_{21}$　削铅笔刀 xiak$_3$ ke$_{55}$ bik$_3$ dao$_{21}$　研究研究 ni$_{55}$ jiu$_{33}$ ni$_{33}$ jiu$_{21}$　讨论讨论 tao$_{33}$ len$_{55}$ tao$_{33}$ len$_{21}$　乒令乓冷 pin$_{55}$ lin$_{33}$ pan$_{33}$ lan$_{21}$　切粒促落 qik$_3$ lik$_5$ cok$_3$ lok$_1$

只有少数五音节熟语用一个语音词连读。如：

一本三正经 yik$_3$ ben$_{55}$ se$_{33}$ zen$_{33}$ jin$_{21}$　两头勿着港 lian$_{22}$ dhou$_{55}$ fhek$_{33}$ shak$_{33}$ gang$_{21}$　像煞有介事 xhan$_{22}$ sak$_5$ yhou$_{33}$ ga$_{33}$ shy$_{21}$　回汤豆腐干 whe$_{22}$ tang$_{55}$ dhou$_{33}$ whu$_{33}$ goe$_{21}$

大多数五音节熟语或临时组合的五音节短语都分读成两个或几个语音词。如：

推扳一眼眼 te$_{55}$ be$_{33}$ yik$_3$ nge$_{55}$ nge$_{21}$　半半六十日 boe$_{33}$ boe$_{44}$ lok$_1$ sek$_2$ nik$_{23}$　碰鼻头转弯 bhan$_{22}$ bhik$_{55}$ dhou$_{21}$ zoe$_{33}$ we$_{44}$ / bhan$_{22}$ bhik$_{55}$ dhou$_1$ zoe$_{34}$ we$_{52}$　五斤吼六斤 hhn$_{22}$ jin$_{44}$ hou$_{34}$ lok$_1$ jin$_{23}$　开年礼拜九 ke$_{55}$ ni$_{21}$ li$_{22}$ ba$_{44}$ jiu$_{34}$　火车开过头 hu$_{33}$ co$_{44}$ ke$_{55}$ gu$_{21}$ dhou$_{23}$　红黄蓝白黑 hhong$_{22}$ whang$_{44}$ le$_{33}$ bak$_4$ hek$_5$ / hhong$_{23}$ whang$_{23}$ le$_{23}$ bak$_{12}$ hek$_5$　开无轨电车 ke$_{52}$ whu$_{22}$ gue$_{55}$ dhi$_{33}$ co$_{21}$　新英汉词典 xin$_{55}$ yin$_{33}$ hoe$_{21}$ shy$_{22}$ di$_{44}$ / xin$_{52}$ yin$_{55}$ hoe$_{31}$ shy$_{22}$ di$_{44}$

三、与封闭类词（虚词）结合的情况

（1）有些副词、能愿词与后面的谓词可分读，也可连读，随语流快慢自由而定。大部分尤其是双音节的副词、能愿词与后来的谓词一般不连接。如：

侪去 she$_{23}$ qi$_{34}$ / she$_{22}$ qi$_{44}$　也做 hha$_{23}$ zu$_{34}$ / hha$_{22}$ zu$_{44}$　顶欢喜 din$_{34}$ huoe$_{33}$ xi$_{21}$ / din$_{33}$ huoe$_{33}$ xi$_{21}$　本生是 ben$_{33}$ san$_{44}$ shy$_{23}$ / ben$_{33}$ san$_{55}$ shy$_{21}$　会讲 we$_{33}$ gang$_{44}$ / we$_{34}$ gang$_{34}$　真好 zen$_{52}$ hao$_{34}$　老凶 lao$_{23}$ xiong$_{52}$　介快活 ga$_{52}$ ka$_{33}$ whuek$_{44}$　最最坏 zoe$_{33}$ zoe$_{44}$ hua$_{34}$　邪气好 xhia$_{22}$ qi$_{44}$ hao$_{34}$　全部去 xhi$_{22}$ bhu$_{44}$ qi$_{34}$　齐巧来 xhi$_{22}$ qiao$_{44}$ le$_{23}$　交关厉害 giao$_{55}$

gue$_{21}$ li$_{22}$ hhe$_{44}$　会得吃 we$_{33}$ dek$_4$ qik$_5$　愿意写 nuoe$_{22}$ yi$_{44}$ xia$_{34}$　应该清爽 yin$_{55}$ ge$_{21}$ qin$_{55}$ sang$_{21}$　也会去 hha$_{22}$ whe$_{44}$ qi$_{34}$/hha$_{23}$ whe$_{23}$ qi$_{34}$

单音节的副词、能愿词可与前面的主语连读，也可分读。双音节的副词、能愿词与主语分读。如：

天也 ti$_{55}$ hha$_{21}$/ti$_{52}$ hha$_{23}$　人都 nin$_{22}$ du$_{44}$/nin$_{23}$ du$_{52}$　山会 se$_{55}$ whe$_{21}$/se$_{52}$ whe$_{23}$　人刚刚 nin$_{23}$ gang$_{55}$ gang$_{21}$　天应该 ti$_{52}$ yin$_{55}$ ge$_{21}$

在谓词后做补语的副词一般与谓词连读，有的实义较重的词分读，音节多的分读。如：

坏来死 wha$_{22}$ le$_{55}$ xi$_{21}$　气煞快 qi$_{33}$ sak$_5$ kua$_{21}$　要吭没快了 yao$_{34}$ hhm$_{22}$ mek$_{55}$ kua$_{33}$ lek$_1$　嗲得来 dia$_{33}$ dek$_5$ le$_{21}$/dia$_{33}$ dek$_4$ le$_{23}$　吃畅 qik$_3$ can$_{44}$　白相畅 bhek$_1$ xian$_{23}$ can$_{34}$　凶得来要死 xiong$_{55}$ dek$_3$ le$_{21}$ yao$_{34}$ xi$_{34}$

（2）动代结构和代动结构可连读，也可分读，分读时语意重心在代词。"代+形"分读。如：

拨我 bek$_3$ ngu$_{44}$/bek$_5$ ngu$_{23}$　看我 koe$_{33}$ ngu$_{44}$/koe$_{34}$ ngu$_{23}$　惹伊 sha$_{22}$ yhi$_{44}$/sha$_{23}$ yhi$_{23}$　吃伊拉 qik$_3$ yhi$_5$ la$_{21}$/qik$_5$ yhi$_{22}$ la$_{44}$　拨阿拉 bek$_3$ ak$_5$ lak$_1$/bek$_5$ ak$_3$ lak$_4$　交给我 gao$_{55}$ bek$_3$ ngu$_{21}$/gao$_{55}$ bek$_1$ ngu$_{23}$　掼脱伊 ghue$_{33}$ tek$_5$ yhi$_{21}$/ghue$_{22}$ tek$_4$ yhi$_{23}$　谢谢侬 xhia$_{22}$ xhia$_{55}$ nong$_{21}$/xhia$_{22}$ xhia$_{44}$ nong$_{23}$　吃吃我 qik$_3$ qik$_5$ ngu$_{21}$/qik$_3$ qik$_4$ ngu$_{23}$　分配伊拉 fen$_{55}$ pe$_{33}$ yhi$_{33}$ la$_{21}$/fen$_{55}$ pe$_{21}$ yhi$_{22}$ la$_{44}$　启发伊拉 qi$_{33}$ fak$_5$ yhi$_{33}$ la$_{21}$/qi$_{33}$ fak$_4$ yhi$_{22}$ la$_{44}$　我有 ngu$_{22}$ yhou$_{44}$/ngu$_{23}$ yhou$_{23}$　侬是 nong$_{22}$ shy$_{44}$/nong$_{23}$ shy$_{23}$　伊来 yhi$_{22}$ le$_{44}$/yhi$_{23}$ le$_{23}$　伊会 yhi$_{22}$ whe$_{44}$/yhi$_{23}$ whe$_{23}$　阿拉唱 ak$_3$ lak$_5$ cang$_1$/ak$_3$ lak$_4$ cang$_{34}$　伊拉欢喜 yhi$_{22}$ la$_{55}$ huoe$_{33}$ xi$_{21}$/yhi$_{22}$ la$_{44}$ huoe$_{55}$ xi$_{21}$　侬好 nong$_{22}$ hao$_{44}$/nong$_{23}$ hao$_{34}$（好：可以）　伊从 yhi$_{22}$ shong$_{44}$/yhi$_{23}$ shong$_{23}$

指示代词与后面的量词连读，与"两+量"数量结构表示"几"时连读，表示"二"时分读；与其他数量结构结合时，必须用"辫个"（可连读）或"辫个"的缩略形式（分读）。"伊"总是好"个"或"面"结合，与数量结构可连读也可分读。如：

㸔个 ghek$_1$ ghek$_{23}$/ghek$_1$ hhek$_{23}$　伊面 yi$_{55}$ mi$_{21}$　㸔间 ghek$_1$ ge$_{23}$　㸔两只 ghek$_1$ lian$_{22}$ zak$_{23}$/ghek$_{12}$ lian$_{22}$ zak$_4$（两：二）　㸔几只 ghek$_1$ ji$_2$ zak$_{23}$/ghek$_{12}$ ji$_{33}$ zak$_{44}$　㸔个一块 ghek$_1$ ghek$_2$ yik$_2$ kue$_{23}$　㸔一块 ghek$_1$ yik$_2$ kue$_{23}$/ghek$_{12}$ yik$_3$ kue$_{23}$　㸔三只 ghek se$_{55}$ zak$_1$　伊个两件 yi$_{55}$ ghek$_3$ lian$_{33}$ jhi$_{21}$　伊面两只 yi$_{55}$ mi$_{21}$ lian$_{22}$ zak$_4$

（3）在方位结构中，单音节方位词紧跟前面的语法词连读，三音节方位词与前词分读，双音节方位词一般与前词连读，在分读时带有"XX 的 XX"的意思。"以上、以下、以东"等方位词，"以"字与前词分读，后字也分读。如：

碗里 woe$_{33}$ li$_{44}$　路边浪 lu$_{22}$ bi$_{55}$ lang$_{21}$　写字台抽屉里 xia$_{33}$ shy$_{55}$ dhe$_{21}$ cou$_{55}$ ti$_{33}$ li$_{21}$　门背后 men$_{22}$ be$_{55}$ hhou$_{21}$/men$_{23}$ be$_{33}$ hhou$_{44}$　床高头 shang$_{22}$ gao$_{55}$ dhou$_{21}$/shang$_{23}$ gao$_{55}$ dhou$_{21}$　房间里向 fhang$_{22}$ ge$_{55}$ li$_{33}$ xian$_{21}$/fhang$_{22}$ ge$_{44}$ li$_{22}$ xian$_{44}$　路梯下头 lu$_{22}$ ti$_{55}$ hho$_{33}$ dhou$_{21}$/lu$_{22}$ ti$_{44}$ hho$_{22}$ dhou$_{44}$　黄海以南 whang$_{22}$ he$_{44}$ yi$_{55}$ noe$_{23}$　十八岁以上 shek$_1$ bak$_2$ soe$_{23}$ yi$_{52}$ shang$_{34}$

（4）在前置介词机构中，介词独立在前成为一个语音词。如：

按计划做 oe$_{52}$ ji$_{33}$ whak$_4$ zu$_{34}$　到上海去 dao$_{34}$ shang$_{22}$ he$_{44}$ qi$_{34}$　辣辣房间里写 lak$_1$ lak$_{23}$ fhang$_{22}$ ge$_{55}$ li$_{21}$ xia$_{34}$

当介词用在动词或动宾结构的后面时，介词与前面一个单音语法词合成一个语音词连读，与前面一个多音语法词可连读也可分读。如：

走到学堂里去 zou$_{33}$ dao$_{44}$ hhok$_1$ dhang$_2$ li$_2$ qi$_{23}$　写辣辣黑板浪 xia$_{33}$ lak$_{55}$ lak$_1$ hek$_3$ be$_{55}$ lang$_{21}$　摆衣裳辣辣橱里 ba$_{34}$ yi$_{55}$ shang$_{33}$ lak$_3$ lak$_1$ shy$_{22}$ li$_{44}$/ba$_{34}$ yi$_{55}$ shang$_{21}$ lak$_1$ lak$_{23}$ shy$_{22}$ li$_{44}$　落实辣行动浪向 lok$_1$ shek$_2$ lak$_3$ yhin$_{22}$ dhong$_{55}$ lang$_{33}$ xian$_{21}$/lok$_1$ shek$_3$ lak$_{12}$ yhin$_{22}$ dhong$_{55}$ lang$_{33}$ xian$_{21}$

（5）结构助词"个""得""了""叫""介"等与前面的语法词连读。如：

小人个名字 xiao$_{33}$ nin$_{55}$ ghek$_1$ min$_{22}$ shy$_{44}$　邪气漂亮个衣裳

xhia$_{22}$ qi$_{55}$ piao$_{33}$ lian$_{33}$ ghek$_1$ yi$_{55}$ shang$_{21}$　仔仔细细个看 zi$_{33}$ zi$_{55}$ xi$_{33}$ xi$_{33}$ ghek$_1$ koe$_{34}$　轻轻叫进去 qin$_{55}$ qin$_{33}$ jiao$_{21}$ jin$_{55}$ qi$_{44}$　慢慢介走 me$_{22}$ me$_{55}$ ga$_{21}$ zou$_{34}$　打扫得清爽 dan$_{33}$ sao$_{55}$ gek$_3$ qin$_{55}$ sang$_{21}$　写了快 xia$_{33}$ lek$_4$ kua$_{34}$

有时,由于用了结构助词,可把原来倾向不连读的整个长定语、状语连读。如:

自家屋里个 shi$_{22}$ ga$_{55}$ ok$_3$ li$_3$ ghek$_1$　辫件邪气漂亮个衣裳 ghek$_1$ jhi$_{23}$ xhia$_{22}$ qi$_{55}$ piao$_{33}$ lian$_{33}$ ghek$_1$ yi$_{55}$ shang$_{21}$　一歇歇也勿停个做 yik$_3$ xik$_5$ xik$_3$ hha$_{33}$ fhek$_3$ dhing$_{33}$ ghek$_1$ zu$_{34}$

可能补语连读,情态补语分读。如:

跑得快哦？——跑勿快。bhao$_{22}$ dek$_5$ kua$_{33}$ fha$_{21}$——bhao$_{22}$ fhek$_5$ kua$_{21}$
跑得快哦？——跑得勿快。bhao$_{22}$ dek$_4$ kua$_{33}$ fha$_{44}$——bhao$_{22}$ dek$_4$ fhek$_1$ kua$_{23}$

(6)体助词"仔、辣、了、看"等与前面的动词或宾语连读。如:

吃仔物事 qik$_3$ zy$_{44}$ mek$_1$ shy$_{23}$　讨论仔半日 tao$_{33}$ len$_{55}$ zy$_{21}$ boe$_{33}$ nik$_4$　坐辣吃 shu$_{22}$ lak$_3$ qik$_5$ / shu$_{22}$ lak$_5$ qik$_1$　想了一歇 xian$_{33}$ lek$_4$ yik$_3$ xik$_4$ / xian$_{33}$ lek$_5$ yik$_3$ xik$_1$　开辣海 ke$_{55}$ lak$_3$ he$_{21}$　写字辣海 xia$_{34}$ shy$_{22}$ lak$_5$ he$_{21}$　做做看 zu$_{33}$ zu$_{55}$ koe$_{21}$　唱唱歌看 cang$_{33}$ cang$_{44}$ gu$_{55}$ koe$_{21}$

(7)趋向词语与前面的谓词或宾语连读。如:

买来 ma$_{22}$ le$_{44}$　想起 xian$_{33}$ qi$_{44}$　走进 zou$_{33}$ jin$_{44}$　红开来 hhong$_{22}$ ke$_{55}$ le$_{21}$　看上去 koe$_{33}$ shang$_{55}$ qi$_{21}$　读起书来 dhok$_1$ qi$_{23}$ sy$_{55}$ le$_{21}$　浪费下去 lang$_{22}$ fi$_{55}$ hho$_{33}$ qi$_{21}$　读书去 dhok$_1$ sy$_{22}$ qi$_{23}$　白相去 bhk$_1$ xian$_{22}$ qi$_{23}$　拆尿出 cak$_3$ sy$_{55}$ cek$_1$

(8)唯补词语前面的谓词可连读,也可分读,分读时强调唯补词。如:

盯牢 din$_{55}$ lao$_{21}$　吃脱 qik$_3$ tek$_4$　做好 zu$_{33}$ hao$_{44}$ / zu$_{34}$ hao$_{34}$　睏着 kun$_{33}$ shak$_4$ / kun$_{34}$ shak$_{12}$　拿走 ne$_{55}$ zou$_{21}$ / ne$_{52}$ zou$_{34}$　买得起 ma$_{33}$ dek$_5$ qi$_{21}$ / ma$_{33}$ dek$_4$ qi$_{34}$　做得来 zu$_{33}$ dek$_5$ le$_{21}$ / zu$_{33}$ dek$_4$ le$_{23}$

(9)连词一般与前后的语法词分读。少数场合与前语法词或与

后语法词可连读。双音节连词和连接分句的连词,一般都独立成为一个语音词,有时与后接的人称代词连读。如:

我脱侬 ngu$_{23}$ tek$_5$ nong$_{23}$／ngu$_{22}$ tek$_4$ nong$_{23}$／ngu$_{23}$ tek$_3$ nong$_{44}$ 天脱地 ti$_{52}$ yek$_5$ dhi$_{23}$／ti$_{55}$ tek$_1$ dhi$_{23}$ 少而精 sao$_{34}$ hher$_{23}$ jin$_{52}$／sao$_{33}$ hher$_{44}$ jin$_{52}$ 台子咾凳子 dhe$_{22}$ zy$_{55}$ lao$_{21}$ den$_{33}$ zy$_{44}$ 去咾勿去 qi$_{33}$ lao$_{44}$ fhek$_1$ qu$_{23}$／qi$_{34}$ lao$_{23}$ fhek$_1$ qi$_{23}$ 老张、老王咾老李 lao$_{22}$ zan$_{44}$ lao$_{22}$ whang$_{44}$ lao$_{23}$ lao$_{22}$ li$_{44}$／lao$_{22}$ zang$_{44}$ lao$_{22}$ wang$_{55}$ lao$_{21}$ lao$_{22}$ li$_{44}$ 衣裳得仔裤子 yi$_{55}$ sang$_{21}$ dek$_3$ zy$_{44}$ ku$_{55}$ zy$_{21}$ 为仔伊开心,葛咾来了 whe$_{22}$ zy$_{44}$ yhi$_{23}$ ke$_{55}$ xin$_{21}$,gek$_3$ lao$_{44}$ le$_{22}$ lek$_4$／whe$_{22}$ zy$_{55}$ yhi$_{21}$ ke$_{55}$ xin$_{21}$,gek$_3$ lao$_{44}$ le$_{22}$ lek$_4$ 假使侬来,我就勿去 jia$_{33}$ sy$_{44}$ nog$_{23}$ le$_{34}$,ngu$_{23}$ xhiu$_{23}$ fhek$_1$ qi$_{23}$

(10)语气助词连在前一个语法词后一起合读成一个语音词。遇到动宾结构时,一般是宾语与助词连读。有时,用了语气助词,使前面一些较长的、通常可以不连读的结构合成一个语音词一起连读。如:

变出来个 bi$_{33}$ cek$_5$ le$_{33}$ ghek$_{21}$ 吃过饭了哦 qik$_3$ gu$_{44}$ fhe$_{22}$ lek$_{55}$ fha$_{21}$ 还呒没吃唻 hhe$_{23}$ hhm$_{22}$ mek$_4$ qik$_3$ le$_{44}$ 去吃饭呢啥 qi$_{34}$ qi$_3$ fheh$_5$ ni$_{33}$ sa$_{21}$ 吃饭咾啥 qik$_3$ fhe$_5$ lao$_{33}$ sa$_{21}$ 打翻辣海 dan$_{33}$ fe$_{55}$ lak$_{33}$ he$_{21}$ 我做勿动辣唻 ngu$_{23}$ zu$_{33}$ fhek$_5$ dhong$_{33}$ lak$_{33}$ le$_{21}$ 养辣水缸里向唻 yhan$_{22}$ lak$_4$ sy$_{33}$ gang$_{55}$ li$_{33}$ xian$_{33}$ le$_{21}$ 到我屋里向来个啊 dao$_{33}$ ngu$_{44}$ ok$_3$ li$_{55}$ xian$_{33}$ le$_{33}$ ghek$_{33}$ a$_{21}$ 当然吃勿下去辣海 dang$_{55}$ shoe$_{21}$ qik$_3$ fheh$_5$ hho$_{33}$ qi$_{33}$ lak$_3$ he$_{21}$

个别语气助词"好了""好唻",可以自成一个语音词分读,但是轻声。如:

侬讲好了 nog$_{23}$ gang$_{34}$ hao$_{33}$ le$_{44}$(你讲吧)   侬讲好了 nong$_{23}$ gang$_{33}$ hao$_{55}$ lek$_{21}$(你讲完了)

后　记

要让你说的上海话更自然更动听一点,这里有几个问题应该谈一谈。

1. 字正腔圆和随随便便

方言适当有些杂是有好处的。上海本就是一个移民城市,和世界上其他大都市一样。来自各地的人家住在一个弄堂里生活,第一代到上海的人在家里常常自然地说各地家乡话,而在弄堂、小区里各家人在一起讲的时候,大家会用共同的上海话来交际,有些人说得必然不太纯正,也会加点变化较慢的本地话词语或老家方言的词语说出去,有用的、优秀的词语就会吸收到常用的上海话中去,丰富了上海话词汇。世界上如伦敦、纽约、巴黎、上海、东京等大都市,都是词汇集散地,词语的使用特别丰富活跃,积累特别深厚。随着新事物新观念的传播,本地创造诞生了大量新词,生活的开放状态和思维的活跃使生活词语妙趣横生。移民的第一代孩子是怎样学会一口上海话的呢？就是在幼儿园、小学里跟着上海本地孩子学,很快说上一口标准上海话,从而成为上海人。这种情形在20世纪90年代以前都是如此,上海话也就代代传承下去了。针对上海话变化较快的上海城区,从1843年开埠到1950年间,西方传教士在上海连续出版了大量的上海话课本、读物和语音语法书,从中我们可以看到上海方言是怎么循序渐进发展变化的。

知识阶层常常会强调说话的字正腔圆,要求大家说一口标准语。但是平民阶层往往说到哪里就哪里,听得懂便行,如此各阶层或行业里通用的有特色的词汇短语及俗语才会自由崩出。两者结合,生活异常活跃的大都会语言就特别丰富生动,比如我在本书中举例说明的上海话中的 136 个"吃"字打头的熟语便是表达出生活多彩的明证。

2. 老派和新派

在方言发展变化较快的地方,各个年代都会出现年龄层次上的差异。现今的上海话中,老派和新派上海话都已在方言学者充分的调查下,分别总结出其标准音系,分老派上海话语音音系和新派上海话语音音系,列出了这两派标准音的声母、韵母、声调和连读变调,这是绝大多数上海人说的上海话的语音,每个字和词的新、老两派的语音在《上海话大词典》(第 2 版)(上海辞书出版社 2018 年版,收上海话 19 300 多个词语)都可以查到;《上海话小词典》(第 2 版)(上海大学出版社 2018 年版)上的上海话词语按语音排列,查阅量较少的词语比较方便,并附有笔者自己对词语和例句给出的读音。

当然,一个词从老年到中青年读音的变化都有个缓慢过程,有些人还处于变化着的中间层。有些音或有些词读老派音,有些已读新派音,读者自己对照本书所列出的老派上海话和新派上海话语音表,是可以分辨得很清楚的。你还可以自己比照一下你处于变化中的那些字的读音哪些在读老派音,哪些读的已经是新派音,哪些字有时读老派音有时读新派音,或者一些字在不同组合的词里相异,比如:"碍"字在"碍手碍脚"里读老派音"nge",在"妨碍"一词里读了新派音"e"。

3. 抛弃大家都不在说的语音,学好现今标准的上海话

不过,语音的变化是一去不复返的,它和生物体一样死了不能复生。活的方言语音和词汇一样是随着社会的变化而变化的,而那些已经完全成为过去的语音,群众在说话中会自然地抛弃。要是你一定要去把大家已经不说的音,比如把上海话硬拉到 20 世纪 30 年代

或40年代的老派音上去发音,是根本做不到的。因为它违背了语言发展的基本规律。

据我们的普查,20世纪40年代出生的上海人说的上海话(在幼儿园、小中学校学习的和现正在讲的上海话)都已是不分尖团音的上海话了。活的语言一直在变化发展,语音、词汇的新陈代谢不可抗拒,要去硬学的音是不标准的,年轻人会觉得难听不顺耳,应该抛弃。我们从1847年到1950年西方传教士连年出版的上海话句子的标音中就可以看到上海话语音随时代前进中的种种变化发展事实。我们只是说今天大家在说的上海话,大多数字只有一个音,使人听了亲切自然;在平时说话、朗读中,我们也反对大家去特学特操那种拉腔挨调又学不像的戏曲腔、广播腔上海话,以及早已过时的、陈年隔宿的、分尖团音等的三四十年代上海话。

戏曲艺术的语音往往滞后,京剧、沪剧的语言至今区分尖团(如"精"和"经"的声母不同),有些演员在进滑稽剧团、沪剧团、京剧团后专门培训学过区分尖团,目的是为了唱戏表演,他们在自然地与人说话时也不分尖团。如果未经专门学习,大家不说的语音是无法会说的,何况属于尖团音的字太多了。大家一起说话交际,要对人说自然、不难听的上海话,你去硬说40年代老派盛行的分尖团发音是不可能的,那个时期的上海话"半、南"等字还在读"be、ne","角gaok、谷gok"的韵母也不同,不仅仅是分尖团。根据我们的实地调查,"40后"(即现今73—82岁)的人在幼年时期习得的(即现在在讲的)上海话已经是不分尖团、"半、南"都读"boe、noe"、"角、谷"都读"gok"的上海话。你要去教人家倒学已失去的音,是徒劳的,更何况你自己说的尖音等也不准往往尖出头。

按照社会语言学的理论,一个字、一个词的标准读音,就是在你生活的环境里,说此种语言的百分比最高的语音。如:"吃饭",现今老年人和青年人说的语音都是相同的,无甚差异,但"全部"的"全"、"泉水"的"泉":读尖团音中的尖音字是说"shi";如今的老年人说"xhi";新派有的人说"jhuoe",读如"权"音;也有人说"jhu",读如

"具"。上海话中这类在读语音变化处于各阶段正在变化的音都存在于大众口语中的字,在整个上海话中出现的频率很低。又如今新派,即65岁以下的年轻人多数已将"yuoe园"韵与"yu雨"韵合并。所以我们根据多数把"泉"定两个音"xhi"或"jhu"为今老派或新派的标准音,记在笔者编著的《上海话大词典》中。在活的语言里,语音的变化不可抗拒,你要硬拉回去复旧是空想。

所以说,确立一个方言的标准音,就是把大多数或绝大多数的说这种方言的人现在说的音记下来。事实上一般说上海方言的人一听就能听出你是不是上海人(指出生在上海的上海人和上海话学得达到一定水准的新上海人)。语言习得往往是这样:可能你自己说得也并不好,但是你听别人说,只一二个音尤其是连读声调不对就能马上听出对方不是上海人。

4. 让你说的上海话更生动、海派

其实,像现在这样方言处于危机的情况下,把上海话说起来是最重要的,让越来越多的青少年人重视会说一口上海话这件事,是我们主要的努力方向。

如果你在这时一定要对说得结结巴巴的人去强调,让他非要说一口标准音,无疑恰恰会阻挠上海话的习得和普及。孰先孰后要清楚,首先要敢于说,说得好坏在其次,不要说错了就嘲笑。语言本质上是一个交际工具,只要说得人家意思听懂,最低标准就达到了,就行了;改进、说得通顺流畅是第二步;说得优美动听、字正腔圆,是人人应努力的目标。

要是你上海话学说得都符合现今的标准,并有意识地增多一些上海话中有特色的和随意、灵动、精彩的海派词语、成语、惯用语,你的上海话口语表达就会很有特色和水平了。

为什么我们要来编写这本书?因为上海话的句子、词语都是发散性的,其组合也是无穷的,你如去拿一本上海话词典来学,是不可能学好的;你拿本"学说上海话"教材来学,句子太初级了。因此我们

要编写这本书,把一些上海话的精华尤其是有海派特色的语言集中在这本书中,让你常常翻翻,使你说的上海话更有个性更有特色,也更精彩!

钱乃荣
写于申城听雨阁
2022 年 3 月 28 日